21世纪全国高等院校财经管理系列实用规划教材

公共关系学实用教程

主　编　任焕琴
副主编　吴少伟　刘莉芳
参　编　任英哲　陈　刚
　　　　樊　慈　霍艳霞

北京大学出版社
PEKING UNIVERSITY PRESS

内容简介

本书以关系为逻辑起点，以和谐理论为基本假设，以组织—公众—环境—关系为基本概念，以系统论的道德取向为研究方法，以多学科的关系理论为理论依据，以社会文化条纹的组织为主体定位，以调查研究和对话为传播方式，以实现组织利益和公共利益的和谐为最终目标，结合我国公共关系学的实践和最新研究成果，系统地介绍了公共关系学的宏观层面和公共关系理论体系。

本书从章节的选取、分篇，到具体内容的写作和案例的选用，始终注重应用性和可操作性。本书在每章章首提出了教学目标、教学要求，并导入案例，同时附有复习题、案例应用和知识链接，以便于读者进一步理解教材的内容。

本书可作为高等院校公共管理、市场营销等专业的教材，也可供企业经营管理人员和对公共关系学感兴趣的各类人员参阅。

图书在版编目(CIP)数据

公共关系学实用教程/任焕琴主编. —北京：北京大学出版社，2012.9

(21 世纪全国高等院校财经管理系列实用规划教材)

ISBN 978-7-301-17472-2

Ⅰ. ①公… Ⅱ. ①任… Ⅲ. ①公共关系学—高等学校—教材 Ⅳ. ①C912.3

中国版本图书馆 CIP 数据核字(2012)第 205647 号

书　　名：公共关系学实用教程

著作责任者：任焕琴　主　编

策 划 编 辑：李　虎　王显超

责 任 编 辑：葛　方

标 准 书 号：ISBN 978-7-301-17472-2/C・0789

出　版　者：北京大学出版社

地　　址：北京市海淀区成府路 205 号　100871

网　　址：http://www.pup.cn　http://www.pup6.cn

电　　话：邮购部 62752015　发行部 62750672　编辑部 62750667　出版部 62754962

电 子 邮 箱：pup_6@163.com

印　刷　者：三河市博文印刷有限公司

发　行　者：北京大学出版社

经　销　者：新华书店

787 毫米×1092 毫米　16 开本　22.25 印张　513 千字

2012 年 9 月第 1 版　2014 年 8 月第 2 次印刷

定　　价：42.00 元

21世纪全国高等院校财经管理系列实用规划教材

丛 书 序

我国越来越多的高等院校设置了经济管理类学科专业，这是一个包括经济学、管理科学与工程、工商管理、公共管理、农业经济管理、图书档案学6个二级学科门类和22个专业的庞大学科体系。2006年教育部的数据表明在全国普通高校中经济类专业布点1518个，管理类专业布点4328个。其中除少量院校设置的经济管理专业偏重理论教学外，绝大部分属于应用型专业。经济管理类应用型专业主要着眼于培养社会主义国民经济发展所需要的德智体全面发展的高素质专门人才，要求既具有比较扎实的理论功底和良好的发展后劲，又具有较强的职业技能，并且又要求具有较好的创新精神和实践能力。

在当前开拓新型工业化道路，推进全面小康社会建设的新时期，进一步加强经济管理人才的培养，注重经济理论的系统化学习，特别是现代财经管理理论的学习，提高学生的专业理论素质和应用实践能力，培养出一大批高水平、高素质的经济管理人才，越来越成为提升我国经济竞争力、保证国民经济持续健康发展的重要前提。这就要求高等财经教育要更加注重依据国内外社会经济条件的变化，适时变革和调整教育目标和教学内容；要求经济管理学科专业更加注重应用、注重实践、注重规范、注重国际交流；要求经济管理学科专业与其他学科专业相互交融与协调发展；要求高等财经教育培养的人才具有更加丰富的社会知识和较强的人文素质及创新精神。要完成上述任务，各所高等院校需要进行深入的教学改革和创新。特别是要搞好有较高质量的教材的编写和创新工作。

出版社的领导和编辑通过对国内大学经济管理学科教材实际情况的调研，在与众多专家学者讨论的基础上，决定编写和出版一套面向经济管理学科专业的应用型系列教材，这是一项有利于促进高校教学改革发展的重要措施。

本系列教材是按照高等学校经济类和管理类学科本科专业规范、培养方案，以及课程教学大纲的要求，合理定位，由长期在教学第一线从事教学工作的教师编写，立足于21世纪经济管理类学科发展的需要，深入分析经济管理类专业本科学生现状及存在问题，探索经济管理类专业本科学生综合素质培养的途径，以科学性、先进性、系统性和实用性为目标，其编写的特色主要体现在以下几个方面：

（1）关注经济管理学科发展的大背景，拓宽理论基础和专业知识，着眼于增强教学内容与实际的联系和应用性，突出创造能力和创新意识。

（2）体系完整、严密。系列涵盖经济类、管理类相关专业以及与经管相关的部分法律类课程，并把握相关课程之间的关系，整个系列丛书形成一套完整、严密的知识结构体系。

（3）内容新颖。借鉴国外最新的教材，融会当前有关经济管理学科的最新理论和实践经验，用最新知识充实教材内容。

（4）合作交流的成果。本系列教材是由全国上百所高校教师共同编写而成，在相互进行学术交流、经验借鉴、取长补短、集思广益的基础上，形成编写大纲。最终融合了各地特点，具有较强的适应性。

（5）案例教学。教材具备大量案例研究分析内容，让学生在学习过程中理论联系实际，特别列举了我国经济管理工作中的大量实际案例，这可大大增强学生的实际操作能力。

（6）注重能力培养。力求做到不断强化自我学习能力、思维能力、创造性解决问题的能力以及不断自我更新知识的能力，促进学生向着富有鲜明个性的方向发展。

作为高要求，财经管理类教材应在基本理论上做到以马克思主义为指导，结合我国财经工作的新实践，充分汲取中华民族优秀文化和西方科学管理思想，形成具有中国特色的创新教材。这一目标不可能一蹴而就，需要作者通过长期艰苦的学术劳动和不断地进行教材内容的更新才能达成。我希望这一系列教材的编写，将是我国拥有较高质量的高校财经管理学科应用型教材建设工程的新尝试和新起点。

我要感谢参加本系列教材编写和审稿的各位老师所付出的大量卓有成效的辛勤劳动。由于编写时间紧、相互协调难度大等原因，本系列教材肯定还存在一些不足和错漏。我相信，在各位老师的关心和帮助下，本系列教材一定能不断地改进和完善，并在我国大学经济管理类学科专业的教学改革和课程体系建设中起到应有的促进作用。

劉詩白

2007 年 8 月

刘诗白　现任西南财经大学名誉校长、教授，博士生导师，四川省社会科学联合会主席，《经济学家》杂志主编，全国高等财经院校资本论研究会会长，学术团体“新知研究院”院长。

前　言

大学教材的主要职能是传播知识，在知识经济时代，教材内容不断更新是形式发展的必然。本书是为了适应经济环境、市场状况以及管理者和学科层次的变化，为了使高校的公共关系学更有针对性和时代感，在总结多年公共关系的教学经验的基础上编写的。

公共关系经历了由“理性”向“人性”的转变。尊重人性的、尊重个人感情和尊严的、人文的、开放的文化，是公共关系得以滋生及成长的土壤。市场经济活动方式的变化带动了公共关系观念和实务的发展；政治生活的民主化又为公共关系的产生和发展创造了一个重要条件。随着党和国家“全面建设小康社会”宏伟目标的提出和“构建和谐社会”治国理念的深入人心，公共关系在我国各个行业越来越受到重视。

本书结合我国企业公共关系环境与实践，系统地介绍了公共关系的基本概念、理论、方法和最新研究成果。全书共分 3 篇 12 章。第 1～7 章为公共关系学基础理论，主要研究和论述公共关系学产生的历史条件、研究对象、研究方法，并对公共关系学程序的 4 个步骤进行了深入的分析；第 8～10 章为实务操作，主要研究公共关系工作中各种具体的实务操作：专题活动、交际技巧、危机处理等；第 11、12 章为实务礼仪，主要研究公共关系学的实用礼仪。

本书的特色有 3 点。第一，每章开篇都有导入案例；篇中根据内容穿插案例分析；结尾附有国内外成功案例，并对案例进行了分析点评。案例选择上力求精典和新鲜，易于读者理论联系实际。第二，每章结尾附有复习题、案例应用和知识链接，便于读者进一步理解教材内容。第三，增加了公共关系学实用礼仪的内容，使本书作为教材，内容更为完整。

本书教学建议：师生在教与学的同时，要注重实践性，将基本理论与组织活动相结合，并能对实践活动起到明确的指导作用。本书突出表现这一要旨，落实在课后的实际操作训练。

本书由主编任焕琴拟定编写纲目，并与副主编吴少伟、刘莉芳共同对各篇章进行修改加工，最后由主编任焕琴对全书统编定稿。本书编写分工如下：霍艳霞编写第 1、6 章，陈刚编写第 2、3 章，樊慈编写第 4、5 章，任焕琴编写第 7、11、12 章，任英哲编写第 8 章，刘莉芳编写第 9、10 章。

本书在编写过程中，参阅了大量国内外包括名家在内的论著、教材和其他有关资料。在此，谨向诸位原作者一并表示谢意！

由于作者的水平和时间有限，书中疏漏和不足之处在所难免，诚望各方专家、读者给予批评和指正。

编　者

2012 年 8 月

目　　录

第 1 篇　基础理论

第2篇 实务操作

第3篇 实务礼仪

第1篇　基础理论

第1章　总　论

教学目标

通过本章学习，了解西方近现代公共关系的起源与发展及当代中国的公共关系。认识公共关系的含义和特征及公共关系的结构要素，能够辨析公共关系。掌握公共关系的基本原则和8项职能。

教学要求

知识要点	能力要求	相关知识
公共关系的内涵	(1) 了解公共关系的背景 (2) 了解中国的公共关系状态 (3) 掌握公共关系的含义 (4) 了解公共关系的特点	(1) 公共关系的内涵 (2) 公共关系的特征 (3) 传播沟通 (4) 公共关系活动
辨析公共关系	(1) 培养自己的公共关系意识 (2) 学会分辨公共关系与其他关系	(1) 宣传 (2) 广告 (3) 庸俗关系 (4) 人际关系
公共关系原则	(1) 了解公共关系原则的内容 (2) 学会用公共关系原则来处理事务	(1) 互惠互利 (2) 实事求是 (3) 公平诚信 (4) 开拓创新 (5) 全员公关
公共关系的职能	(1) 认识公共关系的职能类别 (2) 理解公共关系职能的内容，掌握其操作要领 (3) 学会承担公共关系职能范围内的责任	(1) 采集信息 (2) 参谋咨询 (3) 协调关系 (4) 教育引导 (5) 塑造形象 (6) 危机处理 (7) 监测环境

基本概念

公共关系学　公关管理

导入案例

2008年的雪灾

2008年1月12日开始，受强冷空气影响，我国南方地区奇逢50年不遇的罕见冰雪灾害。此次雪灾波及20个省(自治区、直辖市)、受灾人数过亿；造成十多个机场、众多高速公路关闭，京广铁路主干线和诸多铁路路段及国道停运。由此造成人员和物资流动阻滞的连锁反应，直接推动物价高涨和其他社会不稳定因素出现；而这场雪灾的最大破坏力体现在对电力的中断上。

雪灾发生后，党中央、国务院向全党全国发出号召：把抗灾救灾作为当前最紧迫的任务，以对人民高度负责的精神，坚决打好抗灾救灾这场硬仗。1月29日，中共中央总书记胡锦涛主持召开中央政治局会议，商讨应对雷雨灾情的对策。随后，中央主要领导奔赴各灾区看望慰问受灾群众，亲自协调指挥抗灾救灾工作。1月31日，胡锦涛总书记先后赴山西大同和河北秦皇岛考察煤炭生产和电煤供应情况。2月6日(大年三十)，胡锦涛总书记飞抵广西重灾区桂林资源县，在机场看到广州军区某团的解放军官兵正在把救灾物资搬上直升机，他立即加入搬送物资的队伍。温家宝总理日夜兼程，深入受灾最严重的湖南、广东抗灾救灾第一线，指挥救灾、慰问灾民。温总理亲自去看望滞留在车站无法返乡的乘客，向殉职的职工家属鞠躬。中共中央政治局常委吴邦国、贾庆林、李长春、习近平、李克强、贺国强、周永康等都深入各灾区，看望慰问受灾群众，指挥安排抗灾救灾。正是中央领导集体情系百姓，身先士卒、身体力行地践行“以人为本”、“执政为民”，表现出极大的凝聚力、感召力和战斗力，才形成了全国上下万众一心、众志成城的抗灾救灾局面。

灾情发生后，我们听到的是国家领导人强调为救助灾区不惜一切代价的话语，看到的是一幕幕国家领导人慰问灾区人民的画面、人民子弟兵和各界参与抗灾救灾的动人场景，以及一个个团体和个人捐赠物资给灾区的感人场面……针对这次雪灾，无论电视、报纸还是网络，都在不停地报道。在这次雪灾中，党和人民政府、军队的感人形象，中国国家领导人的亲民公关和电力、公安、军队等部门人员的牺牲精神，得到了有力的体现。此外，还有许多企业及时抓住这一机会，通过对受灾地区群众进行捐款捐物，提高了企业的知名度和美誉度。

一场不期而遇的罕见雨雪冰冻灾害，使我国的综合国力经受了严峻考验，使民族精神更加熠熠生辉，也使各级政府及领导干部的危机公关能力得到了实际锻炼。

将雪灾的信息公开，使灾情进展为公众知晓，保证各项救灾赈灾渠道畅通、有效，是这次抗击雪灾成功的经验之一。当雪灾肆虐南方大地时，党中央、国务院从信息公开入手，采取果断措施，扭转了被动局面。此后，通过各种渠道迅速、及时地将有关信息传达给公众，在积极引导舆论中组织和动员群众。通过媒介，广大群众可以及时了解雪灾情况，了解政府部门对这次雪灾的重视，感受各级政府对人民群众的关心。从一定意义上说，公关的过程就是信息传播的过程，公关信息传播的质量和效果直接影响公关行为活动的质量和效果。在本案例中，党和政府具有很强的危机公关意识和能力，很好地利用大众传播手段为自己树立了良好的公众形象。

大众传播媒介是公共关系中最重要的沟通工具，它的影响范围之广泛、传播速度之快捷，是其他任何形式的传播媒介所不能比拟的，因而是公关活动不可缺少的重要媒介手段。抗灾过程中，党和国家领导人通过电视、报纸、网络及其他媒介发表讲话，稳定民心，让群众了解政府所采取的各项有效措施。春节期间，总书记、总理等深入抗灾前线和老百姓共渡难关，更成为电视、网络媒体脍炙人口的新闻题材；在抗灾中发挥巨大作用的人民子弟兵，他们不分昼夜地参与救灾抢险的英勇事迹也得到了充分报道，他们被誉为“最可爱的人”。

公共关系在现代社会中具有巨大的作用，这与许多社交场合中一些被误认为公关的行为并不是一回事。本案例告诉我们：公共关系的核心内容是公关主体与公众之间的沟通，而公关主体最应关注的问题就是自身在公众面前的形象。这与一些人把请客送礼、搞好人际关系、注重个人礼貌礼仪看成公共关系的内容和重点，是有明显偏差的。那么，究竟什么是公共关系呢?这正是本章中要讨论的。

(资料来源：周欣. 公共关系理论与实务[M]. 北京：科学出版社，2008.)

思考题

从该案例中你能体会出什么是公共关系吗?

1.1　公共关系的历史演进

随着社会主义市场经济的迅猛发展和市场经济环境的不断完善、公共关系学因其独特的魅力越来越受到社会各界的普遍重视和各类组织的广泛应用。运用公共关系理论和技巧，树立良好的组织形象，提高经营者的管理水平和决策能力，已经成为社会组织谋求发展的重要手段，是社会组织处理好各种纷繁复杂关系的有效办法。公共关系学也将为社会组织创造和谐的环境，推动整个社会文明的进步。

1.1.1　西方近现代公共关系的起源与发展

公共关系作为一种全新的思想，一种科学而系统的理论，一种新型的职业，起始于19世纪末20世纪初的美国。此后，随着社会经济、政治、思想、文化及其社会历史条件的不断发展和变化，公共关系的发展也经历了不同的历史时期并呈现出新的特征。

现代公共关系的产生至今已经经历了4个阶段。

1. “公众受愚弄”时期(巴纳姆时期)

有组织的公共关系活动起始于19世纪中叶在美国风行一时的报刊宣传代理活动。19世纪30年代左右，新闻报刊业在美国得到了社会各界的关注，开始有了长足的进步，形成了一场较大规模的“报刊宣传运动”。当时的一些政治组织和公司企业发现利用报刊宣传自己的主张、美化自己的形象有意想不到的效果，于是纷纷雇佣一些能在报刊上发表文章的记者和与新闻界有关系的人员为本组织展开宣传，挖空心思“制造新闻”，完全不顾忌职业道德。报纸为了扩大发行量，也推波助澜，以“制造”的“新闻”吸引读者，以离奇的故事引起公众的好奇和注意。

在这方面最为突出的人物是报刊宣传员费尼斯·巴纳姆(Phinest Barnum)。应该说，巴纳姆是一个新闻传播方面的行家，他具有卓越的吸引公众的才能，但是却走向了极端。因为巴纳姆所处的时代是公共关系孕育生长的重要时期，巴纳姆非但没有增进公共关系的正面影响，反而败坏了报刊宣传人员的声誉，滥用公众信任的大众传播手段。为了赚到更多的钱，巴纳姆可以无中生有，制造神话。他的工作信条是“凡宣传皆好事”，完全不把公众放在眼里。其致命弱点有两个：一是这种宣传对公众的利益全然不予考虑，甚至出现了美国铁路大王“让公众见鬼去吧！”的谩骂公众的典型个案；二是几乎所有的报刊宣传员都以获得免费的报刊版面为满足，并为此不择手段地为自己制造神话，欺骗公众，这种做法与公共关系职业的基本要求和道德准则相去甚远。因此，这就使整个“公众受愚弄”时期在公共关系的历史上成了一个不太光彩的时期。

这一时期的报刊宣传活动已带有一定的组织性和较为明确的目的性，其范围已不仅限于政治领域、思想宣传领域，而且扩大到了经济领域，与谋求经济利益的愿望紧密结合在一起。

2. “说真话”时期(艾维·李时期)

1903 年，美国著名记者艾维·李(Ivy Lee)在美国开办了一家正式的公共关系事务所，标志着现代公共关系的问世。从此，公共关系事业进入了一个前所未有的发展时期。19 世纪末，美国已进入垄断资本主义时代，垄断财团占有社会的绝大部分财富。这一时期成为资本主义巨商和垄断资本家横行的时代。垄断财团及其巨头形象、声誉每况愈下，与社会公众之间的矛盾、冲突与日俱增。于是，一些大财团和大公司公开雇佣记者创办自己的报刊，仿效“公众受愚弄”时期报刊宣传活动的手法，杜撰有利于工商巨子的耸人听闻的“神话”和“新闻”，遮掩自己公司和企业中出现的各种问题。结果适得其反，公众对垄断财团的敌意倍增。于是，以“说真话”、“讲实情”来获得公众信任的主张被提了出来，并越来越得到工商界一些开明人士的赞同。艾维·李就是“说真话”的公共关系思想的代表人物。

艾维·李曾是《纽约日报》等报纸的记者。他审时度势，针对巴纳姆“公众受愚弄”、“凡宣传皆好事”的宣传活动的局限性，提出了“说真话”的公共关系理论思想。在艾维·李看来，一个企业、一个组织要获得良好的形象和声誉，不是依靠向公众封锁消息或以欺骗来愚弄公众，而是必须把真实情况披露于世，把与公众利益相关的所有情况都公之于众，以此来争取公众对组织的理解与信任。如果披露真实情况确实对组织不利的话，应该是调整组织的行为，而不是极力地遮盖实情。通常情况下，一个企业与员工或其他社会组织处于紧张的摩擦状态，往往是由于这个组织的管理者不注重与公众的沟通所造成的。因此，要想建立良好的公共关系，创造最佳的生存发展环境，其最根本的公共关系理念是“说真话”。1903 年，艾维·李辞去新闻记者的职务，做了一段时间的政治宣传人员，于 1904 年与乔治·F·帕克(George F. Parker)一起开办了宣传顾问事务所，公开对外营业，承接企业和其他组织所委托的业务，协调各方面的关系。虽然 4 年之后因两人观点不一致而使事务所停业，但它对现代公共关系的贡献却是巨大的，被誉为美国第一家正式的“公共关系咨询公司”，标志着公共关系职业的诞生。

1906 年，艾维·李向新闻界发表了阐述其公共关系活动的《原则宣言》，在宣言中提出了处理企业关系的“公开管理原则”，他指出：“我们的计划是代表企业单位及公众组织，对与公众有价值且为公众所乐闻的课题，坦率而公开地向报界和公众提供迅速而准确的消息。”“凡有益于公众的事必有益于企业和组织”，这一宣言成为反映他的公共关系基本思想的重要文献。

艾维·李开创公共关系事业之后，曾经成功地运用公共关系学原理处理一些重大事件，在社会上产生了强烈的反响，为他本人和公共关系赢得了巨大声誉。1904年，艾维·李被美国著名的实业家小约翰·洛克菲勒(John Rockefeller)聘为私人顾问。这时洛克菲勒因科罗拉多州燃料公司和钢铁公司工人罢工而处于焦头烂额的境地，他在处理罢工事件时，态度强硬，不容妥协，对工人进行镇压，在当时公众声誉极坏，被称为“强盗大王”。艾维·李接受此事件的协调使命后，采取了几条不同凡响的措施：调查事发原因并公布于众，聘请有声望的劳资关系专家来主持调查，以示公正；邀请工人代表参与商讨解决劳资纠纷的办法；建议增加工人福利和向慈善事业捐款，以改变形象。洛克菲勒无奈只得接受艾维李的建议，公众逐渐改变了对洛克菲勒的看法，平息了事端，挽回了声誉，从此艾维·李声名鹊起。

此后，美国许多大公司如美国电话电报公司、公平人寿公司、铁路公司等纷纷聘请艾维·李为公司的公共关系顾问或公共关系代理人。宾夕法尼亚铁路公司请艾维·李协助处理铁路的一些公关事务。在处理一起重大事故时，按照公司惯例本应对报界封锁一切信息，但艾维·李却反其道而行之。他请来许多新闻记者参观事故现场，并且由铁路支付经费，还成立了新闻发布中心，报道事故过程、提供信息、协助收集有关事故的材料。铁路的经营者以怀疑的眼光看待艾维·李的活动。就在这时，纽约铁路公司也发生了一次较大的事故。而纽约铁路管理者按照传统的方式处理此事，拒绝向报界透露消息。两种对事故的处理方式截然不同，结果宾夕法尼亚铁路处理事故的方式大受赞扬，而纽约铁路事故的处理方式则受到了一致的猛烈抨击。正因为艾维·李在公共关系理论和实践方面的卓越建树，公共关系界的多数人把他看成现代公共关系的鼻祖，称其为“公共关系之父”。

3. “投公众所好”时期(爱德华·伯纳斯时期)

艾维·李作为公共关系的创始人，虽然提出了一系列独创的公共关系思想观点和观念，但是由于当时历史条件的限制和个人精力的局限，还没有形成比较系统的公共关系理论，而主要是凭借个人经验开展公关工作。真正完成公共关系理论体系奠基任务的是美国著名的公共关系顾问爱德华·伯纳斯(Edward Bernays)。

爱德华·伯纳斯于1891年出生于维也纳，是著名心理学家、精神分析学派创始人西格蒙德·弗洛伊德(Sigmurd Freud)的外甥。在艾维·李之后，美国的公共关系事业得到长足发展。1913年，爱德华·伯纳斯受聘于美国福特汽车公司，担任该公司公共关系部经理，为塑造福特公司在公众心目中的良好企业形象、促进福特公司迅速发展立下了汗马功劳。第一次世界大战期间，他曾在威尔逊(Wilson)总统成立的官方公共关系机构“克里尔委员会”担任委员，负责向国外新闻机构提供美国参战的有关情况和背景资料。第一次世界大战结束后，他和夫人在纽约开办了一家公共关系公司，并开始致力于公共关系的理论研究。1923年，伯纳斯出版了他的第一部公共关系学专著《公众舆论之凝结》(又译为《舆论明鉴》)，标志着公共关系作为一门学科的正式诞生。同年，他在纽约大学首次讲授公共关系课程，成为第一位在大学里讲授公共关系的人，并且出版了教科书《公共关系学》。1928年出版了《舆论》，从而使公共关系的基本理论和方法形成了一个较为完整的体系。

爱德华·伯纳斯在《公众舆论之凝结》一书中首次提出“公共关系咨询”的概念，并对它的作用做了详细的解释。在他看来，“公共关系咨询有两种作用：其一是向工商业组织推荐它们应采纳的政策，这种政策的实施可以保证工商业组织的行为符合社会利益；其二是把工商组织执行的合理政策、采取的有益社会行为向社会广为宣传，帮助工商企业组织赢得公众的赞誉。”爱德华·伯纳斯公共关系思想的核心是“投公众所好”。他认为，以公众为中心，了解公众的喜好，掌握公众对组织的期待与要求的态度，确定公众的价值观念应该是公共关系的基础工作，然后按照公众的意愿进行宣传，才能做好公共关系工作。爱德华·伯纳斯对现代公共关系的重要贡献主要表现在：公共关系活动职业化；公共关系摆脱了对新闻界的从属；公共关系运用程序、方法、技巧现代化，提出了公共关系的整个运作过程应当包括从计划到反馈最后到重新评估等 8 个基本程序；初步建立了现代公共关系的理论体系；强调了舆论以及通过投其所好的方法和通过宣传引导公众舆论的重要；“投公众所好”是公共关系思想的核心和立足点；使公共关系观念有了科学的含义；主张获得公众的谅解与合作应当成为公共关系的基本信条。

爱德华·伯纳斯的理论探讨和实践活动为公共关系的职业化、科学化和公共关系教育的发展做出了重要贡献，使他享有公共关系先驱者之一的美誉。1924 年，美国《芝加哥论坛报》发表社论，强调提出：“公共关系已经成为一种专门职业、一种艺术和一门科学。”爱德华·伯纳斯终生投身于公共关系，1962 年退休之后，仍然关注着公共关系事业的发展，他的一生贡献给了这个崭新的事业。

4. “双向对称”时期(斯科特·卡特李普时期)

第二次世界大战以后，国际间的经济、技术和劳务合作日趋频繁和紧密。但由于不同民族和国家之间在交往过程中存在语言文字、思想文化、社会制度和风俗习惯等方面的障碍，客观上要求必须有一批公共关系的专业人员从中斡旋，进行有效的沟通与协调。正如美国《公共关系手册》提出的，“打算进入外国市场的美国商人发现，他们当务之急是解决公共关系问题”，因为“对外关系的交恶，十有八九不是出于利益的冲突，而是语言、文化、传统等方面的隔阂”。一个社会组织要想能够在世界范围内有所发展，必须要和发生利益关系的一方相互了解、相互信任、相互支持，最终才能共同发展。在公共关系的体系及其地位和作用方面，传统的公共关系与现代的公共关系有不同的认识。

传统的公共关系理论认为，公共关系无论其科学发展的理论深度如何，在公共关系实践中，它都是作为“一项具体工作”而表现出来的。“公共关系工作就是试图去保持和推进社会对组织的良好印象，这是建立在拥护组织的公众将会不断吸收组织的产出这样一个假设基础上的。”这类工作只注重将有关组织的信息扩散到组织环境之中，而忽略了将有关环境的信息传递给组织的过程。这种理论实质上是把公共关系的组织系统看成“封闭系统”，把公共关系活动被动化、僵化了，这是典型的公共关系具体工作论。

现代公共关系理论认为，公共关系首先是作为一种职能出现的，它要求以“开放系统”的思想方法去分析公共关系，以“双向对称”的理论模式去规划公共关系，即组织与其公共关系的维持与改变是建立在产生—反馈—调整各个环节相互作用的基础上的，组织在把自己的信息传递出去的同时，还要注意听取公众的反馈信息，并将公众的反馈信息吸收到组织下一步的决策之中。在这种模式中，公共关系具有潜在的、能够发挥参谋或顾问作用的能力，可以对决策过程施加影响。这种潜在能力能够在危急时期产生控制局势的作用，而且作为对外环境的感应系统，公共关系还可以阻止潜在危机的发生。

1953 年，斯科特·卡特李普(Scott Cutlip)、阿伦·森特(Allen Center)、格伦布鲁姆(Glen Broom)在《有效的公共关系》中论述了“双向对称”公共关系的模式：“公共关系的一个开放模型，从根本上改变了普遍存在的认为公共关系是一项具体工作的看法。这一模式就是被格伦尼格(Gruning)和亨特(Hunt)称为‘双向对称’的模型，它表明沟通是双向的，而且信息交流改变着组织公共关系的双方。”开放系统的“双向对称”公共关系模式的基本思想，一方面要把组织的想法和信息向公众进行传播和解释，另一方面，又要把公众的想法和信息向公众进行传播和解释，目的是使组织与公众结成一种双向沟通和对称和谐的关系。运用“双向对称”公共关系模式，首要和最重要的要求是对环境进行有目的性的感应，以便发现和预测对组织与公众关系有影响的环境变化。根据“双向对称”模式，公共关系必须有选择地注意那些对组织有影响的公众或组织政策所涉及的公众。这不仅需要确定目标公众，而且还要运用研究技术，在协调组织本身的同时协调公众。开放系统的“双向对称”公共关系模式还具有在组织内部促进正确行为产生的能力和指导进行影响公众知识结构、观点与行为的工作能力。在这种模式中，对于公众的知识结构、观点与行为所施加的影响，都是为了实现和维持组织目标，这一目标是组织与公众双方的共同利益。

当今世界，科技革命、知识革命和产业革命不仅使每一个国家的政治、经济乃至整个社会发生了划时代的变化，而且也使整个世界的经济、政治格局和人们的思想观念都发生了重大变化，其社会发展的总体趋势表现：一方面，社会日益走向多元化与多极化；另一方面，各种社会矛盾和对立又日趋缓和。这就使得任何一个社会组织只有增强与其他社会组织和公众的沟通、协调与合作，才能得以生存和发展。因此，社会组织与其相关团体和公众的自觉的、积极的、有目的的、有计划的相互沟通与联系就变得更加迫切和必要。开放系统的“双向对称”公共关系模式正是这一社会客观环境的必然产生。

1.1.2　当代中国的公共关系发展

现代公关是 20 世纪 80 年代初，随着改革开放悄然传入中国内地的。它起先是作为一种新的经营管理方法和技术，由南向北，从东到西，由服务行业向工业企业，由外资企业向国有企业，由企业组织向政府组织，在中国迅速传播，发展势头迅猛。其原因是它顺应了历史发展的潮流，适应了改革开放和建立社会主义市场经济体制的需要。当代中国公共关系发展大致经历了 3 个发展阶段，即导入时期、迅速发展时期和成熟稳定发展时期。

1. 导入时期

导入时期为 20 世纪 80 年代初及中期。随着改革开放的发展，在深圳、广州等地的一些中外合资企业和外商独资企业，按照海外的管理模式，出现了公共关系活动，最早在企业里设立了公共关系部。在这些公共关系部中，多数是由在海外受过公共关系训练的人担任经理。

1980 年中港合资的蛇口华森建筑设计顾问公司成立，这是我国第一家公共关系性质的专业公司，它主要是适应特区建设的需要，提供经验与技术。1982 年深圳竹园宾馆成立公共关系部，开展以招徕顾客为目标的扩大影响的服务性公共关系活动。1983 年中外合资的北京长城饭店成立公共关系部。1984 年广州中国大酒店等宾馆、酒家和服务部门设立公共关系部。后来，广东电视台以这批宾馆、酒楼的公共关系活动为背景拍摄了第一部反映公共关系理论与实践的电视连续剧《公关小姐》。该剧在全国放映后，影响千家万户，使公共关系为亿万中国人所知晓。1984 年 9 月，我国国有企业第一家公共关系部——广州白云山制药厂公共关系部正式成立。1984 年 11 月《经济日报》发表长篇通讯《如虎添翼——记广州白云山制药厂的公共关系工作》，并配发重要社论《认真研究社会主义公共关系》，对公共关系的引进和发展阐述了原则性的看法和指导性的意见。这标志着现代公共关系在中国已得到确立。

导入时期的公共关系主要是把国外的公共关系运作模式、运作程序、管理经验及具体做法引入中国。由于当初人们对公共关系缺乏认识和了解，公共关系的运用多采取简单搬用或模仿外国公共关系的做法。即便如此，对刚实行改革开放政策的中国人来说，能以新的思想观念接受外国的经验、技术，已经是一个了不起的进步了。

2. 迅速发展时期

迅速发展时期为 20 世纪 80 年代中后期。这期间，中国呈现第一个“公关潮”。其标志是专业公共关系公司、公共关系协会、公共关系教育培训及公共关系理论研究迅速发展起来。

1985 年，两家世界上最有影响的公共关系公司——伟达公司和博雅公司先后进入我国。其中，博雅公司与中国新闻发展公司达成协议，成立中国第一家公共关系公司——中国环球公共关系公司。1986 年 12 月，成立全国第一家省级公共关系协会。1987 年 5 月，全国权威性的公共关系社团组织——中国公共关系协会在北京正式成立。全国各省、直辖市、自治区，以及若干大中城市相继成立地方性公共关系协会或学会，许多企业内部的公共关系部开始运作，并取得了较大的实践成果。“健力宝”等企业的公共关系活动在全国范围内产生轰动效应。1985 年 1 月，深圳市总工会举办全国第一个公共关系培训班。在此前后，深圳大学、中山大学、北京大学研究生院、首都师范大学、复旦大学、清华大学、中国人民大学等相继讲授公共关系课或开办公共关系专业。1986 年 11 月，中国社科院编著的《塑造形象的艺术——公共关系学概论》正式出版。同月，王乐夫、廖为建等人的公共关系专著问世。从 1988 年起，全国公共关系组织联席会议相继在杭州、西安、广州等地召开。1989 年，全国高校第一届公共关系教学研讨会召开。弗兰克·杰弗金斯(Franck Jefkins)著的《公共关系学》、斯科特·卡特李普等著的《有效的公共关系》等国外公共关系著作在中国内地翻译出版。1988 年 1 月，中国第一家公共关系专业报纸——《公共关系报》在杭州创刊，向全国发行。1989 年 1 月，中国第一份国内外公开发行的公共关系杂志——《公共关系》在西安创刊。公共关系的理论研究十分活跃，理论成果十分丰富。据不完全统计，在迅速发展时期，公共关系专著、译著、教材公开出版发行近 100 部。在第一次“公关潮”时期，虽然仍有机械模仿、层次较低、良莠不齐、鱼龙混杂等情况，但理论上和实践上的“百家争鸣，百花齐放”的局面却为下一时期的公共关系发展打下了较好的基础。

3. 成熟稳定发展时期

成熟稳定发展时期为从 20 世纪 90 年代初至今。其标志有 4 个。

第一，中国的公共关系得到党和国家领导人的关注。1991 年 5 月，中国公共关系协会在北京召开全国公共关系工作会议，对公共关系事业的发展进行总结，交流经验。李瑞环、薄一波等同志在给会议的贺词中充分肯定了中国公共关系事业取得的成绩，明确指出了公共关系事业的发展方向和根本任务。这在全国产生了重要影响。

第二，公共关系的教育和理论研究日趋成熟。1994 年 4 月，中国国际公共关系协会成立，促进了中国公共关系理论研究与社会实践的国际化，推动了公共关系事业的进一步发展。1994年中山大学被教育部批准开办部属院校第一个公共关系本科专业，随后在一些名牌学府开始尝试招收公共关系方向的硕士生、博士生。至今，所有的本科院校全部开设了公共关系学课，约有20多所各类学校开设了公共关系高职专业。全国公开出版的公共关系专著、教材、译著、工具书等已超过1 000种。其中具有代表性的有全国通用教材《公共关系学》(获全国优秀畅销书奖)、《中国公共关系教程》、《中国公共关系大辞典》等。1990年，中国公共关系协会学术委员会在河北高碑店召开全国第一届公共关系理论研讨会。之后，在上海、福州、杭州、石家庄、大连等地召开第二届至第六届全国公共关系理论研讨会，极大地推进了中国公共关系的理论研究进程。在这一时期，学术研究较为活跃，一些学术流派开始产生，如形象学派、协调学派、传播学派、管理学派等，细化和深化了对公共关系的研究。

第三，公共关系的实践活动从自发走向自为、从盲目走向自觉、从照搬走向自主创造。全国有一大批公共关系专家、学者分别主持、策划、操作企业公共关系、企业CIS(corporate identity system，形象识别系统)、政府公共关系或城市CIS和城市形象建设。

第四，1998年，经国家劳动和社会保障部批准，公共关系职业被载入“国家职业分类大典”；纳入国家正式行列。1999年国家职业资格工作专门设立公共关系专业委员会，这标志着我国公共关系职业化迈出关键一步。

1.2　公共关系的内涵和特征

应用案例 1-1

唐骏的管理技巧

中秋节发月饼是很多公司的惯例，然而这小小的月饼引出的麻烦却不小：发吧，员工嫌公司没新意；不发，他又抱怨公司太小气。然而，唐骏却把这个不大不小的麻烦处理得颇为“艺术”：只要员工写明要将月饼送往何地何人，不论上海还是外地，公司一律派快递第一时间送到指定人手中。随月饼还附上唐骏设计的贺卡，先表达中秋祝福，再写明公司一年来的业绩和成就。

微软公司曾在上海的某商务楼办公，该楼共有6部电梯，但是只要有一部电梯在一楼，其他的5部电梯就会“高高在上”，丝毫不理会高峰期等待上楼的人排成了长龙。为了上班不迟到，很多员工硬着头皮从一楼爬到19楼，电梯带来的麻烦让大家叫苦不迭。获知员工的“痛苦”后，唐骏做出了这样一个决定：雇用了6位阿姨，专门负责开电梯。这小小的一招，让员工深切地感受到了公司“以人为本”的管理作风。

上海盛大网络公司总裁唐骏以前在微软公司创造了公司员工满意度最高的纪录，他离开微软公司时多名员工写信给他：“我还是想当你手下的兵”。与此相反，不久前新浪网做的一项调查却显示，有75%的员工想离开现有的公司，仅有18%的员工为自己的公司自豪，有14%的员工认为领导描绘的蓝图是骗人的。

唐骏究竟使用了什么样的魔法，在员工人心浮躁的今天，将他们牢牢团结在自己的周围呢？日前在前程无忧举办的2004人力资本论坛上，唐俊道出了再简单不过的管理经验：以人为本。

(资料来源：http://www.jxnews.com.cn/oldnews/n1097/ca751961.htm.)

1.2.1 公共关系的内涵

1. 公共关系的定义

“公共关系”一词是由英文“public relations”翻译而来。1892 年，美国的多尔曼·伊顿(Dorman Eaton)在耶鲁大学做了题为“公共关系与法律职业的责任”的演讲，第一次使用了“公共关系”(简称公关)的概念。到今天，有关公共关系的定义已逾千种，几乎每一本书，都是一家之说。这些众多定义，可分为 5 种类型，即管理职能论、传播沟通论、社会关系论、现象描述论和表征综合论。

如上所述，各类公共关系著作虽定义繁多，但难以形成一个比较一致的观点，其原因有以下几方面：第一，定义繁多显示了公共关系学科的年轻、成长性和不成熟性；第二，国内外专家、学者、组织根据不同的价值取向来理解和解释并用不同的语言来表述公共关系；第三，显示了公共关系园地百家争鸣、百花齐放的景象。

本书对公共关系定义做出如下表述：公共关系是组织运用传播手段，进行协调公众关系、改善发展环境、树立良好形象的管理活动。这一定义有以下几层含义。首先，公共关系是一种特殊的、团体型的社会关系。它揭示了组织与公众的关系状态，发生这种关系的前提是组织与公众有某种利益上的牵连。如果没有这种双向、互动的利益上的联系，是不能构成公共关系这对矛盾的。这种利益上的关系是界定公共关系的重要条件之一。其次，公共关系是一种管理活动。它是组织为了实现其目标进行的实践活动。通过对各项活动的管理，逐次推进目标的实现。再次，公共关系的重要任务是树立良好的组织形象。通过树立良好形象，增强组织的吸引力、凝聚力、感召力，形成归属感，提高组织的知名度与美誉度，这样才能实现组织目标和公关目标。最后，组织总是在一个具体的环境中来实现组织目标和公关目标的。因此，环境是否良好与组织的利益关系极大。通过公关活动来改善环境，使环境对组织有利，还要运用信息的传播与沟通的手段，把信息定向传播，然后收集公众反馈信息并运用相关原则、原理，指导协调好与公众的关系，创造良好的关系状态，帮助组织实现各种目标。因此，可以认为公共关系就是一种形象的管理活动。

2. 公共关系的结构要素

公共关系的结构由组织、公众、媒体、环境 4 个要素组成，要素与要素之间相互联系、相互制约。组织是公共关系活动的主体，是公关活动的发起者、策划者、实施者、调控者与评估者。公众是公共关系活动的对象，在组织目标实现的过程中，发挥出巨大的能动作用。媒体是组织实施关系管理的载体，是联系组织与公众的桥梁和纽带。环境是组织与公众生活的载体、活动的物质空间。组织、公众、媒体在一个特定的具体空间里进行运作，实现组织目标。进行公共关系活动，这 4 个要素缺一不可。

3. 对公共关系含义的理解

1) 公共关系是一种关系

公共关系的定义揭示了它是一种组织与公众的关系，发生这种关系的前提是组织与公众有某种利益上的牵连。这种利益上的关系是界定公共关系的重要条件之一。

2) 公共关系是一种观念

处理事情的时候，人们常说要有公关思想，这个公关思想就是公关观念。公关观念的内涵极为丰富，如信息传播沟通、协调、透明度、双向平衡、互惠互利等。没有这些观念，是难以实现对关系的管理的。

3) 公共关系是一种文化

文化是人类在改造自然、社会和人本身等方面所进行的各种活动，以及所创造的物质财富和精神财富。现代公共关系在社会生活中是为主文化服务的亚文化，是联系社会主文化与该文化群体中的个体文化，即组织与公众的一个重要桥梁和中介。亚文化得到组织与公众的认同和接受，融入他们的生活中去，具有生命力与影响力。同时，亚文化接受主文化的指导和影响。因此，现代公共关系是现代社会生活中一种文化现象，从组织运作的各个环节来看，无不充满了文化的氛围。

4) 公共关系是一种活动

现代公共关系是一种见之于实践的活动，是组织为了实现组织目标进行公共关系的实践活动，如进行公关策划、信息传播、沟通、协调等，无一不是具体的公共关系活动。

5) 公共关系是一种状态

现代公共关系是指一种公共关系状态。公共关系状态是指组织与公众相互联系的情况、相互作用的程度及其发展趋势，公共关系状态表现在知名度、美誉度、凝聚力、组织效率和社会效益 5 个方面。如果某一个组织在这 5 个方面做得较好，那么表明该组织具有良好的公关状态。

6) 公共关系是一种意识

现代公共关系是一种意识，即全员公共关系意识。具有全员公共关系意识的组织，其公共关系工作不仅会得到全体内部职工的支持，而且内部职工也会自觉地去从事公共关系工作，创造出良好的公关效益。

7) 公共关系是一门科学

现代公共关系作为一门学科，它表现为一种理论形态，形成了一门系统的理论体系。它有自己的概念、原理、原则、范畴和具体的操作技巧及规律，并随着公关实践的发展而不断完善和丰富。它既是一门高度综合的边缘性、交叉性学科，也是具有可操作性的应用学科。

8) 公共关系是一种艺术或方法

现代公共关系为实现组织目标，在运作中表现为一种艺术或方法。它不能照抄照搬别人或过去的方案，因为成功的公共关系活动是特定情景的产物。只有根据组织、公众、公关人员的具体情况，采取最佳的方法来沟通、传播，使关系协调，才能实现组织目标。

9) 公共关系是一种职业

现代公共关系自从艾维·李首创公关职业化先河以来，已形成了一支颇具规模的职业大军。截至 1999 年底，对全国公关市场(港、澳、台除外)的调查显示，公共关系市场总收入为 10 亿元，从业人员已达 10 万多人。进入新世纪，我国已加入 WTO，社会主义市场经济将有一个更大的发展，组织之间、个人之间的纵向、横向联系会有更大的扩展，以迎接新形势与新挑战。公共关系这一朝阳职业，深受人们尤其是青年人的喜爱。1999 年 1 月 4 日，国家劳动和社会保障部正式批文，成立国家职业资格工作委员会公关专业委员会，同年 5 月出版发行的《国家职业分类大典》中，收入了公共关系职业的名称、公共关系职业定义及公共关系职业工作。这标志着国家正式承认了公共关系这一职业。公共关系在社会各行各业中从此占有了一席之地。

1.2.2 公共关系的基本特征

1. 信息的双向传播与沟通

组织是靠信息的传播与沟通，使公众知晓，然后把公众的信息反馈给组织(传播者)。通过多次的反馈，组织与公众找到可以接受的一点，称为“中点”，体现在利益上双方均可接受，通过这样的信息传播与沟通，使主客体达成共识。

2. 兼顾公众利益

兼顾公众利益又称双向平衡。进行公共关系活动，实现组织目标，必须制定组织的方针、政策。这个方针、政策是为组织目标服务的，也是为组织的利益服务的。制定组织的方针、政策时，要充分注意组织与公众的利益应大体平衡，在以组织利益为主的前提下，兼顾公众的利益。如果组织和公众的利益失衡太明显，则对双方都是不利的。

3. 公共关系是组织行为

现代公共关系的行为主体是组织，公共关系活动的策划、实施与评估都需要组织出面，组织是公共关系活动的载体。个人是难以成为公共关系活动的主体的，因为这与公共关系的定义相悖。

4. 公共关系是一种管理行为

现代公共关系是一种现代的管理行为，是对关系进行管理的手段。如前所述，对关系进行管理的最有效的手段是公共关系，它可以对众多的关系进行广泛的管理，局限性小，收效快而稳定。

5. 个人也可运用公关的某些原理、原则与方法技巧

尽管公共关系是组织行为，但是它是由人来操作的，所以作为个人也可以借用公关的原理、原则、方法和技巧，为实现个人的价值和目标提供服务，如一位大学毕业生利用老师的一封介绍信，找到了一份满意的工作。公共关系对提高个人素质，使其适应现代社会发展有着积极的作用：它能促进个人观念更新，适应社会需要；它能提高个人的能力，如创造能力、交际能力、自我调节能力、应变能力等。

1.2.3 公共关系辨析

1. 公共关系与庸俗关系

公共关系在我国普遍传播后，出现了明显的两极分化。在一些开放型公司里，公共关系人员地位高，公共关系工作计划周密、效果好；在一些中小型企业里，声称开展公共关系工作，实则使用行贿术，经营色情业，公共关系成了“姿色加手腕”的代名词，严重玷污了公关的名声，致使社会上也有人把公共关系与庸俗关系等同视之，甚至认为它比一般的“拉关系”、“拍马屁”还要恶劣低下。其实，公共关系与庸俗关系水火不容。两者从表面上看都是利用关系网去实现目的，但却有着本质的区别。

1) 根植的土壤不同

公共关系根植于高度发展的商品经济社会。社会化大生产的出现和发展，使社会生产

力水平不断提高，物质产品不断丰富，卖方市场向买方市场转化，市场竞争激烈。公共关系就是在这种条件下产生的。庸俗关系根植于自给自足的小农经济土壤，社会生产力水平低下，物质产品供不应求，就产生了贿赂型经营。

2) 最终目标不同

公共关系追求的是社会整体效益，以社会公众的长远利益为出发点和归宿。庸俗关系追求的是个人或小集团的眼前利益。

3) 手段不同

公共关系是在公开事实真相的基础上进行双向沟通，争取社会公众的了解和支持，通过公开、合法的各种传播媒介向整体性社会公众介绍本组织的政策和行为。庸俗关系所采用的手段，往往是进行个人之间的私下交易。有些人不惜损害集体利益、国家利益，牟取个人私利。还有些人以行贿受贿的手段，互相利用，各自抓住对方把柄，使这种不正当的关系维持下去。因此，庸俗关系与公共关系在做法上是背道而驰的。

4) 公共关系已发展成一门学科

公共关系已发展成一门学科，而庸俗关系永远不可能被社会承认，更不可能发展成学科，是必须摒弃的。中国的公共关系具有浓重的人际关系特色，应该将人际交往型公共关系中正常的请客送礼和庸俗关系区分开来。

2. 公共关系与人际关系

人际关系是依赖某种媒介并通过个体交往而形成的人与人之间的关系，即私人关系(private relation)，如因血缘关系而形成的父母与子女的关系、以职业为纽带而形成的上下级关系和同事关系等。人际关系与公共关系是两个既有联系又有区别的不同概念。人际关系与公共关系的联系很紧密。组织内部的联系主要是个人与个人之间的联系，组织与组织之间的联系也往往表现为一个组织中的若干人与另一个组织中的若干人之间的联系。公共关系实务工作除了运用大众传播手段，也常常通过人际关系的沟通来进行。尤其在我国，目前大众传播的技术还不十分发达，大量的公共关系工作还依靠人际传播来进行。因此，公共关系是以人际关系为基础的，良好的人际关系有助于组织内部环境和外部环境的和谐与改善。但公共关系与人际关系毕竟是两个不同的事物、不同的概念，两者的区别主要表现为以下 3 个方面。

1) 目的不同

公共关系的目的是为组织在社会公众中树立良好形象，建立组织与社会公众之间的良好合作关系。人际关系的目的是为个人结良缘、交朋友，是为了实现个人的心理需要，建立个人与个人之间的和谐的人际环境。

2) 结构不同

公共关系的主体是社会组织，在组织与公众的交往中实现的是组织的宗旨，体现的是组织的价值观念、行为规范。其客体对象——公众也是一个整体概念，即使是通过人际交往的形式来实现公共关系，构成关系的主客体仍然是两个集合体。人际关系则是个人与个人之间的关系，关系的主体与客体都是个体，实现的是个人的意愿、个人的目的，体现的是个人的价值观念和行为规范。

3) 沟通方法不同

公共关系尽管也需要人际沟通的手段，但它主要是运用大众传播和群体传播的技术和方法，如报纸、电视、广播，或召开记者招待会、大型集会等。人际关系则以自己的言语举止为媒介，采用个人之间面对面的直接交谈，或借助电话、书信等技术和方法。总之，公共关系不是人际关系，它要比人际关系复杂得多。因此，在开展公共关系工作时，不要把它当作人际关系来处理；即使是以个人身份出现，也必须增强自己的角色意识，要透过个人之间的关系，将组织与公众联系起来。

1.3 公共关系的原则

应用案例 1-2

蒙牛集团的超级公关之旅——创新篇

“这是值得写进教科书的经典案例。”一位乳业资深人士这样评价 2005 年度蒙牛酸酸乳的“超级女声”公关活动。

“超级女声”是湖南卫视于 2004 年推出的一档女生选秀节目，2005 年共有 15 万名选手在全国 5 个唱区报名参加。从唱区海选到 7 场全国总决赛，“超级女声”不断升温，成为 2005 年夏天最受瞩目的电视娱乐节目。这档节目的冠名赞助商是乳业领袖蒙牛公司。借助冠名“超级女声”，该公司一款名为酸酸乳的产品销量一路飙升。

调查结果显示，2005 年 6 月蒙牛酸酸乳在广州、上海、北京、成都 4 个城市的销量超过 100 万千克，是上一年同期的 5 倍。而广州地区的变化最为引人注目，在“超级女声”开始后销量翻了一番。2005 年 8 月 23 日，蒙牛乳业在香港发布了其 2005 年上半年的财务报告，公司上半年营业额由去年同期的 34.73 亿元上升至 47.54 亿元。

除了销量飙升，蒙牛在美誉度方面也尝到甜头。央视索福瑞对主要品牌乳酸饮料的调查报告表明，今年 5 月蒙牛酸酸乳的品牌第一提及率跃升为 18.3%，反超竞争对手伊利优酸乳 3.8 个百分点，无论是从品牌力还是从市场占有率来看，蒙牛酸酸乳都已成为乳饮料方面的第一品牌。

但在一年以前，这对黄金组合却被人们视作“离经叛道”。因为在人们的印象中，牛奶品牌总是和贤惠的主妇、健康的孩子、温馨的家庭等传统的元素联系在一起，而这一次，与蒙牛酸酸乳站在一起的，是时尚、勇敢甚至“出位”的“超级女声”，是一次劲歌辣舞、前卫大胆的“平民秀”。蒙牛为什么要这样选择？

公共关系既是一门科学，又是一门艺术。因此，成功地开展公共关系活动不仅要掌握一定的公共关系原理、方法和技巧，而且还必须遵循一定的基本原则。

(资料来源：曾琳智．新编公关案例教程[M]．上海：复旦大学出版社，2006．)

1.3.1 实事求是原则

公共关系作为一种客观存在，必须以事实为基础，没有事实，公共关系就无法开展，先有事实，后有公共关系。艾维·李创办的《宣传顾问事务所》，开创了公共关系这一新的职业，就是因为有不少企业组织面临着如何运用新闻媒介来争取舆论、树立形象的事实，公共关系职业应运而生。

现代社会组织与环境之间处于不停的相互作用之中，两者之间总是存在着平衡与不平衡、协调与不协调的对立统一关系。公共关系工作的任务就是要变不协调为相对协调。一般地说，总是先有不平衡、不协调的“事实”，然后才有变不平衡为平衡、变不协调为协调的公共关系的工作。因此，公共关系的开展必须以事实为基础，以科学的调查研究、以对事实的充分了解和掌握为基本条件。一个组织要开展公共关系工作，首先要考虑的不是技巧，而是对事实的准确把握，考虑通过什么方法搜集关于公众情况的资料，收集关于组织与环境的相互作用情况的资料。搜集关于双方可能存在的不平衡、不协调的种种事实，才能进而策划公共关系的行动计划。因此，事实必须是全部公共关系工作的起点。

1. 全面掌握事实是关键

掌握客观、真实的事实是进行预测、决策的关键，全面、客观地掌握有关事实对公共关系活动的开展具有决定性的作用。客观地掌握事实，要求公关人员在调查、了解有关事实时，既不能文过饰非，报喜不报忧，也不能偏听偏信，抱有先入之见，必须尊重事实，如实报告，必须杜绝主观随意性，力求实施的公正与真实，以避免将不准确的信息传递到决策层，导致决策偏差。所以要求公关人员必须从事实的广度、深度全面把握客观事实。总之，事实不但在本质上决定了公共关系的存在，而且还从掌握它的质与量两方面决定了公共关系的开展水平。因此，全面掌握客观事实是关键。

2. 实事求是地传播是根本

公共关系活动的一项主要工作就是传播信息，一方面将组织的信息向其公众传播，另一方面，将公众的信息反馈给组织，从而使双方相互适应、相互了解。从艾维·李的《原则宣言》提出“公众必须被告之”开始，“讲真话”就成为公共关系传播的原则立场，以事实为基础，主动地告知公众。实施告知公众的过程，即信息传播的过程，传播信息并不难，难就难在如何实事求是地传播信息，因为信息传播的结果对组织与公众都有利害关系，如对双方都有利，对双方都没利，对一方有利对另一方没利，这 3 种情况下，后两种情况问题就比较麻烦。一方面要实事求是地传播事实，另一方面要使不利的影响降到最低。广东强力啤酒厂曾得益于卓有成效的公关活动，但由于隐瞒产品质量问题使企业的形象毁于一旦。这充分说明了公共关系必须坚持诚实守信、实事求是的原则。传播学告诉人们，要传播事实结论，更要传播形成事实的过程，这样才有助于不利的一方了解事实真相，降低不利影响。

需要指出的是，公共关系要做到诚实信用，既要考虑企业的利益，又要考虑公众的利益。产品的质量是企业的生命，也是树立企业良好形象的关键。“公共关系 90%靠自己做得好，10%才是宣传”。人们强调在信息传播时应遵循实事求是的原则，并不是要人们机械、呆板地执行，而是灵活、辩证地掌握它、贯彻它，这就要求公共关系人员不仅要有高尚的职业道德情操，同时也要具备相应的传播技术水平，才能真正做到实事求是。

1.3.2 平等互惠原则

公共关系不是以血缘、地域为基础，而是以一定的利益关系为基础的，一个社会组织在发展过程中必须要得到相关公众的支持才能发展，而这种支持的前提是双方的共同发展。日本住友银行以往在招聘员工时有这样一个考题：“当组织利益与国家利益冲突时，你如何处置？”答案是你要尽可能保持两者利益的平衡，不能偏袒一方，理由很简单，漠视国家利益者，最终必然会因此而受到政府的惩罚。

社会组织在开展公共关系活动中，要注意信守平等互惠原则。平等互惠原则是指公关活动要兼顾组织与公众的双方利益，在平等的地位上使双方互利互惠。

公共关系活动必须遵守平等互惠的原则，不能单纯地追求组织单方面的利益。只有在公众也同样受惠的前提下，才可能得到公众的支持和合作。事实上，任何一种良好的社会关系要得到维护和发展，都必须对双方有利。公共关系强调主体和客体的平等权利和义务，尊重双方的共同利益和各自独立的利益，谋求本组织利益与相关公众利益的平衡协调并促成组织运作与环境达成自动平衡。公共关系必须信守组织与自己的公众对象共同发展、平等相处、互利互惠、共存共荣的坚定信念。公共关系必须以公众为本，一个失去了公众的组织也就丧失了生存的环境。为了满足公众的合理需求，有时可能要求组织对眼前利益做出必要的“牺牲”。从长远来说，这是对组织生存环境的维护，属于组织的公共关系投资，是形象建设的要求。因此，组织在与公众交往沟通的过程，应从公众利益出发，真诚地对待公众，设身处地为公众着想，以公正平等的态度为人处世。

坚持平等互惠原则必须做到以下几点：第一，要对公众负责，对由组织行为引起的相关公众负责，实际解决有组织行为引起的问题，同公众一起承担社会问题的责任；第二，要对组织负责，协助本组织完成自身既定的任务，把组织生存、运行、发展建立在满足公众利益需求的基础上；第三，必要时牺牲组织的眼前利益也要满足公众的根本利益要求，这是公共关系的战略要求，也是对组织生存环境的维护。总之，社会组织在保证组织自身工作圆满完成的同时，要善于平衡组织与公众的利益，当组织利益与公众利益相抵触时，公共关系强调组织的利益服从公众利益。

应用案例 1-3

日本三菱公司帕杰罗 V31 越野车质量事件

从 2000 年 9 月我国第一起因该越野车刹车制动质量而引起事故，到 2001 年 2 月 1 日国家出入境检验检疫局发表紧急公告：自即日起吊销三菱帕杰罗 V31、V33 越野车进出口商品安全质量许可证，并禁止其进口(周日中央电视台《新闻联播》节目随即播出)期间，2000 年 9 月，国家检验检疫局通知三菱公司，要求对其产品进行质量检验，同年 11 月，三菱公司通知中国特约维修站，对帕杰罗 V31、V33 进行检查(已拖了两个月)，“发现刹车管磨损的进行更换，没有磨损的调整刹车管和感载阀位置”，还以中国的路况不好为由，为其质量问题辩解。2001 年 2 月 12 日，三菱公司终于宣布召回检修旧款帕杰罗 V31、V33 越野车，并向中国消费者表示歉意，但就赔偿问题仍不能给予明确回复。2 月 17 日，“陆慧事件”成为舆论关注的焦点(陆慧被刹车失灵的帕杰罗撞成了脑重伤)。2 月 23 日，三菱公司以“甲方配合不力”为由公布，仅对受害者陆慧提供“道义卜支持”12 万元人民币，更激起了民愤。3 月 6 日国家进出口商品检验局等四部门公告，停止进口三菱帕杰罗两车型。在此同时，有 1 800 辆 V31、V33 的云南帕杰罗用户开始向三菱公司索赔。3 月 9 日，西安消费者刘文红等 4 人以损害赔偿为由正式向北京市第二中级人民法院递交诉状，将三菱汽车工业株式会社告上法庭。这一事件的后果是三菱公司被迫退出中国汽车市场已成必然，该公司本部 2 月 26 日宣布裁员 9 500 人，年产量从 130 万辆减至 100 万辆，车种也由 24 个减至约 13 个。“日本制造”的神话也已经破灭，以后要重新再树立不知又要花费多少人力、财力、物力。此外，还有数以亿计的召回维修费和可观的赔偿费，以及中国民众对日本产品所谓“一流质量到欧美，二流质量用国内，三流质量供中国”的深恶痛绝。

(资料来源：张百章，何伟祥. 公共关系原理与实务[M]. 大连：东北财经大学出版社，2002.)

1.3.3 开拓创新原则

一切事物都在发展变化之中，没有变化，发展也就无从谈起。公共关系的变化与发展，无不体现着社会组织不断更新观念、更新模式来适应不断变化的外部环境。在网络经济时代，“注意力”经济成为主流，“注意力”、“眼球”成为稀缺资源，谁能争取到足够数量的“眼球”，谁就能战无不胜。搜狐总裁张朝阳曾说“再好的产品如果不与注意力和瞩目性相结合，也创造不了价值。”国际公共关系协会主席卡罗琳·法齐奥(Caiolyn Fazio)称“公关界出现了类似广告界的趋势，要么你在30秒内抓住我的注意力，否则我就会转到另一个频道、网站或是杂志。”因此，必须为客户迅速、有效、真实地传播简明易懂的信息，不仅要做到吸引注意力，而且要做到留住注意力。

1. 思维创新是决定性的创新

思维的创新必须遵循科学的策划规律。作为策划思维的主体——人脑，在进行策划思维时是有明确目的的，有一定的价值模式和知识储备的，当人们认识事物、策划公关活动时，容易用僵化的视角来认识事物，当人们将视角多元化、全方位观察事物时，新的创意思路将会产生。从肯定视角来看，可在失败、消极因素中看到希望；从否定视角来看，可在一帆风顺中找到危机；从自我和非我视角来看，可以认识自我与非我、人类与社会，认识团体间、民族间差异的合理性；从求同视角来看，可以认识事物普遍性；从求异视角来看，可以认识事物的特殊性，打破思维定势，突破经验教条，策划将进一步向理性回归。

2. 方法创新是提高工作效率的保证

做任何事情都要讲究方法，有了好的方法，就将事半功倍，反之，事倍功半。公共关系是一项挑战性极强的事业，有时与各种各样的人打交道，其工作自然也就更重视方法问题，以情感人、以理服人、以利动人、以法律人，正是工作方法创新的具体表现。同时，公共关系的重点是传播信息，沟通组织与公众间的联系，塑造组织形象。信息的传播与沟通，追求的是快捷、灵通、有效，公关人员应主动利用先进的传播工具及技术，综合运用各种媒介资源，达到传播效果的倍增效应。

3. 内容创新是公共关系活力所在

公共关系工作面临的是多层次、多变化的公众，如何适应多种变化，不断调整或变更有关工作项目内容，也是公共关系的一个重要课题。创新的出发点与归宿点是满足公众的需求。随着人们生活水平的日益提高，人们已经不满足于基本的衣、食、住、行的需求，情感需求、精神需求成为主流。公共关系活动内容必须适应公众需求的变化，反映出社会变化发展的时代特征，才有活力，才能取得成功。

1.3.4 全员公关原则

全员公关原则是指一个组织公关工作的开展，不仅要依靠专职公关机构和公关人员的不懈努力，而且有赖于组织由各部门和全体员工的配合，要求组织的全体成员都注意树立公共关系观念，都要关注并参与公共关系工作，都要为公共关系工作做出贡献。

要搞好全员公关，必须进行全员公共关系管理。所谓全员公共关系管理，即通过全员的公关教育与培训，增强全员的公关意识，提高全员公关的自觉性，加强整体的公关配合与协调，全面发动全员的公关努力，形成浓厚的组织公关氛围与公关文化。具体说来要做到以下几点。

1. 树立全员公关意识

组织的领导应关注组织的公关状态，在经营管理中提出公共关系方面的要求，在实际工作中支持和指导公共关系工作。职能部门和基层的负责人，需要了解自己的公共关系责任：弄清自己的工作职责与公共关系的关系；努力使所属部门的业务支持整体公共关系目标；在工作中及时向公关人员寻求忠告和协作；让公关部门了解本部门的计划、作业、人员变动及新产品(服务)等方面的最新信息。

2. 充分重视全员的公共关系配合

组织及其公关部门要将公关的日常性工作与全体干部、职工的日常行政、业务、生产工作结合起来；应该在有关的规章制度中明确每一个部门或岗位对公共关系应负的责任。

3. 努力培育组织的公共关系氛围

组织及其公共关系部门要经常在干部、职工中进行公共关系的教育和培训，开展公共关系方面的评比和奖励，努力培育组织的公共关系氛围和公共关系文化。

1.4 公共关系的职能

应用案例 1-4

公关部该做什么？

在公共关系刚传入我国，掀起一股公关热潮的时候，南方有家宾馆新设了一个公关部，此公关部配有豪华的办公室、现代化的通信设备和漂亮迷人的公关小姐，然而公关部的经理却不知道该做些什么。后来，这位经理请来了一个公共关系顾问，向他请教该做些什么，这位顾问问了很多问题，问得这位公关经理张口结舌，无言以对。诸如：本地有多少宾馆？总铺位有多少？旅游旺季时，本地外国游客有多少，港澳游客有多少？外地游客有多少？宾馆的知名度如何？过去几年中，宣传费用有多少？最大的竞争对手是谁？潜在的竞争对手有多少？顾客不满，发生争议的事件有多少？服务不周的症结何在？

很显然，这位公关经理完全是门外汉，全然不知公共关系究竟为何物，公共关系工作应该做什么。

通过公共关系活动，能使组织与公众之间建立互惠互利的良好关系，使组织在公众面前树立良好形象，这是公共关系的最主要的作用，也是公共关系能受各种社会组织青睐的根本原因。

(资料来源：曾琳智．新编公关案例教程[M]．上海：复旦大学出版社，2006．)

公共关系的职能是指公共关系在社会组织运行过程中的工作范围和应承担的责任。公共关系以塑造和改善社会组织形象为目标，围绕这一目标所开展的具体活动和工作形成了它的职能范围。公共关系自身独特的职能范围使它与组织的其他管理部门区分开来，并逐渐得到社会各类组织的重视。

1.4.1　采集信息

收集信息是公共关系工作的基础，社会组织每天都会遇到大量的问题。例如，公众的需要、新闻的焦点、市场的需求、产品的优劣、顾客的心理、高新技术的运用与发展、竞争对手潜在的威胁、组织形象等。大量的信息在飞速流动，谁能更快地掌握并能够更好地运用信息，谁就有可能赢得更大的主动性，更稳定地占领市场。企业间的竞争，从一定意义上来说就是信息的竞争。美国麻省理工学院斯隆管理学院对美国六大公司 150 多个企业进行系统的调查后，得出结论认为，成功的技术革新或新产品 60.8%是来自用户的建议或吸收了用户在使用中所改革成果。总之，收集信息是任何组织生存与发展的需要，而收集信息也是任何组织公共关系工作的最基本的职责。因为在信息社会里，信息就是资源，就是财富。采集信息的内容包括以下几个方面。

1. 公众需求信息

公众需求是公众态度与意见的基本出发点，组织要与公众建立良好的关系，必须要了解公众的需求。因为公众的需求不仅是组织生存和发展的依据和动力，而且是公众利益和兴趣之所在。公众的需求包括物质方面、精神方面和未来的需求，必须了解公众多方面的需求。例如，超美需求，公众对某种商品美感的追求而产生的购买欲望；同步需求，公众为迎合或追赶时代潮流或某种时尚而对某种商品发生好感产生购买欲望；优越需求，为赢得他人赞誉而产生购买某种商品的欲望；习俗需求，公众由于受种族、宗教、文化背景、传统观念或某种社会环境等影响而产生的对某种商品的特殊需求欲望；价格需求，价格因素对绝大部分公众有较大的吸引力和影响力。另外，公众的便利、好奇、偏爱、求名等需求也是促使公众购买某种商品的因素。

2. 公众对产品形象的信息

产品形象是组织形象的客观基础。只有产品被接受而且受欢迎，企业存在的价值才能得到社会认可。公众对产品的意见和评价是多方面的，如质量、性能、功能、价格、款式、包装、售后服务等。公众对产品反映的好坏直接决定产品的销路和组织的生存。公众对产品有优缺点的评价及改进建议的信息，是组织适应市场，在竞争中求得发展的关键。

3. 公众对组织形象评价的信息

组织形象包括公众对组织工作效率、经营理念、员工素质、服务质量、履行社会职责等的反映与评价，组织形象是公众对组织的整体评价，而不是某个方面、某项内容的评价。

1.4.2　参谋咨询

公共关系人员由于掌握了大量信息，对组织、社会和公众的基本情况比较了解，能够站在公众的需求和社会环境以及组织自身利益的综合角度，客观地、科学地为组织设计具有较强社会适应能力和应变能力的决策方案。只有当公共关系成为最高管理层进行决策的一部分时，公共关系活动才能最有效。因此，公共关系绝不是在政策、方案形成后去报道或发布信息的工作。

1. 帮助组织确定决策目标

现代企业的决策越来越专门化，整体的决策目标体系要分解为各个职能部门的专门决策目标，如生产决策目标、技术开发决策目标、财务决策目标、市场营销决策目标等，然而各种专门决策目标又往往高度体现了本部门的利益，而忽视了从全局和社会的角度考虑决策有可能带来的社会效果。这就要求公共关系人员依据公众需求和社会价值来综合审视各专门决策目标可能引起的社会问题，并敦促决策部门及时调整决策目标，使决策目标既反应组织发展的要求，也反映组织的需求和社会利益。

2. 协助组织拟定和选择决策方案

决策方案是实现决策目标的各种方法和措施的总和。公共关系人员要善于运用公共关系手段，协助决策者评价、选择和实施有关决策方案，特别关注决策方案在经济效益和社会效益方面的统一和协调，促进决策者重视决策行为的社会影响和社会效果。公共关系人员参与制定决策方案，要保证使社会组织的决策方案必须包含两个方面的内容：一是树立组织的良好形象；二是对组织的发展方针、政策、计划进行评估和建议。

应用案例 1-5

雀巢用咖啡文化打动“80 后”

“雀巢咖啡以年轻人为导向的市场活动，注重互动性和参与性，使我们和大学生之间建立起了密切的联系，而这种联系更多的是让雀巢咖啡在情感上成为他们大学生活不可或缺的一部分。”在(2006 年)8 月 25 日举行的“中国大学生至爱品牌评选”颁奖晚会上，雀巢大中华区咖啡及饮品业务单位总监大卫·苏丹（David Saudan）如是说。

为了建立一种咖啡文化，雀巢中国公司举行了一系列活动，大卫·苏丹介绍：“我们首先要建立一个品牌，至于我们的主导思想，就是为了让大学生觉得这个品牌非常时尚。”

为了解中国消费者的情况，公司做了很多调查。“我们不是为了想知道他们用什么样的咖啡杯、咖啡勺，而是想知道消费者喝咖啡的态度。平时我也会在商场走一走，去学校看看学生喜欢穿什么样的衣服，喜欢玩什么，我们很乐意了解这些年轻的消费者，他们想喝一种新体验的东西，也想喝好喝的东西。”大卫·苏丹说。

“谁打动了‘80 后’，谁就掌握了未来的消费主流。”这是目前比较流行的一种说法，雀巢咖啡更是把开拓大学生消费市场作为市场营销的重心，为此，公司还将消费群体年龄的界定由 18～35 岁调整到 18～25 岁。迄今为止，公司已经在全国数百所大学建立了雀巢咖啡形象，并积极支持各种大学校园活动。

“我们用大学生熟悉的事物与大学生进行交流，如电视、户外活动、MTV、网站、杂志、歌曲等，营造出一种非常时尚的咖啡文化，也通过这些参与性很强的活动培养消费者的品牌意识与情感认同。”大卫·苏丹说，“我们要确保无论何时，每当大学生消费者接触到‘雀巢咖啡’品牌时，都能体验到一种积极的活力、良好的感觉以及兴奋的情感”。

（资料来源：http://doc.mbalib.com/view/45a225737c04eb3f1720a7f775a9487b.html.）

1.4.3 传播沟通

组织在不同的发展时期，其传播沟通应当有不同的内容和重点，公共关系人员要学会针对不同时期的特点做好自己的传播工作。

1. 组织初创时期

这个时期宣传工作的主要任务是争取建立公众对本组织最初的良好印象，使公众产生对组织产品和服务的信心，同时使组织有吸引力，能够招揽人才，稳定员工情绪，争取投资来源。这时公共关系人员应当善于打造声势，先声夺人，使组织不同凡响。要做到这一点就应当在建立自己独特的风格、选择自己特有的形象上下功夫，如组织和产品的命名，商标、广告的制作，门面的装修等，都关系到组织最初形象的建立，也关系到组织今后的发展。美国肯德基有限公司开始在北京建店时，就制造了大规模的宣传声势。公司举行中外记者招待会大力宣传，花 10 万美元租用通信卫星向全世界传播。同时，在北京前门肯德基快餐店门口树立起肯德基快餐业创始人的塑像，轰轰烈烈的公关宣传使肯德基快餐业在中国迅速发展起来。

2. 组织遇到风险时期

这个时期组织的领导者和公共关系人员要沉着冷静，不要灰心丧气，要抓准适当时机，采取灵活机动的宣传策略，使组织及产品迅速被公众接受，从而度过风险期，转危为安。1959 年 11 月 9 日感恩节前夕，美国卫生教育福利部长弗莱明(Flemyng)突然宣布，当年的克兰梅作物由于除草剂的污染，在实验室老鼠身上做试验产生了癌。当时正值克兰梅销售最旺的时候，在大众传播十分发达的美国，“克兰梅致癌”的消息不胫而走，克兰梅的销售额直线下降。这一消息对于制造克兰梅果酱和果汁的海洋浪花公司而言，无疑是一个晴天霹雳。面对这突如其来的打击，该公司立即成立了 7 人公共关系小组，向新闻界说明克兰梅是纯净的，并宣布要在第二天举行记者招待会，在全国广播公司《今日新闻》栏目中，安排一个专访节目，让公司副总裁澄清此事。然后又致电弗莱明，要求他立即采取措施，挽回因他失言造成的无法估量的损失。11 月 12 日，他们特别邀请了正在竞选总统的尼克松(Nixon)和肯尼迪(Kennedy)在电视屏幕上吃了 4 份克兰梅果酱、喝了一杯克兰梅果汁。通过采取一系列传播沟通措施，使克兰梅在感恩节重新放回到货架上，使公司免受破产之灾。

3. 组织处于顺利发展时期

在这个时期公共关系的传播沟通应当致力于保持和维护组织的形象和声誉，巩固既有的成就，并且再接再厉，进一步扩大本组织的影响。广州中国大酒店在开业一周年之际，组织酒店全体员工拍“全家福”照片，近 3 000 名员工，在体育看台上组成一个“中”字，“中”既是酒店名称的第一个字，又象征全体员工的精诚团结。这一活动不仅营造了酒店良好和谐的氛围，而且通过传媒的广泛传播，引起很大反响，扩大了组织的知名度。此外，组织在发展时期还应居安思危，从实际出发，从长远着眼，制定预防措施，避免今后组织形象遭受损害。

4. 组织形象受到损害时期

组织形象蒙受损害通常有两方面的原因。一是外部原因，即由于公众的误解或他人的陷害而造成的。例如，1985 年 9 月，墨西哥发生了一场并不严重的地震，但由于某些记者渲染夸张的报道，给游客造成一种恐怖印象，使墨西哥的旅游业受到很大打击。二是内部原因，即由于组织自身工作没有做好，危及了公众利益而造成的，如废气、废水、废渣的排放泄漏，食物中毒，重大工伤事故等。在遇到前一种情况时，公共关系人员应当针对公众的误解进行必要的解释，澄清事实，对于他人的陷害予以揭露，并将本组织采取的预防措施向公众宣布，以防止公众继续受骗。在遇到后一种情况时，公共关系人员应当本着实事求是、有错必改的态度，坦率地检讨自己的过失，并积极采取补救措施，设法减少危机造成的影响，同时将组织已经或正在采取的改进措施及时公布于众，求得公众谅解，以帮助组织重振声誉。1988 年 4 月 27 日，美国一架波音 737 客机从檀香山起飞不久发生爆炸，一名空中小姐被猛烈的气浪抛出窗外，殉职蓝天。驾驶员临危不惧，沉着操纵，飞机终于脱险，安全着陆，其余旅客和机组人员平安返还。这次空难无疑对公司的信誉构成威胁，但波音公司对此并未缄默不言，而是迅速做出反应，主动宣传，并解释这次事故的原因是飞机太陈旧导致金属疲劳所致。这架飞机已飞行了 20 年之久，起落达 9 万次，大大超过了保险系数，却仍能在严重事故之后安全着陆，这足以证明波音飞机的可靠性能。而且新型波音飞机已经解决了金属疲劳的技术难题，因而购买波音公司的新产品就更安全了，这样，波音公司变被动为主动，通过新闻媒介及时而真实地加以宣传，不仅没有损害公司的形象，反而进一步赢得了信誉。

1.4.4 教育引导

公共关系作为一门塑造组织良好形象的艺术，不仅仅是一个公共关系部门或几名专业公关人员就能完成这个艰巨任务的，它需要组织全体员工的共同努力：一方面，通过对本职工作的负责向消费者或服务公众提供称心如意的优良产品和服务；另一方面，通过员工对组织的关切和对组织形象的推崇来共同努力达成此项目标，即所谓的“全员公关”。同时，它也需要组织决策层真正树立良好的公共关系意识，将公共关系理念切实贯彻到决策及行为中，这意味着公共关系必须做好对决策层及全体员工的教育与引导工作。在组织创立期，要加强宣传教育，引导内外部公众了解组织、喜欢组织，提高组织知名度与美誉度；在组织顺利发展期，引导员工不断扩大组织的影响面，争取社会各种力量的关心和支持，借力发展；在组织形象受损时，则要坦诚说明事实真相，争取公众的谅解，并引导内部公众一起努力恢复组织形象。教育引导工作具体包括以下内容。

1. 员工的文化素质、道德观念、业务技术的培训教育

开展员工的文化素质、道德观念、业务技术的培训教育可以提高员工的基本素质，有计划、有步骤地使组织内部员工具备良好的文化修养和业务技术，更出色地履行本职工作，并能有意或无意地为组织形象“添彩”。例如，某一组织的个别员工在社会上违法乱纪，甚至被绳之于法，他的行为对组织形象就是一种损害，反之某位员工热心社会公益事业，义务献血数十年，或奋不顾身与歹徒搏斗，维护社会的安定，获“见义勇为”奖，这就是对组织形象一次非常好的宣传，是一次“无心插柳柳成荫”的成功的组织形象展示活动。

2. 组织主体内员工的系统公关知识教育

对员工进行系统的公关知识教育可以让全体员工了解公共关系基本原理与准则，从而树立正确的公共关系意识，事事处处以组织形象和公众利益为重，在内以主人翁态度，保证良好的服务质量和产品品质，在外能自觉地宣传本组织的成就，维护组织的正面形象。北京长城饭店曾有过这样两件“小事”，但却反映出饭店员工出色的公关理念。一件是服务员进客房子打扫时，发现房客将看了一半的书扣在床上，服务员没有简单地将书合拢或折

叠一角再合拢，而是找来一张小纸条，放在分页中再合拢放好；另一件是服务员进客房打扫时，发现房客将零钱散乱在床上桌上，她找来保安，一起细心地收拢，放置在一起，并在旁边留下一张纸条，上面写着："先生，您好，您的零钱已收拾在一起，共计××元，请您收好，服务员×××。"

3. 决策层及各部门主管的公关技能培训

有针对性地决策层及各部门主管进行公关技能培养可以提高其在传播、沟通、社会交往中的能力。例如，进行接待规范、礼仪、习俗、演讲技巧、谈话技巧、接受电视采访等方面的训练，规范公共关系基本层面的工作要求。

1.4.5 协调关系

所谓协调关系，是指公共关系在协调组织与社会公众之间关系方面具有重要作用。在现代社会，组织是一个开放系统，它必须和周围环境建立广泛的联系。要达到这一目的，除了宣传引导外，公共关系部门还应通过其他一些日常交往活动，如座谈会、联谊会、研讨会、节庆活动、参观拜访、社会服务、社会赞助等，与公众进行有效的沟通，培养公众对组织的感情，赢得他们对组织的理解和支持。如果说宣传引导侧重于从组织到公众的定向影响，着眼于组织对公众认识的引导，那么沟通协调则侧重于组织与公众之间的双向对称文流，着眼于组织与公众情感的联络。

1. 组织内部沟通

组织内部沟通是让管理部门和员工彼此了解对方的想法和意图，协调好管理部门与员工、管理部门与股东以及管理部门之间的关系。实践证明，组织内部关系紧张，员工抱怨较多，很多都是源于内部沟通不够。成功的组织必然有一个高效的信息沟通网络，保证上下左右全方位信息交流的顺利畅通，从而形成一个充满信任、团结合作气氛的良好内部环境。

2. 组织外部沟通

组织外部沟通是组织与其外部各类公众之间进行的信息交流。这种信息交流能避免或减少组织与其外部环境间的摩擦和冲突，即便发生了冲突，也能在沟通基础上迅速予以协调。组织外部沟通的办法很多，如开展社会赞助。组织作为社会的一员，对社会福利、卫生、教育、市政建设和文化生活的发展负有社会责任。同时，组织也只有在一个健全的社会里才能求得生存与繁荣。因此，组织开展社会赞助，帮助解决社会问题，可以在社区、媒介、顾客、员工等公众心目中树立社会责任感强的良好形象，赢得公众的好感。1983 年美国波士顿大学教授的调查研究表明，那些让公众感到社会责任感强的公司，往往也是赢利多的公司。因此，社会赞助是一项既对公众有利也对组织有利的活动。

1.4.6 塑造形象

形象一词的本意是指人与物的形态、相貌、外观等，而组织形象则是指社会公众对组织及其行为综合认定后形成的一种总体评价，是组织的表现与特征在公众心目中的反映。

良好的组织形象对任何一个社会组织而言，都是一笔无形的财富，也是每个组织追求的最高目标，曾有人说过，如果可口可乐公司遍及世界各地工厂在一夜间被火烧光，那么

第二天的头条新闻一定是各国银行巨头争先恐后地向它贷款，这就是组织形象的价值。

良好的组织形象能给组织带来无穷的益处，为带有该公司名称的任何产品或服务创造出消费信心，如“肯德基”品牌，在中国儿童消费者心目中已树立起一种超然的形象，以至其连锁店遍地开花，令同类竞争者望而却步。预先为新产品的成功做了保证，为保留或吸引人才创造了条件。员工为自己在一个优秀的组织中工作感到自豪，各类人才也会慕名而来，使组织能招揽更多的优秀人才。

浙江省宁波市近几年改革开放步伐快速而扎实，无论经济增长还是城市建设、环境卫生各方面都居全国同类城市前列。良好的工作环境使其吸引了越来越多的人才，仅 2001 年 6 月的省洽会期间就有 1 000 多名硕士毕业生以上学历的人才与各企业签约，使宁波的人才优势更加突出。

良好的组织形象能为吸引社会资金提供方便。近几年，中央做出了大力发展西部经济的英明决策，但资金和人才却制约着西部经济的发展，这就需要西部城市：首先，要有一个良好的投资环境，一种真心实意欢迎外部企业投资、开发、赢利的良好氛围；其次，要加大宣传力度，展示自身丰富的资源优势，优美的自然环境和淳朴的民俗风情，即尽快树立良好的地方形象。树立良好的地方形象有助于增进政府对组织的好感和帮助，有助于增进社区的支持，有助于建立与完善良好的营销网络。

1.4.7 监测环境

环境对于一个组织而言，是指对组织运行起着潜在影响的外部系统或力量。也有人将环境描述为“从整个宇宙中减去代表组织的那一部分后余下的其余部分”。环境分为一般环境和具体环境。一般环境由经济环境、社会环境、技术环境等构成。具体环境是指竞争者、政府、股东、顾客、供应商、金融机构等公众。一个组织的生存和发展，离不开它所处的环境的影响和制约。例如，由于受美国“9·11”恐怖事件的影响，世界许多航空公司遭受冲击，加拿大第二大航空公司“Canada 3000”突然宣布从 2001 年 11 月 9 日起全面停业，导致 5 万多名旅客滞留在英国、澳大利亚等世界各地的机场。

监测环境是指通过信息采集和观察，预测影响社会组织生存和发展的内、外部环境的变化情况和趋势。监测组织环境的关键在于全面、真实、及时地搜集组织环境信息。监测环境的方法主要是通过收集信息、分析加工信息来完成的。因此，监测环境从根本意义上说，也是采集信息职能的一个重要部分。监测环境是一项比较复杂的“工程”，内容也十分广泛，就其主要方面分析，应重点关注三大趋势。

1. 监测环境变化趋势

环境可以从经济、社会、技术 3 个方面对组织产生影响。环境对组织运行的影响是不言而喻的，如社会需求和市场环境的变化会从整体上影响组织的经营。因此，组织必须密切注视社会环境的发展动态，以使组织能根据环境变化主动采取相应措施，获得更大的发展空间。

2. 监测政府决策趋势

在现代社会，社会组织必然要和政府部门打交道，如企业在开业之前，就要向相关政府管理部门进行资格申请，获得批准后方可进行生产经营活动。在生产经营活动中，又必须与工商、税务、卫生等部门发生关系。因此，组织必须受到政府部门的直接或间接影响，组织必须和政府部门打交道，任何组织都必然受到政府的法律、法令、法规以及政治、经济、文化、外交等方面政策的影响。任何组织的现实行动必须符合政府的现行政策，未来行动则必须符合政府的未来政策走向。这就要求公共关系部门密切关注政策环境，随时掌握政府决策动态和方向，及早预测与组织有关的各种现行政策可能发生的变化，以及这种变化可能带来的机遇和挑战，以使组织提前准备应对之策，保证社会组织的正常发展。

3. 监测竞争对手的发展态势

每一个组织都存在一个或多个竞争者。组织必须洞察竞争对手的状态、借鉴竞争对手的成功经验和失败教训，分析竞争对手的优劣，预测竞争对手的未来走向，这样才能使组织知己知彼，取长补短，立于不败之地。监测竞争对手的现实状况和发展态势，是公共关系的重要工作。

除此之外，还需监测股东、顾客、供应商、金融机构、计区、媒介等公众的动态，做出反应。环境因素大多是动态的，所以存在不确定性，如顾客的偏好改变、竞争对手引进了新技术等，这些都应随时引起组织的关注。

1.4.8 危机处理

危机是由于外界环境因素或组织自身因素引起的危及组织形象和生存发展的突发性和灾难件事件或事故。危机是组织生存发展的大敌，处理不好往往会造成重大损失，甚至威胁组织的生存。因此，公共关系的重要职能之一就是控制组织的危机，即对危机进行有效的防范和全面的处理。

首先，建立危机的“须要”机制。组织在运行过程中，不可能避免突发事件的发生。如何对可能发生的事件进行调查、监控，是非常重要的。公共关系可通过不断的信息采集、分析和反馈，对组织远行状态进行监测，及早发现或捕捉那些可能引起纠纷和事故的隐患，未雨绸缪，防患未然。这样一方面可以尽量缓减矛盾，杜绝恶性事件的发生；另一方面能预先采取必要对策，以避免组织当关系环境发生变化时出现束手无策的被动局面。其次，当危机发生时，公共关系应进行妥善处理，在调查研究的基础上，对当事的公众、有关主管部门和新闻媒介以及内部员工都要实事求是地说明真相，掌握对外报道的主动权，以组织为第一消息发布源，时刻将公众利益放在首位，主动承担应负的责任，争取以诚恳的态度和切实的行动为解决矛盾和问题创造有利条件。同时采取果断的应急措施，及时控制事态的发展，并与新闻媒介取得联系，争取使他们对事件进行客观、公正、准确的报道。

1.4.9 专题策划

策划活动是公关的重要职能之一。例如，第 29 届奥林匹克运动会组织委员会(简称北京奥组委)关于第 29 届奥运会会徽发行的活动策划，在 2004 年举行的第六届中国最佳公共关系案例大赛中获得“中国杰出公共关系大奖”(2002—2003 年度)。该案例是在精心策划的基础上付诸实施的。会徽发布前，北京奥组委根据北京举办大型活动方面取得的经验，聘请国内外大型活动和奥林匹克运动会策划专家，组成核心创意团队，就北京奥运会会徽发布方式进行讨论。经过深入的研究讨论，北京奥运会会徽发布活动方式确定为采用大型推广活动的形式，将会徽形态融入弘的、富有中国特色的表演当中。会徽发布的主题是“中国印·舞动的北京”。发布仪式地点选在中华古老文化的象征性建筑——天坛祈年殿。在这里为会徽发布搭建了一个前所未有的背景和平台，会徽由邓亚萍、成龙护送入场，并通过电视直播，向全世界展示了现代化北京的风采。全国人大常委会委员长吴邦国和国际奥委会协调委员会主席维尔布鲁根为会徽揭幕：发布仪式上举行诠释会徽元素和理念的文艺表演。中央电视台和北京电视台对发布仪式进行互动式现场直播，北京奥组委官方网站进行网上直播。仪式结束之后，还现场举行简短的新闻发布会，邀请会徽设计者及评审者等相关人员会见媒体。整个活动有气势、有声势、生动活泼、特征鲜明、主题突出，给人们留下了深刻的印象，达到了比较理想的公关效果。

本章小结

本章主要阐述了公共关系的内涵、原则、职能和公共关系的发展过程等内容。公共关系是组织运用传播手段，进行协调公众关系、改善发展环境、树立良好形象的管理活动。

公共关系的原则有实事求是原则、平等互惠原则、开拓创新原则、全员公关原则。

公共关系的基本职能有采集信息、参谋咨询、传播沟通、教育引导、协调关系、塑造形象、监测环境、危机处理、专题策划。

学习本章应注意了解公共关系内涵的辨析，注意探讨公共关系的含义和特征，把握其各种观点；应明确公共关系的基本原则，并注意公共关系的职能的作用。通过学习本章，可为公共关系全学科的学习打下坚实的理论知识基础。

习　题

一、复习题

1. 填空题

(1) 艾维·李在(　　　　)中郑重提出了“凡是有益于(　　　　)必有益于(　　　　)”的信条。他主张“公众必须被(　　　　)”，应该向公众“(　　　　)”。

(2) 商务公共关系是指(　　　　)为塑造良好的(　　　　)，创造和谐的(　　　　)，谋求与公众共同(　　　　)，而运用(　　　　)与公众进行双向沟通和协调的一种独特的管理活动。

(3) 组织形象是指(　　　　)对一个(　　　　)内在精神素质和(　　　　)事物的认识和(　　　　)，简单而形象地说，就是组织在公众(　　　　)中的印象。

2. 选择题

(1) 公共关系的基本要素包括(　　)。

A. 组织　　B. 传播　　C. 环境　　D. 公众

(2) 在市场营销中，公共关系侧重于(　　)。

A. 塑造企业整体形象　　B. 强化企业形象的市场影响力

C．营造良好的市场环境　　　　D．创造长期的营销环境

(3) 公共关系学是(　　)相结合的产物。

A．管理学科　　B．电子学科　　C．传播学科　　D．人文学科

(4) 现代信息社会中管理学发展的一个趋势是日益重视(　　)。

A．传播资源　　B．信息资源　　C．关系资源　　D．形象资源

3. 简答题

(1) 什么是公共关系关系?公共关系有哪些构成要素？

(2) 如何理解公共关系状态？

(3) 为什么现代公共关系诞生于 19 世纪末 20 世纪初的美国？

(4) 艾维·李对现代公共关系的主要贡献是什么?

(5) 贯彻公共关系的全员公关原则要注意哪些问题？

4. 实际操作训练

按规范设计企业公共关系状态监测表，安排学生对某企业进行公关状态监测，分析企业公共关系工作存在的问题和解决的措施，并提交一份监测报告。

二、案例应用

“椰菜娃娃”诞生记

在前几年的美国玩具市场上，首屈一指的是一种名叫“椰菜娃娃”的玩具。就是这个身长仅有 40 厘米的娃娃，使得许多人在圣诞节前后，冒着寒气逼人的北风，在各家玩具店门前排起长队，竞相“领养”，连美国总统夫人也把这种娃娃作为圣诞礼物送给儿童。

掀起这场“椰菜娃娃”风潮的，是美国大型玩具公司 Play Along 的总裁——当时年仅 21 岁的青年泽维尔·罗伯茨(Xavier Roberts)。罗伯茨小时候听过一个童话，说小孩都是从菜地里长出来的，于是他将自己设计的一种玩具娃娃，取名为“椰菜娃娃”。起初，这种玩具销售量很小，购买者大多是玩具收藏家，至于后来波及半个世界的抢购风潮，则是由一系列别出心裁的创意所引发的。

许多年以来，美国社会面临着一场“家庭危机”。年轻的一代强调自立，不愿意和父母生活在一起。而且随着离婚率的增加，破碎的家庭越来越多，这种状况一方面给儿童的心灵造成了创伤，另一方面也给离异的双方造成了痛苦。特别是失去子女抚养权的一方，精神上感到无比的失落和空虚。为了弥补这种由于年老或者离异而造成的感情空白，奥尔康公司决定对“椰菜娃娃”进行重新定位和包装，让这种玩具成为人们心目中的真正的婴儿。

罗伯茨细心研究了欧美玩具市场的发展趋势，发现玩具正在由“电子型”和“智力型”，转向“感情型”和“温柔型”。于是，在构思“椰菜娃娃”的时候，罗伯茨打破了过去的玩具总是千人一面的老规矩，而采用最新的电脑设计，使得“椰菜娃娃”千人千面，各不相同。有男娃娃、女娃娃；有白皮肤、黑皮肤和黄皮肤；发型有辫子、直发、曲发、光头等；发色则有金色、黑色、栗色等；容貌也千差万别，细致到酒窝、雀斑的位置各不相同；衣服则有短裙、长裙、衬裤、披风等差别；鞋子也是各式各样。

总之，每一个人所“领养”的“椰菜娃娃”都不会与别人的娃娃完全相同。这种“独有性”是吸引顾客的主要手段，也是“椰菜娃娃”能够引起轰动的基本前提。

为了让“椰菜娃娃”更加逼真，奥尔康公司煞费苦心。他们每制造一个娃娃，都要在娃娃身上附有出生证、姓名、脚印，屁股上还盖着“接生人员”的印章。顾客不能说“购买”，而只能说“领养”，并且

在“领养”时需要庄严地签署“领养证”，以确立“养子女”与“养父母”的关系。

结果，这种富有人情味的“领养”活动一举成功。接着，罗伯茨便采取全速推进的市场战略。一方面，奥尔康公司不惜重金在电视上广泛宣传，在每周六早上最受儿童欢迎的动画片时间内，“椰菜娃娃”密集播映，以培养电视小观众们对这个娃娃的亲密感情；另一方面，罗伯茨亲自出马，周游美国各大城市，在儿童博物馆之类的公共场所，举行“集体领养椰菜娃娃”的隆重仪式。每举行一次这种仪式，都会在当地掀起一场“领养”的热潮。在亚特兰大市，有位妇女一共“领养”了100多个“椰菜娃娃”。为了应付潮水般的订单，公司甚至租用波音747飞机，把各色布料运往香港，昼夜加工赶制，然后再空运回美国，以便赶上圣诞节之前的购物狂潮。

为了能够长久地保持这股已经掀起来的“领养”热潮，罗伯茨继续千方百计地了解顾客的心理需求，根据这些需求，他又做出了一系列的创意性决策。

首先，奥尔康公司在美国各地开设了“椰菜娃娃总医院”，由本公司的职员装扮成医生和护士。当“椰菜娃娃”被“接生”下来之后，便放在摇篮里等待别人“领养”；娃娃的全身穿戴与初生的婴儿一模一样。整个“医院”内充满“椰菜娃娃”有生命的气氛。好奇的人们川流不息地来到这些“医院”，都想亲眼目睹“椰菜娃娃”的风采和“领养”的仪式。当一个娃娃被“领养”之后，奥尔康公司还建立有关档案，每当这个“椰菜娃娃”过生日的时候，公司就给其“养父母”寄去一张精美的“生日贺卡”，进一步加深顾客与公司的感情。

其次，更绝妙的是，奥尔康公司还制造并销售了大量与“椰菜娃娃”有关的商品，如专供娃娃用的床单、尿片、推车、背包以及各种玩具等。许多顾客既然“领养”了“椰菜娃娃”，就把这个娃娃当作感情上的寄托，像真正的婴儿那样抚养，因而就需要购买许多专用的物品。

再次，为了让“椰菜娃娃”立于不败之地，罗伯茨又略施小计，控制“椰菜娃娃”的产量，有意造成供不应求的现象。这样，有些心情迫切的顾客不惜贿赂售货员，以求早日“领养”到娃娃；个别地区甚至发生了争夺打架、引起暴乱的事件。这些不时出现的抢购风潮，使得“椰菜娃娃”的身价不断上涨。

从这一连串的创意当中，奥尔康公司赚取了令人吃惊的高额利润。“椰菜娃娃”的零售价由原来的20美元上涨到25美元，黑市价格高达150美元；娃娃身上如果有原设计者的亲笔签名，则售价接近3 000美元。在短短的一年当中，“椰菜娃娃”及有关用品的销售额就高达10多亿美元。

可以看到，“椰菜娃娃”创意的成功实施，主要经验有两点：一是紧紧扣住当时社会上普遍存在的心理潮流，二是运用了一系列创造性的销售方法。“椰菜娃娃”的空前成功，被许多商业专家称为营销上的“奇迹”；而从创意思维的角度来看，它也是创意实施上的“奇迹”。

(资料来源：http:www.docin.com/p-288171596.html.)

问题：

(1) “椰菜娃娃”创意是如何紧紧抓住当时社会上普遍存在的心理潮流，而取得空前的成功的？

(2) “椰菜娃娃”案例中运用了哪些公共关系的原理与技巧？

知识链接

商场联合拒销“长虹”，“长虹”发挥公关职能化险为夷

1998年2月，春节的喜庆气氛还没消失，四川长虹彩电却在济南商场栽了跟头——被7家商场联合“拒售”。这意味着长虹将在济南失去市场。在家电竞争日益激烈的今天，企业还有什么比失去市场更大的风险？再者，今天有济南“拒售”，明天再有别家效仿又该如何？为什么“拒售”？据商家一方理由是“售后服务”不好；而长虹方面说每天有4辆流动服务车在市内流动维修，而济南消费者协会也证实没有

关于长虹的投诉。这究竟是怎么一回事？一时间公众议论纷纷，多家媒体也进行了追踪报道。据报载，长虹总裁在事发后立即率领一班人马前往济南与七大商家进行斡旋，双方均表示“有话好好说”，争取及早平息风波，取得圆满解决。

(资料来源：http://wenku.baidu.com/view/9dbb0680bceb19e8bf6ba76.html.)

第2章 公共关系的构成要素

教学目标

通过本章学习，掌握社会组织、公众、传播的含义，了解社会组织与环境关系、社会组织与形象的关系，了解公众的特点、公众分类的意义，组织基本目标公众的情况，了解把握传播的基本原理、公共关系的传播媒介及传播效果。

教学要求

知识要点	能力要求	相关知识
社会组织的要素	(1) 掌握社会组织各要素的含义 (2) 了解社会组织的特征与功能 (3) 熟悉社会组织的科学分类 (4) 了解社会组织与环境的关系	(1) 公共关系机构 (2) 公众 (3) 公共关系环境 (4) 组织活动 (5) 公共关系目标 (6) 组织形象定位
公共关系人员的素质和技能	(1) 熟悉公共关系人员的基本素质和技能要求 (2) 善于培养自己的公共关系意识 (3) 着意提升自己的公共关系素质	(1) 公共关系职业 (2) 公众信息传播 (3) 关系协调 (4) 形象管理 (5) 传播媒体
公共关系传播的要素	(1) 了解传播的基本要素 (2) 熟悉传播的基本方式及特点 (3) 学会在公共关系实践中运用传播模式	(1) 自身传播 (2) 人际传播 (3) 人群传播 (4) 组织传播 (5) 大众传播 (6) 传播效果
公共关系形象与目标	(1) 了解社会组织与形象的关系 (2) 了解组织目标与塑造形象的关系 (3) 理解组织形象对组织发展的重要性	(1) 公众印象 (2) 有形形象 (3) 无形形象 (4) 真实形象 (5) 理想形象 (6) 目标策划

基本概念

社会组织　公众　传播

导入案例

公关部和公关人

时下商战愈加激烈，许多企业都说要公关，但是是否应该成立公共关系部？公关部到底可以做什么？由什么人来做？

有一本著名的商战小说，女主人公是位美丽干练的销售精英，没有她拿不下的订单。美丽的女销售遇上竞争对手兼过去的恋人，终于倾诉衷肠："我不会再做你的对手了，我就要转到公共关系部做总监了。"

对于这种职业升华，身在公共关系行业的我不仅自己激动，还要将故事和感受跟人分享。

一个朋友说："人家销售女精英为公司立了汗马功劳，老板是让她去公共关系部享清福了。"

请问，要是把你从销售部调到公共关系部，是提拔你还是贬低你？

做了十多年的公共关系我才发现，世界上没有比这个更难解释的行业了。其他的行业如木匠、设计师、律师、法官、司机、会计、导演、星探、发型师、闻香师、兽医生等，都可以用一句话解释清楚，唯有"公共关系"无法解释清楚。

其实这个行业的人，最讨厌其他行业盗用自己的名义，如"夜总会招男女公关，要求五官端正，乐于奉献，月薪两万，兼有提成"。

公共关系界有一个大腕儿，外界都请她讲课。有一次她在一个很大的场合给人们讲她们那个著名的跨国公司如何在中国市场打造形象，塑造令消费者信赖、受到政府青睐的品牌，让企业文化具有凝聚力，让员工具有归属感。大腕用生动的语言和案例，在热烈的掌声中结束演讲时说："我今天特地叫来了我的父母坐在台下，很多年以来，他们一直不大清楚我在做什么，今天是我给他们的回答。"

公共关系界最大的大腕儿，给最亲近的父母讲自己做什么，尚且要讲一个小时，别人又该怎么办呢？

有专家说："公共关系就是将传播本质中的虚像变成具像，公共关系就是为人类创造更多的美。"

简单一些说，如果你是级别不断上升的商务人士，如果你是正在扩大财富的企业家，你可能碰到下面的情况。

产品质量出了点小问题，电视台的人扛了机器在工厂门口拍摄，你厂里的保安把大块头的摄像师绊了一个跟头，人和机器都摔坏了，第二天全城人们都指责黑产品和黑保安；苦心经营的产品，总是敌不过那些在公众面前颇有人缘又找了明星做代言的竞争品牌；国家遇到了一场自然灾害，全国人民都在捐款和声援，你作为名人一时激动在网上跟人争执，说我们公司员工捐款一律不超过 10 元，第二天你和你们公司都要被吐沫淹没；被评为"全国知名企业家"，在央视颁奖晚会上只能有一分钟的获奖感言，多一秒都不行，你该说什么，怎么在一分钟之内让观众记住你和你们公司？

这个时候，有个声音在你耳边说，该成立公共关系部了。

21 世纪是传播的世纪，公共关系的世纪。只要一个人或组织需要依靠公众生存，他就需要公共关系。那么公共关系到底是做什么的？你当了神龙大侠以后才能告诉你。

公共关系的主体是社会组织。组织在开展公共关系活动、落实公共关系任务、执行公共关系职能时必须依赖于一定的组织机构和人员，这是做好公共关系工作的组织和人员保障。

（资料来源：公共关系——原理、实务、案例[M]. 北京：清华大学出版社，2009.）

思考题

什么是公关部？公关部在企业中的地位和作用是什么？对公共关系人员有哪些要求？

2.1 公共关系的主体

组织是公共关系的主体，即公共关系活动的承担者、实施者、行为者。

社会组织是公共关系的主体，在公共关系活动中起着控制者和组织者的作用，它主宰着公共关系活动，决定着公共关系状态。因此，认识社会组织的结构与功能，明确组织形象的重要性，对于全面理解公共关系的有关理论，有效地开展公共关系活动具有重要意义。

2.1.1 社会组织的概念、特征和分类

1. 社会组织的概念

作为公共关系活动主体的社会组织是指一个群体，即为实现一项共同的目标而有计划、有组织地建立起来的社会机构，并对机构中的全体人员指定职位、明确职责、交流信息、协调工作，使之在实现既定目标中获得最大的效果。各种社会组织通过一系列的相关活动，发挥自己的职能，满足社会生活各个不同领域的需要。工厂、商店、机关、学校、医院等都是这样的社会组织。

一个社会组织的构成包括以下几个方面。

1) 有一定的共性

组织要有一定的共性，并由经过挑选的人员组成相互依赖、彼此合作的集体。

2) 有确定的目标

组织目标是指所要完成的任务及其活动所要达到的目的。社会组织是人们有意识地为实现特定的目标而建立起来的，它的行为有很明确的目标导向。因此，确定的目标是社会组织形成和发展的基本要素，也是社会组织最基本的特征之一。

3) 有一个规范性的组织章程制度

组织章程的内容包括组织名称、性质、目标、任务、原则、机构等。组织的章程制度在一定程度上来说是对组织结构的安排和设置，即社会组织为实现其目标而规定信息沟通、权利和责任的正式系统，以便把任务、权利和工作流程结合成有机统一的整体，成为一架高效运行的完整机器。

4) 有一个权威的领导班子

组织整体功能形成的根本因素就在于拥有一个权威的领导班子，按照组织目标和内在机制结构的要求，对组织统一领导、指挥和管理，发挥自身的表率功能、代表功能、象征功能、升华功能，凝聚组织内部的分散力量，形成统一的意志和行动。

5) 有一定的物质基础和技术设备

任何社会组织都是一个“输入—输出”系统。组织的动作既需要有人，又需要有一定的物资投入，即需要运用一定的技术、设备、工具，消耗一定的材料和能源。

2. 社会组织的特征

社会组织是社会的基本元素。尽管它的社会存在形式千差万别，但一般都具有如下特点。

1) 导向性

社会组织是人们为了实现特定的目标而建立起来的，它的行为有很强的目标导向。建立组织就是为了达成某个特定的目标，组织的成员正是“为了一个共同的目标，走到一起来的”。

2) 整合性

组织一般都具有严密的内在结构和机制，组织内各分支系统、各个流程环节、各个成员之间都存在着相互依存、相互作用的关系。通过这种结构纽带，社会组织把分散的人、财、物、信息与环境等因素在一定范围内整合起来，从而服务于组织目标的实现。

3) 动态性

社会组织是社会发展的产物，它的存在和发展势必要受到社会环境的制约。环境的不断变化要求组织不断地修正自己的方针、政策、经营理念等，不断进行自我协调、自我改造和自我更新来适应环境的变化需要，只有这样，组织才能够更好地在社会上生存发展。

3. 社会组织的分类

社会组织是具有特定目标、职能及一定独立性的社会群体，具有多样性。组织的目标、组织的原则、组织利益往往有很大差异，所以必须对社会组织进行科学的分类。社会组织的分类有多种角度：有的从组织的社会功能的不同来划分，有的从组织的目标与受益者关系的不同来划分，还有的从组织对环境适应的不同来划分等。

由于公共关系研究的是组织形象塑造问题，因此，对组织进行分类将有利于人们更好地把握公共关系。社会组织的存在纷繁复杂、形式各异，可以根据不同的标准对其进行不同的分类。但鉴于组织类型对公共关系行为影响较大的因素主要是赢利和竞争，这里主要根据组织是否赢利和是否具有竞争性为标准，将组织分为 4 类，即竞争性营利组织、竞争性非营利组织、独占性营利组织和独占性非营利组织。

1) 竞争性营利组织

这类组织一般包括生产型组织、商业组织、服务型组织等。它们为了自己的经济利益，为了在市场竞争中争取顾客，一般都会比较主动地争取公众的支持，树立良好的组织形象，但比较容易偏重与市场活动直接相关的公众，其公共关系行为的营利性较为明显。

2) 竞争性非营利组织

这类组织一般包括各类专业学术团体等，它们没有营利动机。但由于需要在竞争中赢得舆论的理解和公众的支持，因此，也十分重视公共关系，会尽可能广泛地建立和发展自己的公众关系。

3) 独占性营利组织

这类组织是指在市场竞争中居独占性地位的组织。由于其产品或服务具有独占性，其他组织无法与其竞争，这类组织很容易产生违背公众利益的行为，从而使自己陷入不利舆论的困境。我国改革开放发展到今天，这类组织已经不多。

4) 独占性非营利性组织

这类组织主要包括国家机关和军队等。由于利益驱动及压力竞争的缺乏，这类组织往往容易忽略自己的公众，甚至脱离公众，公关意识比较薄弱，公关行为相对滞后。

2.1.2 社会组织与组织环境

1. 组织环境的概念

组织环境的定义尚未统一，但并不冲突。加雷思·琼斯(Gareth Jones)说："组织环境是指超出组织边界但对管理者获得、运用资源有影响的一系列因素和条件的组合。"斯蒂芬·P·罗宾斯(Stephen P.Robbins)说："环境是指对组织绩效起着潜在影响的外部机构或力量。"托马斯·卡明斯(Thomas Cummings)说："组织的环境是指任何组织之外的直接或间接影响组织绩效的事务。"赵锡斌认为："所谓企业环境，是指一些相互依存、互相制约、不断变化的各种因素组成的一个系统，是影响企业管理决策和生产经营活动的现实各因素的集合"。

组织环境是指影响组织活动的一切内部和外部因素的组合。

2. 组织与组织环境的关系

每个社会组织都是组织环境的产物，反过来又影响、改变着组织环境。

组织与组织环境的关系，不是组织对组织环境做出单方面的适应性反应，组织对组织环境也具有积极的反作用。主要表现为 4 点：①组织主动地了解环境状况，获得及时、准确的环境信息；②通过调整自己的目标，避开对自己不利的环境，选择适合自己发展的环境；③通过自己的力量控制环境的状况和变化，使之适应自己活动和发展，而无需改变自身的目标和结构；④可以通过自己的积极活动创造和开拓新的环境，并主动地改造自身，建立组织与环境新的相互作用关系。另外，组织对组织环境的反作用也有消极的一面，即对组织环境的破坏。这种消极的反作用又会影响组织的正常活动和发展。组织环境是相对于组织和组织活动而言的，只有相对于组织和组织活动的外部物质和条件才具有组织环境的意义。在人类产生之前，自然界就客观存在，只有当人类通过分工协作形成了自己的社会活动，从而也产生了对这些活动的管理之后，自然界的一部分与人类的这种活动相关联，才成为组织环境。因此，组织环境的性质与内容都与组织和组织活动息息相关：与一定经济组织的经济管理活动相联系的是经济组织环境；与一定军事组织的军事管理活动相联系的是军事组织环境；与一定教育组织的教育管理活动相联系的是教育组织环境等。这些组织环境都是与一定组织和组织活动相对应的。

2.1.3 社会组织目标与公共关系目标

1. 社会组织目标

当社会组织的形象发生恶性变化时，应尽可能地促使它朝相反的方向转化，至少要阻止它继续恶化的势头；当社会组织的形象产生良性变化时，应保持它的发展趋势，并进一步将其深入；在社会组织的形象比较模糊时，应尽可能建立起一个清晰的良好形象。

1) 组织形象定位

所谓组织形象定位，是指组织根据环境变化的要求、本组织的实力和竞争对手的实力，选择自己的经营目标及领域、经营理念，为自己设计出一个理想的、独具个性的形象位置。定位理论最早出现在 20 世纪 60 年代末美国广告界的一些文章里，到 1972 年在美国很有影响的《广告年代》杂志上正式出现。当时强调的是通过广告攻心，将产品定位在顾客的心中潜移默化，而不改变产品的本身。到 20 世纪 80 年代，美国著名营销专家菲利普·科特勒(Philip Kotler)开始把定位理论系统化、规范化。他指出：定位就是树立企业形象，设计有价值的产品和行为，以便使细分市场的顾客了解和理解企业与竞争者的差异。可见，要想组织在公众心目中留下清晰、深刻的印象，就必须有准确的形象定位。

在现代社会中，由于多数组织塑造自身的形象，大都采用公共关系、广告等宣传手段。可由于广告及公共关系活动数量的暴增，导致对公众的影响力相对减弱。加上繁多的形象宣传方法造成沟通“过度”使公众更难在眼花缭乱的市场中确认某一组织。此时，最有效的辨识方法就是明确独特的组织形象定位。只有这样，才能使组织形象深入人心，使其在消费者心目中扎下根。否则，组织形象就无法产生。

例如，日本尼西索公司在第二次世界大战结束时只有30多名职工，却生产雨衣、游泳帽、卫生带、尿垫等多种产品，品种杂多，缺乏准确的形象定位，生产经营极不稳定。战后的经济恢复和发展为企业带来了契机。有一次，尼西索公司的董事长多川博在考虑市场定位时看到了一个日本的人口普查报告，得知日本每年大约出生250万个婴儿。多川博想，如果每个婴儿用两条尿垫，一年就需500万条。如果能够出口，市场就更大了。于是尼西索公司把企业及产品定位于“尿垫大王”上，放弃一切与尿垫无关的产品，最后靠它明确的形象定位占得日本70%以上的婴儿尿布市场，成为名副其实的“尿垫大王”。由此可见，在当今产品、宣传都先进的时代，组织形象要得到公众的认可，首先就必须进行准确的定位。

2) 组织形象定位的原则

组织形象定位主要应遵循以下原则。

(1) 组织形象的定位应将组织利益与社会利益相结合。

(2) 组织形象的定位应将民族化与全球化相结合。

(3) 组织形象的定位应追求个性化与差异性。

(4) 组织形象的定位应强调统一性与连贯性。

3) 组织形象定位的特征

(1) 组织形象定位的性质——找寻差异。即组织塑造形象的过程和活动均是发掘、维护和提升个性，围绕个性或独特性来开展的。因此，组织形象定位事关组织本来形象的总体态势和特征，它是组织形象战略的核心，是组织形象塑造活动中具有决定性的因素或环节。

(2) 组织形象定位的依据——环境分析。具体来说，环境分析的内容主要包括社会环境分析、组织实态分析等。社会环境分析主要是对经济发展、技术进步、国家政策、法律规定、社会文化等因素的分析；组织实态分析即通过系统性的组织实态调查，一方面把握组织自身的实际状态，另一方面把握社会公众对组织的期望和要求。环境分析的过程实际上就是进行大量的、系统的市场调查和形象调查，以及对这些调查资料进行整理、归纳、统计的过程。

(3) 组织形象定位的基础——组织总体发展战略。组织形象定位是在组织总体发展战略的基础上制定的，它必须反映组织总体发展战略的内容，这也是组织战略管理的客观要求。也就是说，组织形象定位与组织总体发展战略之间是互相联系、互相影响、互为保证的双向、动态的关系。

(4) 组织形象定位实现的手段——管理职能的发挥和传播活动的开展。要想实现组织形象定位的决策意图，一方面在组织的运作和各项社会活动中，必须严格以组织形象定位决策的要求来约束、规范组织的行为，并对外部公众实施科学的引导和管理；另一方面还要把这种具有个性特征的组织形象运用系统的传播策略和传播手段传递给内外公众，使公众不仅看到、体验到组织的各种行为和社会活动，同时还能了解组织产生这些行为的内在驱动力，感受到组织的思想和文化等，从而使组织确立独特、鲜明和丰满的形象地位。

2. 公共关系目标

公共关系目标是指在一定时期内，能控制组织机构公共关系活动全过程的总目标和指导实施方案中的各个分目标。组织机构的各项公共关系工作都围绕这些目标而开展。确定公共关系目标应遵循下述原则。

1) 与组织整体目标相一致

公共关系是社会组织在完成工作总目标过程中派生出来的工作内容。因此，它必然服从和服务于社会组织的总目标。这就决定了公共关系目标与社会组织总目标是从属关系，公共关系目标要从组织整体利益出发，进行通盘考虑。

2) 塑造组织的有效形象

公共关系目标的内涵，一方面考虑社会公众的共同利益和共同要求；另一方面考虑组织发展的利益。确定公共关系目标时，选择组织利益与公众利益的相交点，是塑造组织有效形象，实现社会效益与经济效益统一的关键。

3) 把抽象的目标概念具体化

公共关系目标应采用具体的、可测量性的目标。这样既有利于实施，又便于检验，执行起来也不会使人无所适从。

2.1.4 公共关系机构

应用案例 2-1

国际公关公司到底有多厉害

在奥运圣火传递风波过后，有外国媒体建议中国聘请国际公关公司，以改善中国在西方公众眼中的形象。事实上，中国与国际公关公司的合作早已有之。那么，中国与国际公关公司已进行了哪些合作？国际公关公司对国际关系有着什么样的影响？

1. 大公关公司一般表现低调

目前，世界最成功的公关公司有奥美、罗德、万博宣伟、帕格索斯、易美济、万卓环球、爱德曼、高诚、伟达等。这些公关公司都是“世界公关公司联盟”的成员，通过这一平台共享客户资源和业务经验。

普通公关公司的主要业务是广告、新闻业务代理、投资者关系。一些能量很大的国际公关公司，却能通过各种途径，在公共事务、院外游说活动等政治领域发挥重大作用，甚至影响国际关系。不过，由于行业特点，这些在各国游说的现代“说客”一般表现得相当低调，公关界的成功案例往往很久后才能为公众所知。

2. 北京奥组委聘请了伟达

1990 年，国际公关公司把很多跨国公司通过亚运会推荐到中国，麦当劳在中国开第一家店，就有国际公关公司的功劳。

一些著名国际公关公司在向中国介绍世界的同时，也能向世界解释中国。因为他们对西方公众心理、媒体运营有着较好的了解，经验和人脉资源也更丰富。

随着各国公众政治参与的扩大和传媒的发展，各国政府对外政策的透明度扩大了，其对外政策也越来越受民间力量的牵制，公关活动对国际关系的影响也日渐增长。

中国要努力赢得有利于和平发展的国际环境，必须获得各国人民的理解和支持，这离不开与公关公司的合作。目前，伟达在中国的业务发展最为迅速。2006 年 4 月 27 日，北京奥组委聘请伟达为 2008 年奥运会的传播顾问。

3. 外国公关公司助北京申奥成功

另据新加坡《联合早报》2001 年 7 月 17 日报道，中国在 1993 年第一次申奥中，就曾聘请国际公关人士协助策划，但都不是大型公关公司。中国在第二次申奥中，吸取了这个教训。《联合早报》转引美国《时代周刊》的估计，中国在申办 2008 年奥运会时付出的公关费约为 2 400 万美元。在申奥中，考虑到西方对中国存在的认知盲点，尤其是西方媒体的导向充满偏见，因此决定聘请国际知名公关公司协助对外宣传。曾在 1993 年协助悉尼胜出的澳大利亚著名公关人彼得·菲利普(Peter Philps)这次也为北京申奥效力。他说，他搭档有两个多月住在北京，每天花 16 个小时帮北京准备申奥的关键文件，同时不断在细节上给北京出谋划策，包括应付外国人质疑中国人吃狗肉等问题。

众所周知，北京的第二次申奥最终取得成功。不过，中国有关方面并未公开证实《联合早报》的这一说法。普通人也能为国“公关”。其实，除了公关公司外，普通人也能为中国公关。在奥运圣火的境外传递过程中，国外的中国留学生就做了不少公关努力。特别是身在法国的留学生李洹，用流利的法语，以法国人熟悉的论辩方式，抒发了中国人对西藏这片领土的深情，大大扭转了在场法国公众对西藏问题的看法。

(资料来源：http://www.youth.cn/zqw/xw/qnsm/200805/t20080527_725247.html.)

1. 公共关系机构的职能

社会组织的公共关系机构是指特定社会组织处理、协调、发展本组织与社会公众和组织内部公众关系的部门。

公共关系机构与计划部门、业务经营部门、财会部门、劳动人事部门等一样，是组织体系的重要组成部分，是重要的职能部门。它在组织中的地位与作用是其他部门无法替代的。具体来说，其职能作用有以下几方面。

(1) 追求组织和社会利益的一致。

(2) 以真实和符合社会公众利益的方式来树立组织的形象。

(3) 协调社会各界关系，减少摩擦。

(4) 应酬组织的烦琐工作，成为领导的“有效代表”。

(5) 培养员工感情，做到组织与员工同舟共济。

2. 公共关系机构的设置原则

设置公关部机构要从组织的实际出发，坚持所设置的公关部必须分工协作、协调一致、有效工作，使公关部成为追求共同目标的机构，自愿效力的工具，沟通意志的桥梁，进行协调工作的中枢。具体说来，应遵循以下原则。

1) 任务、目标原则

任务、目标原则是指要依据组织公关工作任务的大小和重要程度、组织的目标来决定公关部的规模、人员编制及在组织结构体系中的地位。在这里，有两个方面必须考虑：一是组织的总目标，二是受组织目标所制约的公共关系目标。总目标是全体员工共同奋斗的目标。公共关系目标是组织总目标的重要组成部分，目的是为了配合组织总目标的实现。

正是包括公共关系目标在内的许多具体目标的连锁，才构成了一个完整的目标体系。

按照任务、目标原则设置公关都要以事为中心。因事设机构、设职务、配人员，以做到人与事的高度组合。一般来说，大、中型经济组织公共关系事务较多，需要设置公共关系部，而其他社会组织若公共关系事务较少，其公共关系机构也相应小些。

2) 分工协作原则

分工协作原则是指组织公关部内部既要有明确的分工，又要密切地协作，使公关部构成一个有机的整体，如在公关部内部设置媒介关系组、职工关系组、社会关系组、宣传资料组等。不同的机构，要有明确的职责范围，这不仅有利于提高公共关系工作专业化水平和工作效率，而且有利于明确责权。如果公关部内部没有分工，必然形成遇事相互推诿、无人负责的状况。当然，分工不等于分家。作为组织内部的一个部门，人员有限、力量有限，而且某一专项的公共关系工作，往往有较大的工作量，靠一两个小组、几个人员在一定时间内是难以完成的，需要大家配合才能完成。对于较大型的公关活动，团结一致，齐心协力去完成。同时，公关部的多方面工作是相互联系，相互渗透，相互作用的。只有彼此协作得好，才能产生积极的整体效应。

3) 精干高效原则

公关部门应该精干、有活力、工作效率很高。在服从组织经营管理和有效开展公关活动的前提下，力求减少内部机构的数量和人员。只有机构精简、人员精干，工作效率才能提高。否则，追求规模大、人员多，必然出现机构臃肿、因人设事、人浮于事、办事拖拉、效率低下、费用增加等情况。结果，公关部本身不仅不能提高组织形象，反而在对外接触和工作过程中有损组织形象。要坚持精干高效原则，关键是公共关系人员的配置。组建公关部时，一定要积极慎重地选拔人才，把真正具备公关才能的人安排在公关岗位上，做到才职相称、人尽其才。

4) 责权对等原则

责权对等原则也就是责权一致原则。所谓权力，是指在规定的职务上具有指挥和行事的能力。所谓责任，是指接受职位、职务时所应尽的义务。有多大的权力必须承担多大的责任，这是理所当然的。

公关部受组织的委托，负责处理内外上下左右关系，必须要有相应的权力。没有权力，该拍板时不能拍板，该表态时无权表态，显然会失去协调关系的能力，所肩负的责任也必然落空。只赋予权力，而没有明确的责任，势必为公关部提供滥用职权的机会和条件。坚持责权对等，其职务、权力和责任等明确、规范，制定出章程，公共关系人员在工作中才能有所遵从。

3. 内部公共关系机构的设置模式

组织内部设置公关部，需要从两个方面进行考虑。

1) 宏观体制

宏观体制即公共关系在整个组织体系中的地位。根据我国一些组织设置公关部的情况来看，绝大多数组织的公关部与其他职能部门平行，即为二级管理部门，有一名副职领导分管。在特殊情况下，一把手也可以直接主管，公关部则向一把手报告工作。以某公司为例，用图 2.1 表示如下。

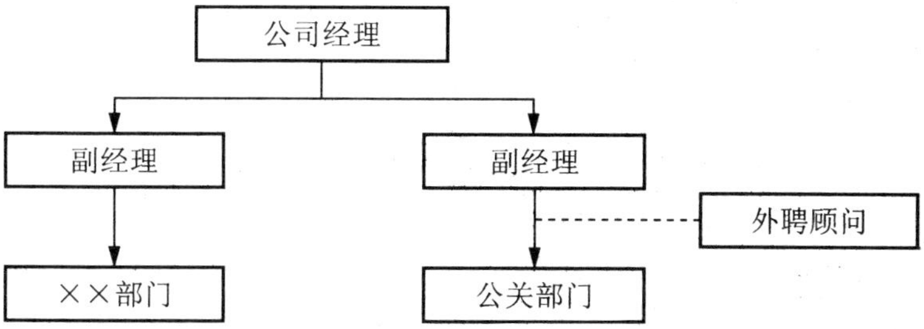

图 2.1　某公司内部公共关系机构的设置

2) 微观体制

微观体制即一个公共关系内部的构成和职能的划分，这需要根据组织的规模和工作重要性程度而定。一般有以下模式可供选择。

(1) 按公共关系分类设置，如图 2.2 所示。

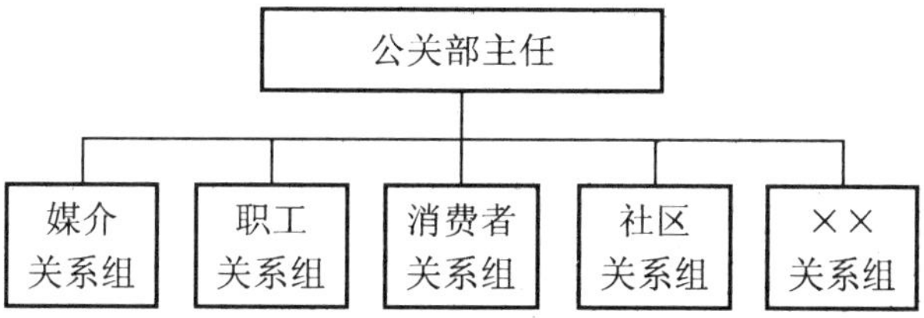

图 2.2　按公共关系分类设置的公关部

(2) 按公共关系过程设置，如图 2.3 所示。

(3) 按公共关系技术设置，如图 2.4 所示。

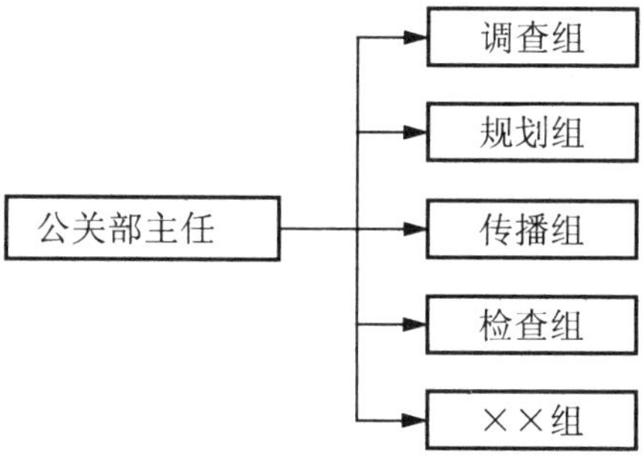

图 2.3　按公共关系过程设置的公关部

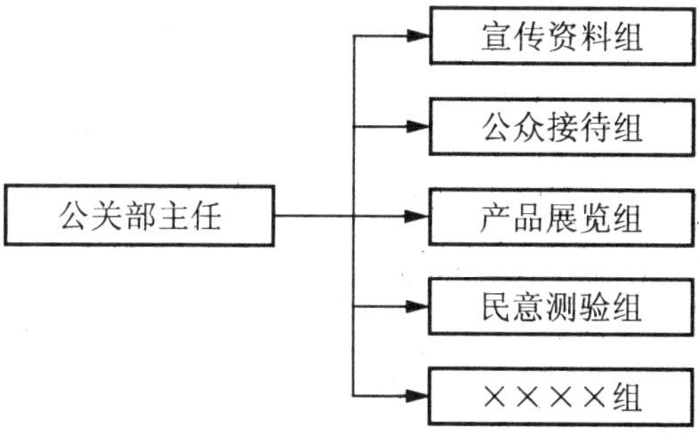

图 2.4　按公共关系技术设置的公关部

2.1.5　公共关系人员

应用案例 2-2

选才标准

领导人员花在人的管理与做人事决策上的时间，远甚于花在其他事上的时间，也理应如此。因为没有任何别的决策所造成的后果及影响会如此持久而又难以消弭。然而，总的来说，领导人员所做的有关人员晋升与人员配备方面的决策还是难尽人意的。总计起来，他们的平均成功率不超过 1/3，最多有 1/3 的决策是正确的，1/3 的决策勉强过得去，另有 1/3 的决策则是彻底失败的。

我们恐难再在别的管理领域中找到如此可悲可叹的绩效了。我们不希望找到，也不应该找到。领导人员所做的人事决策当然不会十全十美。但他们应当使其得分相当接近 1，尤其是因为我们对别的管理领域的了解，都远不如对人的管理了解得如此之多、之广。

然而，有些领导人员的人事决策却是趋于完美的。在“珍珠港”时期，美国军队的每一位将领，都近乎老态龙钟。尽管没有一个年轻人以前曾受过战火的洗礼，或指挥过千军万马，但等到第二次世界大战结束时，美国却拥有一支空前强大、能干的将领队伍。军界首领乔治•马歇尔(Georyge Marshall)，坚持亲自挑选每一位将领。虽不是说都取得了辉煌的成就，但也没有一个是彻底的失败。

阿尔弗雷德•斯隆(Alferd sloan)，在他治理通用汽车公司 40 多年的时间里，亲自甄选公司的每一名负责人，上至制造经理、审计员、工程经理、总机械师，下至最小的附属部门的负责人。以今天的标准来衡量，斯隆的视野未免狭窄，观念未免死板，也确实如此。他所关心的，只是在通用汽车公司内的绩效，只是对通用汽车公司的绩效。但是，他在安排每个人以合适的工作方面所取得的长期绩效却是无可指责的。

也许根本就没有什么一贯正确的甄选人的标准。然而，不乏有这样的领导人员：他们非常慎重地对待其人事决策，孜孜不倦地对这些决策进行推敲。

上述案例使我们看到马歇尔与斯隆，可以说代表着两种不同类型的人，但他们在做人事决策时，都相当自觉地遵循着如下一些相同的准则。

(1) 如果我安排某人一项工作，而他或她干得很不出色，那么这是我的过错。无须责备他或她，也不关“彼得原理”(在一个等级制度中，每个职工趋向于上升到他所不能胜任的地位)之事，没有什么可抱怨的，是我犯了一个错误。

(2)“士兵有权利得到能够胜任的统帅”，这是朱利叶斯•凯撒(Julius Caesar)时代的一句古老格言。管理者的责任，就在于确保组织中挑大梁的人能够履行其职。

(3) 在领导人员的所有决策中，没有哪个决策像有关人的决策那样重要。因为这些决策决定了组织能否有绩效，所以应尽量做好这些决策。

(4) 一个“不”字：不要给新来的人安排新的重要工作，因为这样做只是意味着冒险。应把这类工作交给那些你对他们的行为、习性都了解，他们已在你的组织中获取了信任的人。把高水平的新来者首先安排到一个既有的职位上。在该职位上，人们对他的期望是一目了然的，他所需要的帮助是容易获得的。

(资料来源：[美]彼得 • 德鲁克. 管理的前沿[M]. 许斌译. 上海：上海译文出版社，1998.)

1. 公共关系人员的职业素质

中华人民共和国劳动与社会保障部将公共关系人员下定义为：专门从事组织机构公众信息传播、关系协调与形象管理事务的调查、咨询、策划和实施的人员。

公共关系人员应具备较好的心理素质，有良好的知识结构和实用的能力技巧，并要具备很好的职业道德，这样才能成为一个合格的公共关系人员。

公共关系人员从狭义上理解是指从事公共关系职业的专职人员。从广义上理解，公共关系人员泛指组织内部和外部从事直接的公关工作、公关理论研究和公关教学的人员，以及在公关协会等公关组织机构工作的人员。

任何一次严谨的调查、巧妙的公关策划、有力的传播、圆满的操作、科学的评估都要由训练有素的公共关系人员来完成。有人说公共关系的竞争就是公共关系人才的竞争，此话不无道理。优秀的公共关系人才为组织开拓市场可以想人之所未想、能人之所未能，创造奇迹；可以为组织塑造国际名牌、积累巨大的无形资产。在国外有人将公共关系人员、医生与律师并称三大自由职业者。20 世纪 80 年代美国统计最富竞争力的 20 项职业中，有 8 项与公共关系有关。“美国 99 在线”于 1999 年统计的 21 世纪最需要的职业中公共关系排名第十。

公共关系从业人员的素质是指公共关系从业人员在运用传播媒体，实施增强组织机构的生存能力和在公众心目中树立良好形象的目标过程中，所表现出来的知识、个性、兴趣偏好、风度、工作作风、政治及文化素质修养等生理和心理方面的总和。

1) 公共关系人员的心理素质

有人认为，公共关系从业人员应具备现代企业家、宣传家和外交家的素质。这看上去似乎要求偏高一些，但从现代社会的发展情况来看，公共关系从业人员的基本素质确实需要花较大力气去培养和提高。

素质是一个集生理学、心理学和社会学等多种意义的综合范畴。狭义的素质单指人的生理特征；广义的素质则主要是指人的社会心理特征，它包括人的感知能力、记忆能力、思维能力、反应能力和运动能力，以及个人的性格、兴趣、知识、品格及气质等特征。

公关人员的心理素质是组织公关人员基本素质的基础。一般论述公关人员心理素质往往从希波克拉底(Hippcrates)对人类性格的 4 种划分开始，即胆汁型、多血型、黏液型、抑郁型，或从内向型 、外向型剖析，而在社会生活中的绝大多数人都是综合型。人的心理素质也是如此，社会角色的要求与塑造大大超过生理因素对一个人影响的程度。总的来说，公共关系需要情商高的人才。根据公关工作的实际需要，公共关系人员必须具备以下心理素质。

(1) 追求卓越、渴望成功的心理。成功首先需要的是成功的心态、成功的欲望，需要有成功的动力。俗话说：“不怕做不到，就怕想不到。”想不到就不会成功，可如果连追求卓越、渴望成功的愿望都不具备，想都不想，就会从根本上与成功无缘。公共关系需要人发挥自己最大的聪明才智，以不断创新的能力去竞争，要敢想、敢于创造惊世之作，策划出引起轰动的公关活动。与一个普通工人在生产线上按部就班地完成自己工序的任务不同，公共关系需要去创造、策划，放眼组织之外，关心社会公众，在全国乃至世界范围内寻求机遇、寻求成功。因此，公共关系需要更强大的动力系统。

公关活动虽然有时看上去轰轰烈烈，但凡是从事专职公关的人都深知其中甘苦。策划一个大型公关活动是对心力、体力要求极高的考验；社会对公关工作期望又很高，如果没有强烈的事业心，就坚持不下去。不求上进的平庸之辈和只顾眼前、见好就收的实用主义者都不可能成为一个合格的公共关系专业人员。

(2) 易于投入、热情工作的心理。公共关系行业与医生行业有些类似，是为组织和社会组织诊断，由于其职业道德和生存需求，往往不能自由选择公众对象，正如医生不能选择病人一样。另外，公共关系行业在很大程度上是一门中介行业、代理行业，因而不可能只埋头干一件事就会获得成功，一个公共关系人员如果不能迅速转换角色、迅速投入新领域，就无法工作。

公共关系是一个既动脑又动手，既有学又有术的职业，公共关系人员不是审批方案的决策者，要做到嘴勤、手勤、腿勤，要动脑，要动手写、动手做，要到处跑。一个公共关系人员能否胜任这些工作，是否受欢迎，关键在于是否具备易于投入、热情工作的心理素质。

(3) 自信的心理。公共关系要创新，必然要承受压力，甚至是巨大的压力。有自信心是公共关系人员职业心理最基本的要求。有了自信心，才能激发极大的勇气和毅力，最终创造出奇迹。

公共关系是一项创造性的劳动，它的价值在于塑造出组织最佳形象，创出前所未有的效益，因而在手法、技巧上要敢于走前人没有走过的路。当一个创造性的新方案一时得不到大多数人的理解与支持时，有较强的自信心，敢于坚持用实践去检验真理，很可能就能成功；如果缺乏自信心，怀疑自己的根据，不敢承担必要的风险，也许一个天才的设想就会被平庸所扼杀，一个创新的领域被子经验主义所束缚，公共关系就失去其创造性的艺术光芒而丧失存在的价值。

(4) 开放乐观的心理。公共关系本身就是一种开放型的工作，因而要求公关人员以一种开放的心理适应这一工作。公共关系人员在同外界打交道时会遇到各种各样的人，应该能够应付自如、游刃有余，善于异中求同，与各种类型的人建立良好的关系。

此外，公共关系人员还应具有强烈的求知欲，多研究新事物，关心新问题，接受新知识、新观念，不拒绝一切有益于公共关系的信息。公关工作的要求创新会带来一定的风险，工作中就必然会遇到这样、那样的困难与挫折，这一点比其他行业要更突出一些。面对困难与挫折，公共关系人员应能达观面对，走到哪里就把微笑带到哪里，而不能把满脸愁云带给公众。这不仅是对公共关系人员的一种心理素质要求，而且还是公共关系人员的一种职业规范。

2. 公共关系人员的品质

1) 个性心理品质

个性心理品质指个性心理倾向(如动机、兴趣、思想等)和相对的静态特征(如性格、气质等)。

(1) 兴趣。兴趣是人们行为的导向，一个人要想做什么，怎样设计自己的前程和奋斗目标，在很大程度上由兴趣决定。从科学的角度讲，兴趣是指人们积极探究某种事物、进行某种活动的倾向。兴趣能借助于人的情感的愉悦来使人乐于办成一件事。一般来说，它能成为人们克服困难创造奇迹的动力。作为公共关系人员，兴趣可以驱使人努力学习公共关系知识，刻苦钻研公共关系技能，勇敢地投入公共关系事业中；兴趣可以使人能经受住困难与挫折的考验，知难而进；兴趣可以使人积极主动地刻意创造。这些对公共关系人员来说尤为重要，因为只有独树一帜的创新，才能达到最佳的公共关系效果。

(2) 性格。性格是指一个人对现实稳定的态度体系及与之相适应的习惯的行为方式。这就是说，个人对国家、对组织、对他人、对自己持何种态动，面对突发事件采取何种行为方式等。这些都是个人性格的反应，所以一个人的性格对工作、生活起着很大的作用。人的性格的形成既有天生的因素，又有后天的造就，具体地说，人的性格形成是社会环境与自我调节共同作用的结果。作为公共关系人员要认真地修养自己的性格，使之健康地发展。

(3) 气质。气质是指一个人的典型的、稳定的心理特点。这种心理特点主要表现为心理活动的动力特征。心理活动的动力是指心理过程的速度、稳定性、强度和灵活性等。

不同的气质类型往往给一个人的心理活动涂上个人独特的色彩。例如，胆汁质的人所表现的谦虚带有自制的色彩，抑郁质的人所表现出来的谦虚则带有胆怯的色彩。需要说明的是气质类型本身无好坏之分，但对从事不同类型的工作来说，某种气质类型更为适宜，某种类型则稍微困难一些。对于从事公共关系工作的人来说，多血质的人较适宜，而抑郁质的人不太适宜。

总之，公共关系人员最佳的心理应表现为以下 4 点：①乐观外向，轻松兴奋，心平气和，很善于并且乐于与人交往；②有理智、重实际，不感情用事、忽喜忽怒；③精明能干，富有事业心，虽然待人友善热情，但绝不是天真，因为这样的人往往具有一种天然的魅力从而能够吸引公众，公众愿意与之交往；④头脑冷静，绝不是为了交往而交往，而能在不露声色之中左右公众，形成或改变公众的态度，进而达到自己的目标。

2) 伦理道德

伦理道德是指以高尚的思想情操去处理人与人之间、个人与社会集体之间的关系。

3) 职业道德

职业道德是指与人们的职业活动紧密联系的，具有自身职业特征的道德准则和规范。也就是从事一定职业的人们在职业活动过程中必须遵循的行为规范的总和。

职业道德是一定社会对于特定职业从事者的要求，是社会道德在职业劳动中的具体体现。公共关系人员的职业道德是指公共关系人员在从事公共关系活动中所必须遵循的行为规范的总和。具体内容在下一节中介绍。

4) 政治品德

政治品德是指正确的世界观，以及建立在这个世界观基础上的政治立场和所代表的思想等。这是作为合格的公共关系从业人员的最基本的素质。

3. 公共关系人员的知识素质

公共关系人员的知识素质是指其知识结构与水平。知识结构与水平在很大程度上决定了一个人的业务能力和思维能力。

1) 知识结构的特点

公共关系工作的特殊性要求公共关系人员的知识水平也比较高，这是因为能力的提高毫无疑问是与知识修养成正比的。公共关系人员需要掌握的学问门类较多，包括文化、经济法律、科技等方面，也包括本专业方面的要求。但无论怎样分类，总体上有如下特点。

(1) 广博性。公共关系学科内涵小外延宽，大量的公共关系实务的成败取决于公共关系人员的综合功力，即综合知识和综合能力的表现。因此，要求公共关系人员要有广博的知识。另外，由于公共关系具有多种职能，这就是说，公共关系人员必须具有实施多种职能的相关知识。若公共关系人员要将公共关系艺术应用于管理之中，那么公共关系人员必须掌握与管理科学相关的知识，如市场学、管理学等。若公共关系人员将公共关系艺术应用于宣传、推销活动中，则要求公共关系人员掌握社会交往、人际沟通等相关知识。由此可见，作为公共关系人员来说，广博的知识是必不可少的。

(2) 更新性。社会发展日新月异，人类认识不断深化，知识更新也日渐迅速，当然公共关系知识也不是凝固的、僵化的和不变的，它是一个动态的、开放的、不断吸收新知识、不断进行自我完善的知识体系。作为公共关系人员也应该认识到这一问题，不可僵化、老化自己的知识，要跟上时代发展，及时学习新知识。只有这样，才能更有效地提高自己的公共关系能力，做好组织的公共关系工作。

(3) 实践性。公共关系工作是一项操作性很强的工作，有很多知识是不能仅凭书本获得的，必须在实践中学习，在实践中提高。否则，尽管熟知原理工作起来不能得心应手。

(4) 层次性。公共关系工作分为初、中、高 3 个层次，相应地对公共关系人员也就有不同程度的要求。从事初级公共关系即处理日常公共关系事务的人员，与应掌握一些人际交往、礼仪接待方面活动的组织实施的人员相比，其要求较高一些，除了前面讲的初级公共关系知识外，还应掌握与各类专题活动(如记者招待会、开业大典等)的组织、策划等有关知识。高级层次的公共关系即公共关系创造策划，对公共关系人员要求更高，不但要掌握与公共关系有关的学科知识、熟练掌握公共关系实务的技巧，还要了解和掌握有关创造、策划等方面的知识和技巧，只有这样，才能为组织创造出新颖的、具有轰动效应的公共关系活动。

2) 知识结构的内容

公共关系人员的知识结构是公共关系知识体系在公关人员头脑中的固化，这个知识体系包括职业公关人员从事公关工作所必需的专业知识和相关知识。一般来说，成功的公共关系人员应该是一专多能的“杂家”。通常要求公共关系人员所具备的知识结构包括 4 个方面。

(1) 公共关系的基础理论知识。公共关系理论是人们对于公共关系社会实践活动的科学的总结和理论概括。知识应包括公共关系的基本概念，公共关系的由来和基本原则，公共关系的三大要素，即社会组织、公众和传播的概念和类型，不同类型的公共关系机构的构建原则和工作内容，公关工作的基本程序等。公共关系的理论体系与知识结构是一个开放的系统，要不断地发展、充实，逐渐吸收各国的特色并深入行业之中，开拓新的领域。

(2) 公共关系的基本实务知识。公共关系是一门哲理性、实务性都很强的学科，公共关系人员除了要通晓公共关系的基本知识以外，还必须具备公共关系的基本实务知识。公共关系的基本实务知识包括公关调研的知识、公关策划的知识公关活动实施与评估的知识、处理各种危机的知识、公众对象分析的知识、与各类公众打交道的知识、社会基础文明和社交礼仪的知识等。

(3) 与公共关系密切相关的学科知识。一个合格的公关专业大学生应具备的知识、课程包括：①专业骨干课程——公共关系学、公共人员素质、专业公关、公关策划；②传播学及相关门类课程——传播学原理、媒介理论与实务、演讲与口才、人体语言、公关应用写作、电脑应用、谈判理论与技巧；③管理学及及其相关课程——管理学原理、组织文化、市场营销、广告概论、会计学原理、法律门类课程(如经济法)；④基础课程——社会学、心理学、文化学、逻辑学、实用美学。此外，公共课按教育部规定开设。

(4) 与对象相关的特定的公共关系知识。公共关系部应是一个人才能力互补的群体，作为其中一员应有自己的专长，或长于对内关系，或长于对传播交往，或长于专题策划，或长于国际公关，以便在群体发挥自己的作用。没有一定的专长的公共关系人员在今天的公共关系工作中一定会感到力不从心，难以有大的作为。

4. 公共关系人员的智能素质

智能素质主要指公共关系从业人员综合运用知识的能力。从管理学的角度讲，管理学重视人的知识水平，但更重视人的智能水平，要求多谋善断，富有开拓精神，敢于创新。由于公共关系的工作过程是一种信息的传播活动进程，因而较强调公共关系从业人员必须具备良好的智能素质。即有丰富的工作经验，有观察问题、分析问题和解决问题的能力，有认识世界和改造世界的综合能力。

5. 公共关系人员的身体素质

公共关系人员的身体素质主要是指公共关系从业人员本身的体格状况，要求身体健康。

6. 公共关系人员的职业道德准则与能力

公共关系人员是公共关系事业的主力，是组织形象的主要策划者和传播者，其素质的高低、优劣，直接影响公共关系的效果。公共关系人员应具备较好的心理素质，有良好的知识结构和实用的能力技巧，并要具备很好的职业道德，这样才能成为一个合格的公共关系人员。

1) 公共关系人员的职业道德准则

道德是一定社会调整人们之间以及个人和社会之间的关系的行为规范的总和。公共关系要讲职业道德。早在 1923 年，爱德华·伯纳斯在他的第一本公关专著中就提出了公关从业人员的职业道德。此后，各国的公关协会、国际公关协会都制定了公共关系的职业道德和行为准则，中国也做了这方面的探索。公共关系职业道德成为公关事业发展过程中的一个不可回避的探索。组织公共关系人员应自觉遵循这些已为行业认同的道德准则。公共关系人员的职业道德包括的内容很多，归纳起来有以下几点。

(1) 强烈的事业心和高度的责任感。公共关系人员应自觉地认识到自己所从事的工作是本组织整个工作的重要组成部分，自身工作的优劣关系到组织目标能否实现。因此，在工作中要有献身精神，要尽心尽责、锐意进取，从而卓有成效地完成自己所担负的每一项工作。

(2) 忠诚。这是对公共关系人员最起码也是最重要的职业道德要求。这种忠诚既是对组织的忠诚，也是对公众的忠诚。对组织的忠诚表现为不得抵制组织目标，忠诚地为组织的目标工作。对公众的忠诚表现为对公众讲信誉，全心全意地维护公众的利益。

(3) 正直。公共关系人员应具有公正坦率的道德品质。正直一般表现为性格的刚直、作风的正派、品德的公正无私。公共关系人员要与众多的服务对象打交道，其言行稍有不端，就会损害公众的利益，也会损害组织的形象。正直要求说真话、不吹牛撒谎，支持原则、不随风动摇，守信用、不背信弃义。不仅在公共事务中而且在私人生活中都应该襟怀坦白，堂堂正正。这样才能给公共关系工作带来良好的声誉，工作才能取得成效。

(4) 热情。公众关系人员在与人交往中，必须热情洋溢、真诚而又礼貌。公共关系人员是代表组织与公众和其他组织交往的，在一定程度上称得上是组织的社会活动家和外交家。热情的态度可以使对方感到你的诚意、恳切、友好、礼貌，为交往的顺利进行打好基础。当然，要求公共关系人员热情，决不意味着可以丧失自己的立场，更不能搞曲意奉承，把公共关系变成庸俗关系。

(5) 注重仪表。仪表包括人的仪容、姿态、举止和风度，这是反映一个人内在美的外部形象。良好仪表首先要有高尚的感情和道德情操，做到内在美与外表美的统一。一般来说，美好纯正的仪表来自高尚的道德品质。公共关系人员应该做到衣冠整洁、举止大方、言谈适度、讲究礼仪，一言一行要表现出积极、认真、向上的精神风貌。端庄的仪表既是对别人的尊重，也是自重自爱的一种表现。

在众多公共关系组织制定的职业准则中，《国际公共关系道德准则》的影响最大。很多国家的公关组织采用该准则，或以此为范例做些变动，以适应自己国家的需要。除了《国际公共关系道德准则》外，《英国公共关系协会行为准则》和《美国公共关系协会职业标准准则》的影响也很大。

《国际公共关系道德准则》由国际公共关系协会名誉会员、法国的卢西恩·马特拉特(Lucien Matrat)起草，于 1965 年 5 月 12 日在雅典国际公共关系协会全体大会上通过，所以又称《雅典准则》；1968 年 4 月 17 日德黑兰全体大会对该文件进行了修改，因而也称《德黑兰宣言》。

2) 公共关系人员的职业能力

能力通常指完成一定的活动的本领，包括顺利完成和各种活动所必需的个性心理特征。如果没有能力，再好的品德和知识也难以发挥作用。因此，公共关系人员不仅要有良好的知识结构，还应具备必要的能力素质。

美国著名学者斯科特·卡特李普等人所著的经典著作《有效的公共关系》将公关工作概括为十大类：写作、编辑、与新闻媒介联络、特殊事件的组织与筹备、演讲、制作、调研、策划与咨询、培训、管理。根据这些工作内容，将公关人员的能力概括为对紧张心理的控制能力；个人创造能力；好奇心与求知欲，有很强的认知能力；精力过人、有雄心大志；客观地考虑问题，实事求是，有出色的判断能力；具有从他人的角度观察问题的能力；为他人服务的精神；友善；全面的适应能力；较少个人意识。

公共关系传到中国以后，各界先后对中国公共关系人员的标准和能力提出要求。1999 年劳动与社会保障部提出公共关系的职业能力特征是：较强的口头与书面语言表达能力；协调沟通组织内外公众关系的能力；调查、咨询、策划和组织公共关系活动的能力。

随着改革的深入和人才素质培养的需要，还可以将公共关系人员的能力素质分解概括为 8 个方面。

(1) 较强的文字和口头表达能力。公共关系人员的文字和口头表达能力是其从事公共关系职业的基本功。公共关系人员担负对内外宣传、塑造组织形象的任务，要编写组织宣传材料，撰写新闻稿件，编写组织刊物，为发言人和领导撰写演讲稿，起草活动计划方案、各种报告和总结。这些工作要依靠公共关系人员的文字功底。公共关系人员的文笔不仅要有闪光的灵感、丰富的情感，有生花妙笔，还要有“倚马之才”。商场就是战场，要分秒必争，舆论就是“无冕之王”，与它打交道不能有丝毫差错。为了向外界及时报道宣传，公共关系人员经常需要边组织公关活动边撰写高质量的新闻稿，活动一结束，稿件马上发出；一个好的策划思路出现，有时要抢在竞争对手之前把文章做出来。文字功夫不过硬，就可能会贻误战机，使精心策划的活动失去新闻价值。

口头表达方式是最常用、最简捷的传播手段，也是人类沟通思想的重要手段。古人评价口才时说：“一人之辩，重于九鼎之宝，三寸之舌，强于百万之师。”西方认为“口才、金钱、原子弹是人类生存的三大武器”，“口才、金钱、电脑是人类生存的三大工具”。心理学家认为：“人才不一定有口才，有口才的人一定是人才”，公共关系工作在很大程度上是一种劝说工作。因此，公共关系人员需具备一定的口头表达能力，要能清晰明了地发布信息、表达思想，而且要幽默机智、谈吐风雅、引人入胜、令人信服。公共关系人员应有意识地训练自己的演讲、谈判以及做公共关系人员的能力。

(2) 健全的思维能力。21 世纪是比过去任何时代都更加重视人的思维能力的世纪。公关工作属于一种智力产业，公共关系人员健全的思维能力至关重要。

健全的思维能力要求一个人心智成熟。作为给企业当参谋、“医生”、代言人的公共关系人员，不应只是一个“漂亮的花瓶”。

健全的思维能力要求思维具有系统性。公共关系工作千头万绪，公众要求千差万别，公共关系事务具体、繁杂，所以要求公共关系人员有一定的系统运筹能力，思路清楚，安排得当，抓住关键，提纲挈领。

健全的思维能力要求有一定的思维深度，善于全面思考，分析问题能由浅入深、由表及里、去粗取精、去伪存真，善于抓住事物的本质，找出矛盾的症结所在。

健全的思维能力要求能善解人意，能进行换元思维，领悟他人意图。公共关系人员的角色地位要求他上对决策者、下对公众，着眼于人心的管理，在人们的心中塑造组织形象。不能善解人意，站在他人、站在公众的角度考虑问题，就做不好公共关系工作。

健全的思维能力要求公共关系人员能明确自己的地位，在客户面前要甘当助手、甘当配角，尊重客户。公共关系策划要从客户利益出发，成功后也不要喧宾夺主，将其当作炫耀的资本。

当然，从人的智力发展角度看，健全的思维能力还应包括敏锐的观察能力、良好的记忆能力、丰富的联想能力等。

(3) 良好的创造能力与学习能力。一位美国专家在分析杰出企业家成功的奥秘时提出了一个耐人寻味的命题：“不断创新是卓越。”从本质上讲，每一次成功的公共关系活动都是一次创造性的劳动。满足公众日益增长的求新、求异、求美心理要求，需要公共关系人员的创造能力；企业形象的定位、企业识别系统(corporate identify system，CIS)的创意、企业文化的设计要在社会引起轰动效应，需要公共关系人的创造能力；即便是日常的公共关系传播、宣传和接待工作，要想做的与众不同、令人难忘，也要求不断创新。如果公关没有了创造性，工作就会千篇一律、死气沉沉。

另外，由于互联网的出现，信息的传播速度与公开性大大提高，这也就意味着现在的公关技巧很快就会变为众所周知的“昨日黄花”。而公众的欣赏水平和品味越来越高，竞争对手越来越强，公共关系人员若没有较强的创造能力、学习能力，将无法生存。

(4) 较强的组织谋划能力。组织谋划能力包括策划决断能力、计划设计能力、组织实施指挥调度能力和平衡协调能力等几个方面，是公共关系人员有计划、有步骤地从事某种活动并使之达到预期目标的实施操作能力。公共关系实务是一种目标指向活动，往往由一系列公共关系活动构成，有些大型公共关系活动还要涉及对外交往，如与上级和兄弟单位合作等，若没有良好的组织能力，即使有再绝妙的创造性维也是枉然。当今的企业公共关系实务工作大都由集体来完成，这就要求公共关系人员能与组织内外的各种人协同工作。公共关系人员不仅要能穿针引线，使各方人士联合在一起，而且要充分调动每个人的积极性，使他们的聪明才智充分发挥出来，形成智力群体优势。在举办各种公关活动时，公共关系人员应能控制进度、把握全局，擅长指挥调度，遇事沉着机敏，使整个活动有条不紊地进行。

(5) 信息采集处理能力与知识管理能力。从信息科学的角度看，公共关系实务工作就是一种信息工作，属于信息产业的一部分。因此，一个合格的公共关系人员不仅应具备公共关系意识，而且应具备信息意识，学会运用现代化的信息技术，包括计算机、多媒体、互联网、E-mail、电子商务等，掌握信息调研方法和信息加工管理、处理的方法，以胜任组织的调研咨询和信息发布工作，并自觉培养自己的超前意识和科学预测能力。

知识管理就是运用集体的智慧提高应变和创新能力。知识管理不仅限于信息管理，最显著的是知识的创造和知识的利用，追求知识的创造、发现和传播的最大化。它是信息采集处理能力的延展。做一个 21 世纪开拓型的公共关系人员就应具备这些能力。

(6) 善于与他人交往的能力。一个人社交能力的强弱是衡量他对现代开放社会是否适应的重要尺度。缺乏社交能力就会在自己与他人、自己与社会之间形成一道心理屏障，很难做好工作，也难以被别人理解，赢得别人的信任。

公共关系大量的日常工作都要同方方面面的社会公众打交道，社会交往能力是打开工作局面的基本能力。好的公共关系人员应该是一位社会活动家，善于同各种各样的人打交道。因此，公共关系人员要有意识地培养自己处世融群的能力，掌握打开人际关系之门的钥匙，待人热情诚恳、落落大方、礼貌周全、宽厚坦诚，注意培养自己的气质风度，形成一定的人格魅力，有能力迅速取得别人的信任。

应用案例 2-3

张晔说错了吗？

某单位总经理在欢迎新员工联谊会上念新来员工的名单，当念到“张晔”(yè)时，总经理读成“张华”。张晔马上站了起来，当场给予纠正：“经理，我的名字不叫张华，那个字读作‘晔’，我叫张晔”。全场愕然。就在此时，总经理秘书马上站起来打圆场，对总经理说：“经理，不是您读错了，是我在打字的时候把‘日’字旁丢掉了。”回头对那位新员工：“张晔同志，对不起，这事儿责任在我。”

分析：虽然张晔说的是真话，但选错了时间、场合，更没能把握准自己的身份，这显然是一个足以引起严重后果的错误。

(7) 自控和处理危机的应变能力。公共关系人员要代表组织面对公众，因而他们在公众面前应展示一种“公务性自我”。职业要求公共关系人员带着“永恒的微笑”，公共关系人员不管自己遇到什么困难、内心多么烦躁甚至痛苦，不管遇到多么挑剔的公众，都应通过自我调节加以控制。个人的喜怒哀乐、心理失衡应通过正确渠道去宣泄，面不应带给公众。这不仅是公共关系人员应具备的一种能力，而且也应是公共关系人员的一种职业道德。公共关系人员在工作中会遇到各种各样的难题和意想不到的危机。遇到这类情况时，公共关系人员应做到“每临大事有静气”，沉着机智，灵活机动，有条不紊地化险为夷。

(8) 正确掌握政策、理论的能力。中国的组织公关实务是在社会主义制度下、在党和政府的领导下开展的，这是公共关系的政治环境。在世界上，各国的公共关系，包括资本主义的公关都把对国有政策和理论动态的研究列入日常工作之中，以谋求与社会发展和政策环境的协调，赶上时代发展的步伐。

2.2 公共关系的客体

公众是公共关系的客体，是社会组织形象好坏的评价者，是与组织发生互动关系的对象。

2.2.1 公众的含义与特征

公共关系中的“公众”这一概念特指公共关系工作对象的总和，即与一个社会组织发生直接或间接联系，对该组织的生存和发展具有现实的或潜在的影响力的个人、群体和社会组织。这个定义说明了公众是与公共关系主体交流信息的对象，它与公共关系的主体有相关的利益，公众与公共关系活动密切相关。其基本特点如下。

1. 群体性

公众不是单一的群体，而是与某一社会组织运行有关的整体环境相关联的。任何社会组织的生存和发展都离不开一定的公众环境。公众的群体一般可分为三大类型。

(1) 社会组织。即人们为了某种目标，有计划、有组织地建立起来的一种社会机构。

(2) 初级社会群体组合。初级社会群体是指人们在面对面交往中所形成的具有亲密性的人际关系群体，如家庭等。

(3) 其他同质群体。即不能归入以上两类的同质群体，是指那些不存在某种社会关系而连接在一起，但因为共同面临着某一问题，从而转化为公共关系的对象的群体。

2. 共同性

能被称为某一组织的特定公众，他们之间必定具有某种内在的共同性。这种共同性就是相互之间的某种共同点，如共同的利益、共同的需求、共同的目的、共同的背景等。这样一些共同点，使一群人或一些群体和组织具有相同或类似的态度和行为，构成组织所面对的公众。

3. 多样性

公众是一种社会群体，其存在的形式不是单一的，而是复杂多样的，呈现多元性。公众可以是个人，也可以是一些社会团体或社会组织机构，他们的主观意识或工作目标以及价值趋向、处事态度、处事方法等不尽相同或者完全不同，对同一问题的感受和要求也是不一致的。即便是同一类公众，他们对问题的解决的要求也不一定相同。这就导致公众的存在形式和公众层次呈现多维的性能，这是由于公众内部的组织之间和个人之间因利益关系不同而显露出来的多样化。

4. 多变性

公众的多变性主要体现在公众对象的多变和公众态度的多变方面。公共关系要处理的公众群体是一个开放的系统，始终处于变化之中。任何组织面临的公众，其性质、形式、范围等均会随着主体条件、客观环境的变化而变化。公众群体随着问题的产生而形成，随着问题的解决而自然消失。例如，大型超市每天接待的大批顾客，他们都带着“购买日用消费品”的共同问题，从而形成了这家超市的消费者公众群体。这些顾客如果买到了如意商品，离开商店，那么由他们组合而成的公众群体也就自然消失了。但是其中有部分顾客发现自己购买的商品质量有问题，回到这家商店来交涉，则彼此毫无关联的顾客因商品的质量、赔付问题联结起来，形成了这家超市的公众群体，等超市解决了他们的问题，保障了他们的利益，随着他们的满意而归，这一公众群体也随之解体。又如，前段时间上海市东方电视台报道了上海某大型超市出售的青豆被染色问题，青豆的购买者看到这一消息后，纷纷找到这家超市要求赔付，于是一个新的公众群体便形成了。超市公关部门十分重视这一问题，经过努力化解了这场公关危机，这些公众存在时间也很短，体现了强烈的可变性。

由于客观环境的不断变化和主观趋向、情趣、财力、时间安排、需求等的不断变化，公众的态度也处在不断变化之中。例如，喜欢川菜者会有品尝潮州菜的欲望，甚至会一度喜欢上潮州菜。再如，上面讲到的超市卖染色青豆事件，有些顾客因为已经食用了被染色的青豆，所以在向超市交涉时情绪非常激动，面对这一情况，超市公关人员首先组织科研人员对被染色的青豆进行了化学分析。经过分析得知，这些青豆是被一种食用色素染过的，且其用量在安全范围以内，这样，超市公关部门向顾客出示了科学检测结果，顾客的紧张情绪有所缓和，接下来，公关部门与顾客协商解决办法，很快顾客得到了的赔偿，感到比较满意，反过来又对这家超市赞赏有加。

5. 相关性

一个社会组织的公众总是与这个组织存在着某种利益关系。公众的意见、观点、态度和行为对组织有一定影响，而该组织的决策和行为也对这些公众具有实际的或潜在的影响力和作用力，制约着其利益的实现、需求的满足等。由于公众的态度、动机和行动受到个体和环境两个因素的影响，公共关系主体经常借助对环境因素的改变来达到逐渐影响公众态度和行为的目的，因此，公众具有可导性，这也是公共关系能够不断取得成就的原因。

2.2.2 公众的分类

公众是广泛而复杂的，一个组织要开展公共关系，就要认清本组织所面临的各类公众，对公众进行科学的分类。弄清公众分类，目的是根据不同类型的公众制定不同的方针、政策和措施，以便取得良好的公共关系效果。这里主要介绍几种常见的分类方法。

1. 根据公众形成的范围划分

根据公众形成的范围划分，可以分为内部公众和外部公众。内部公众是指特定组织内部的机构和人员，这类公众和该组织有着最直接、最密切的利益关系，如某企业的内部所设置的正式组织机构、非正式组织、股东、经营管理人员与职工等都是该企业的内部公众。这就是说，一个组织不仅置身于外部环境之中，而且有着自己的内部环境，这个内部环境与外部环境一样，同样会与组织发生不断的交互关系。而且相对来说，协调内部公共关系比协调外部公共关系更为重要。因为内部公共关系是外部公共关系的基础。只有内部公共关系和谐协调，才有可能建立良好的外部公共关系。

外部公众是指组织内部公众以外，与组织发生直接和间接联系的组织与个人。一般企业的外部公众包括新闻媒介、政府机构、教育单位、顾客、社区、商品供应厂商等社会群体。外部公众构成组织生存和发展的外部环境。协调组织外部公众之间的关系，塑造组织的良好形象，不断提高组织的知名度和美誉度是组织的公共关系工作的主要任务。特别是组织的公共关系部门和人员，其工作的重点往往在外部而不在内部。因为协调内部公共关系虽然是整个公共关系的基础，但这种协调工作主要由组织的领导者和管理人员通过思想教育、管理制度和情感沟通来实现，而不是完全由组织内部专司公关职能的部门和人员来承担。

2. 根据组织对公众的好恶程度划分

根据组织对公众的好恶程度划分，可分为受欢迎的公众、不受欢迎的公众和被追求的公众。

受欢迎的公众是指主动对该组织机构表示兴趣，而该组织机构对他们倍加欢迎的公众，如与企业建立长期稳定的购销关系的供应商和顾客，为某社会组织投资的股东或提供赞助者，都是受欢迎的公众。

不受欢迎的公众是指那些对某一特定社会组织一厢情愿地追求，而该组织又力图躲避的公众。例如，对某一社会组织违章摊派、一厢情愿地索取赞助，以及有意识地进行没有必要的管、卡、压等单位都属于不受欢迎的公众。

被追求的公众是指某些对某一特定组织机构并不感兴趣，需要该组织主动去追求的公众，如报纸、杂志、电台、电视台等新闻界公众，往往都需要组织主动联系，积极争取对其宣传报道，形成良好的社会舆论环境。

3. 根据公众的组织状态划分

根据公众的组织状态划分，可分为组织公众和非组织公众。

组织公众是指与该社会组织发生直接或间接联系的社会组织。组织公众具有固定的组织机构，是相对稳定的社会群体。它既包括与特定社会组织在地理位置、日常社会生活上联系密切的社会群体与具体单位(如居委会、派出所、储蓄所、邮电局、医院、学校等)，也包括与特定社会组织在地理位置上不一定有密切联系，但同其他方面联系密切的社团型、权力型公众(如银行、科研部门、政府机关、司法单位等)。

非组织公众是与特定社会组织有直接或间接联系的分散的、无固定组织形式的公众。包括流动性很大、非常分散的流散型公众；临时集聚又很快分散的聚散型公众；按一定规律集合、又分散的周期性公众；虽无一定组织机构，但在成员、数量上相对固定的公众。

4. 根据组织与公众关系的密切程度划分

根据组织与公众关系的密切程度划分，可分为非公众、潜在公众、知晓公众和行动公众。

非公众是指那些不被特定社会组织各项方针、政策、行为左右，同时其行为与要求也不影响该组织而远离组织的公众。即组织与这类群体不发生联系，不产生任何的交互作用。在社会学的眼野中，公众始终存在，而从公共关系的角度，这类群体都是“非公众”。研究、确定非公众的概念，对于减少公共关系工作中的盲目性具有重要意义。

潜在公众是指将来可能与特定社会组织发生利害关系和联系的公众。人们常说的“潜在用户”、“潜在顾客”等就属于这类公众。在特定社会组织所处的环境中，当某个社会群体面临着由该组织的行为引起的某个共同问题，但公众本身还没有意识到这一问题的存在时，这个社会群体就成了该组织的公共关系人员心目中的潜在公众。社会组织在公共关系工作中认识潜在公众可以使公共关系人员有计划、有目的地调整公共关系目标，制定公共关系规划，防患于未然，为公共关系工作的顺利开展扫清障碍。

知晓公众是指由潜在公众发展而来的公众。潜在公众已经面临某一特定组织机构的行为所引起的共同问题，但他们尚未意识到。知晓公众则不仅面对共同问题，而且本身意识到这一问题的存在。例如，20 世纪 80 年代初，美国一家化工厂建于一条河边，造成该河流严重污染，民意检验表明，58%的试地居民了解这家化工厂是主要污染源，对该厂来说，这部分公众就是知晓公众。

行动公众是指由知晓公众发展而来的公众。行动公众不仅意识到问题的存在，而且准备或已经采取行动以解决他们在和某一特定社会组织利害关系中存在的某一共同问题。例如，上例中河流附近的居民意识到化工厂污染河流而组成反污染委员会，要求治理这条河流，新闻媒介支持这一行动，发表社论，批评这家化工厂，这些采取行动的公众就是行动公众。社会组织应掌握行动公众，通过日常的公共关系工作加强联系，沟通信息，以保持组织的正常发展。

5. 按照公众对组织的重要程度划分

按照公众对组织的重要程度划分，可以把公众分为首要公众、次要公众和边缘公众。

首要公众是直接影响特定社会组织生存和发展的公众，如社会组织的员工，企业的顾客和资金的提供者，制约组织发展的政府主管部门。正是因为首要公众对组织最为重要，所以是组织公共关系工作的主要对象，应集中人力、物力、财力来维持和改善其关系，创造一种和谐协调的气氛。

次要公众是指对特定社会组织的生存和发展虽不产生直接影响，但却取决于首要公众的影响和制约作用的社会公众。例如，一家公司的董事会是该公司的首要公众，而一般的社会大众则是该公司的次要公众。但是，次要公众并不永远是次要的，其中一些在一定条件下会转化为首要公众。因此，一个组织仅仅为首要公众做公共关系工作是不够的，还必须注意调整好组织与次要公众的关系，为组织的发展创造一个有利的环境。

边缘公众是指距特定组织的各项工作更远一个层次的公众，也是对组织的生存和发展影响不大的一类公众，如一般社会大众中的未成年学生，对于工商企业来说就是边缘公众。同样，边缘公众在一定条件下可以转化为次要公众，甚至转化为首要公众。因此，社会组织在公共关系过程中，在重视首要公众、次要公众的同时，兼顾边缘公众关系的处理和协调，以营造良好的人事关系氛围。

6. 根据公众的态度划分

根据公众的态度划分，可以分为顺意公众、逆意公众和独立公众。

顺意公众是指其意见和态度与特定社会组织的看法一致或基本一致的公众。这类公众对社会组织所奉行的政策、采取的行为持赞赏、支持和合作的态度，是组织的朋友与伙伴。这类公众队伍越大，对组织的发展越有利。因此，一个组织的公共关系工作的首要目标就是保持和扩大顺意公众的队伍，经常与他们沟通联系，不使其态度逆转，不让他们被竞争对手争取过去。

逆意公众是指其意见和态度与组织的看法相悖或基本相悖的群体。这类公众对组织奉行的方针政策、采取的行为持反感、反对、不合作态度。逆意公众形成的原因有两个方面：一方面是在利益上与组织发生了矛盾冲突；另一方面是由于信息沟通渠道不畅或信息传递失真造成误解。对于逆意公众，社会组织唯一的办法就是了解逆意公众产生的原因，根据具体问题采取必要的措施，扭转局面，从而重新获得这些公众对组织的好感。

独立公众是指对组织的方针政策和行为持中立态度，或态度不明朗，或不表示态度的公众。这类公众对组织既无好感也无敌意，对组织的政策和行为既不支持也不反对。这样的公众对组织无敌意，完全可以转变为对组织有好感，或者说转化为对组织的主动支持与合作。因此，这部分公众是组织争取的对象。只要组织想尽办法争取这类公众，就完全有可能使其转变态度，成为组织的顺意公众。

综上所述，社会组织的公众是由多种类型公众有机结合而成的复杂体系。组织的公关部门和人员必须在辨认公众的基础上，依据本组织的资源和公共关系状况，在众多的公众中选定符合效率、效益原则的公众作为公共关系对象，以使公共关系对象明确，活动内容具有针对性，节约开支，效益显著。

应用案例 2-4

海尔砸冰箱

1985 年，海尔从德国引进了世界一流的冰箱生产线。一年后，有用户反映海尔冰箱存在质量问题。海尔公司在给用户换货后，对全厂冰箱进行了检查，发现库存的 76 台冰箱虽然不影响冰箱的制冷功能，但外观有划痕。时任厂长的张瑞敏决定将这些冰箱当众砸毁，并提出“有缺陷的产品就是不合格产品”的观点，在社会上引起极大的震动。

作为一种企业行为，海尔砸冰箱事件不仅改变了海尔员工的质量观念，为企业赢得了美誉，而且引发了中国企业质量竞争的局面，反映出中国企业质量意识的觉醒，对中国企业及全社会质量意识的提高产生了深远的影响。

每个组织都有自己特定的目标公众对象。组织的性质、类型不同，其具体的目标公众也就有所不同，如企业的目标公众与政府的目标公众显然是不同的。

(资料来源：何跃青．小问题大管理[M]．北京：地震出版社，2005．)

2.2.3 内部公众关系

1．内部公众

内部公众是指组织内部的传播对象，包括组织内部全体成员构成的公众群体，如企业内部的员工、股东，政府部门的干部、工作人员等。内部公众是公关内求团结的首要对象，也是外拓发展的主要力量，同时具有主体和客体两重性特征。

松下公司的创始人松下幸之助先生非常重视对员工的激励，他经过常年观察研究后发现：按时计酬的职员仅能发挥工作效能的 20%～30%，而如果受到充分激励则可发挥 80%～90%。于是松下幸之助十分强调“人情味”管理：车间里、机器旁，当一个员工兢兢业业、一丝不苟操作时，常常会被前来巡视的经理、领班发现，他们先是拿起零件仔细瞧瞧，然后会对着你的肩膀轻轻拍几下，并说上几句“很好”、“不错”之类的赏识话；当你完成一项重大技术革新，当你的一条建议为企业带来重大效益的时候，老板会不惜代价地重赏你，他们习惯于用信封装上钱款，个别而不是当众送给你，对员工来说，这样做可以避免别人，尤其是一些“多事之徒”不必要的斤斤计较，减少因奖金多寡而滋事的可能；凡是逢年过节，或是厂庆，或是职工婚嫁，厂长经理们都会慷慨解囊，请员工赴宴或上门贺喜、慰问。更令人叫绝的是，为了消除内耗，减轻员工的精神压力，松下公司公共关系部还专门开辟了一间“出气室”。里面摆着公司大大小小行政人员与管理人员的橡皮塑像，旁边还放上几根木棒、铁棍，假如哪位职工对自己某位主管不满，心有怨气，你可以随时来这里，对着他的塑像拳脚相加棒打一顿，以解心中积郁的闷气。过后，有关人员还会找你谈心聊天，沟通思想，给你解惑指南。久而久之，在松下公司就形成了上下一心、和谐相容的“家庭式”氛围。这也是在与国内外同行竞争中，松下公司的电器产品总是格外受人青睐的秘密。

因此，可以看出，加强内部公众沟通的目的是培养组织成员的向心力、凝聚力，培养组织成员的主体意识和形象意识。其传播意义有以下几点。

1) 组织需要通过自身成员的认可和支持来增强内聚力

一个组织的存在价值、整体形象，首先要取得自身成员的认可，然后才可能得到社会的认可。组织的目标与任务必须得到自身员工的理解与支持，才能更好地贯彻与执行。因此，良好的内部关系是公共关系的起点，良好的内部关系可以培养员工对组织的认同感，归属感，增强组织的凝聚力。

2) 组织需要通过全员公共关系来增强外张力

一个组织的对外影响力有赖于全体成员的努力和配合。一个组织首先应将自己的员工作为重要的公共关系对象。因为组织的每个成员都直接与外部联系，组织的整体形象是通过每个成员，在各自工作岗位上的良好行为具体表现出来的。在对外交往中，每个组织成员都是非常重要的公共关系主体。这种主体性的充分发挥来源与组织成员对组织的认同感、归属感、向心力和凝聚力。

除此之外，组织还应积极主动地营造一种“人和”的工作环境，让员工能在良好的工作环境中充分展示自己的个性和追求自己的价值。这样，这个组织就具备了足够的凝聚力，组织的整体价值能得以充实和体现。

3) 内部公共关系管理的意义

内部公共关系是指一个社会组织内部横向的公共关系和纵向的公共关系的总称。具体表现在以下几个方面。

(1) 有利于创立一个组织的公共关系文化，形成共同的价值观念。

(2) 有利于产生一种凝聚力，即形成一种群体意识，使个人的目标与组织目标达到高度一致，树立一种以组织为中心的群体意识。

(3) 有利于激励机制的形成。

(4) 有利于对外展示组织形象。

2. 社区公众

社区公众是指组织所在地的区域关系对象，包括当地的权力管理部门、地方团体组织、当地的居民百姓。社区关系亦称区域关系、地方关系、睦邻关系。社区是组织赖以生产发展的基本环境，是组织的根基。

上海搪瓷一厂是一家有着60多年历史的老厂。该厂原先厂房狭小，设备陈旧，“三废”严重。烟囱灰、矽尘和噪音不仅严重影响本厂职工的身体健康，而且也严重影响周围居民的正常生活。其中最为严重的是喷花车间喷出的矽尘，使天空总是黄烟滚滚，弄得周围居民家中满是灰尘，连花木都枯死了。周围居民意见很大，许多投诉信函像雪片一般飞到上级政府部门，还不断有人上门质问。为了改善本企业同社区公众的关系，在社区中树立起良好的形象，上海搪瓷一厂组织起一个领导小组，一方面抓除尘工作，另一方面积极开展社区公关活动。他们邀请附近居民代表来厂参观，了解生产中的具体情况；到居民委员会召开座谈会，虚心听取居民的批评和意见，诚恳地道歉。经过一段时间的努力，矽尘被控制住了，噪音也减小了。同时，厂区周围居民也感到上海搪瓷一厂是真心对社区民众负责的，怒气逐渐消除了，上海搪瓷一厂在社区中的声誉迅速好转。

由此可以看出，搞好社区关系的必要性有以下几点。

1) 社区关系直接影响组织的生存环境

发展良好的社区关系是为了争取社区公众对组织的了解、理解和支持，为组织创造一个稳固的生存环境。社区如同组织扎根的土壤，没有良好的社区关系，组织就会失去立足之地。组织的地方性活动直接受到社区的制约，组织与社区关系的好坏也直接影响着组织其他各方面的关系，如员工家属关系、本地顾客关系、地方政府关系和媒介关系等。

2) 社区关系直接影响组织的公众形象

发展良好的社区关系体现了组织对社区的责任与义务，为社区造福，为社区公众做贡献，通过社区扩大组织的影响。社区公众涉及当地社会政治、经济、文化、教育等各个方面和阶层，对组织客观上存在着各种不同的感受、要求和评价。由于处于同一社区，对组织的某一种评价和看法又极容易相互传播，形成区域性影响，从而形成组织的某一种公众形象。很显然，组织的社区关系好坏，直接影响组织的社会公众形象。如果一个组织连左邻右舍的关系都处理不好，就很难在社会上获得良好的名声。因此，组织要提高自身在社区中的地位，就要主动承担必要的社会责任和义务。

3. 顾客公众

顾客公众是指购买与使用本组织提供的产品或服务的个人、团体或组织。一般来说，顾客公众的对象多种多样，泛指一切物质产品和精神产品及服务的购买者和消费者。顾客是与组织具有直接利益关系的外部公众，现代企业家清醒地认识到，顾客就是上帝，顾客就是效益，谁拥有顾客，谁就拥有发展机会。

英国航空公司所属波音 747 客机 008 号班机，准备从伦敦飞往日本东京时，因故障推迟起飞 20 小时。为了不让在东京等候本次班机回伦敦的乘客耽误行程，英国航空公司及时帮助这些乘客换乘其他公司的飞机。共 190 名诚恳欣然接受了英航公司的妥当安排，分别改乘别的班机飞往伦敦。但其中有一位日本老太太叫大竹秀子，无论如何都不肯换乘其他班机，坚决要乘英航公司的 008 号班机。迫于无奈，原拟另有飞行任务安排的 008 号班机只好照旧到达东京后再飞回伦敦。一个罕见的情景出现在人们面前：东京—伦敦，航程达 13 000 千米，可是英国航空公司的 008 号班机上只载着一名旅客，这就是大竹秀子。她一人独享该机的 353 个坐席以及 6 位机组人员和 15 位服务人员的周到服务。有人估计说，这次只有 1 名乘客的国际航班使英国航空公司至少损失约 10 万美元。从表面上来看，的确是个不小的损失。可是，从深一层来理解，它却是一个无法估价的收获。正是由于英国航空公司一切为顾客服务的行为，在世界各国来去匆匆的顾客心目中换取了一个用金钱也难以买到的良好公司形象。

由此可见，建立良好顾客关系的意义有以下几点。

1) 能够为组织带来直接利益

组织的经济效益必须通过市场才能实现。顾客就是市场，良好的顾客关系有利于组织的市场销售，能够给组织带来直接的利益，并为组织产品的销售创造一个良好的气氛与和谐的环境。现代企业之间的竞争越来越激烈，各企业在争取顾客的注意力，影响顾客的消费选择和消费行为的市场传播过程中，公共关系日益成为企业青睐的市场传播手段，用多元化的传播沟通方式去疏通渠道，理顺关系，消除障碍，联络感情，吸引公众，争取人心，为产品的销售营造一个良好的气氛和和谐的环境，必然会给企业带来直接的利益。

2) 体现企业组织正确的经营观念和行为

一个企业组织应该把顾客的利益和需求摆在首要位置。利润不应该是政治贪婪追求的唯一目的。企业的所有政策和行为必须以顾客的利益和需求为基础。只有获得顾客的心，获得顾客的信任与好感，企业才可能较好地获得自己的利润。可见，正确的经营观念和行为必然表现为良好的顾客公共关系。

4. 媒介公众

媒介公众指新闻传播机构及工作人员，如报社、杂志社、广播电台、电视台的编辑和记者。新闻媒介是组织与公众联系的最主要渠道，也是组织最敏感、最重要的公众之一。媒介公众是具有双重性格的特殊公众，它既是公关人员赖以实现公关目标的重要媒介，又是公关人员必须尽量争取的重要公众。新闻媒介传递信息迅速、影响力大、威望高，它可以左右社会舆论，影响、引导民意，对社会的经济、政治局势的变化具有不容忽视的作用。因此，它在欧美被看作立法、司法、行政三大权力之后的“第四权力”，任何组织和个人都不能轻视新闻媒介这一重要舆论的工具。

1998 年 10 月 14 日下午，宁波电视台两名记者就消费者在“麦德龙”超市购买的夹心面包有部分长出长毛，严重变质一事进行采访。刚走进商场，工作人员就上来阻挠和威胁：“不要拍，否则敲碎你的摄像机。”一位经理出来后更气势汹汹地质问记者：“你拿着摄像机是什么意思？是不是要曝光？你敢不敢拿到电视台去放？！”没等记者解释完，这位负责人转身就走。边走边下指令：“把他们摄像机的镜头罩上。”商场多名工作人员闻讯上前推挡镜头，抢夺摄像机，并开始推打记者……结果不言而喻，“麦德龙”的“美名”经由各大媒体而遍及宁波城，从而影响了“麦德龙”在人们心目中的地位。

由此可见，新闻媒介对于组织的发展具有举足轻重的作用。良好媒介公共关系的意义有以下几点。

1) 有利于形成良好的公众舆论

新闻媒介是塑造组织形象的“把关人”。公共关系的重要任务之一就是为组织创造良好的公众舆论，争取舆论的理解与支持。因此，与“把关人”建立良好关系，可以形成良好的公众舆论的环境。

2) 良好的媒介关系是运用大众传播手段的前提

新闻媒介是组织与外界沟通的中介，大众传播媒介一般不是由组织内部公关人员掌握和控制的，公共关系对大众媒介的使用必须通过新闻界人士才能实现。因此，与新闻界人士建立广泛而良好的关系，是成功运用大众传播媒介的必要前提。

5. 政府公众

政府公众是指政府各行政机构及其官员和工作人员。任何社会组织都必须接受政府的管理和制约，都必须与政府有关部门打交道，包括工商、人事、财政、税务、市政、治安、法院、环保、卫检、海关等政府职能部门及其工作人员。

第二汽车制造厂(以下简称二汽)是一家大型的中央企业。可二汽所处的十堰市则是湖北省的一个省辖小市。过去，二汽和十堰市之间常发生摩擦，相互争名、争权、争利。二汽人常以二汽块头大和级别高自居，不把十堰市放在眼里。十堰市则认为自己是一级政府，企业再大也要服从地方政府的管理。双方互不买账，互相制肘。结果，双方的利益都受到了损害。当然，也损害了国家利益。1989年以来，二汽和十堰市的领导者都认真反思，总结教训。他们感到，过去眼光狭隘，相互争斗，造成两败俱伤，现在该是清醒的时候了。只有和睦相处，相互尊重，团结奋斗，才能有利于双方的共同进步和社会生产力的发展。基于这种共识，双方自觉做到不争名、不争权、不争利，彼此互相帮助和互相支持。二汽人自觉接受十堰市政府的领导和管理。凡十堰市环保部门对二汽污染的处理，工商部门对二汽厂区集贸市场的管理，公安部门对汽车出售临时牌照的发放和对农转非户口的审批等，二汽相关部门都积极支持和配合。对于十堰市政府关于精神文明建设和人口普查等工作的布置，二汽也都认真照办。二汽为了支持和帮助十堰市的城市建设，每年还拿出300万～500万元的城建费。二汽还积极支持地方工业的发展，向其扩散产品，输送技术骨干。二汽将汽车以优惠价售给十堰市，让十堰市有利可图。十堰市也尊重二汽，大力支持二汽的生产和销售。十堰市党委和政府凡制定重大决策，事先都征求二汽的意见。十堰市在二汽受到市场疲软的困扰时，积极为二汽筹措资金，帮助东风汽车打开销路。十堰市想方设法为二汽服务，在1990年5月1日，十堰市政府专门组织工商、保险、交通、公安等8个部门为促销东风汽车提供“一条龙”服务，让二汽的用户在一间办公室里不用半天就办完过去需要奔波三五天才能办完的购车手续。十堰市还体谅二汽在1990年遇到的困难，主动不要城建费。二汽和十堰大厂小市之间团结奋斗，使其工业产值逐年上涨。

可见，政府公众是所有传播沟通对象中最具有社会权威性的对象。建立良好的政府公众关系的意义有以下几点。

1) 政府的认可和支持是最具高度权威性和影响力的认可和支持

政府掌握着制定政策、执行法律、管理社会的权力职能，具有强大的宏观调控力量，代表公众的意志来协调各种社会关系。一个组织的政策、行为和产品如果能够得到政府官方的认可和支持，无疑将对社会各个方面产生重大影响，甚至使组织的各种渠道畅通无阻。为此，应该把握一切有利时机，扩大本组织在政府部门中的信誉和影响，使政府了解本组织对社会、对国家的贡献和成就。

2) 能够为组织形成有利的政策、法律和社会管理环境

政府的政策、法律和管理条例是一个组织决策和活动的依据和基本规范，组织的一切行为都必须保持在政策法令许可的范围之内。通过良好的政府关系，政治能够及时了解有关政策的变动，能够较方便地争取政策性的优惠或支持，能够对有关本组织的问题在进入法律程序之前或管理程序之前参与意见，使之对组织发展有利。

6. *名流公众*

名流公众是指那些对公众舆论和社会生活具有较大影响力和号召力的知名人士，如政界、金融界、工商界的首脑人物，科学界、教育界、学术界的权威人士，文化界、艺术界、影视界、体育界的明星，新闻出版界的舆论领袖等。这类公众的数量不多，但在传播中的作用很大，能在舆论中迅速“聚焦”，影响力很强，是一支不容轻视的力量。

健力宝集团聘请了被誉为“体操王子”的前国家体操队运动员李宁为总经理特别助理，主管公共关系与信息传播工作。借助于李宁在国内外体育界的崇高声誉，为这家从事运动饮料和体育用品生产经营的企业进一步开拓了海内外体育界的高层关系，进一步确立了其“运动饮料王国”的地位。国内外公众看到，作为健力宝总经理助理的李宁活跃在亚运会、奥运会的许多重要场合，使健力宝集团在亚运会、奥运会等国内外高层次的体育运动盛会中一次又一次地成为世人关注的热点，说明李宁在体育界的公共关系能使健力宝集团如虎添翼，其公关价值在健力宝集团得到了充分的体现。

由此可见，通过社会名流去影响公众和舆论，往往能取得事半功倍的效果。建立良好的名流公众关系有利于组织的管理人员在与名流交往中，获得广泛的社会信息和宝贵的专业信息。还可以通过名流的良好社会关系网络，为企业广结善缘。

2.3 公共关系的传播

应用案例 2-5

牛肉在哪里？

“牛肉在哪里？”是一句20世纪80年代美国市场上流行的口头禅。说得是美国一家叫“温蒂”的卖汉堡牛肉饼商店，相同世界闻名的麦克唐纳汉堡牛肉饼店竞争，特地策划拍摄的一部电视宣传片。

这个电视宣传片描述了3位老态龙钟的老妇，坐在又高又大的柜台前吃午餐。他们要的是面包加牛肉，但送上来的是又大又厚的圆面包。她们找来找去，也找不到夹在面包当中的牛肉。其中一位老妇对着镜头大喊：“牛肉在哪里？”接着幕后的声音告诉观众说：“如果这三位老太太去‘温蒂’吃午餐，就不会发生找不着牛肉的情形了。”

自从电视台播出“牛肉在哪里？”的广告宣传以后，不仅“温蒂”天天顾客盈门，连策划广告文案与画面的公司也名声大振，从此广告业务应接不暇。

2.3.1 传播原理

没有现代传播技术的产生，就不会有现代公共关系，没有传播的理论指导，公共关系实务活动就无法进行。因此，从原理上弄清传播过程尤为重要。

1. 传播的基本含义

在公共关系中，传播是社会组织利用各种媒介，将信息或观点有计划地与公众进行交流的双向沟通活动。这个定义中包含两个方面：传播是一个有计划的完整的行动过程；传播是一种信息的分享活动。

2. 传播的要素

传播的要素有两类。一类是基本要素，是传播的“硬件”，包括信源和信宿、讯息或信息、媒介、信道、反馈；另一类是隐含要素，是传播的“软件”。每一个要素都会对传播效果产生一定的影响。

3. 传播的模式

模式是事件的内在机制以及事件之间关系的直观的、简化的形式。所谓传播模式分析，就是把传播过程分解为若干组成部分，以显示其在传播的全过程中所起的作用。

自20世纪20年代以来，西方传播学家从各个不同的角度对传播过程进行了探讨，提出了许多传播理论和对传播过程进行高度概括的传播模式。在此介绍几种比较典型的传播模式理论。

1) 香农－韦弗模式

1949年，美国著名的信息论专家、数学家C. E. 香农(C. E. Shannon)与其合作者沃伦·韦弗(Warren. Weaver)提出了“传播的数学理论”。其模式如图2.5所示。

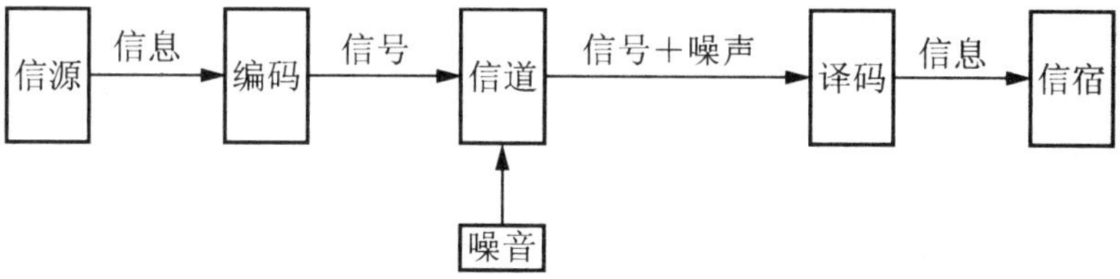

图2.5 香农－韦弗传播模式

这个模式区别于其他模式的特点在于：它提出了“噪音”(noise)的概念，客观地反映出在传播过程中，某些信号由于会受到不同程度的曲解和误解，从而可能引起信息的失真。但该模式仍属于一种单向直线传播模式，它存在着两个明显的缺陷：第一，缺乏信息反馈；第二，忽视了影响社会信息传播过程中的两个重要因素，即客观上社会环境如政治、经济。

2) 施拉姆提出的“反馈传播”模式

美国大众传播学权威施拉姆(Schramm)提出的“反馈传播”模式，主要讨论了传播过程中主要行动者的行为，把行动的双方描述成对等的，都行使着各自几乎相同的功能。其模式如图2.6所示。

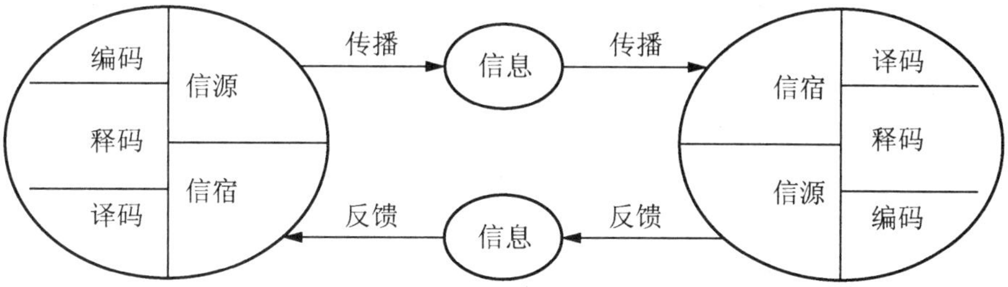

图2.6 施拉姆“反馈传播”模式

这个模式是一种双向的循环式运动过程，它与传统线性传播模式的根本区别在于：第一，它引进了反馈机制，将反馈过程与传受双方的互动过程联系起来，认为传播是一种互动的循环往复的过程；第二，在这一循环系统中，反馈对传播系统及其过程构成一种自我调节和控制，提出传受双方要顺利沟通，必须根据反馈信息，调节自身行为，使整个传播系统始终处于良性循环的可控状态。

3) 公共关系传播模式

公共关系传播模式是根据施拉姆“反馈传播”模式的理论设计的，如图2.7所示。

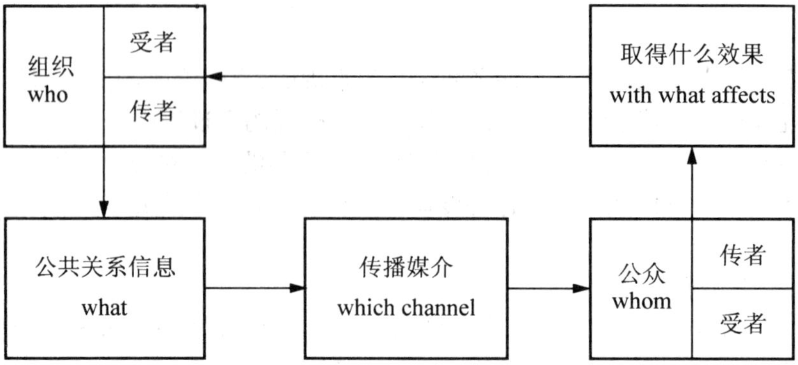

图 2.7　公共关系传播模式

公共关系传播模式表明：信息来源是组织；传播的内容是为了实现组织公共关系目标的信息；传播渠道是人际传播媒介、大众传播媒介等；传播对象是组织所面临的公众；根据反馈的信息，不断调整、修改下一步传播计划，从而树立起良好的组织形象。

4) 传播的基本方式及特点

关于传播方式学术界有 3 种说法，即五、四、三观点。一种观点认为，生活中存在五类传播方式，即自身传播、人际传播、人群传播、组织传播、大众传播；第二种观点取五类中的四类，即自身传播、人际传播、组织传播、大众传播；第三种观点则在四类中取三类，即人际传播、组织传播、大众传播。笔者认为，现代社会人们的交流、沟通方式丰富多彩且变动不居，很难用几种类型完全概括，如果站在组织公共关系目标立场上去审视，应该集中人力、财力搞好个体自身传播、人际传播、组织传播和大众传播。

(1) 个体自身传播及其特点。个体自身传播也称个体内向交流。其特点是信息的传者与受者同为一体。从传播学的角度看，个体自身传播是人类一切传播行为的基础。

(2) 人际传播及其特点。人际传播即个体与个体之间的传播与沟通。其特点是双方参与性强，传播符号多样，信息的传递和反馈同时进行或间隔时间很短，感情色彩强烈。从传播学的角度看，人际传播是人类最常见、最广泛的一种传播方式。

(3) 组织传播及其特点。组织传播即组织与其成员、组织与其所处环境之间的传播与沟通。其特点是传播的主体是组织，传播的对象十分广泛、复杂，传播有明确的目的性和可控性。从传播学的角度看，组织传播是疏通组织的内外沟通渠道、密切组织内外关系的一种重要传播方式。

(4) 大众传播及其特点。大众传播即通过大众传播媒介(如报刊、书籍、广播、电视、网络等)，将复制的信息传递给分散的大众。其特点是传播机构高度专业化，传播对象高度大众化，传播手段高度技术化，传播内容高度通俗化。从传播学的角度看，大众传播是现代社会科技高度发展的标志，随着科学技术的不断发展，大众传播的现代化程度也必将进一步提高，其作用也愈显重要。

2.3.2　公共关系的传播媒介

信息是不能独立存在的，它必须依附于某个特定的载体才能显示。信息的物质载体就是传播媒介，凡载有信息的任何物体都可视为传播媒介。如此看来，传播媒介是一个十分广泛的概念，为了更进一步了解这个概念就必须对它进行分类。

传播媒介可以从媒介的物质形式和它的社会功能两个方面来划分。

1. 按照物质形式划分

信息的传播要以物质作为载体，物质载体的类型的不同就形成了不同类型的传播媒介，一般可把它们分为符号、一般实体和人体 3 种类型。

2. 按照社会功能划分

信息载体的不同也引起了各类传播媒介社会功能的差异。按其社会功能的大小而言，可把传播媒介分为大众传播媒介、自控媒介和作为社会组织成员的人员媒介。

2.3.3 公共关系沟通

信息的传播与沟通是公共关系的活动方式和工作过程，是联结公共关系主体与客体不可缺少的构成要素。

1. 公共关系沟通的原则

1) 双向沟通原则

公共关系活动依靠的是信息的双向沟通。为了协调关系而开展传播沟通活动，是公共关系特殊性的表现，离开了传播沟通活动就没有公共关系。超出了用传播沟通手段来协调各种关系，也不属于公共关系。因此，传播沟通是公共关系工作的唯一手段，通过它来吸引公众，影响公众，进而改变公众的态度。

2) 有效沟通原则

有效沟通原则是指公关传播沟通的运用必须取得一定的效果。公关传播沟通的目的在于沟通社会组织与公众的联系，以求得组织更好的发展。

2. 公共关系的沟通网络

信息的沟通都是借助于一定的渠道进行的，由各沟通渠道所组成的结构形式称为沟通的网络。改善沟通应重视选择合适的沟通渠道，以及完善组织的沟通网络。

信息沟通的有效性与它的结构形式有一定的关系，不同类型的沟通渠道或网络，有不同的特点和适用条件。下面介绍几种常用的沟通结构形式。

1) 链式沟通网络

链式可表示一个分层次的组织结构，信息逐级传递，既可向上，也可向下。它也可以用来表示主管与下级部属间有中间管理者的组织系统，如图 2.8(a)所示。

2) 轮式沟通网络

轮式可表示主管人员居中分别与 4 个下级发生联系沟通的网络结构，如图 2.8(b)所示。

3) 圆式沟通网络

圆式可表示 5 人之间依次沟通联系的结构。这种结构可用于 3 个层次的组织结构，如图 2.8(c)所示。

4) 全渠道式沟通网络

全渠道式表示组织内每个人都可以和其他 4 人直接沟通，沟通网络中没有中心人物，所有的成员都处于平等的地位，如图 2.8(d)所示。

5) “Y”式沟通网络

“Y”式表示4个层次逐级沟通，而且第二层次有两个上级的沟通网络结构，如图2.8(e)所示。“Y”式可倒过来表示领导通过秘书与下级发生关系的沟通网络结构。在此种结构中，秘书往往是个关键的、掌握有真正权力的人，如图2.8(f)所示。

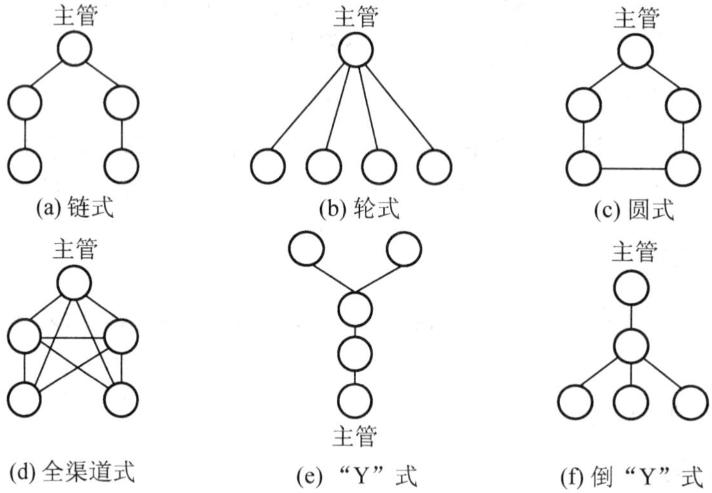

图2.8　组织沟通的网络

通过上述简要的分析可以看出，各类沟通网络各有所长，没有绝对的好坏之分，只有适用条件的不同。因此，应根据需要合理选择。一般地，如果要求速度快、容易控制，轮式结构比较合适；如果组织庞大，实行层级管理，则链式结构较为合适；如果主管人员工作过于繁忙，需要助手支持其情报工作，则倒“Y”结构较为合适。

2.3.4　公共关系传播效果

所谓传播效果是指信息传播者通过传播媒介对信息接受者的心理、行为、态度和观念等所产生的影响程度。

1. 传播效果理论

传播学中关于传播效果的理论，经历了一个长期发展的过程，国外研究传播效果的理论较多，这里仅介绍两种比较有名的理论。

1) 魔弹效果论

魔弹效果论又称皮下注射论，是传播学孕育时期关于传播效果和受众的理论。该理论认为，大众传播具有极其强大的威力，能影响和改变社会公众的态度和行为。

2) 有限效果论

有限效果论形成于20世纪40年代，在以后的二三十年间，几乎主宰了整个传播学界。这种理论认为，在传播过程中，受到来自公众本身特点及社会文化诸方面的变量影响，传播效果的实现将受到制约；传播不是单方面的行为，而是传受双方交互作用的活动；传媒的作用是有条件、有限度的。

除此之外，还有几种传播效果研究理论，如满足与使用理论、采用-扩散论、说服论、一致论、防疫论和社会参与论等。

2. 影响传播效果的因素

通过对传播效果的理论分析，可以清楚地发现，接受者是影响传播效果的客观因素；同时我们还要从传播者自身寻找主观原因；此外，在传播沟通过程中还会有一些其他因素阻碍和影响传播效果。

影响传播效果的因素主要有以下 4 个。

1) 传播媒介

公众对传播媒介的要求一是要使用简便，易于掌握，易于得到；二是比较有效，即它的使用效果受到普遍的重视与承认，特别有效时，即使在使用、控制上有一定难度，人们也会努力得到或掌握它。

公众对媒介选择的这两个因素可以概括为一个等式：

$$选择或然率=报偿的保证/费力程度 \tag{2.1}$$

从这个公式可以看出，选择或然率与报偿的保证成正比，而与费力程度成反比。因此，公关工作要注意选择适当的媒介传播信息，选择不当就有可能接收不到或者没有影响。

2) 信息的内容与表现方式

传播者传播的信息是否为接受者所关心、感兴趣，是否重要、新鲜，是否可靠、可信，这一点是受者价值判断的中心点，也是决定传播效果的关键所在。公共关系人员在传播信息时要注意内容的趣味性，与受者的相关性以及信息来源的可靠性，内容的真实性，观点的客观性、科学性。

除了内容自身的要求外，内容的表现方式也非常重要。形式、方法不当，再好的内容也难以传播出去，可能还会引起误解甚至反感。表现方式包括从传播者的形象、权威性，内容的结构、节奏、变化，到遣词造句的方法、语气、语调等方方面面。

3) 信息的重复

一个人接触某一信息的次数越多，越容易接受它。同样的信息多次发出，受者会逐渐由生疏到熟悉、由漠然到亲切，甚至在长期接触后，会把这一特定的内容形式融入自己的生活。因此，同样的信息在相当长的时间里重复出现，是取得以至增强传播效果的重要因素。

4) 接受者接收信息的条件

时间、空间对接受者接收是否有利，对传播效果也有相当大的影响。受者接收环境存在各种干扰或没有足够的时间接收，这些因素都会影响受者投入接收，会使效果大打折扣。

从传播类型来说，不同种类的传播其效果也不相同。个人传播在各类传播形式中的传播效果最好，传通率最高，而其他传播形式的传播效果不及它的一半，但个人传播的影响非常有限。随着传播群体的增大，传播内容的针对性、具体性下降，反馈的质量、数量下降，群体传播与大众传播的效果就比较模糊、不太明显了。因此，传播学家提出这两类传播只是有“适度效果”，即一次具体的传播活动对某一个受者来说，效果是有限的。其中的影响因素一是受者本人的思维定势，二是受者周围团体、个人的影响。

2.4 公共关系目标

公共关系目标是经过组织策划、开展各种类型的公关活动所追求和渴望达到的一种状态或标准。也就是要明确决定“做什么”、“做到什么地步”、“要取得什么样的期望成果”。

2.4.1 组织公共关系目标

组织公共关系目标既是对组织调查中发现的各种问题的圆满解决，又是完成公关任务、实现理想构想的体现。组织公共关系目标是公共关系人员确定的努力方向，也是组织形象定位的过程，是公共关系全部活动的核心。

1. 确立公共关系目标的重要性

(1) 确立公共关系目标是公共关系策划的依据。公关策划必须以目标为核心层层展开，通过实现一个个具体目标，达到理想的公共关系状态。如果没确立目标或目标不够明确，公关工作机会有极大的盲目性。

(2) 确立公共关系目标是指导、协调公共关系工作的依据。

(3) 确立公共关系目标为评价公共关系活动效果提供了标准。

(4) 确立公共关系目标是提高工作效率、实现公共关系活动价值的保障。

2. 确立公共关系目标的要求

公关策划所依据的目标要明确、具体，要具有可行性和可控性。

1) 确定性

目标的确定性是指目标的含义必须十分清楚、单一，可直接操作，有明确的内容与要求。具体要求如下。

(1) 工作对象应是特指的，如对什么人、解决什么问题、选择什么手段，应十分明确。

(2) 目标应该是结果式而非过程式的，是可予以明确评估的，否则将不具备约束力。

(3) 目标是可以确定其责任范围的。

(4) 要明确实现目标的约束条件。

2) 具体性

目标要作为实施的准则和评价的标准，就必须是清晰的，而不是模糊的；必须是具体的，而不是抽象的。它必须做到以下几点。

(1) 定性。要塑造一个什么性质的形象、以什么特色投入竞争，要在审时度势的基础上加以确定。

(2) 定量。要引起、促成形象的质变，必须通过量的积累。怎样才算树立了良好的形象；知晓度、美誉度到底要提到多高；要争取公众的理解与支持，到底有多少人对组织理解、支持；目标比上年有哪些变化……这些问题都应该用数字说明。

(3) 定时。任何一个层次的形象目标都应该具有一定的时间限制，都应该有明确的时间表。无期限的目标往往会流于形式，既不能督促执行，又不能适时评估。

(4) 定空间。各项目标、各层次活动将在什么范围内开展，在什么范围内发挥影响，在什么地方举行要租用什么样的场地，传播信息的覆盖面有多大等，这些问题都必须确定。

3) 可行性

目标在具体明确后还有一个与现实情况是否和谐的问题。一个可行的目标必须具有现实性，应从实际条件出发。目标要有激励性、挑战性。

4) 可控性

公共关系实施时间进度的要求必须和目标比对，做好实施影响因素预测工作，及时发现各种因素对目标的影响，及时针对关键影响因素采取有效的预防和应对措施，确保目标的有效落实。

2.4.2 组织形象的特征

组织形象即社会公众对组织综合评价后所形成的总体印象。组织形象包括的内容很多，如组织精神、价值观念、行为规范、道德准则、经营作风、管理水平、人才实力、经济效益、福利待遇等，组织形象是这些要素的综合反映。其主要特点如下。

1. 整体性

组织形象是一个有机的整体，形象是由组织内部诸多因素共同作用的结果。以一个企业为例，企业形象包括以下内容。

(1) 企业历史、社会地位、经济效益、社会贡献等综合性因素。

(2) 员工的思想、文化、技术素质及服务方式、服务态度、服务质量等人员素质因素。

(3) 产品质量、产品结构、经营方针、经营特色、基础管理、专业管理、综合管理等经营管理因素。

(4) 技术实力、物质设备、地理位置等其他因素。

这些不同的因素形成不同的具体形象，但这些具体形象只是构成企业整体的基础，而完整的企业形象是各个形象要素所构成的具体要素的总和，这才是对组织具有决定性意义的宝贵财富。

当然，对有些组织而言，可能会因某一方面的形象比较突出，进而掩盖其他方面的形象，导致组织形象片面或不完整。其实这也是正常的，因为组织宣传有侧重点，公众也不可能全面了解组织的所有情况，他们的印象大部分都是源于自身所能接触到的组织的一个或少数几个方面的情况，这就要求组织要认真对待每一个方面、每一个环节，从而在公众心目中形成良好的总体印象。

2. 主观性

组织形象是公众对组织的意见或看法，因而具有主观性。因为社会公众本身具有差异性，其社会地位、价值观念、思维方式、认识能力、审美标准、生活经历等各不相同，观察组织的角度、审视组织的时空维度也不相同，这样社会公众对同一企业及其行为的认识和评价就必定有所不同，“公说公有理，婆说婆有理”就是这个道理。此外，在形象塑造和传播过程中，必然要发挥组织员工的主观能动性，渗透企业员工的思想、观念和心理色彩。因此，组织形象是主观的。

3. 客观性

形象是一种观念，是人的主观意识，但观念的反映对象却是客观的。也就是说，组织形象所赖以形成的物质载体都是客观的，建筑物是实实在在的，产品是实实在在的，组织的员工也是具体的，组织的各种活动也是实实在在的。因此，组织形象作为客观事物的反映，是不以人的意志为转移的，不能在虚幻的基础上构筑组织形象。

人们说组织形象是客观的，是基于一种统计规律。组织形象是公众的意见或看法，这个公众不是单个的人或少数群体组织，而是一个公众的集合。个人的意见是主观的、可变的，但作为一个整体的公众或大多数公众的意见则是客观的。虽然大多数人可能被误导或因其他原因而产生错误看法，但这也正是公关状态的一种反映。如果不从整体公众来理解组织形象，便无法形成组织形象。因为做得再完美的企业总有反对者，再蹩脚的公关也会有人拍手叫好。

4. 相对稳定性

当社会公众对组织产生一定的认识和看法以后，一般会保持一段时间，而不会轻易改变或消失，这就是组织形象的相对稳定性。要在公众心中留下一个印象并不容易，特别是在当今产品众多、广告泛滥的年代；然而，要改变一种产品或一个组织在公众心中的形象就更难了。例如，中国人到了国外常会碰到一些令人啼笑皆非的提问，如凭票购物、统一服装甚至还有小脚女人之类的问题，而中国近 20 年来发生的巨大变化在外国人(特别是没来过中国的外国人)心中并未留下什么印象。组织形象的这种相对稳定性可能会产生两种结果，其一是组织因良好形象被维持而受益，其二是组织因不良形象难以改变而受损。当然形象不是一成不变的，但要改变一种形象却是不容易的。

2.4.3 组织形象的类型

组织形象是多层次、多维度的，应该从不同角度来把握组织形象。

1. 按组织形象的内容划分

按组织形象的内容划分，可分为特殊形象和总体形象。

特殊形象是某一或少数几个方面给公众留下的印象，或者组织在某些特殊公众心中形成的形象，如企业的良好服务使某些顾客形成了组织“优质服务企业”的形象，企业的某一次慈善捐款给公众留下了乐善好施、热心公益事业的形象。特殊形象对企业很重要，因为公众是不可能全方位、全面地了解组织的。组织在他们心中留下的往往就是这种特殊形象，而且某些公众就是因为组织在某些方面的独特形象而支持组织的，如歌迷对演唱会、球迷对球星等。因此，特殊形象是组织改善形象的突破口。

总体形象是企业各种形象因素所形成的形象的总和，也是各种特殊形象的总和，但两者又不是简单的总和。举一个比较极端的例子：某个员工工作敬业、技术一流，人际关系也好，深得领导和同事的赞许；但不喜欢他的人可能说，他没有个性或没有特长。对一个组织而言，就应该努力追求总体形象和特殊形象的统一和谐。

2. 按照组织形象的真实程度划分

按照组织形象的真实程度划分，可分为真实形象和虚拟形象。

真实形象是指组织留给公众的符合组织实际情况的形象；虚拟形象则是组织留给公众的不符合企业实际情况的形象。

虚拟形象形成的原因是多方面的，既有传播信息过程中的失真，也可能有公众评价的主观性、偏向性原因。需要说明的是，真实形象不一定就是好形象，而虚拟形象也未必等于坏形象，如企业经营伪劣产品被曝光在公众中形成的一个不好形象是真实形象，而一个骗子在被揭穿之前的公众楷模形象往往是虚拟形象。一些企业也通过虚假统计数据而在上级部门(官员)那里形成了一种好形象，但这肯定是虚拟的。对企业来说，应追求真实的良好形象，而避免虚假的、不好的形象。

3. 按照组织形象的可见性划分

按照组织形象的可见性划分，可分为有形形象和无形形象。

有形形象是指那些可以通过公众的感觉器官直接感觉到的组织对象，包括产品形象(如产品质量性能、外观、包装、商标、价格等)、建筑物形象、员工精神面貌、实体形象(如市场形象、技术形象、社会形象等)。它是通过组织的经营作风、经营成果、经济效益和社会贡献等形象因素体现出来的。

无形形象则是通过公众的抽象思维和逻辑思维而形成的观念形象。这些形象虽然看不见，但可能更接近企业形象的本质，是企业形象的最高层次。

对企业而言，这种无形形象包括企业经营宗旨、经营方针、企业经营哲学、企业价值观、企业精神、企业信誉、企业风格、企业文化等。这些无形形象往往比有形形象有价值，如对麦当劳、可口可乐、索尼、劳斯莱斯等企业而言，他们的企业信誉等无形资产比那些机器设备和厂房要重要得多。

此外，还可以按形象的现实性，把组织形象分为实际形象和期望形象。

2.4.4 塑造形象的原则

形象塑造是一项长期而艰巨的任务，它不是一个人或一个具体行动就可以完成的。它需要按照一定的原则，通过一定的途径，全方位地精心塑造。

1. 系统性原则

形象的塑造涉及多方面因素，要做大量艰苦细致的工作，是一项系统工程。它需要企业增强意识，重视战略，周密计划，科学组织，上下配合，各方协调，不断加强和完善；需要动员各方面力量，合理利用企业的人、财、物、时间、信息、荣誉等各种资源，并对各种资源优化组合，使之发挥最大作用，产生最佳效益。另外，形象的塑造不是单在企业内部即可完成，而要通过公众才能完成，因为形象最终要树立在公众的脑海中。它需要面向社会，和社会相配合，并动员社会中的有生力量，利用社会中的积极因素。这一切都说明，形象的塑造是一项复杂的社会系统工程。

2. 全员化原则

全员参与的形象对塑造形象是至关重要的。形象要向市场发出一个声音，就是要求企业所有员工都有使命感。这种使命感又来自荣誉感，它能够对员工产生强大的凝聚力，无法设想一盘散沙或牢骚满腹的员工会向公众展示良好的形象。英国的学者彻纳东尼(Chernatony)认为，企业要使所有的员工都理解的含义，使所有的员工都能认识、理解、表达自己的形象，这对实施战略的企业，尤其是实施国际化的企业来说是一个非常重要的问题。只有众多员工达成共识，才能使不同领域的角色融为一个整体，使不同部门的成员向着一个方向努力。美国学者艾克(Aike)在其《领导》一书中也曾提到，企业应把内部的传播工作放在优先考虑的地位，即在得到外部认同之前，首先在内部推行，达到内部认同，因为内部认知的差异可能误导策略的实施。除了让企业内部全体员工参与形象的塑造之外，全员化原则还有一层含义，就是动员社会公众的力量。企业的服务、公关和广告要能够吸引公众，打动公众，使公众关注形象，热心参与形象的塑造，使形象牢固树立在公众的心目中，产生永久的、非凡的魅力。

3. 统一性原则

形象的统一性原则是指品牌识别，即品牌的名称、标志物、标志字、标志色、标志性包装的设计和使用必须标准统一，不能随意变动。例如，同一企业或产品的名称在一个国家或地区的翻译名称要统一，像日本的松下、丰田和美国的通用、微软等的中文名称就不能随便采用其他汉字来代替。

肯德基是一家国际性的连锁店。其最大特征是，一家是一家，十家是一家，千家还是一家，无论你身处何地，只要到了肯德基，你就会发现自己并没走多远。因为那红白条的屋顶、大胡子山德士上校、宽敞明亮的大玻璃窗、笑容可掬的侍应生，还有香喷喷、脆松松、金灿灿的油炸鸡腿，都是你再熟悉不过的了。

4. 特色性原则

所谓特色性其实就是指形象的差异化或个性化。形象的特色性可以表现为质量特色、服务特色、技术特色、文化特色或经营特色等。形象只有独具个性和特色，才能吸引公众，才能通过鲜明的对比，在众多竞争者中脱颖而出。抄袭模仿、步人后尘的形象不可能有好的效果，也不可能有什么魅力。例如，有人说自己生产的摩托车轻便、快捷，你也说自己生产的摩托车轻便、快捷，那就不会有什么特色。特色性原则中还有一点也很重要，就是形象的民族化。民族化的东西总是富有特色的，“只有民族的，才是世界的”。抓住民族特色而赋予形象一定的含义，往往能收到意想不到的效果。

2.4.5 组织形象的塑造

如何才能塑造良好的组织形象呢？一般来说，要塑造良好的组织形象，组织应该做好以下几方面的工作。

1. 消除误区

尽管组织形象的重要性已为越来越多的组织领导层所认识，但在实际中，还是存在着对组织形象的若干误区。

1) 组织形象无用论

组织形象是摆花架子、图形式，中看不中用。以前从没听说或没塑造过组织形象，不也照样获得成功吗？市场竞争是短兵相接，时间就是金钱，市场是不会让你从容地塑造好形象再参与竞争的。

2) 组织形象万能论

组织形象是点金术，是灵丹妙药，企业形象一导(导人)就灵。只要导入组织形象战略，组织就会像可口可乐那样名扬四海，像微软公司那样财源广进，像清华同方那样潜力无限。

3) 组织形象趋同化

照搬照抄的组织理念设计和行为设计，大同小异，毫无本组织的特色和个性。例如，在为企业设计企业精神时，大部分的企业都是选择诸如“团结”、“创新”、“求实”、“奉献”、“文明”等词，形成一种高度趋同化的企业精神。

4) 组织形象盲目化

组织形象应该是组织长期的经营理念、经营宗旨及其他方面的集中、综合反映，应该具有典型性、代表性、综合性。但很多组织在塑造形象的过程中，既不了解组织的历史及发展过程，又不针对公众而开展调研。因此，这样的组织形象往往带有很大的盲目性，很难被公众认同。

针对上述组织形象塑造过程中的误区，组织在进行形象塑造时必须树立正确的组织形象观，努力避免或消除对组织形象的不正确看法。既不要因看不到组织形象的作用而轻视，也不要因组织形象有作用而人为拔高。同时在组织形象设计和实施过程中要注意特色，注意针对性和代表性，只有这样才能真正搞好组织形象的塑造工作。

2. 捕捉有利时机

不同的时期组织形象塑造的途径和方法会有所不同，能巧妙地把握时机，因势利导，就能收到事半功倍的效果。

1) 新组织创立时期

新组织创建开业时，还未能与社会各界建立广泛联系，知名度不高。这时，组织如能确立正确的经营理念、完善的组织和员工行为规范，设立独特的视觉识别系统和最佳的传播方式和媒介，就能给公众留下美好的第一印象。

2) 组织顺利发展时期

这时应致力于保持和维护组织的形象和声誉，巩固已有成果，再接再厉，进一步提高知名度和美誉度，以强化组织在公众心目中的良好形象。当组织处于顺利发展时期，其各方面运转往往较好，可供利用的宣传机会和“扬名”机会当然也会多些。经济效益上台阶、文化生活辟新路、组织荣誉接踵至、主要公众赞扬多等，都是可以利用的极好契机。

3) 组织处于逆境时期

组织的发展不可能一帆风顺，当组织处于逆境时，公共关系人员最主要的是要沉着、冷静，善于捕捉组织中的亮点，然后抓住有利时机，采取灵活机动的宣传策略，以赢得组织内外公众的支持、理解和合作，助组织顺利渡过难关。即使组织处在最困难时期，只要公共关系人员勤于思考，敏于发现，总能找到一些组织的亮点。例如，某企业可能因经营不善导致亏损，经济效益下滑，员工福利受到影响，外部的公众如供应商、代理商、顾客组织的支持力度也有减弱的趋势，组织看起来很困难。这时，公共关系人员便要努力寻找组织亮点，如企业虽暂时处于困境，但企业有雄厚的基础，或者有良好的企业形象或者有超强的技术开发实力，或者有诱人的发展前景，或者有乐观自信的员工……这些都可作为对内对外宣传的突破，作为使组织重新赢得公众信心的催化剂。正如一句流行语所说，“只要思想不滑坡，办法总比困难多”。

4) 组织推出新产品、新服务项目、新的方针政策或经营方式时期

这时组织面临的最大挑战就是如何消除公众的观望与等待的态度。由于受人们消费惯性的影响，社会公众在组织推出新产品、新服务或新举措时，往往会持观望和等待态度。这表明消费者对这些新产品、新服务、新举措还不了解，还有疑虑，还存有戒备心理。因此，这时公关部门应主动出击，采取有针对性的措施，如现场产品(服务)展示、操作示范、广告宣传、顾客承诺等，消除公众的疑虑和摇摆态度，把公众的注意力尽快吸引到组织上来。

3. 保持组织形象的统一性和连续性

在塑造组织形象过程中，组织要统筹兼顾，全面安排，以保证组织形象的统一性和连

续性。许多经营不佳、形象不好的企业，并不是因为没有塑造组织形象，而是因为缺乏连贯一致的组织形象。它们今年强调成本低、价廉物美，明年强调服务好、体贴入微，后年又强调革新、创新制胜，不仅内部职工无所适从，而且也导致外部公众无法对其形成一个稳定的印象。一些国际知名公司在这方面就很值得人们借鉴学习。例如，IBM 在其成长过程中，产品不断更新，管理体制也发生了变化，但我们从它最近公布的组织目标及目前所强调的基本信念来看，仍然没有离开其第一任领导老托马斯•沃森(Thomas Watson)最初的设想；日本松下公司所遵循的整体企业精神，仍然是公司创始人松下幸之助所拟定的一些信条。可见，保持组织形象的一贯性、连续性，对于一个企业的长远发展至关重要。

本章小结

公共关系要素是指构成公共关系的必要性和主要的成分。主要有三大要素：社会组织、公众、传播。社会组织是公共关系的主体，公众是公共关系的客体，传播作为纽带连接着主体和客体。主体与客体之间良好的沟通需要借助于适当的传播方式，所以需要识别各种社会组织、各种公众及各种传播方式的特征。

习　题

一、复习题

1. 单项选择题

(1) 公共关系的主体是(　　)。
A．公众　B．组织　C．媒体　D．大众

(2) 公共关系的宗旨是(　　)。
A．信息传播　B．处理好人际关系　C．双向沟通　D．塑造形象

(3) 医院、救助站属于(　　)。
A．营利性组织　B．服务性组织　C．互益性组织　D．政治性组织

(4) 一个组织的公众是(　　)。
A．开放的　B．抽象的　C．特定的　D．广泛的

(5) 公共关系的客体是 (　　)。
A．事件　B．宣传　C．公众　D．媒介

(6) 光顾商品的顾客公众今天是赵、钱、孙、李，明天则可能是周、吴、郑、王，这说明公共关系具有的特点是(　　)。
A．稳定性　B．客观性　C．可变性　D．指导性

(7) 公共关系传播的最主要的方式是(　　)。
A．组织传播　B．人际传播　C．群体传播　D．大众传播

(8) 现代公共关系传播的本质是(　　)。
A．双向交流　B．单向交流　C．双向管理　D．单向管理

(9) 著名记者、社会名流一般属于(　　)。
A．受欢迎公众　B．不受欢迎公众　C．边缘公众　D．被追求公众

(10) 公共关系是一种(　　)。
A．组织的活动和功能　B．个人的事务和技巧
C．人人有份的关系和意见　D．个人的人际关系

2. 多项选择题

(1) 公共关系的基本要素包括(　　)。
A．组织　B．传播　C．环境　D．公众

(2) 在市场营销中，公共关系侧重于(　　)。
A．塑造企业整体形象　B．强化企业形象的市场影响力
C．营造良好的市场环境　D．创造长期的营销环境

(3) 公共关系学是(　　)相结合的产物。
A．管理学科　B．电子学科　C．传播学科　D．人文学科

(4) 现代信息社会中管理学发展的一个趋势是日益重视(　　)。
A．传播资源　B．信息资源　C．关系资源　D．形象资源

(5) 公众的特征有(　　)。
A．整体性　B．共同性　C．相关性　D．多样性

3. 简答题

(1) 如何理解公共关系的主体？
(2) 简述社会组织内部公共关系机构的设置原则与模式。
(3) 公共关系人员应具备哪些素质？
(4) 什么叫公众？如何对公众进行分类？
(5) 什么是公共关系传播？
(6) 简述公共关系传播的形式。

4. 实际操作训练

(1) 课堂活动：下面有一首诗，请你高声朗读一遍，然后试着背诵。如能记住，说明你的记忆力是优秀的；如果高声朗读两遍，再试着背诵，也能记住，说明你的记忆力是良好的；如果不仅能复诵出来，还能马上讲出这首诗的主旨意境，那就更不简单了，说明你的记忆意义识证。

赞一位共产党员
(罗勇智)

像东海里一根挺立的桅杆，
像长城上一级朴实的台阶，
像国歌中一个激昂的音符，
像蓝天际一只奋飞的大雁；

一位光荣的共产党员，
胸间有振兴中华的豪情壮志，
眼里有千家万户的柴米油盐！

(2) 实际调查某一企业，掌握其公共关系形象塑造的方法和途径。汇集材料，形成总结。

(3) 结合国际金融危机的情况，了解当时我国企业面对的困难，分析组织与环境之间的关系。

二、案例应用分析

柯达建议制度

88 年前，曾发生过一段“玻璃窗”的佳话。著名的发明家闻名全球的柯达公司的创始人乔治·伊士曼(George Eastman)收到一份普通工人写的建议书，其内容之简单令人吃惊，原来这位工人在信中呼吁生产部门“将玻璃窗擦干净”。虽然是区区小事，伊士曼却认为这是员工积极性的表现，立即公开表彰，发给奖金，并且从此建立起一个“柯达建议制度”。

这个由“玻璃窗”引起的制度一直坚持到现在，是全美国持续最久的制度之一。它之所以能持之以恒，全靠公关部门严密的组织工作来保证。在公司的走廊里，每一位员工随手就能取得建议表，放入任何一个信箱都能进到专职的“建议秘书”手中；建议者以后还可以随时打电话询问建议的下落；专职秘书则负责及时将建议送到有关部门审议，做出评鉴；公司还设有专门委员会负责审核、批准、发奖。

由于“柯达建议制度”的建立，公司职工因提建议每年总共能获得 150 万美元左右的奖金，但就公司来说，从这个“玻璃窗”制度所得到的收获就更大了。因为每一则建议都是一扇窗户，它使公司领导知道员工在思考什么问题，希望解决什么问题。

88 年来，这个公司员工提出的建议总数已近 200 万项，其中被采纳的已超过 60 万项。

将职工建议制度与塑造形象结合起来，是柯达公司的特色。公司实行职工建议制度，能够把职工个人的目标和整个企业的目标做到统一。重视员工建议既是尊重员工的体现，又是调动员工积极性的起点。

(资料来源：佚名．柯达建议制度[J]．北京农业，2009，32：26．)

问题：

(1) 内部公众在公众体系中处于何种地位？为什么？

(2) 你从“柯达建议制度”中得到哪些启示？

(3) 试分析“柯达建议制度”属于公共关系传播中的哪种传播形式。为什么？

丰田霸道广告风波

一切源于一汽丰田销售公司的两则刊登在《汽车之友》2003 年第 12 期、由盛世长城广告公司制作的广告：一辆霸道汽车停在两只石狮子之前，一只石狮子抬起右爪做敬礼状，另一只石狮子向下俯首，背景为高楼大厦，配图广告语为“霸道，你不得不尊敬”；同时，“丰田陆地巡洋舰”在雪山高原上以钢索拖拉一辆绿色国产大卡车，拍摄地址在可可西里。

看到这两则广告后，立即有人在网上留言，表示了疑义和愤怒。认为石狮在我国有着极其重要的象征意义，代表权利和尊严，丰田广告用石狮向霸道车敬礼、作揖，极不严肃。更有网友将石狮联想到卢沟桥的狮子，并认为，“霸道，你不得不尊敬”的广告语太过霸气，有商业征服之嫌，损伤了中华民族的感情。

网友的声音迅速扩大，大多数网友把抨击的矛头指向了丰田公司、广告制作公司和刊登广告的杂志，要求他们赔礼道歉。一位网友甚至还模仿“霸道”广告制作了一幅图画，画面上狮子把霸道车按在了爪子之下。

12月2日，《汽车之友》在自己的网站上向读者致歉。表示“由于我们政治水平不高，未能查出广告画面中出现的一些容易使人产生联想的有伤民族情感的图片，广告刊出后，许多读者纷纷来信来电话质询，我们已认识到问题的严重性，在此，我们诚恳地向多年来关心和支持《汽车之友》的广大读者表示衷心的歉意。”同时，《汽车之友》还表示，将停发这两则广告，由于发行原因，将于明年(2004年)1月在下一期杂志上正式刊登道歉函。

12月4日，这两则广告的制作公司——盛世长城国际广告公司也公开致歉，表示，“一些读者对陆地巡洋舰和霸道平面广告的理解与广告创意的初衷有所差异，我们对这两则广告在读者中引起的不安情绪高度重视，并深感歉意。我们广告的本意只在汽车的宣传和销售，没有任何其他的意图。”同时，还表示，“对出现问题的两则广告已停止投放。由于12月的杂志均已印刷完成并发布，这两则广告将在1月被替换。”

全国各地的主力媒体纷纷把目光聚焦于此。12月3日，丰田中国事务所公关部的电话几乎被打爆。部分媒体在京的记者聚集到丰田中国事务所所在地——北京京广中心，要求采访。对丰田公司而言，事情已经非常清楚，如果当天7点之前，不给予一个清楚的答复，第二天各大媒体的头条将是“丰田拒绝对‘霸道广告’做出回答”。这必将引起事端进一步扩大，形势危急。

于是，当天下午，危机公关程序启动，紧急会议在京广中心召开。会议上，丰田能够到场的主要领导丰田汽车中国事务所代表杉之原克之、一汽丰田汽车销售有限公司总经理古谷俊男、副总经理王法长、董海洋、藤原启税等全部到场，气氛异常紧张。当时在会的高层有三种态度：一种是部分日方代表的主张“拖”，认为这样的事情纯属媒体的炒作，最终会不了了之，而广告本身是中国人制作，根本没有什么问题，不用出面道歉，必要时由中国政府出面解决；一种是主张道歉，但因整个广告是一汽丰田销售公司运作，所以应由合资公司出面，而不是日本方面负责。彼时，丰田汽车中国事务所理事、总代表服部悦雄正在外地出差，他在电话里表示：“一汽丰田销售公司不负责任，我们再来负责任。”

这些声音很快被第三种意见否定。“广告本身有没有问题已经不重要，重要的是民族情绪已经被激发出来，没有什么能抵挡民族情绪，政府是不可能管制民族情绪的”，“民族情绪是针对日本人，那么必须由日本人出面承担责任。”因此，“不管一汽丰田销售公司是不是承担责任，丰田都要承担责任。”

晚上6点半，丰田又紧急召集记者到京广中心，由一汽丰田汽车销售有限公司总经理古谷俊男正式宣读了道歉信。在丰田汽车公司的致歉信中，没有为这次事件寻找任何开脱的理由，而是对此致以诚挚的歉意。古谷俊男回答：“出现这样的事情完全是我们的责任，应该由我们自己来承担。”同时，古谷俊男在座谈会上，也婉转地说明两则广告的创意其实都是中国人设计的，陆地巡洋舰广告上的绿色卡车也不是真的图片，而是手绘上去的。“但我们是广告主，我们要负责任。”

无论丰田公司本身，还是发表该广告的媒体，或是创作该广告的盛世长城，都一致对外“表示诚恳的歉意”，而丰田公司则仅由一汽丰田汽车销售有限公司总经理古谷俊男对外发言，其他人如果被问及，则连连道歉，不发表其他讲话。

丰田的诚恳态度得到了公众的谅解，12月5日后，整个事件戛然而止。

在这次广告风波中，网友们在广告之外还对“霸道”的中文车名(英文为Prado)提出质疑，认为，太过张扬。为了消除中国公众对丰田公司及“霸道”越野车的不良印象，4月18日，记者从一汽丰田销售有限公司获悉，在四川丰田生产的丰田SUV“霸道”已经改名为“普拉多”。9月开始的一汽丰田众系列广告中，全部没有“霸道”的字眼，而是用上了“普拉多”。霸道今年因出了广告风波，至今仍然心有余悸。“霸道”这两个字在汉语中带有一定的贬义色彩，但应用在越野车方面，却有着不畏艰险的意思。一汽丰田此次换名，是丰田一种全球化战略。霸道的英文为Prado，原意为林荫大道，音译即为“普拉多”。丰田的豪华车Lexus在今年北京车展上也宣布易名，由“凌志”变为音译的“雷克萨斯”。

(1) 这是一起由于传播误导引起的公关危机。无论如何日本企业在中国刊登如此张扬的广告，都会引起中国人民的反感，甚至激化了民族情绪。

(2) 危机发生以后，丰田公司迅速采取措施，平息危机，防止事态进一步扩大。在处理危机的过程中，表现出丰田公司的老练。此事既然已经发生，再从细节上追究到底是广告公司的责任，还是一汽丰田的责

任都已经不重要了，重要的是中国民众对日本企业有意见。由于历史的原因，这种对个别企业的意见，甚至可能上升为两大民族的之间的情感问题。因此，必须从大局的高度来认识问题，以最大的诚意向情感上受到伤害的中国公众道歉。

(3) 由于这次伤害只是情感上的，因此，应当主要从传播入手，通过大众传播媒介，向广大的中国公众表示歉意，承认错误。不管广告是谁制作的，但都是丰田汽车的广告，所以必须由日本丰田来道歉。从实践上看，丰田公司所采取的措施是得当的，迅速化解了危机。

(资料来源：http://wenku.baidu.com/view/6c43ceff700abb68a982fb40.html.)

问题：

在公共关系活动中各公共关系要素应该如何发挥正确有效的作用？如何认识环境在公共关系中作用？

知识链接

诚招天下客

1. 困境中的选择

在改革大潮的冲击下，商品经济犹如大海行船，有涌上浪尖的欢欣，也有沉入峰底的忧虑。

1989年，我国经济发展在涌上一个前所未有的高峰后，骤然出现了多年不遇的市场疲软和滑坡现象，许多企业经不住市场风浪的冲击，生产和经营严重受挫。在这种严峻的形势下，甘肃省日用杂品公司(以下简称日杂公司)却实现利税300多万元，创历史最高水平，并通过了国有二级企业的资格审定，成为甘肃省非生产领域和全国日用杂品行业第一家获此殊荣的企业。其成功的秘诀就在于商业公共关系的开展。

日杂公司是省供销联社所属的一个纯经营性专业公司，主要经营陶瓷、炊具、钢木家具和其他日用杂品，经营商品的种类多，价值小，赚钱少，更新快，变化大，经营难度高。然而正是这样一个商业公司，通过公共关系的开发，几年内不仅摆脱了过去山重水复的困境，而且迎来了柳暗花明的景象。

2. 经营方针的确立

每个商业企业都有自己的经营之道，而日杂公司的经营之道则集中体现在一个“杂”字上，不以赚钱为出发点，而以顾客的需要为出发点，不仅考虑本企业的利益，而且考虑企业的社会责任，考虑社会公众的利益。这种公共关系意识的建立，使日杂公司在经营过程中，从大的炊事机械，到小的锅、碗、瓢、盆，从繁杂零乱的烟花爆竹，到精致优美的陶瓷制品，不论价格大小，赢利多少，只要是顾客需要的，他们都积极经营，做到不赶时髦，不随波逐流，不搞短期行为，始终突出了日杂公司的经营特点，走出了一条坚持主体经营、搞好规范管理、推行优化控制、树立企业精神的路子。

以顾客为中心的正确经营方针，使日杂公司这条大船没有在抢购风中翻船，没有在市场疲软中搁浅，而且迎风扬帆，闯出了一条新路。

3. 企业形象的魅力

遵循“团结、开拓、务实、创优”的企业精神，日杂公司逐步塑造起了一个以优质、诚实、信誉、周到为核心的企业形象。

走进日杂用品商店的展销大厅，一种透视着欣欣活力的商业氛围使公众耳目一新。“最佳”、“优秀”、“良好”、“合格”、“见习”5个等级的营业员，分等上岗，挂牌服务。他们有多次技术比武中锻炼了员工过硬的技术素质和经得起考验的耐心。

日杂公司用“团结、开拓、务实、创优”的企业精神，培养出了优秀的企业人。在顾客选购商品时，因一时货源不全，他们就主动带着顾客四处奔走，组织货源。甚至在大年三十晚上，为了满足购年货的顾客，也要加班加点，直到深夜才能回家。他们说得好：“情似一团火，温暖千万家。”正是这种高度的责任感，使每位员工勤奋工作，热诚服务，使得日杂公司的企业形象熠熠生辉。

一次，一位中年妇女选购铝锅，花了半个小时时间，挑了20多个样品仍不满意，聪明的营业员风趣地说："问三爱，看三家，回头再买是行家。"结果这位顾客在走了几家商店后，做了回头再买的行家。

良好的企业形象不仅吸引了大批国内顾客，就连连许多外国朋友也慕名而来，满意而去。

4. 全方位的服务

日杂公司把顾客和消费者当作企业的上帝，实行了商品采购到销售的全方位服务。而且对每次经营服务都做到了事前预测、过程控制、事后分析。

在一次炊事机械展销会上，公司不仅聘请了专家进行现场操作，而且专门设立了一个技术过硬的维修部，随时解除顾客的安装、调试、维修的后顾之忧。1987年以后，日杂公司维修人员的足迹遍及新疆、西藏、青海、宁夏等省区和甘肃的大部地区。

日杂公司维修人员的每一次长途跋涉，都带回了顾客的满意和感谢，带来了公司知名度和美誉度的提高。从电冰箱、电烤箱到电饭煲、半导体，每一样的免费维修都得到了消费者的信赖和好评，赢得了公司的信誉。

后来，日杂公司的两个商店已跻身于全国大型百货商店的先进行列，并获得了"重合同守信用"、"物价计量信得过"等9个荣誉称号，经济效益和社会效益同步增长。中国商报、甘肃日报、甘肃电视台、甘肃经济报等10余家新闻单位都先后报道了日杂公司经营管理和优质服务的先进事迹。

5. 80%的商品送货上门

日杂公司展销商场坐落在兰州市偏僻的拱星墩。这里单位不多，人员稀少，顾客寥寥无几。坐店经营，只能是守株待兔，显然等不来顾客，怎么办？

他们冷静地分析了公司面临的经营环境，由于地理位置的劣势，公众不了解公司，更不了解公司的服务情况。只有变劣势为优势，通过主动寻找顾客，得到顾客的了解；通过上门服务，获得顾客的好感。这才是日杂公司的经营对策。

他们决定走出去，把商品和服务送到顾客手中，把公司形象打进顾客心中。其他商店是顾客找上门来，而他们则是营业员送上门去，路远的送，路近的也送；大商品送，小商品也送。几年来，这里售出的商品80%都是送出去的。

某机关要50把折叠椅，要求第二天早上8点以前送到，不巧送货车坏在路上回不来。公司视信誉为生命，第二天早上，商场经理带着员工肩扛手提步行十余里，赶在8点以前把货送到了用户单位。

有一次，铁路公安看守所要求购买120床被褥，其中10床还要加长一尺。于是，营业员购回棉絮，用商场的被里、被面，在营业厅、业务室、经理室、会议室展开了一场赶制棉被的会战。员工们加班加点，两天后，120床棉被按时送到了顾客手中。

某工程师买了两个塑料筐，要求送货，同样没有难倒营业员。后来，这位工程师感动地说："我本想试试你们，没想到两只塑料筐还真的送来了，顾客是上帝，在你们这儿是真话！"从此以后，这位工程师成了他们的老顾客，还不断带着许多新顾客来购货，半年内购货3万多元，使得这个展销商场的稳定性顾客越来越多，出现了顾客盈门的局面。

日杂公司就是以对消费者和顾客火一样的热情，高度的负责精神，以实实在在在的优质服务，闻名遐迩，誉满兰州的。甘肃电视台为此录制了专题电视片《诚招天下客》，在黄金时间多次播映，使日杂公司的企业形象和企业精神犹如一股清新的暖风，吹进了千家万户，撞击着人们的心灵，给这家公司带来了新的发展机会。

(资料来源：谢加明.《公共关系学》绵阳电大，2004.)

问题：

日杂公司不以赚钱为出发点，而以顾客利益为出发点，反而获得了良好的经济效益，这是为什么？

第3章 公共关系调查

教学目标

通过本章学习，掌握公共关系调查的含义、原则及内容，了解公共关系类型划分及调查程序，熟悉公共关系调查报告的撰写。

教学要求

知识要点	能力要求	相关知识
公共关系调查的含义	(1) 掌握公共关系调查的含义 (2) 了解公共关系调查的原则 (3) 了解公共关系调查的作用和目的	(1) 组织基本情况调查 (2) 组织公众调查 (3) 社会环境调查 (4) 传播媒介状况调查
公共关系调查的程序	(1) 了解公关调查的操作程序 (2) 熟悉调查方案并知道运作策略 (3) 学会分析整理调查资料	(1) 制定经费预算 (2) 抽样调查法 (3) 民意测验法 (4) 网络媒介调查法
调查问卷的设计	(1) 知道问卷的设计对公共关系调查的作用 (2) 了解问卷的设计结构 (3) 学会设计封闭式问卷和开放性问卷	(1) 是否式问卷答案的设计 (2) 选择式问卷答案的设计 (3) 排列式问卷答案的设计
调查报告的设计与撰写	(1) 了解调查报告的撰写要求 (2) 熟悉调查报告的结构会撰写调查报告 (3) 能够分析组织的环境并提出对策	(1) 组织的外部环境和内部环境 (2) 调查方案与调查报告的关系

基本概念

公关调查 调查问卷 调查报告

导入案例

可口可乐公司“新可乐”的失败

1985年4月23日，可口可乐公司董事长罗伯托·C·戈伊苏埃塔(Roberto C. Goizueta)宣布了一项惊人的决定。他宣布经过99年的发展，可口可乐公司决定放弃它一成不变的传统配方，原因是现在的消费者更偏好口味更甜的软饮料，为了迎合这一需要，可口可乐公司决定更改配方调整口味，推出新一代可口可乐。

1. 改变口味的原因

在20世纪80年代，可口可乐在饮料市场的领导者地位受到了挑战，其在市场上的增长速度从每年递增13%下降到只有2%。原因是其竞争对手百事可乐来势汹汹，它先是推出了“百事新一代”的系列广告，将促销的锋芒直指饮料市场最大的消费群体——年轻人。

在第一轮广告攻势大获成功之后，百事可乐公司仍紧紧盯着年轻人，继续强调百事可乐的“青春形象”，又展开了号称“百事挑战”的第二轮广告攻势。在这轮攻势中，百事可乐公司大胆地对顾客口感试验进行了现场直播，即在不告知参与者在拍广告的情况下，请他们品尝各种没有品牌标志的饮料，并说出哪一种口感最好。试验过程全部直播，百事可乐公司的这次冒险成功了，几乎每一次试验后，品尝者都认为百事可乐更好喝。“百事挑战”系列广告使百事可乐在美国的饮料市场份额从6%猛升至14%。

可口可乐公司不相信这一事实，也立即组织了口感测试，结果与“百事挑战”中的一样，人们更喜爱百事可乐的口味。市场调查部的研究也表明，可口可乐独霸饮料市场的格局正在转变为可口可乐与百事可乐分庭抗礼，20世纪70年代18%饮料消费者只认可可口可乐这一品牌，认同百事可乐的只有4%，到了80年代只有12%的消费者忠于可口可乐，而只喝百事可乐的消费者则上升到11%与可口可乐持平的水平。而在此期间，无论是广告费用的支出还是销售网站，可口可乐公司都比百事可乐公司高得多。

2. 市场调查过程

可口可乐公司在研制新可乐之前，曾秘密进了代号“堪萨斯工程”的市场调查行。它出动了2 000名市场调查员在10个主要城市调查顾客是否接受一种全新的可口可乐，问题包括：可口可乐配方中将增加一种新成分使它喝更柔和，你愿意吗？和可口可乐将与百事可乐口味相仿你会感到不安吗？你想试试一种新饮料吗？调查结果表明只有10%～12%的顾客对新口味可口可乐表示不安，而且其中一半表示会适应新的可口可乐，这表明顾客愿意尝试新口味的可口可乐。

在新可乐的样品出来后，可口可乐公司组织了品尝测试，在不告知品尝者品牌的情况下，请他们说出哪一种饮料更令人满意。测试的结果令可口可乐公司兴奋不已，顾客对新可乐的满意度超过了百事可乐，市场调查人员认为这种新配方的可乐至少可以将可口可乐的市场占有率推高1%～2%，这就意味着多增加2亿～4亿美元的销售额。

为了确保万无一失，可口可乐公司倾资400万美元进行了再一次规模更大的口味测试，13个最大城市的超19万名顾客参加了测试，55%的品尝者认为新可乐的口味胜过了传统配方的可口可乐，而且在这次口感测试中新可乐再次击败了对手百事可乐。

3. 失败的结局

在“新可乐”上市后的一个月，可口可乐公司每天接到超过5 000个抗议电话，而且更有雪片般飞来的抗议信件。有的顾客称可口可乐是美国的象征，有的顾客威胁说将改喝茶水永不再买可口可乐公司的产品，更有忠于传统可口可乐的人们组成了“美国老可乐饮者”的组织在发动全国抵制“新可乐”的运动，而且许多人开始寻找已停产的传统可口可乐，这些“老可乐”的价格一涨再涨。面市后两个月，“新可乐”的销量远远低于公司的预期值，不少瓶装商强烈要求改回销售传统可口可乐。

“新可乐”面市后的3个月，其销量仍不见起色，而公众的抗议却愈演愈烈。最终可口可乐公司决定恢复传统配方的生产，其商标定名为可口可乐古典，同时继续保留和生产“新可乐”其商标为新可乐。但是可口可乐公司已经在这次的行动中遭受了巨额的损失。

可口可乐公司的市场调查组织工作可以说很到位，雇用了2 000多名调查员到全国10个主要城市20个分散市场广泛地集体访谈、试饮、评比。为了保证调查公正客观，还专门聘请了调查公司做第二次市场调查。但是，这些调查都是从产品的质量出发，以征求顾客满意，而忽略了可口可乐所包含的内在的社会价值。顾客满意的程度大部分取决于产品所包含的服务价值，如荣誉感、社会地位、民族精神等。可口可乐蕴含着美国人的民族情感，承载着美国人乐观向上的精神，“新可乐”无论质量多么优良，也无法取代可口可乐这种根深蒂固的民族性。“新可乐”推广的失败说明，企业创新不仅仅是产品的创新。企业创新要在产品创新的基础上把产品社会化，换句话说，产品创新的过程就是产品社会化的过程。社会化的根本在于人民的认可，并把它内化为一种本质。“新可乐”的质量虽然很好，但无法使顾客在精神和情感上接受它，这就决定了它的失败。

(资料来源：王珑．公共关系原理与实务[M]．2版．重庆：重庆大学出版社，2006．)

3.1　公共关系调查概述

公共关系调查(公关调查)是运用科学的方法，有目的地收集资料，分析相关因素，了解公关关系状况，预测民意和社会环境的发展趋势，为顺利开展公关工作提供前提条件。简而言之，公共关系调查是指公共关系人员根据本组织的公共关系目标搜寻、采集、选择公共关系信息的活动。

公共关系调查是公共关系四步工作法的第一个重要环节，通过运用科学的调查方法搜集有关信息，并通过把握外部环境的发展趋势，为组织开展公共关系活动提供良好的条件和基础，为组织制订公关计划提供科学依据。公共关系调查是公关活动的前提。美国《幸福》杂志介绍的排名前1 000位的大企业中，大约有50%的企业使用公共关系调查。

3.1.1　公共关系调查的作用

公共关系调查是一切公共关系工作开展的前提，是组织开展公关活动的重要依据。美国公共关系专家西蒙(Simon)说：“不论人们如何表达公共关系活动的流程，调查研究都是举足轻重的。如果把公共关系活动视为一个‘车轮’，调查研究便是这个‘车轮’的‘轴’了。”

西蒙把公共关系调查研究的作用清楚地表现了出来。人们可以得出这样一个结论：倘若缺少了调查研究这个“轴”，企业公共关系活动这个“轮”就无法轻松自如地运转起来。因此，作为企业的公共关系部门，要充分认识开展企业公共关系调查研究的重要性，不仅要把调查研究作为一种经常性的工作来抓，还要注意在处理任何一种公共关系问题以及纠纷时，都应把调查研究视为正确、妥善地解决问题和纠纷的基本前提。

1．为组织主体的正确决策提供依据

通过公共关系调查研究，可以保证信息的对称性，及时掌握公众需求及环境的变动，避免计划的盲目性和决策的任意性。从而不断改善组织的管理水平，提高经济效益，树立良好组织形象。

2. 使组织防患于未然

公共关系调查可以提供环境监测，进行问题预警，使组织认识到外部关系和环境的波动规律，有效地增强组织应对危机事件、防御风险的能力。

3. 可以准确地了解在公众中的形象地位

组织形象已成为社会的重要资源要素，扩大组织的知名度，提高组织的美誉度，塑造良好社会形象已成为组织追求的重要目标。组织的形象地位是可以用定量方法判断的，所以可以测量自我期望的形象和在公众中实际形象的差距。组织人员可以根据这个差距，策划有效的公关活动。

3.1.2 公共关系调查的原则

公共关系调查是为了建立和维系组织与公众之间的良好关系，因而更注重公众对组织的认识和评价。它不仅应有一般调查研究所具有的规范和科学，更应有公关调查的特殊性。

1. 客观性原则

公共关系调查是为了准确地了解公众对组织形象的评价。坚持调查的客观性是调查人员所应遵循的最重要的原则。调查人员在调查过程中，应从客观实际出发，要注意区分公众的客观态度和主观臆想。

任何事物都应该有相应的标准，公共关系调查实务操作中也应有一个统一的标准。在公共关系调查实务操作中，一个课题由很多人共同完成。每个人由于对问题的理解不同，会有不同的分析结果，得出不同的结论。这时就需要一个客观的统一的标准，从而可以得出统一的调查结果，避免“仁者见仁，智者见智”的现象。

2. 全面性原则

公共关系调查需要保证信息的对称性、完整性，所以要求调查人员在搜寻、采集、选择调查对象对组织形象的评价时必须面搜集各类公众的意见。公共关系调查的对象是公众，而不同的公众有不同的背景，如年龄、职业、教育程度、信仰、环境等因素有差异，其形为也会有不同的表现。公共关系调查掌握的不是个别成员的态度和行为特征，而是总体表现出来的现象特征。根据“大数定律”，前期的调查应做到大量的观察，保证调查的样本和总体表现出来的平均值接近。为了进一步做到全面性原则，还需必要地选取一些典型对象作为调查对象。

公共关系调查的全面性要求注意：首先，调查对象必须有代表性，可以代表公众，而且对组织的形象评价是客观正确的，能够代表总体公众的整体意见；其次，调查所得的资料是完整的、全面的，不仅有对组织形象的下面意见，也有对组织形象的反对意见，要注意到积极公众的意见，也注意到不受欢迎公众的意见，并注意各种意见之间的关联，不能一叶障目，以偏概全。

3. 时效性原则

公共关系调查是了解调查对象在某一确定时间对组织形象的评价，调查的结果具有较强的时效性。对一个组织来说，调查所得价值与提供信息的时间是成正比的，迟滞的信息会导致组织失去取胜的良机。因此，在调查过程中，调查人员不仅要注意调查信息的准确性，还要注意信息传递的时效性。客观事物总是外在不断变化和运动之中，公共关系的一次调查只能反映一段时间内公众的态度，这种态度会随着时间的变化而变化。公共关系调查的时效性有利于组织及时地收集情报并做出果断的决策。

4. 精确性原则

公共关系活动是一项非常复杂的系统工程，成功的活动应该使其中的每一个环节都流畅顺通，这就要求调查的信息必须是精确。精确性原则包含以下含义：一是应用统计学的原理规划调查工作；二是运用相关的数学模型对信息进行科学分析；三是用具体数字显示或表达调查的结果。

3.1.3 公共关系调查的内容

公共关系调查要紧紧围绕社会组织的生存和发展这一主题，收集和处理来自组织内部、公众和社会环境的各方面信息。一般包括组织基本情况调查、组织公众调查、社会环境调查和传播媒介状况调查。

1. 组织基本情况调查

任何公共关系活动的开展都不能脱离社会组织的实际情况，因而也都离不开对组织自身基本情况的掌握。组织基本情况调查的内容，依据公共关系工作的需要，主要可确定为以下几个方面。

1) 组织的总体概况

组织的总体概况包括组织创建的时间和背景，发展历程，重大事件，对社会的贡献，组织的性质、类型规模，机构设置，管理体制，人员(决策、管理层和员工)素质等内容。

2) 组织的经营情况

组织经营情况包括组织的经营发展目标、经营方针、经营战略，组织对社会提供的产品和服务及其特色等。

3) 组织的理念情况

组织的理念情况包括组织精神、组织的价值观测、组织使命、组织的道德规范、组织的文化传统，以及组织的名称和各种识别标志等的文化含义。

4) 组织的实力支持情况

组织的实力支持情况是组织其他得以正常运转的基础，包括组织的物质基础、组织的技术水平、组织的财务状况和组织的福利等情况。

2. 组织公众调查

任何一种公共关系活动都很难全面地影响所有公众。开展公众构成情况调查有利于确定公共关系工作的基本范围和重点对象，避免盲目开展公共关系工作。

1) 特定组织公众的调查

(1) 内部公众的调查。包括组织成员的基本情况，如成员的年龄、性别、文化程度、专业、职务职称等；内部公众的工作态度、思想状况、意见和建议等。

(2) 外部公众调查。包括外部公众的背景资料，如公众的年龄、性别、籍贯、家庭状况、职业、文化程度、数量构成、空间构成、特征构成、需求构成、观念构成、对组织的重要性构成、对组织的依赖性构成等。

2) 公众需求情况调查

社会组织是为人的需要而存在的，为人的需要而发展的。社会组织要有效地开展公共关系工作，必须做好对公众需求情况的调查工作，以掌握公众需求信息，不断设法满足公众的合理需要。公众需求情况调查主要涉及以下两个方面：

(1) 公众的物质需求情况。例如，公众对改善物质生活环境的需求，公众对获得优质物质产品需求，公众对获得各种有形服务的需求。

(2) 公众的精神需求情况。例如，公众对组织接纳的需求，公众对合法权益的需求，公众对获得满意服务的需求，公众对获得重要信息的需求，公众对获得组织重视的需求等。

3) 组织在公众心目中的形象调查

(1) 内部公众对组织的评价。包括员工对组织领导层或决策层工作的评价、员工对组织各种规章制度的认识、员工对组织形象的期望等内容。

一个组织的目标只有得到员工的认同和支持，才有可能实现。员工的态度和行为对于组织目标的实现具有决定性意义。因此，调查内部公众对组织的看法可以了解他们对领导层提出的总目标的信心和支持程度，吸取合理意见，使组织形象更有群众基础。

(2) 外部公众对组织的评价。外部公众对组织的评价是组织的客观的、实际的形象。了解组织的实际情况就要了解组织的知名度、美誉度。

知名度是社会公众对该组织认识、知晓的程度，主要包括企业基本情况，产品的名称、标示、价格、种类或服务内容及其了解的程度、范围。其计算公式为

$$\text{组织在该地区的知名度}=(\text{该地区知晓公众数}/\text{该地区公众总数})\times 100\% \tag{3.1}$$

美誉度是社会公众对本组织信任和赞誉的程度。其计算公式为

$$\text{组织在该地区的美誉度}=(\text{该地区持赞赏态度的公众数}/\text{该地区知晓公众人数})\times 100\% \tag{3.2}$$

知名度和美誉度是衡量组织形象的两个重要指标。知名度是社会组织为公众所知晓的程度，美誉度是指对社会组织有一定认知程度的公众中，对社会组织持信任、赞赏态度的人数的百分比。

组织形象四象限如图 3.1 所示。

第Ⅰ象限表示高知名度、高美誉度，处于这个区域说明组织形象较好。第Ⅱ象限表示高美誉度、低知名度，处于这个区域说明组织有良好的基础，公关活动的重点应该在维持美誉度的基础上提高知名度。第Ⅲ象限表示低知名度、低美誉度，处于这个区域说明组织形象不佳，公关活动需要从零做起，首先要完善自身而在传播方面暂时保持低姿态，享有较好的美誉度后再提高知名度。第Ⅳ象限表示低美誉度、高知名度，处于这个区域说明组

织形象名声恶劣，公关工作应先从扭转已形成的坏名声做起，踏踏实实改善自身，逐步挽回信誉。

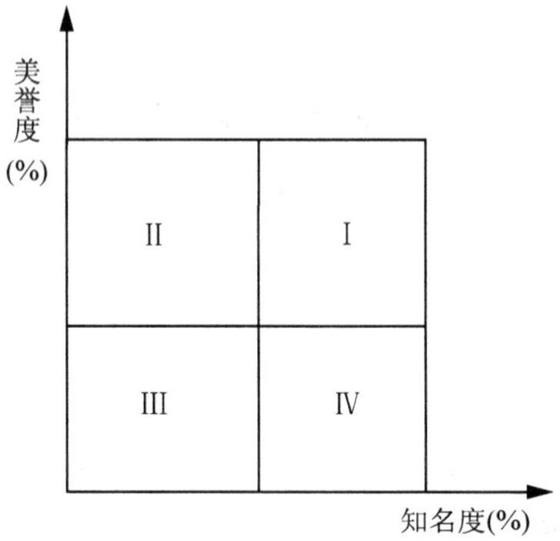

图 3.1 组织形象四象限

3. 社会环境调查

1) 基本社会环境状况调查

基本社会环境一般是指社会组织所处的一个国家或地区的政治、经济、文化等因素构成的宏观社会环境系统。基本社会环境状况调查的一般内容如下。

(1) 人口环境状况。例如，现有人口的总数、增长速度、年龄结构、性别比例、地理分布、婚姻状况、教育状况、就业状况、流动状况、国家的人口控制政策与管理措施等方面的情况。

(2) 政治环境状况。例如，国家或地区的政治体制及其改革情况，国家或地区的方针政策和法令条规的提出、制定、颁布、实施等方面的情况，以及其他方面的政治性因素存在与变化情况等。

(3) 经济环境状况。例如，国家或地区的经济体制及其政策情况，国家或地区的产业结构、分配结构、交换结构、消费结构、技术结构及其调整变化情况。

(4) 文化环境状况。例如，国家或地区的民族特征、文化传统、宗教信仰、教育水平、社会结构、风俗习惯、价值观念、生活方式、社会道德规范与精神文明建设等方面的情况。

2) 具体市场环境状况调查

具体市场环境是指与社会组织公关活动相关联的市场因素组成的宏观社会环境系统。在现代市场经济条件下，对具体市场环境进行调查是社会组织特别是企业组织环境状况调查的一项重要课题。调查的主要内容如下。

(1) 市场需求状况调查。例如，市场容量、社会的购买力、居民的消费结构与消费水平、现有的和潜在的购买人数、近期需求与长远需求及其需求变化趋势、国家是否鼓励某项消费、银行是否贷款支持某类消费等。

(2) 消费者状况调查。例如，消费者的总体数量、消费者的构成情况、消费者的消费欲望与购买动机、消费者的偏好及造成消费者偏好的原因等方面的情况。

(3) 市场竞争状况调查。例如，市场是否形成竞争态势、竞争对手的生产能力、产品特色、销售政策、服务措施、在消费者中的印象、与中间商和消费者的关系、广告宣传的力度、公关促销的措施等方面的情况。

3) 所属行业环境状况调查

所属行业环境是指由社会组织所在特定行业的各种组织构成的微观社会环境系统。开展所属行业环境状况调查，可以搜集同行组织的信息，把握本行业的发展动向。所属行业环境状况调查主要包括：第一，所属行业基本情况调查，如所属行业各种组织的数量、所属行业的整体发展水平、所属行业在国民经济和人民生活中的地位与作用等；第二，所属行业特定组织情况调查，如所属行业特定组织的经营方针、人员素质、技术力量、资金占有、经营管理水平、产品与服务方面的情况、在公众心目中的形象、在同行业中的地位等；第三，所属行业横向协作情况调查，如所属行业各种组织之间的协作意向、协作项目、协作类型、协作可能取得的效果、有无同行组织愿与本组织开展协作等；第四，所属行业竞争对手情况调查，如竞争对手的历史、竞争对手的优势、竞争对手的横向联系情况、竞争对手的公共关系状态、竞争对手的关键技术和关键人物、竞争对手原本已有的竞争对手或合作伙伴等。

4. 传播媒介状况调查

1) 大众传播媒介情况调查

大众传播媒介是公共关系信息传播的支柱性媒介，跨越空间大，影响范围广，传播效率高，深受社会组织的重视。对大众传播媒介情况进行调查的基本内容如下。

(1) 大众传播媒介的分布情况。包括地域分布情况、行业分布情况、类型分布情况、数量分布情况等。

(2) 大众传播媒介的功能作用情况。包括涉及大众传播媒介功能作用的传播范围、传播内容、传播特色、传播效果、传播者的威信等方面的情况。

(3) 大众传播媒介所需信息的情况。包括一定时期内大众传播媒介的报道中心、新栏目的开辟、编辑和记者需要的内容等方面的现实状况。

2) 专题活动媒介情况调查

在现代社会中，专题活动已成为一种重要的社会信息交流通道，是现代公共关系工作中一种具有特殊作用的信息传播媒介。掌握有关专题活动媒介的情况可以决定组织是否参加某种专题活动，或参考某种专题活动、自办有关专题活动。专题活动媒介情况调查的内容如下。

(1) 专题活动筹办情况。例如，某次专题活动是由何种组织机构主办的，将在何时何地举办，拟办活动的主题、内容、规格、规模、参加活动的人数、估计影响等。

(2) 专题活动效果评价情况。例如，某次专题活动的经验教训与利弊得失、经济效益与社会效益、主办单位的自我评价、参与活动者的印象、权威人士的看去、局外人士的见解、新闻媒介的报道情况等。

3.3 公共关系调查的程序

公共关系调查是一个程序性、技巧性很强的工作，了解公共关系调查的操作程序及其运作策略，是提高公关调查工作艺术水平的保障。

所谓公共关系调查的程序，一般地讲，是指对社会组织客观存在的公共关系现象进行科学调查的基本过程。

3.2.1 确定调查的总体方案设计

调查的基本步骤如图 3.2 所示。

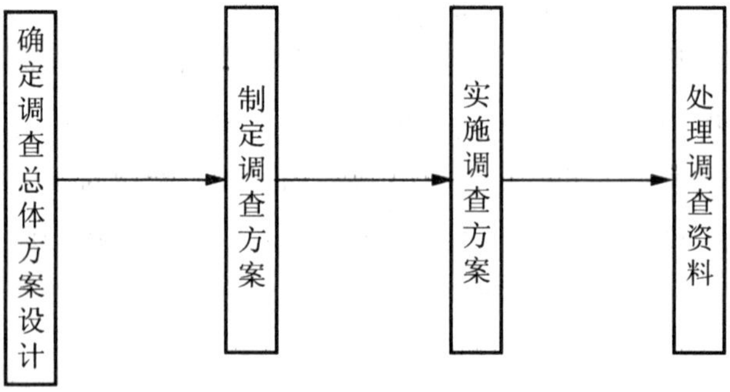

图 3.2 调查的基本步骤

图 3.2 是社会组织进行公共关系调查时要遵循的基本程序。但在展开调查前还要做一些充分的准备。

1. 总体方案设计

1) 确定调查的目的

调查的目的是指调查所要解决的问题。在确定调查目的时应注意：首先，调查的目的是调查组织者(或委托者)最需要解决的主要问题；其次，应力求避免把目的提得过高过宽，或把一些已经了解的问题和策略加以整理就可以取得的资料也包括进去，以免分散精力；最后，拟订调查提纲。

2) 确定调查对象和调查单位

确定调查对象和调查单位就是确定向谁调查。调查对象是调查所研究对象的总体，它由某些性质相同的被调查的个体单位所组成。调查单位是调查对象中的具体单位，即调查登记的承担者。调查对象应根据调查目的来确定。组织应该根据所确定的调查主题和力所能及的条件来确定调查对象的范围，即确定调查在什么范围开展、被调查者是谁，并且保证公众具有代表性。

3) 确定调查项目

确定调查项目就是要明确向被调查者了解些什么问题。确定调查项目时还需注意以下几个问题。

(1) 调查项目应是调查任务所需又能取得答案的。

(2) 项目的表达方式必须明确，使答案具有确定的表达形式，如数字式、是否式或文字式。

(3) 项目之间应尽量相互联系，资料应相互对照，遵照调查对象的内在逻辑关系。

(4) 必要时可以附上项目的解释，以确保调查项目含义的明确、肯定。

4) 制定调查提纲和调查表

对项目进行科学的分类、排列，构成调查提纲和调查表。调查表由表头、表体和表脚3部分构成。表头包括调查表的名称、调查单位的名称性质和隶属关系等。表头内容一般不作统计分析之用，只是核实和复查调查单位的依据。表体包括调查者项目、栏号和计量单位，它是调查表的主要部分。表脚包括调查者或填报人的签名和调查日期等，目的在于明确责任、提高填表质量。调查表拟定后，为了便于正确填表、统一格式，还要附填表说明。

5) 确定调查时间和地点

调查时间是指调查资料所属的时间。确定调查时间要明确规定资料所反映的是调查对象从何时起到何时止的资料，要规定调查工作的开始和结束时间。为了提高信息资料的时效性，在可能的情况下，调查期限应适当缩短。

地点是指到哪里去调查。要明确规定统一的标准调查地点。

6) 确定调查方式和方法

在总体方案中，应规定采用什么组织方式和方法取得调查资料。搜集资料的方式有普查、重点调查、典型调查、抽样调查等多种方式。具体调查方法有访谈法、观察法、问卷法和实验法等。调查采取的方式、方法不是固定和统一的，往往取决于调查对象和调查任务。

7) 确定研究分析方法

对调查所取得的资料进行研究分析，包括对资料进行的分类、编号、分析、整理、汇总等一系列资料研究工作。

8) 确定提交研究报告的方式

这主要包括市场调查研究报告书的形式和份数、报告书的基本内容、报告书中图表的大小等。

9) 制订调查组织计划

调查组织计划是指实施整个调查活动过程的具体工作计划，主要是指调查的组织领导、调查机构的设置、人员的选择和培训、调查工作步骤及其善后处理等。

10) 制定调查预算

通常一个市场调查中实施调查阶段的费用安排仅占总预算的40%，而调查前期的计划准备阶段与后期分析报告阶段的费用安排则分别占总预算的20%和40%。

在进行调查经费预算时，一般需要考虑如下几个方面。

(1) 调查方案设计费、策划费、抽样设计费、问卷设计费(包括测试费)、问卷印刷费、装订费。

(2) 调查实施费用，包括试调查费用、调查员劳务费、受访对象礼品费、督导员劳务费、异地实施差旅费、交通费、误餐费以及其他杂费。

(3) 数据录入费、数据统计分析费、调查报告撰写费、资料费、复印费等办公费用。

2. 调研日程安排

在设计市场调研方案的过程中，需要制定整个调研工作完成的期限，通常一项较具规模的调研活动，仅仅从问卷的印制到整个活动的完成，也要有45～60个工作日，一些大规模的调研会持续半年到一年。不过，对于有时间性的调研，如收视率调查，或规模小的调查等，所需时间多少可以弹性浓缩。一般一个市场调查所需的时间大致分配如下。

(1) 计划起草、合议，4%～5%。

(2) 抽样方案设计实施，7%。

(3) 问卷设计、测试与合议，10%～15%。

(4) 问卷定稿及印刷，3%。

(5) 调查员的挑选与培训，4%～8%。

(6) 实地调查，30%～35%。

(7) 数据的计算机录入、统计分析，10%～15%。

(8) 报告撰写，20%～30%。

(9) 与客户说明会，1%。

(10) 建议与修正、定稿，5%～10%。

3.2.2 制定公共关系的调查方案

确定公共关系的目的后，应该围绕这一目的制定相应的方案。

公共关系调查工作方案的撰写，具有一定的格式和规范要求。公共关系调查工作方案的基本格式包括3个部分，即标题、正文和署名。

1. 标题

一般采用公文式写作法，即采用“事由＋文体”的格式，如“公众消费意见调查工作计划案”。在这个标题中，“公众消费意见调查”是事由，而“工作计划案”是文体。在绝大多数情况下，公关调查工作方案的标题都采用“×××(调查内容)调查工作计划案”的形式。

2. 正文

正文是公共关系调查工作方案的主体内容，一般包括以下几个方面的内容。

1) 前言

前言主要介绍本次公共关系调查活动的目的和意义，阐述调查活动的应用价值和理论价值，以便于执行人员充分理解公共关系调查活动的重要性。

2) 研究课题

研究课题主要介绍本次公关调查活动的研究内容、课题类型以及需要回答的问题等。

3) 研究范围和分析单位

研究范围和分析单位主要介绍公共关系调查的范围和研究对象。

4) 研究类型

本次公共关系调查活动究竟是综合研究还是专题研究，现状描述性研究还是趋势判断性研究，史料追溯性研究还是用户跟踪性研究，诸如此类的问题，在公共关系调查工作计划方案中应给予明确的说明和介绍。

5) 调查和分析的方式、方法

调查和分析的方式、方法主要介绍本次公共关系调查活动所采用的主体性调查方法、辅助性调查方法及其组合方式；整理分析资料所运用的主要分析方法、次要分析方法及其组合方式；运用调查、分析方法的注意事项。

6) 抽样方案

如何选择样本，这是公关调查工作方案中的重要内容之一。一般而言，公共关系调查多采用抽样调查技术(普查除外)，所以公共关系调查工作方案中就少不了抽样方案的内容。在抽样方案部分，主要介绍本次调查活动的研究总体、调查总体、总体编码方法、抽样具体方法、样本规模、样本代表性的评估方法等，以此确保抽样工作的科学性和准确性。

7) 调查项目和调查表

这是公共关系调查工作方案中的关键部分。在这个部分，主要介绍本次公共关系调查活动的理论假设、项目指标设想以及据此而拟定的调查问卷表或调查提纲。

8) 时间进度安排

时间进度安排主要阐明本次公共关系调查活动的起始、终结时间，收集资料的规定时间，可容许的时间误差幅度等。

9) 经费预算

经费预算主要介绍本次公共关系调查活动所需支出的费用、用途。

10) 调查人员的选择与培训

调查人员素质的高低直接影响公共关系调查工作的质量。因此，在公共关系调查工作方案中，应列出调查人员的聘用标准，以及培训方式和培训要求。在实际工作中，如果课题比较规范、严谨，还可编写《调查人员工作手册》，在《调查人员工作手册》中详尽介绍公共关系调查方法的运用技巧、工作注意事项等，以指导公共关系调查人员的调查工作。

3. *署名*

署名包括两项基本内容，即编制方案的组织或个人名称和工作方案的写作时间。署名有时置于标题之下，有时置于全文的最后。

公共关系调查工作方案作为一种特殊的应用文，其写作要求如下。

(1) 文字的简洁性。公共关系调查工作方案的文字叙述力求简洁、明确，忌华而不实。

(2) 内容表述的真实性。善于应用简洁的文字，表述复杂的计划内容。

(3) 结构的条理性。公共关系调查工作方案实际上是一种工作指南，既要便于调查人员理解工作要点，明确工作任务，又要便于调查人员按照方案的规划开展资料收集工作。因此，在结构安排上尤其强调其条理性。

(4) 计划安排的周密性。在公共关系调查工作方案中，涉及抽样方案、资料收集方案、时间部署安排、培训方案等操作性的内容，所以一定要注意计划的周密、严谨。

3.2.3 实施调查方案

公共关系调查方法是指用来保证公共关系调查目的顺利实现的途径、方式等。公共关系调查方法对于公共关系调查的顺利完成有极其重要的作用。公共关系调查方法是多种多样的，要根据不同的情况选择合适的方法。

1. 常见的公共关系调查方法

1) 观察法

观察法是指调查者在调查现场，根据调查目的和任务对被调查者进行有针对性的直接观察、记录，取得生动感性的信息资料的一种调查方法。观察调查不是直接向调查对象提问访谈，而是凭借调查人员的直观感觉或利用照相机、摄像机、录音机等器材。

进行观察调查必须有明确的调查目的和假设，有针对性地进行；调查人员事先确定观察的内容和空间；调查人员实施现场观察要有系统性，有组织地按照制定的详细观察计划方案进行，对观察到的情况要进行客观的、真实的记录。对于调查人员观察到的现象和结果，必须通过鉴定才能下结论。

调查人员在进行观察法时，应该注意一定的实施技巧。应该尽量不使被调查者察觉，以避免调查对象因发觉调查行动而改变原有的行为、状态，影响真实结果。应该及时记录，尽可能详细记录调查内容和有关事项，无法立即记录的，也应当尽快追记，记录应不夸张、无遗漏，尽量保持观察的原貌。

观察调查是在调查对象没有觉察到自己的行为正在被调查的情况下进行的，从而可以客观收集和记录到现场的信息，取得的资料比较详细、可靠。而且在调查对象不知情的状态下进行，取得的资料不受观察对象能力的限制，不依赖观察对象的合作态度，能够客观反映问题。另外，观察法简便易行，灵活性大。

观察法也有其自身的局限。它不适用于研究大范围、大规模的社会现象，因为大型调查所需人员多，花费时间长，经费开支大。观察的结果主要用来说明一些现象和事实，而难以发现其内在的原因和动机。观察调查受观察者条件、能力的制约，往往会凭借主观的经验和臆测，记录的数据精确度无法检验。有时观察者的存在也可能会影响观察对象的行为，从而影响研究效果。

2) 访谈法

访谈法是调查者与被调查者之间通过面对面口头询问的方式，是向公众了解情况、收集调查资料的方法。访谈前，要事先拟订调查项目的提纲，访谈中要围绕调查议题进行，运用访谈技巧，循循善诱，逐步深入。

(1) 访谈法的类型。访谈法是指调查者依据调查提纲与调查对象直接交谈，搜集语言资料的方法，是一种口头交流式的调查方法。可以分为个人访谈、集体访谈、深度访谈和电话访谈。

个人访谈又可分为结构化访谈和非结构化访谈。结构化访谈是指调查者以事先准备好的标准化问卷，按既定的程序，逐项向被调查者进行询问，以获取资料。问卷是标准化访谈的主要工具。非结构化访谈是指事先不制定统一的问卷和访问程序，仅按照一个粗线条的访问提纲，由访员和被调查者进行自由交谈。

集体访谈法类似于开调查会的形式，由一名或几名访员亲自召集一些人来进行座谈。因此，群体访谈又称为集体座谈会、代表座谈会，由于多人同时作为调查对象参与访谈，应注意调动与会者热情，避免冷场，如公众座谈会。

深度访谈法是一种无结构的、直接的、个人的访谈法，是在访谈过程中，由掌握高级访谈技巧的访员对调查对象进行的面对面、一对一的深入访谈，用以揭示对某一问题的潜在动机、信念、态度和感情。

电话访谈法是访员根据事先选好的样本，通过电话方式向被调查者询问以取得调查资料的一种方法。

(2) 注意事项。在访谈中，访员要保持中立的态度，不要把自己的意见暗示给被调查者，否则会影响资料的真实性；要把握访谈的方向和主题焦点，防止谈话偏离调查主题，影响访谈效率；使用的语言要简明扼要；根据被调查者的特点，灵活掌握问题的提法和口气。

2. 访谈调查的方法与技巧

访谈是调查人员与调查对象面对面交往的过程，双方一言一行都可能会影响调查的结果，要求调查人员掌握访谈调查工作3个阶段的注意事项和技巧。

1) 访谈开始

访谈开始前应该按约定的时间提前到达约定地点等候调查对象。首先介绍自己的单位，出示证明。然后告知此次调查的目的，向他解释是如何选择他作为调查样本的，并赋予他代表意义和重要性，要保证承担保密责任。穿戴要整齐干净，态度和蔼，说话亲切。要使用肯定句式，不使用疑问句。要从调查对象手中操办的事情或关注的利益谈起，逐渐引入正题。

2) 访谈过程中

访谈过程应该由浅入深，从简单问题入手，启发被调查人员充分发表自己的真实看法。尽量保持访谈的活跃气氛，努力控制话题，避免离题太远。要尽量排除无关人员的干扰。对所调查的问题持中立态度，不使用引导性的提示。如果被调查人员答非所问，应该继续追问，对方采取搪塞式的话语，可以采用"激将法"。当调查对象回答不完整时，可以用殷切的目光和期待的表情等着他完成回答，或者用"除上述之外，你认为还有别的原因和理由吗？"等话语追问。整个访谈过程中，要全神贯注，使用合适的谈话方式，包括姿势、语气、表情显示出非常令人感兴趣的样子。随时注意调查对象的情绪变化，捕捉住这种变化的含义。当所提问题不能立即理解或不好记录时，要放慢语速，或者进行必要的复述。倾听回答时，可以用短暂的停留表示对某一答案的重视。对重要问题可以重新提问，或重复对方关于此问题的回答，以示对某一问题的理解，看其是否肯定此说法。尽量当场进行记录，除非迫不得已。

3) 访谈结束

访谈结束调查人员要快速检查记录或问卷，尽快追记上所遗漏的问题。一定要注意对调查对象的积极合作表示感谢，备有纪念品的当场赠送。如果是连续的追踪调查，提醒下次来访的时间。

3. 问卷法

问卷法即问卷调查法，是根据调查目的将所需要调查的问题具体化，设计成问卷的形式，通过调查者发放问卷由调查对象做出回答后，然后经过统计分析，从而获得公众意见和公众行为的一种调查研究方法。

通常问卷分为自填问卷和访问问卷。自填问卷由被调查者自己填答的问卷。访问问卷是由访问员根据被调查者的口头回答来填写的问卷。它们分别应用于问卷调查法和访谈调查法。

当设计调查问卷时，应该注意确定明确的目的，建立前提假设和理论框架。

问卷的设计一般分为封闭式和开放式两种。封闭式问卷在每一问题下列出可供选择的备选答案，请调查对象选择。其形式主要有两项选择、多项选择、对比选择、排序选择、意见程度选择。自由式提问没有备选答案，在问题后面留出空白供调查对象自由作答，充分发表意见。

设计问卷时还需注意：①一张问卷上的问题不宜过多(一般小于 30 个)；②问卷所设计的问题的措辞应该简洁、准确、易懂，不带倾向性、引导性和强迫性，使被调查者自愿回答，这样才能保证问题的准确性；③问题的顺序应按问题的类型、逻辑关系、对象心理合理安排，便于回答；④调查表的题目掌握在 20 分钟能答完的限额以内；⑤问题简单明了，避免使用使人反感或戒备的提法。

问卷调查是有结构的、间接的、书面的调查，这就决定了问卷调查法既有许多突出的优点，又有许多明显的缺点。最大的优点在于其应用的广泛性，适用于各种各样的调查。问卷调查具有匿名性，得到的结果会更客观。而且问卷调查方便运用，成本低。其缺点在于问卷调查问卷的设计是统一的，只适于调查一些比较简单的课题，而很难对复杂问题进行深入的探索和研究。回复率和有效率低，对无回答者的研究比较困难。

4. 文献调查法

文献调查法又称间接调查法，是指利用文献资料收集、考察、分析研究公共关系现象和状态的调查方法。它利用组织内、外部现有的各种文字信息、情报资料、媒体的宣传报道和历史资料，对公共关系现象和状态进行分析研究。具有获取资料比较方便，省时省力经济的优点。可以作为实地调查的重要辅助方法，但各类文献资料不可能都十分齐全，有些也会因为当时撰稿人或记录者的倾向性使文字材料不真实。

文献调查法的主要步骤如下。

(1) 利用资料检索工具，到相关档案馆、图书馆大量搜集与调查课题有关的各类文献资料。

(2) 对获取的各类有价值的资料进行鉴定、筛选、分类。

(3) 摘录资料。将重要的内容抄录和制作卡片，注明标题和出处。

(4) 考证、分析资料。判别资料可靠性和使用价值并复印。

(5) 归纳、总结。将分析研究的问题概括为简明的结论，形成系统的文字报告成果。

5. 抽样调查法

抽样调查是一种科学地从调查总体中选取调查样本的方法。总体是指所要调查对象的全部；样本是指从总体中抽取出来的那一部分。采用抽样调查法进行的调查具有调查期短、调查资料准确可靠、节省调查经费等优点。

常用的抽样方法有简单随机抽样法、分层抽样法、等距抽样法、整群抽样法。

1) 抽样调查的适用范围和优势

(1) 不可能或没必要进行全面调查的公共关系现象。

(2) 可以对全面调查进行检验。

(3) 对同一调查对象在不同时期进行连续不断的调查，可以监测环境和分析发展变化趋势。

(4) 对某种总体的假设进行检验。

(5) 可以节省开支。

2) 抽样调查的一般性实施步骤

(1) 确定调查的总体。总体范围明确才能考虑样本与总体的比例。

(2) 确定样本规模。样本规模就是所要抽取样本应包括的单位数。从一般意义上说，样本比例越大，抽样的误差率就越小。

(3) 抽样。又称取样，从欲研究的全部样品中抽取一部分样品单位。其基本要求是要保证所抽取的样品单位对全部样品具有充分的代表性。抽样的目的是从被抽取样品单位的分析、研究结果来估计和推断全部样品特性，是科学实验、质量检验、社会调查普遍采用的一种经济有效的工作和研究方法。

(4) 评估样本。即检查样本对于总体的代表性如何，要求极限误差小于或等于允许误差。

(5) 实施调查。是指把社会调查从方案、计划、措施付诸实践过程的技能。充分认识社会调查实施技能的重要性，就会提高我们运用社会调查实施方法的自觉性。

6. 民意测验法

民意测验法又称盖洛普法，因 1935 年由 G.盖洛普(G.Gallup)创办该所而得名，是公共关系调查中最主要、应用最广泛的方法。它通过对需要了解的公众或其代表进行问卷调查，集中了解公众对组织的看法和态度的一种方法。包括以下环节：确定调查目的、界定调查对象、拟定问卷、确定访问方式、整理资料、撰写调查报告。

民意调查面对的公众数量比较多、范围比较广，常运用抽样调查的方法确定调查对象。

7. 网络媒介调查法

网络媒介调查法是以互联网为平台，通过点击访问和传递电子邮件等重要手段，沟通组织内、外信息，达到调查目的的方法。所得信息及时、广泛、深入。

3.2.4 处理调查资料

1. 调查资料的预处理

(1) 核实调查资料的真实性，分析资料的可靠程度，以及所得调查资料是否是严格按规定要求收集的。

(2) 确定材料的准确性。

(3) 核实调查材料的完整性，查缺补漏。

(4) 将文字资料、数字资料和音像资料的索引系列化。

2. 调查资料的分析

调查资料全部录入计算机后，对文字资料和数字资料进行综合的分析研究，运用归纳、演绎、综合、逻辑、历史、统计、比较、系统等各种分析方法，揭示调查对象的表面特征、数量特征和本质特征，得出判断性结论。

3. 总结和撰写调查报告

最后阶段的工作是总结评估本次调查，对调查全过程做出说明。包括本次调查目的、方法、迄始日期、主要调查人数、调查表回收情况，对全部资料进行客观分析和结论，特别是对信度和效度做出评估。

3.3 公共关系调查问卷的设计

公共关系调查通常会借助问卷的形式来收集资料。因此，问卷的设计就显得很重要。

3.3.1 问卷的类型及内容设计

1. 问卷的类型设计

1) 封闭式问卷

封闭式问卷是在每一个问题下列出可供选择的备选答案，从中选定一个或数个答案。调查方便、快捷，答案比较规范，易于进行定量分析。从利于数据统计处理的角度，问卷调查多采用此种方式。缺陷是在规定的备选答案范围内被迫回答，难以使调查结果反映其真实想法。

2) 开放式问卷

开放式问卷即自由式问卷，不提供答案，在问题后面留出了供调查对象自由作答的空间，可以充分发表意见，答案比较真实、丰富多彩。有详细回答和简略回答的区别，主要用于深度调查和直接访问。但难做定量统计分析和计算机处理，在样本较多的调查中不宜采用这种设计。

大型调查中，一般以封闭式问卷为主、开放式问卷为辅的方式。

2. 问卷问题的设计

问卷问题也就是问卷的语句，属于问卷设计的核心部分。其设计类型有以下几种。

1) 直接性问题

直接性问题是指被调查者根据问卷语句能够直接回答的题目。所询问的内容是调查对象的基本情况和态度，如“您的职业？”、“您最喜欢的电视节目？”等。直接性问题一般都能得到明确答案，容易做统计分析，但如果调查的问题带有窘迫性成分，则不能直接提问。

2) 间接性问题

间接性问题是不直接询问调查对象的态度和想法，而是让他回答其他人的态度和想法是怎么样的一种提问方式。那些有可能使调查对象产生顾虑，可能不敢或不愿真实表达意见的问题，不能采用直接提问的方式，如“听说股票要回升了，你怎样看？”。间接性提问可以使调查对象感到看法已被提出，自己仅是评价而已，解除了心理顾虑，能自然地把自己的想法、态度、行为等用其他人的口吻表达出来。间接提问比直接提问得到的信息更多、更符合实际。

3) 假设性问题

假设性问题是指通过假设的现象或条件向调查对象提问的一种方式，如“目前有人认为广告宣传手段教条单一，强行灌输，你是如何看待这种提法的？”。

3. 问卷答案的设计

1) 是否式

是否式也称二项选择法，或称是非法。它的答案只有“是”与“否”、“有”与“无”、“可以”与“不可以”等两项。这两个答案是对立的，只能择其一。

2) 选择式

选择式至少要列出两个以上答案，调查对象选择其中的一个或几个适合的答案。

3) 排列式

排列式也称顺位法，或称品等法。要求调查对象，根据自己的实际认识或情况将所提供的答案按其重要程度或时间性等排列先后顺序。

3.3.2 问卷的结构设计

首先，根据调查题目与假设将所涉及问卷的全部资料列出，研究分析哪些数据和资料要通过问卷来获得，了解问卷调查对象的基本特征。其次，确定设计主要原则，如问卷采用的类型、形式。

1. 标题

标题是概括说明调查主题的，要使人一看就明白问卷的主要意图。设计要简明扼要，易于理解。

2. 说明

说明应包括：①调查的目的、意义；②填写问卷的注意事项，有的需要提醒交回问卷的时间、地点等特殊要求。

3. 被调查者的情况

被调查者的情况又称表头，是指调查对象的主要特征，如调查对象的所在地区、性别、年龄、学历、职业、收入等，便于统计分析不同公众类别的构成比例、态度和倾向的差异。

4. 调查内容

写出有关题目与答案，把调查主题变成具体问题，把调查提纲的概念转变为一系列的变量和指标，用指标作为衡量变量的标准和尺度，如性别是变量，男、女的性别则成为指标。并考虑提出的每个问题是否有必要，是否需要编码。

5. 文件编码

编号处理是为了便于审核。编码处理是将问卷中的调查项目变成数字的工作过程，编码的实质是简化代称，以便分类整理和进行计算机处理及统计分析。

6. 问卷实施记录

问卷尾部一般要设计调查作业实施记录栏，用来记录该问卷调查完成的情况，如调查员的姓名或代号、填表时间及有关需要进一步审核、校正、复查的问题。

7. 检查修改阶段

检查是对问卷的全面审视，重点审视问卷的每个具体问题是否有意义，问题是否超范围，是否能分解成几个小题目，问题是否明确，调查对象是否能够理解，问卷的篇幅是否太大，所提出的问题能否使用计算机处理等。一般应组织一次试验性调查，以收集答卷人的反馈意见，完善问卷。

8. 问卷中的问题编排顺序

(1) 先易后难。

(2) 封闭性的问题在前，开放性的问题在后。

(3) 逻辑顺序问题，如类别顺序、时间先后。

9. 问卷的试调查

试调查是一个不可忽略的环节，运用问卷在几十人的小范围内进行试调查。它有两大好处：其一，可以找出问卷中存在的问题；其二，可以测试问卷的信度与效度。确定调查问卷印数，调查问卷该印多少张，可以根据研究对象的多少，回复率、有效率的高低确定。准确数字可以用如下公式计算：

$$调查对象＝研究对象/(回复率×有效率) \tag{3.3}$$

10. 提高问卷回复率

(1) 选择回复率高的主办者或争取高知名度、权威性机构的支持。

(2) 挑选恰当的调查对象。

(3) 课题有吸引力，往往会引起被调查者的兴趣，使其乐于回答。

(4) 要提高问卷设计质量。

(5) 采用回复率较高的形式。

3.3.3 公共关系调查报告的撰写

1. 调查报告的基本要求

(1) 报告语言简洁、有说服力，词汇尽量非专门化，因为阅读报告的人可能并不完全懂得调查人员已熟悉的技术资料，也不一定有耐心阅读烦琐、生涩的报告。

(2) 报告必须以严谨的结构、简洁的体裁将调查过程中各个阶段搜集的全部有关资料汇集在一起，不能遗漏重要的资料。

(3) 调查报告应该对调查活动所要解决的问题提出明确的结论或建议。

(4) 调查报告应该能让读者了解调查过程的全貌。即报告要回答或说明研究为何进行，用什么方法进行研究，得到什么结果。

2. 调查报告的结构

市场调查报告一般包含以下 5 个部分：①序言，介绍研究课题的基本情况；②摘要，概括地说明调查活动所获得的成果；③引言，说明研究进行的背景和目的；④正文，对调查方法、调查过程、调查结果以及所得结论做详细的说明；⑤附录，显示与正文相关的资料，以备参考。

3. 调查报告的撰写

1) 序言

序言部分应该包括扉页和目录或索引。

(1) 扉页。扉页一般只有一页，包括调查报告的题目(标题)、执行该项调查的机构名称、调查项目负责人的姓名及所属机构、注明报告完稿日期。

(2) 目录或索引。目录或索引应当列出报告中各项内容的完整的一览表，但不必过分详细。

2) 摘要

摘要可以说是调查报告极其重要的一部分。它也许是从调查结果得益的读者唯一阅读的部分，所以应当用清楚、简洁而概括的手法，扼要地说明调查的主要结果，详细的论证资料只要在正文中加以阐述即可。

3) 引言

调查报告的引言通常包括研究背景和研究目的两个部分。

(1) 研究背景。研究者要对调查的由来或受委托进行该项调查的原因做出说明。说明时，可能要引用有关的背景资料为依据，分析组织的公共关系和广告活动等方面存在的问题。

(2) 研究目的。研究目的通常是针对研究背景分析所存在的问题提出的。它一般是为了获得某些方面的资料或对某些假设做检验。但不论研究目的为何，研究者都必须对本研究预期获得的结果列出一张清单。

4) 正文

调查报告的正文必须包括研究的全部事实，从研究方法确定直到结论的形成及其论证等一系列步骤都要包括。

报告正文的具体构成虽然可能因研究项目不同而异，但基本上包含 3 个部分：研究方法、调查结果、结论和建议。

(1) 研究方法。在这一部分中，需要加以叙述的内容包括调查地区、调查对象、样本容量、样本的结构、资料采集方法、实施过程及问题处理、访问员介绍、资料处理方法及工具、访问完成情况。

(2) 调查结果。调查结果部分是将调查所得资料报告出来。资料的描述形式通常是表格或图形。在一份调查报告中，仅用图表资料呈现出来还不够，调查人员还必须对图表中数据资料所隐含的趋势、关系或规律加以客观地描述。调查结果有时可与结论合并成一个部分，这要视调查主题的大小而定。

(3) 结论和建议。结论要说明调查结果有什么实际意义。结论的提出方式可用简洁而明晰的语言对研究前所提出的问题作明确的答复，同时简要地引用有关背景资料和调查结果加以解释、论证。

建议则是针对调查获得的结论提出可以采取哪些措施、方案或具体行动步骤。

5) 附录

附录的内容基本上是列入尽可能多的有关资料，用以论证、说明或进一步阐述已经包括在报告正文之内的资料，每个附录都应编号。

本章小结

本章主要介绍了公共关系调查的意义、过程、原则、内容及方法。公共关系调查的内容范围区分为四大方面，即组织基本状况调查、组织公众状况调查、社会环境调查、传播媒介状况调查。通过本章的学习，掌握公共关系调查报告的撰写，为下一步公共关系的策划奠定了基础。

习　题

一、复习题

1. 单项选择题

(1) 电话调查的一个优点是(　　)。

A．速度快、范围广、回答率高　　B．时间充裕，认真考虑，从容作答

C．可以深入探讨，加深印象　　D．信息全面，使用方便

(2) 口头语言交流的一般特点是(　　)。

A．准确性　　B．扩散性　　C．双向性　　D．渗透性

(3) 进行民意测验的主要工具是(　　)。

A．问卷法　　B．抽样　　C．资料分析　　D．实际调查

(4) 高美誉度、低知名度属于公共关系的(　　)状态。

A．最佳　　B．较稳定　　C．不良　　D．恶劣

(5) 为了防止公众产生厌倦和反感情绪，公关人员必须保持信息的(　　)。

A．强度　　B．重复率　　C．对比度　　D．新鲜度

2. 多项选择题

(1) 电视传播信息的优势有(　　)。

A．视听结合，传达效果好　　B．纪实性强，有现场感

C．交互传送，便于沟通　　D．传播迅速，影响面广

(2) 杂志传播信息的弱点有(　　)。

A．内容翔实　　B．出版周期长　　C．声势小　　D．理解能力受限

(3) 以下属于电话形象要素的有(　　)。

A．通话内容：语言、信息等内容

B．举止表现：神态、语气、态度、动作等

C．通话时机：时机不对会影响工作效率、影响双方关系

D．公务性问题

(4) 下列关于语言利益正确的有(　　)。

A．商务交往中应遵循“六不问原则”

B．语言要正规标准

C．商务语言的特点“少说多听”

D．双方初次见面无话可说时，可以“聊天”——谈天气

(5) 组织形象分析的3个环节是(　　)。

A．自我形象分析　　B．实际形象分析

C．历史形象分析　　D．形象差距分析

3. 简答题

(1) 简述公共关系调查的内容与方法。

(2) 公共关系调查的一般过程有哪些？

(3) 简述问卷法的优缺点及注意事项。

(4) 公共关系调查的作用有哪些？

(5) 公共关系调查的原则是什么？

(6) 组织形象调查的内容和评价指标是什么？

(7) 调查报告的基本要求是什么？

(8) 调查报告的结构和内容是什么？

4. 实际操作训练

(1) 请你参考“港湾公寓住户调查表”，制作一份对未入住港湾公寓，但是准备购买港湾公寓的居民制作一份问卷调查表。

港湾公寓住户调查表

采访时间：　　　　年　　月　　日

被采访姓名

被访者家庭住址：港湾公寓　楼　单元　号

以下是被采访者的个人情况：

1. 您家中目前有哪些人？

A. 父亲　B. 母亲　C. 儿子　D. 女儿　E. 其他(请注明)

2. 您当初是如何知道港湾公寓的？

A. 朋友　B. 亲戚　C. 报纸广告　D. 电视广告　E. 其他(请注明)

3. 您心目中的海湾公寓与现实的差距有多大？

A. 小　B. 较小　C. 一般　D. 较大　E. 很大

4. 您还有亲朋好友住在港湾公寓吗？

A. 有　B. 没有(如果有，请问他们的地址是港湾公寓　楼　单元　号)

5. 您认为港湾公寓当前的收费合理吗？

A. 很合理　B. 一般　C. 极不合理

6. 您对港湾公寓周围目前的环境满意吗？

A. 很满意　B. 一般　C. 极不满意

7. 您对港湾公寓目前的服务质量满意吗？

A. 很满意　B. 一般　C. 极不满意

8. 您对港湾公寓目前的交通条件满意吗？

A. 很满意　B. 一般　C. 极不满意

9. 您对港湾公寓周围附近的服务设施满意吗？

A. 很满意　B. 一般　C. 极不满意

10. 您认为港湾公寓当前的收费怎样才合理呢？

A. 减少收费次数　B. 减少收费金额

C. 改为银行统一收费　D. 其他(请注明)

11．您认为港湾公寓周围目前的环境怎样才让您满意呢？
A．多种树　　B．多植草坪　　C．建立街心花园
D．增加雕塑　　E．其他(请注明)
12．您认为港湾公寓目前的服务质量怎样才让您满意呢？
A．24 小时服务　　B．上门服务　　C．快速服务　　D．其他(请注明)
13．您认为港湾公寓目前的交通条件怎样才让您满意呢？
A．增加公交专线　　B．增加班车　　C．其他(请注明)
14．您认为港湾公寓周围附近的服务设施怎样才让您满意呢？
A．增加商店　　B．开设 24 小时便利店　　C．其他(请注明)

(2) 在校园中对学生进行专题调研并写出调查报告。

(3) 组织学生去一家公司参与一项公共关系调查活动并写出调查报告。

二、案例应用分析

资料分析见实力

在改革开放初期，我国的大庆油田还是保密项目。日本的石油化工设备公司为了获得在我国大庆炼油厂投标的信息，对我国发表的关于大庆油田的新闻进行了细致的分析。他们通过“铁人”王进喜穿着大皮袄的照片，估计大庆在一个非常寒冷的地区，并大致估计出其纬度。利用我国报刊关于王进喜带领工人，用肩扛手抬的方法将钻井机搬入现场的报道，估计油井离铁路不会太远。根据我国报刊发表的钻塔照片中手柄的样式，计算出油井的口径和流量，并计算出大庆的产量。因此，他们在大庆炼油厂设备招标中提供的设备，最适合大庆炼油厂使用。而同时投标的英、美公司，连大庆在什么地方都还没有搞清楚。

(1) “没有调查就没有发言权”。在公共关系活动中，调查研究是非常重要的一步，决定着公关活动的成败。正是在充分调查和深入研究的基础上，日本才在大庆设备招标时有备而来，并取得了成功。

(2) 资料的收集与积累是长期的、全面的。要制订收集信息的长远计划，对可能与组织产生影响的信息要从一开始就加以注意，且不忽视任何细节。对中国大庆的信息的长期追踪，对中国官方媒介报道细节的把握，是日本人取得成功的基础。

(3) 培养科学的思维方法，提高思维的流畅性，学会全面地观察问题、分析问题和解决问题。承认事物之间的互相联系，透过现象看本质，培养对细节的敏感。

(资料来源：胡秀花．公共关系理论与实务[M]．成都：西南财经大学出版社，2009．)

问题：

分析公共关系调查在实际工作中的意义。

知识链接

北京长城饭店的公共关系调查

北京长城饭店(隶属于喜来登集团)是由国务院批准建立的全国第三家中外合资经营企业，1983 年 12 月试营业。随着改革开放的深入发展，北京新建的大批高档饭店投入营运，饭店业竞争加剧。据长城饭店的销售经理的调查报告统计，目前北京各类饭店的总数已超过游客需求，长城饭店之所以能在激烈的竞争中立于不败之地，成为京城饭店的佼佼者，除了优质的服务和出色的推销工作之外，公共关系调查工作在

塑造饭店形象上发挥了重要作用。长城饭店大量的公共关系工作，尤其是围绕客人服务的日常公共关系工作，首先源于它周密系统的公共关系调查研究。其调查研究工作有以下几方面组成。

1. 当日调查当日分析研究

当日调查当日分析研究包括问卷调查和接待投诉。每天将调查报告放在客房内，调查报告涉及的内容很多，如对服务质量的评价、对服务员态度的评价等。客房经理每天 24 小时轮班在大厅内接待客人反映情况，受理投诉，解答各种问题，帮助客人解决困难。调查表和投诉意见，每天集中收回，由客房部和公关部进行统计整理，其结果当晚交饭店总经理，次日早晨在各部门经理例会上通报情况。调查表和投诉意见整理结果月底集中寄到喜来登集团总部。

2. 当月调查当月分析研究

当月调查当月分析研究包括顾客态度调查和市场调查。顾客态度调查是每天按等距抽样向客人发送喜来登集团在全球统一使用的调查问卷。每日收回，月底集中寄到喜来登集团总部，进行全球性综合分析，并在全球范围内进行季度评比。根据量化分析对全球最好的喜来登饭店和进步最快的饭店给予奖励。市场调查是由前台经理与在京各大饭店的前台经理每月交流一次游客情况，互通情报，共同分析本地区的形势。

3. 综合调查每半年一次

喜来登集团总部每半年召开一次世界范围内的全球旅游情形调研会，其所属的各饭店的销售经理从世界各地带来大量信息，相互交流、研究，使每个饭店都能了解世界旅游形势，站在全球的角度商议经营方针。

（资料来源：龚荒. 公共关系——原理、实务、案例[M]. 北京：清华大学出版社，北京交通大学出版社，2009.）

第 4 章 公共关系策划

教学目标

通过本章学习，了解公共关系策划的含义和类型，明确公共关系策划的编制要求和公共关系策划书的撰写技巧，掌握公共关系策划运作的主要业务操作。

教学要求

知识要点	能力要求	相关知识
对公共关系策划的全面认知	(1) 能够掌握判断公关策划活动成功与否的标准 (2) 能够策划不同类型的公关策划活动	(1) 公共关系策划的含义 (2) 公共关系策划的特征 (3) 公共关系策划的不同类型分类
编制公共关系策划	能够策划阶段做好合理谋划	(1) 公共关系策划编制的组成要素 (2) 公共关系策划应遵循的原则 (3) 公共关系策划应遵循的程序要求
撰写公共关系策划书	能撰写公关策划方案	(1) 公共关系策划书的概念 (2) 公共关系策划书的内容要素 (3) 公共关系策划书的撰写方法
公共关系策划的运作	能将成熟的公关策划方案科学运作	(1) 公共关系项目策划 (2) 公共关系主题策划 (3) 公共关系目标策划 (4) 公共关系时机策划

基本概念

公共关系策划　公共关系策划书　公共关系项目策划　公共关系主题　公共关系目标

导入案例

雨水公司的“雨水真梦”公关策划

“雨水”是重庆一家企业生产的系列女性护肤用品的品牌名称。虽然企业只有短短几年的历史，但发展的速度很快，如今在全国已经有了相当的名气，其产品销售也已覆盖到了国内的大部分省份。随着产品种类的增加，新竞争品牌的不断进入，销售半径的延长，同行的纵深化发展，1997年，“雨水”在杭州市策划了一场“雨水真梦”的公关活动。

策划公关活动执行中最关键的一点是，在活动启动阶段激发目标受众的兴趣，并在整个活动过程中继续保持和强化她们的兴趣，最后在评选“美梦”的阶段达到高潮。由此，本活动的策划可以分成3个阶段：征梦、说梦、圆梦。在策划公关活动过程中，公司穿插“雨水”产品的广告(单独预算)，与活动达成关联，起到呼应效果。

1. 第一阶段：征梦

“嗨，你梦想的树长高了吗?”

梦想是一棵树，女孩心中的红苹果树，

她相信有一天自己会摘下那树上的红苹果，

女孩长大了，树也长高了……

她仍然相信有一天总会摘下那树上的红苹果，

梦想在追逐它的时候最美丽，雨水愿意与你共同追逐一个梦想。

就像那树上的红苹果，我们能摘下它吗？梦想能够变为现实吗？

这是7月28日，《杭州日报·下午版》登出的“雨水真梦”公关活动广告。在这之前，“雨水真梦”首次亮相是7月24日该报“迟桂花”专栏的征文预告。5万份题为《致杭州女孩的一封信》的DM(direct mail advertising，直接邮寄广告)在3日之内飞进杭州的千家万户，同时也出现在商场“雨水”产品的柜台上；而且人们如果留意每封信上的编号，还有中奖的机会。人们明白，只要写下自己一个未了的心愿，于8月31日前寄到“雨水真梦”活动组委会，就会在报纸上看到、在电台里听到那些体现真善美的梦想，就会在电视上看到“雨水”企业出资帮助其中一些幸运的朋友美梦成真。

8月1日起，杭州最热门的电台——西湖之声在中午时段推出由当红主持人秋子主持的“雨水真梦”专栏节目，并开通两条“雨水热线”电话，邀请心理学家、人际关系专家和妇女研究专家开始轮流值班接听，与“雨水真梦”的参加者共话梦想。通过较大规模的宣传，“雨水真梦”活动启动阶段的宣传获得了较好的效果，为后续的工作打好了基础。

2. 第二阶段：说梦

在8～10月两个月的时间里，吸引目标受众的广泛关注和参与显得非常重要。除了“西湖之声”每天中午的“雨水真梦”专栏，《杭州日报》也辟出“雨水真梦”专栏，开始连续刊登“杭州女人的梦想”。从此，杭州的女人们开始了一段“梦”的旅程。“雨水真梦”活动如同打开了这个城市情感的阀门。一个个动人的故事，一段段感人的情怀，一个个美好的心愿，流露出杭州女人的善良和真诚……

8月19日，《杭州日报》和西湖之声电台同时刊播了“雨水真梦”活动公告，向西子湖畔的女人们宣布了第一批“梦想成真”者中的两位。

李刚——以非凡的爱心关怀在重庆已 90 岁高龄的姨母，这里包含一个上一代人从战争年代就开始的离奇经历。8 月 14 日，她登上了飞往重庆的飞机。

朱非白——爱看书的中学小姑娘。没等钱攒齐，心仪已久的百科全书就卖完了。“雨水”几经周折，通过出版社，赠给她这套书。

3. 第三阶段：圆梦

丹桂飘香的金秋时节，“雨水真梦”活动又产生了第二批幸运的朋友：一位多年来一直想扮演宋庆龄的中学教师，一个喜爱演唱越剧向往着能够过一天戏校生活的工厂女工，一个迷恋古筝求师无门的女孩……

10 月 24 日，《杭州日报》刊出“看彩虹”的播出预告，“雨水真梦”活动将在浙江省有线娱乐台 10 月 24 日起播出。于是，这些幸运的朋友，生活中平凡的女人，带着自己的梦想，带着实现梦想的喜悦，相继走上屏幕，出现在杭州人的面前。曾经在电波里为广大听众播讲了一个又一个女人的梦想的西湖之声电台主持人秋子也出现在了“雨水真梦，梦想成真”的电视系列节目中。

“雨水真梦”活动就此结束。

（资料来源：http://www.tianya.cn/publicforum/content/n0100/1/42555.shtml. ）

思考题

上述案例体现哪些公关特点？

“雨水真梦”的策划活动从 4 个方面传达了公共关系目标及意义。

(1) 提高杭州城市中 16～30 岁女性对“雨水真梦”的认知度，并扩大参加活动的人数，加大影响。

(2) 建立和加强“雨水”品牌在目标人群心目中的亲和力，使“雨水”在杭州地区体现广泛而深刻的善意，提高“雨水”的文化附加价值。

(3) 提高其他相关公众对“雨水真梦”的认知度，以使这一活动获得更广泛的知名度、美誉度和可信度。

(4) 以这次在杭州市区的活动为试点，探索、总结、提炼一套模式，为“雨水”品牌在全国的营销实践提供指导和借鉴。

该案例给出的启示是，梦想，作为人类精神生活的一种高级形态，寄托着人们对真善美的永无止境的深刻追求，这种追求所蓄积的心理势能，为人们各式各样的行为准备了充分的动机。一切心愿都可以在梦想中纵情奔放，任何缺憾都能够在梦想中得到弥补。作为对现实生活的超越，梦想具有拨动人们心弦，尤其是拨动女人心弦的巨大能量。“雨水真梦”给都市的女人一个做梦、谈梦，特别是实现梦想的机会和田地，这将是一件启动女人心底闸门的事情，只要时间精力合适，女人们没有理由不关心这件会使自己受益的事。雨水公司的公关策划活动在实现女人梦想的同时，获得了巨大的经济效益。雨水公司的这次活动设计科学，安排合理，组织到位，是一次成功的公关策划与运作。

4.1 公关关系策划概述

公关策划是对各类公关活动的谋划、运筹和韬略，是一切公关活动的先导和核心，是高层次的公关工作。公关策划是对公关目标、公关计划、公关运作、公关效果、公关评估的整体把握。公关策划是公共关系学的重要组成部门，对公关策划的专门研究是公共关系学不断深化的必然结果。

4.1.1 公共关系策划的内涵

1. 策划的界定

策划一词最早出现在《后汉书·隗嚣传》中，“是以功名终申，策画复得”之句。其中“画”与“划”相通替代，“策画”即“策划”，意思是计划、打算。辞海中的释义为“计划”、“打算”；现代汉语词典中的释义是“筹划、谋划”。“策划”具体指什么，目前学术界没有形成统一的认知与共识。

日本策划家和田创认为，策划是通过实践活动获取更加效果的智慧，策划是一种智慧创造活动。

美国《哈佛企业管理丛书》中指出，策划是一种程序，“在本质上是一种运用脑力的理性行为”。

中国学者陈放在《策划学》中指出，所谓策划的全部含义为“如何在全面谋略上指导作者去圆满地实施对策、计策或计谋，从而达到办事的目的”。

本书对策划的定义：所谓策划，是指在人类社会活动中，人们为了谋取达成某种目标或某项事业的成功而先发的设想及其创造思维过程，是确保实现决策、计划而进行的有科学程序的谋划、构思和设计过程。

2. 公共关系策划的含义

公共关系策划是公共关系与策划两个词含义的组合，是策划概念在公共关系领域中的外延、续伸而形成的新定义。所谓公共关系策划，是指在社会环境及其公众分析的基础上，策订公共关系目标并为公共关系决策和公共关系计划创造性的谋划、构想、设计策划方案，是确保公共关系决策和计划的程序化、理智化、效能化而遵循科学策划程序，运用创新策划技法，进行创新思维和创新想象的过程。其内容如下。

1) 以社会环境及其公众分析为基础

不论是组织形象战略的策划，或是年度公共关系计划的策划，还是具体公共关系项目的策划，都要把组织的社会环境及其公众变化分析作为策划运作的前提条件，以便发现组织形象差距，确认组织形象问题，使策划有的放矢，具有针对性。

2) 以策订目标为公共关系策划的首要任务

策划是运用脑力策订目标的过程，任何策划都是以设定目标为起点，然后订出详细内部作业计划以求目标之达成。谋划、构思和确立目标是公共关系策划的第一要务。

3) 以创造性设计、制作公共关系策划方案为核心

目标与方案连贯，遵循科学的策划运作程序，运用创新策划技法，通过创新思维和创新想象而谋划、设计和制作策划方案，确保公共关系决策和计划的程序化、理智化、效能化，使全部公共关系活动沿着达成目标的方向健康运行，是公共关系策划的核心内容。

3. 公共关系策划的特征

1) 智谋性特征

公共关系策划的智谋性是指公共关系策划的本质是运用智谋的理性行为，也是公共关

系策划者的理论造诣、艺术修养、多种智能运筹和创新技能的显现。公共关系策划就是策划者足智多谋的行为过程，也是应用创造学、思维学理论开发创造力的过程。在公共关系策划活动的全过程中，智谋既是它的逻辑起点，又贯穿于策划行为过程的始终。因此，智谋性是公共关系策划的重要特征。

2) 迂回性特征

公共关系策划的迂回性是指在策划运行时表面上走迂回曲折之路，而实际却能更直接、更迅速、更有效地达成策划目标。在公共关系策划活动中，为了实现策划目标，近路不行迂回走，山路不通走水路，做某些变通和超越，是一种把长远和当前有机结合的高明手段。“知迂直之计”是一个重要的策划思想，那种急功近利而欲速则不达的教训必须吸取。

3) 时机性特征

公共关系策划的时机性是指抓住策划对象变化中的机遇和它在特定时间内最关心的话题。公共关系策划既要讲求时机，又要讲求速度，而且速度要服从时机。凡是成功的公共关系策划都是抓住了时机。这就要求公共关系策划者反应灵敏，善于挖掘有效时间内策划对象最关心的热门话题，因时而策，对于不同类型的策划对象因时而异，果敢策划，这是策划者建功立业的基本功。

4) 情感性特征

公共关系策划的情感性是指策划以公众为导向，为策划对象服务的人情味和吸引力。在组织形象竞争中，由于公共关系策划对象处于不同地域，其风俗文化、民族传统、消费习惯等也截然不同，这就必须以公众为导向，在策划对象利益的实现中谋求组织目标的达成。从而增强人情味，引起公众对象的兴趣和注意力，使其乐于接受。

应用案例 4-1

小店公关

民国初年，四川成都有一家新开张的茶馆，兼营酒菜饭食，虽然酒菜质量和服务均属上乘，但因知之者甚少，生意十分冷清。为了改变这种局面，老板特意请了当地一位十分有名的秀才为小店写了一副对联：“为名忙，为利忙，忙里偷闲，且饮一杯茶去！劳心苦，劳力苦，苦中作乐，再添二两酒来。”他将对联挂在店门两侧。这副对联以超脱、调侃的口吻讽喻人生，同时又点明了茶馆的经营内容，吸引了很多当地人前来观看，在品味琢磨之后，不由地踱进店来品茶饮酒。从此店主的生意日益红火，这家茶馆也成为当地人最喜欢光顾的场所。

(资料来源：居延安．公共关系学[M]．4版．上海：复旦大学出版社，2008．)

从现代公共关系学的角度分析，这家店主运用的就是公关策划，小店的劣势在于“知之者甚少”，解决问题的关键就在于提高知名度。为达到这一目标，店主采用了“名人效应”的策略，具体的操作手段是一副别具一格的对联，最终生意冷清的局面得以扭转。这说明，公关策划作为一种观念，早已影响着人们的行为，并在商业活动中自觉或不自觉地广泛运用着。

4.1.2 公共关系策划的类型

对公共关系策划进行分类，可依据不同的标准、从不同的角度把具有某种共同特征的公共关系策划划分为不同类型。这里主要介绍几种较为实用的公共关系策划类型。

1. 按公共关系策划的层次分类

按公共关系策划的层次可将公共关系策划分为以下3类。

1) 组织形象战略策划

组织形象战略策划又称组织公共关系总体创新策划，是指确定组织整体形象的发展方向并且具有全局性、长期性的重大安排。组织形象战略策划对于能否实现组织总体发展战略目标具有保证性的作用，并指导和制约年度公共关系计划策划。

2) 组织公共关系计划策划

组织公共关系计划策划是指为实现既定的组织形象战略目标带有局部性、短期性(主要是年度)的策划。它既是实现组织形象战略策划短期安排的策划，又是制约和指导专项公共关系活动的策划。

3) 组织公共关系活动策划

组织公共关系活动策划是指为实现组织形象战略目标和年度公共关系计划目标在实施过程中的一系列具体的策划。它既是实现组织形象战略策划的基础和手段，又是具体公共关系活动健康化、效能化、科学化的前提和保证。

2. 按公共关系策划的主体分类

按公共关系策划的主体划分，可分为企业公共关系策划、政府公共关系策划、军队公共关系策划、事业公共关系策划、社团公共关系策划等若干类型。因为各类社会组织的性质、任务、职能不同，以及其形象创新目标和公众对象的不同，所以在公共关系策划中就各有其侧重点和特殊性。这就要求策划人员遵循科学策划程序，在进行公共关系策划运作时，必须立足于本组织总体发展战略的现实，塑造各有特色的组织形象，从而制定有别于其他社会组织的总体形象战略策划方案、年度公共关系计划策划方案和具体公共关系活动策划方案。

3. 按公共关系策划的形成过程分类

按公共关系策划的形成过程可将公共关系策划分为以下3类。

1) 公共关系过程策划

公共关系过程策划是指遵循策划运作的科学程序并贯穿于全过程始终的策划。它是依据科学策划的理论、程序、方法、手段进行的全程策划，成为组织形象战略策划、年度公共关系计划策划和重大、复杂公关活动策划所必用的类型。

2) 公共关系操作策划

公共关系操作策划是一种公共关系过程策划中的阶段性策划，如制造新闻的策划、选用媒介的策划、公共关系广告的策划和自办媒介策划等。它所要解决的问题是全过程策划中不同阶段和不同环节中的问题，并为公共关系过程策划服务。

3) 公共关系随机策划

公共关系随机策划是指随着环境变化而萌发或产生机遇时，要当机策划对策，使机遇为我所用并获时效。随机策划要受公共关系过程策划和操作策划的制约并为其服务，但它主要靠个人的知识、才能、智谋和经验，一般多用于简单问题的策划。

4. 按组织形象创新程度分类

按公共关系策划的创新程度可将公关策划分为以下3类。

1) 全新组织形象开发策划

全新组织形象开发策划是指新组建的各种社会组织为塑造全新的组织形象或传播其产品和服务的独特长处或优势，所开展的组织形象战略策划、年度公共关系计划策划和具体公关活动策划。

2) 原有组织形象更新策划

原有组织形象更新策划是指原有社会组织在改革、转制或社会环境及其公众变化中，原有组织形象制约或妨碍组织的新发展，为了开拓前进，要更新或重新塑造全新的组织形象，而展开的组织形象战略策划、公共关系计划策划和具体公共关系活动策划。

3) 组织形象危机策划

组织形象危机策划是指组织出现自身事故、外部事故和不可控事故，使组织形象遭到严重损害时，为了及时挽回良好形象，或重新塑造组织形象，所展开的公共关系活动策划。

4.1.3 公共关系策划的编制要求

公共关系是塑造组织良好形象的艺术，而公共关系策划则是组织适应市场经济的发展，提高组织核心竞争力的根本保证，是组织形象的“设计师”。通过公共关系策划来确定组织形象的战略目标，制定组织形象的发展战略，通过策划和实施公共关系活动，逐步实现组织的形象战略目标，提升组织的知名度和美誉度，提升组织形象的竞争力。然而，公共关系策划目标的实现，必须遵守一定的客观规律和要求。

1. 公共关系策划的组成要素要求

1) 目标要素要求

确切地说，公共关系策划目标是公共关系策划活动所要达到的理想境界和标准。它是以社会组织的发展总目标为依据，以目标公众、社会环境和组织自身状况为条件而提出策划的最高要求，对策划活动具有引导、约束和促进作用。

2) 方向要素要求

方向是指公共关系策划的目标指标。公共关系策划目标为策划活动提供了最终的标准。为保证策划活动的方向自始至终指向最终标准，必须以公共关系策划目标为基准方位，建立起一系列的指标。这个指标体系对策划活动的方向起着规定、指导和制约的作用。

3) 态势要素

态势是指公共关系策划活动在形态和趋势方面的要求，主要包括真实、可行和应变 3 个方面。公共关系策划是一个动态的发展过程，对保证这一发展过程顺利完成的措施、步骤、进度等必须有相应的要求，才能有效地控制和调节发展过程，使之有序地达到预期的目标。

4) 环境要素

环境是指公共关系策划活动的时间、空间、范围、条件等。公共关系策划必须根据各种社会条件来设计方案，又必须在社会环境中实施方案，要受到各种环境因素的制约和影响。因此，环境因素也就成为公共关系策划原则的构成要素。

上述 4 种要素相互联系、相互作用、共同构成了公共关系策划原则。

2. 公共关系策划应遵守的原则要求

1) 公众导向原则

公众导向原则是指公共关系策划要以公众利益为出发点和归宿。在处理组织与公众利益关系时，要以满足公众的利益需求为依据，在维护公众利益的前提下，再考虑兼顾组织的自身利益，使组织与公众协调发展。在当今市场经济条件下，公众处于市场的主导地位，拥有选择商品和组织(企业)的权利，组织只有优先满足公众的利益需求，才能有效地协调好双方的利益关系，真正赢得公众的信任和支持，促进组织的发展。

2) 创新求异原则

创新求异原则是指策划者要敢于大胆创新，求奇求特，以新、奇、特的公共关系活动来吸引公众，争取他们的参与和合作，以增强组织的竞争能力和发展。创新求异是公共关系策划的一大特征。喜新求异是公众的基本心理需求，所以公共关系策划必须有标新立异的创意，以新颖奇特的主题、内容和活动方式，唤起公众的注意，引起他们的兴趣，调动他们参与和合作的热情。

3) 切实可行原则

切实可行原则是指公共关系策划要切合实际，根据组织内部条件和外部环境的实际情况来策划公共关系方案。策划的目标和方案必须具有可行性，能有效地开展公共关系活动，取得实际成效。公共关系活动具有明显的功利性，任何公共关系策划总是为了发现问题，分析问题，解决问题，没有切实可行的公共关系策划，不管多么高明，都是没有任何价值和意义可言的。因此，切实可行原则是公共关系策划有效性的前提。

4) 综合效益原则

综合效益原则是指公共关系策划要尽量减少投入，争取最佳的公共关系活动成效，提高社会组织的形象效益、经济效益、社会效益、近期效益和长期效益等。形象效益体现了公共关系树立良好组织形象的宗旨，它是公共关系活动取得的最直接的效益，能间接带来其他效益；在经济效益与社会效益关系中，着眼于社会效益；在近期效益与长期效益关系中，偏重于长期效益。在各种效益关系中，虽有中心和侧重点，但彼此相互依存、相互作用，形成一个有机的整体，不能割裂，而应统筹兼顾、整体把握。

3．公共关系策划应遵守的程序要求

1) 收集公关信息

在公共关系策划中，主要收集的信息包括政府决策信息、新闻媒介信息、立法信息、产品形象信息、竞争对手信息、消费者信息、市场信息、企业形象信息和销售渠道信息等。对所收集的信息要经过整理、加工、分析、提炼等过程，最后归档，进行科学分类储存。

2) 策划公关目标

公共关系的总体目标是树立组织良好的形象。它具有四大要素：①传播信息，这是最基本的公关目标；②联络感情，这是公关工作的长期目标；③改变态度，这是公关实践中所追求的主要目标；④引起行为，这是公共关系的最高目标。

3) 公共关系对象策划

确定与组织有关的公众是公共关系策划的基本任务，否则就不能有效地开展公关工作。一般来说，公共关系对象策划有以下几个步骤。首先，要鉴别公众的权利要求，公共关系在本质上是一种互利关系。一个成功的计划必须考虑到互利的要求，要做到这一点，就必须明确公众的权利要求。其次，对公众对象的各种权利要求进行概括和分析，先找出各类公众权利要求中的共同点和共性问题，把满足各类公众的共同权利要求作为设计组织总体形象的基础。进行概括和分析时，应注意不要简单地按照公众的规律地位或表面一致性来考察，而应从各种公共关系的意图、权利要求、观察和行为的一致性等方面来加以考察。

4) 公共关系策略策划

公共关系策略是公共关系策划者在公共关系活动过程中，为实现组织的公共关系目标所采取的对策和应用的方式方法与特殊手段。

5) 公共关系时机策划

“机不可失，失不再来”，时机对一个公共关系策划人员来说，可以说是命运之神。抓住机遇，及时公关，可起到事半功倍的效果。

6) 公共关系决策与公共关系效果评估

公共关系决策就是对公共关系活动方案进行优化、论证和决断。方案的优化可以从 3 个方面考虑：增强方案的目的性、增加方案的可行性、降低耗费。方案优化方法有重点法、轮变法、反向增益法、优点综合法等。

4.1.4 公共关系策划书的撰写

1. 公共关系策划书的概念

公共关系策划书又称公共关系策划方案、公共关系策划文案，是策划全过程最终形成的文件，是公共关系工作方案实施过程的指导性蓝图。公共关系策划书必须经过公共关系主体领导审核和批准，有时还应向有关政府部门申报。其目的是使公共关系目标与组织总体目标相一致，使公共关系活动与组织其他部门的工作相互协调、相互配合并获得合法性，否则无法推行。公共关系策划书是公共关系活动方案的规范载体，撰写公共关系策划书是公共关系人员的必备技能之一。同时如果策划者是一个社会组织委托提供策划服务的主体，那么策划书便成为这一智力劳动的载体，并被看作商品而出售给委托方。总之，策划书是现代社会极富生命力的应用文体。

2. 公共关系策划书的内容要素

公共关系策划书没有固定的格式，但无论策划书的形式、内容有怎样的差别，理应包含的要素都不可或缺。一份完整的公共关系策划书应当具备 5W、2H、1E，即

Why(为什么)——策划的缘由；

Who(谁)——策划者、策划方案针对的公众；

What(什么)——策划的目的、内容；

Where(何处)——方案实施地点；

When(何时)——方案实施时机；

How(如何)——方案实施形式；

How much(多少)——活动经费预算；

Effect(效果)——活动实施效果预测。

上述 8 个要素就是一份完整的公共关系策划书应当具备的基本骨架。针对不同组织、不同内容与形式的公共关系策划书，应当围绕这 8 个要素，根据自己的需要进行丰富完善和组合搭配。公共关系策划书的创造性与个性风格，就存在于对要素的丰富完善和组合搭配的差异之中。

3. 公共关系策划书的撰写方法

公共关系策划书一般可分为3个部分：标题、署名及成文日期，正文，附件。

1) 标题、署名及成文日期

(1) 策划书的标题。策划书的标题必须具体清楚，让人一目了然。策划书标题字号稍大于正文，居中排列。其表现形式有3种。

① 公关主体＋事由＋文种。由组织聘请的公关顾问、公关公司策划公共关系策划书，其策划书一般用这种形式的标题，如“东方商厦第十届香水文化节策划书”、“实桥公司开业庆典策划书”、“巨能钙公司消除‘双氧水事件’影响的策划书”。

② 事由＋文种。由组织内设公关机构策划公共关系策划书，其策划书一般用这种形式的标题，如“爱美奖学金计划10周年纪念活动策划书”、“心理健康知识宣传活动策划书”。

③ 主标题＋副标题。主标题一般是公共关系活动的主题，副标题即常用策划书名称，如“感恩生活，关注心理健康——心理健康知识宣传活动策划书”、“节奏狂飙炫音魅影——百事可乐炫音飞车音乐活动计划”。

(2) 策划书署名。策划书署名为策划者单位或个人名称。例如，策划书系群体或组织完成，可署名“××公关公司”、“××公关部”；对其中起主要作用的个人，也可在单位名称之后署名，如“总策划×××”、“策划总监×××”。策划书如系个人完成，则直接署名“策划人×××”。

(3) 策划书成文日期及其他。

① 成文日期。在署名下面注明策划书完成的具体日期，一般加括号，如“(2008年11月18日)”。

② 编号。对策划书进行编号，便于存档和查找，如根据策划书顺序编号、根据策划书的重要程度或保密程度编号、根据策划书管理的分类编号等。编号标示一般位于策划书标题右上角。

③ 版记。如策划书尚属草稿或初稿，还应在标题下括号注明，写上“草稿”、“讨论稿”、“征求意见稿”等字样。如果前有“草稿”，决策拍板后的策划书就应注明“修订稿”、“实施稿”、“执行稿”等字样。

2) 正文

策划书正文可分为活动背景，活动目的、意义和目标，资源需要，活动开展，经费预算，活动中应注意的问题和细节，活动负责人及参与者等部分。

(1) 活动背景。这部分内容应根据策划书的特点在以下项目中选取内容重点阐述，具体项目有基本情况简介、主要执行对象、近期状况、组织部门、活动开展原因、社会影响以及相关目的动机。还应说明问题的环境特征，主要考虑环境的内在优势(strength)、弱点(weekness)、机会(opportunity)及威胁(threat)等因素，对其做好SWOT分析，将内容重点放在环境分析的各项因素上，对过去现在的情况进行详细的描述，并通过对情况的预测制订计划。如环境不明，则应该通过调查研究等方式进行分析加以补充。

(2) 活动目的、意义和目标。活动的目的、意义应用简洁明了的语言将目的要点表述清楚。在陈述目的要点时，该活动的核心构成或策划的独到之处及由此产生的意义(经济效益、社会利益、媒体效应等)都应该明确写出。活动目标要具体化，并需要满足重要性、可行性、时效性等要求。

(3) 资源需要。列出所需的人力资源、物力资源，包括使用的地方，如场地都应详细列出。可以列为已有资源和需要资源两部分。

(4) 活动开展。作为策划书的正文部分，表现方式要简洁明了，使人容易理解，但表述方面要力求详尽，写出每一点能设想到的东西，没有遗漏。在此部分中，不仅仅局限于文字表述，也可适当加入统计图表等。对策划的各工作项目，应按照时间的先后顺序排列，绘制实施时间表有助于方案核查。人员的组织配置、活动对象、相应权责及时间地点也应在这部分加以说明，执行的应变程序也应该在这部分加以考虑。另外，还要考虑一些具体工作和细节问题，如会场布置、接待室、嘉宾座次、赞助方式、合同协议、媒体支持、校园宣传、广告制作、主持、领导讲话、司仪、会场服务、电子背景、灯光、音响、摄像、信息联络、技术支持、秩序维持、衣着、指挥中心、现场气氛调节、接送车辆、活动后清理人员、合影、餐饮招待、后续联络等。

(5) 经费预算。活动的各项费用在根据实际情况进行具体、周密的计算后，用清晰明了的形式列出。

(6) 活动中应注意的问题及细节。内外环境的变化不可避免地会给方案的执行带来一些不确定性因素。因此，当环境变化时是否有应变措施、损失的概率是多少、造成的损失多大、应急措施等也应在策划中加以说明。

(7) 活动负责人及主要参与者。要注明组织者、参与者姓名、嘉宾、单位(如果是小组策划应注明小组名称、负责人)。

3) 附件

这部分内容不一定每份策划书都需要，应根据具体情况而定。重要的附件通常有以下几种。

(1) 活动筹备工作日程推进表。

(2) 有关人员职责分配表。

(3) 经费开支预算明细表。

(4) 活动所需物品一览表。

(5) 场地使用安排表。

(6) 相关资料。

(7) 注意事项等。

应用案例 4-2

惠普公司的中国之道

1. 项目背景

1999 年 4 月底，中国惠普有限公司宣布，惠普公司董事长、总裁兼首席执行官路·普莱特(Lew Platt)先生将于 5 月 25 日～27 日访问中国。

自路·普莱特先生 1992 年出任公司董事长、总裁兼首席执行官以来，惠普的营业收入年复一年地迅速增长，从 1992 年的 132 亿美元飙升至 1998 年的 471 亿美元。路·普莱特先生以稳健的作风著称，他积极支持并推行惠普公司创业者总结出来的经营管理理念即“惠普之道”，把它应用到日常的管理之中。能把惠普公司想要传达的信息(包括对中国市场的长期承诺、正在酝酿的惠普公司重组计划以及接班人问题等)全部传播出去。经过认真接触与商谈，国家经贸委培训司决定在青岛举办一次讲座，邀请美国惠普公司路•普莱特先生与海尔集团总裁张瑞敏先生作为主讲人。

2. 项目调查

经过周密认真的调查，爱德曼国际公关公司有了以下几点重要发现。

(1) 惠普公司迫切希望通过这次青岛论坛会的活动，宣传其被业界广为推崇的经营管理思想，即“惠普之道”。惠普公司创始人之一比尔•休利特(Bill Hewlett)在谈到何谓“惠普之道”时说，“惠普之道”是由一种信念而衍生出来的政策和行动，这种信念是“相信任何人都在工作中追求完美与创造性，只要赋予他们适宜的环境，他们一定能成功”。

(2) 国家经贸委对这次青岛论坛会的活动非常重视，他们希望通过这类活动，增进中外企业界之间的交流与合作。

(3) 海尔集团对这次青岛论坛会的活动存在某些疑虑。

爱德曼国际公关公司在设计公关目标与策略时，也认真考虑到了下列4个因素：①惠普公司在世界高科技领域的领导地位；②惠普为中国信息化建设所做的巨大贡献；③惠普与中国政府长期的、独特的良好合作关系；④作为惠普公司董事长、总裁兼首席执行官的路·普莱特先生在世界高科技领域的崇高威望。

3. 项目策划

在对“青岛管理论坛会”项目进行总体策划时，爱德曼国际公关公司将整个活动分为两部分：第一部分为“青岛管理论坛”会现场；第二部分为后期中央电视台专题系列节目的报道制作及其他媒体的报道跟踪。

爱德曼国际公关公司及时调整了这次青岛论坛会活动的目标。

(1) 侧重宣传惠普公司自中国对外开放以来一贯坚持的扎根中国的长期战略。这进一步表明惠普公司对中国的信心，重申惠普公司对中国合作伙伴的长期承诺。

(2) 树立惠普全球以及中国惠普公司的权威形象。为最大限度发挥公关效应，爱德曼国际公关公司确立了如下传播策略：①增强惠普公司全球以及中国惠普公司的传播基础；②有效借助国家经贸委的影响，加强惠普国际性公司的积极形象；③通过与国内知名大企业的交流，传播惠普公司的管理思想及理念；④运用多样化的公关手段，最大限度地增强惠普在市场上“声音”力度。

为最大限度发挥公关效应，爱德曼国际公关公司分别在IT、综合及行业类媒体、全国性和地方媒体中进行挑选。爱德曼国际公关公司选择媒体的标准：①保证此次活动的报道覆盖范围，从而最大限度地发挥此次活动的公关效应；②全面宣传本次活动的新闻要点；③重要媒体能对此次活动进行深入报道。

4. 项目实施

项目实施的主要内容包括：①与青岛香格里拉酒店的协调；②与国家经贸委培训司的协调；③与展览设计公司及其他供应商的协调；④与青岛电视台的协调活动；⑤与青岛培训中心联系安排事宜。

与中央电视台的合作是确保青岛论坛会成功的关键之一。从确定与中央电视台合作开始，爱德曼国际公关公司就着手进行大量的前期准备工作，并与论坛会主持人、编导及《经济半小时》栏目制片人进行广泛的接触与交流，并代表惠普公司就论坛会主题的确定、资料的收集、初稿的拟订、主持人向惠普与海尔总裁所要提的问题等内容，与他们进行认真的沟通。

为给中央电视台方面提供更全面、翔实的背景资料，爱德曼国际公关公司派人前往北京大学，采访光华管理学院曾亲自带队到海尔集团进行为期一个月的实地考察的教授及光华管理学院副院长等，倾听他们对海尔集团的研究成果以及对青岛论坛会选题方面的意见。

爱德曼国际公关公司起草了一个与以前风格完全不同的、非常“煽情”的媒体邀请函，以吸引媒体的好奇心与注意力。

5. 项目评估

中国惠普有限公司对青岛论坛活动的圆满成功非常满意。他们将惠普与海尔两位老总的对话节目作为改版重头戏。很多公关界同行对这次活动的创意以及成功举办给予了高度评价。惠普公司总裁访华公关的成功主要归功于公关公司工作的细致与周全。

(1) 本案例中，公关公司的细致、周全之处首先体现在与客户之间的良好沟通之上。

(2) 细致、周全的另一方面体现在相关信息、资料收集和研究上。而这些信息、资料的收集和研究贯穿于调研、策划与实施的各个阶段。

(3) 由于作为公关活动核心的论坛不是单独组织，因此，就涉及了多方关系的协调，而公关公司细致、周全的工作同样体现在了这一点上，如处理好同国家经贸委培训司的关系，消除了合作者海尔集团顾虑等。

(4) 公共关系工作需要好的思想、好的策划，但再好的策划也需要细致、周密的执行来保证，因为一个环节出现问题往往会影响整个效果。

(资料来源：wenku.baidu.com/view/90dc994fe518964bc.44.html.)

4.2 公共关系策划的运作

公共关系策划的运作是将完善的公关策划的构思和谋划转变为现实，保证实现公共关系目标、服务于组织目标的过程。

4.2.1 公共关系项目策划

公共关系活动项目是指围绕公共关系目标在不同时期开展的各种形式的具体活动。

1. 确定公共关系由头

公共关系由头是指一项公共关系活动得以开展的价值和依据。设计公共关系活动项目时，首先要考虑是否具备公共关系由头。没有公共关系由头的活动项目，不仅不可能取得良好的公关效果，反而会招致公众的反感。公共关系由头一般包括 3 个要素。

1) 符合公众利益

公共关系活动项目必须能为公众提供信息、知识、服务等。

2) 符合组织利益

公共关系活动项目必须与公共关系主体的工作性质有联系，或与公共关系主体的总体目标相一致。

3) 具有新闻价值

公共关系活动项目必须是具有新闻性、公益性的事件，能够得到新闻媒介的关注和报道。

实质性的公关由头就是公众利益、组织利益和新闻价值的交汇点。寻找理想的交汇点是困难的，这就要求公关策划者反应灵敏，善于挖掘有效时间内公众最关心的话题和机遇。寻找公关由头是公共关系策划者建功立业的基本功。

2. 选择公共关系时机

《兵经百篇·速字》说：“难得者时也，易失者机也。”意思是说，难以得到的是时间，容易失去的是机会。军事竞争要讲究时机，公共关系项目策划也要讲究时机。时机稍纵即逝，公共关系项目策划中不迅速看准和抓住时机，事后即使花数倍的精力和金钱，也无法收到时机之效。

3. 确定活动项目模式

公共关系活动的开展，可以采用多种方法和技巧。公共关系人员应根据本组织公共关系活动的特点，对公共关系活动中将采用的方法和技巧进行正确的选择。只有这样，才能使公共关系活动收到事半功倍的效果。

国内外的公共关系专家对各类社会组织开展的公共关系活动进行分析和研究后，归纳出许多种公共关系工作方法系统，即公共关系活动模式，分为战略性和战术性模式。这些模式为公共关系人员提供了可供选择的各类方法，对公共关系活动的开展具有指导意义。但是，任何模式的选用都应充分考虑组织的具体特点，决不能生搬硬套，而是应根据组织的特点、组织发展的特定要求、社会环境所提供的具体条件以及公众的不同类型和不同要求，创造性地选用不同的模式，或在原有模式基础上创造出更有效的公共关系工作方法。

4. 设计公共关系活动项目应注意的问题

(1) 针对性。公共关系活动项目要符合组织的性质和特点，要针对公共关系目标和目标公众对象。

(2) 可行性。公共关系活动项目要考虑到组织的需要与可能，以最小的投入获得最大的效益。

(3) 适应性。公共关系活动项目要考虑到执行过程中可能会出现的异常情况，使之具有一定的弹性和适应性，避免出现不良后果。

(4) 合理性。公共关系活动项目要注意适当分配各项目的活动时间，使之弛张有度。

(5) 连续性。公共关系活动项目要注意保持各项目的连续性，以利于积累成果，使每一个项目都成为表现、烘托主题的有用要素。

(6) 吸引力。公共关系活动项目要具有特色和竞争性，能充分吸引公众的注意力，引起公众的兴趣，给公众留下深刻的印象。

公共关系活动项目设计完成之后，公共关系策划人员还要按照活动开展的时间顺序和活动内容的内在联系，对公共关系活动项目进行合理的编排。

应用案例 4-3

红楼梦酒厂的公共关系策划

1990 年 9 月亚运会开幕前夕，四川宜宾红楼梦酒厂的一位公关人员奉厂长之命，专程从四川赶到北京中华国产精品推展会，代表红楼梦酒厂准备向亚运会赠酒，以提高企业的知名度。当时不少人笑话红楼梦酒厂这个四川深山里的“老熊”不知“盼盼”的身价，拿 500 盒名不见经传的老酒也想到北京闯世界，真是不自量力。确实，在亚运会开幕前，全国有好几百家享有盛誉的酒厂都向亚运会送过酒，这同一课题、同一方式的做法早已没有一点新闻价值。红楼梦酒厂的公共关系人员能不能别出心裁，在相同中找出不同，把旧闻变成新闻呢？

公共关系人员想到了新闻界，请一位记者帮助他策划送酒方案。记者通过几天的调查了解，最后决定把 500 盒酒送给中国体育代表团，为什么会有这个决定呢？这是因为国内外的捐赠者都是把礼品送给亚运会组委会，不知道还可以把少量的礼品送给中国体育代表团，所以这地方一直是个“空当”和“冷门”。

决策定下来之后，他们立即与中国体育代表团联系，代表团秘书处很快回答：“同意”。第二个问题又来了，用什么仪式、以什么名义赠送？有关人员聚在一起，集思广益，最后决定用“壮行酒”的名义送，并编出诗一首："健儿逞英豪，威名振体坛，三杯壮行酒，谈笑凯歌还"。既叫壮行酒，就要有壮行的味道，一要有掷地有声的壮行诗，二要有红绫缠裹的壮行酒；三要有接壮行酒的壮士，经过反复斟酌，壮行诗为8句话32个字的顺口溜："亚运雄风，京华金秋，群英竞技，云集神州，亿万父老，盼树国威，赠酒千斛，以壮风流。"并请一位名书法家用秀丽的狂草书写，并且用金匾装了起来。赠酒仪式选在国际饭店二楼会议厅举行，由于记者出面相邀，各新闻单位与记者竞相到会，主席台前陈列着500盒用红绫缠裹的壮行酒，金匾由两位姑娘抬着，会议开得热烈而隆重。当宜宾红楼梦酒厂厂长杨治国宣读匾上的赠词，10个比赛队一字排开，上台领取壮行酒时，会场响起经久不息的掌声。刘吉同志把盖有中国体育代表团大印的荣誉证书赠给杨厂长，并说："我们将把壮行匾挂在亚运村运动员的活动大厅，以鼓士气。"中国体育代表团副团长李孝生还当场赋诗一首，回赠红楼酒厂："喝了壮行酒，精神抖三抖，强国不是梦，金牌喜丰收。"掌声、笑声，会议气氛达到沸点。当天晚上，中央电视台、北京电视台做了报道，中央人民广播电台及《人民日报》等20多家电台和报纸发了消息，新华社还发了通稿。对此十分出色的公共关系活动，杨治国厂长乐得合不拢嘴，衷心感谢中华精品推销会办了件大好事，夸他的公共关系人员找对了合作对象，使红楼梦酒厂这个名不见经传的乡镇企业大大提高了知名度。杨治国厂长以壮行酒作为专利，推出新品种壮行酒，两个月后在石家庄召开的全国糖酒订货会上，红楼梦酒厂的"壮行酒"订货突破3 000万元大关。

（资料来源：万国邦，李荣新．公共关系教程[M]．北京：机械工业出版社，2009．）

红楼梦酒厂的公共关系策划是一次成功的策划。首先它策划了一个很好的项目，确定了既符合酒厂的利益，又符合社会利益，吸引社会公众的公关由头。然后又选择了恰到好处的公关时机，再加上精心的主题设计和精心的运作，极具新闻价值，引起媒介高度的关注和宣传，并最终提高了酒厂的知名度和美誉度，达到了公共关系策划的效果。

4.2.2 公共关系主题策划

主题指公共关系活动中连接所有项目、统领整个活动的思想纽带和思想核心。主题策划是公共关系策划过程中一个极其重要的环节，它引导公众正确理解各项公共关系活动的意义，领悟组织开展公共关系活动的目的。

1. 主题与目标的一致性

公共关系主题的策划是为了更好的凸显公共关系目标。主题与公共关系活动目标必须保持一致，主题必须服务于目标。要以客观条件为依据，主题要鲜明，要相对稳定。

2. 公共关系活动的主题定名

公共关系活动主题表达形式的选择和确定的工作称为主题定名，即公共关系主题词的设计。公共关系主题应当具有通俗易懂、好听好记、中肯诚实、不同凡响、动人心弦、简明扼要、一语中的、个性鲜明等特点。因此，公共关系主题词设计要求：①紧扣主题，紧紧围绕特定的公关目标；②亲切感人，给目标公众以较强的亲和力；③新颖别致，给目标公众以新奇感和新鲜感；④短小精悍，使目标公众易记、易懂。

3. 公共关系活动主题的表现形式

公共关系活动主题的表现形式是多种多样的，它可以是一句鲜明的口号，是一个寓意深刻的警句，也可以是一种简洁的陈述。

(1) 陈述式，如青岛东方明珠美食娱乐城的公关营销活动主题是“助推岛城新闻业”。

(2) 警句式，如上菱冰箱的设计主题是“上菱就是无霜加省电”。

(3) 口号式，如 IBM 的口号是“IBM 就是服务”。

4. 设计公共关系活动主题的要求

公共关系活动主题看似简单，但要设计出真正能吸引公众注意力的主题却并非易事。一个好的活动主题一般要考虑 4 个因素，即公共关系目标、信息特性、公众心理和语言表达。

1) 表现公共关系目标

公共关系活动主题必须与公共关系目标相一致，并能充分表现目标，一句话点出活动的目的。

2) 突出活动信息

公共关系活动主题要用新颖独特、个性鲜明的语言，凸显公共关系活动的信息特性，使之具有强烈的感召力。

3) 符合公众心理，切中公众心愿

公共关系活动主题要适应公众心理需要，既富有激情，又贴切朴素；既奋发向上，又可信可亲；既符合客观实际，又切中公众心愿。

4) 简明扼要，易记易传

公共关系活动主题应力求做到简洁明了、形象生动、亲切感人、新颖别致和语句流畅。如果词句过长、晦涩难懂，不仅不易传播、难以记忆，还可能使人厌烦或产生歧义。

应用案例 4-4

不同申办国和申办城市奥运会的宣传主题

为了争取 2000 年奥运会主办权，1992 年各申办国和申办城市推出的宣传主题都很有特色。

伊斯坦布尔的宣传主题是“让我们相聚在亚欧相汇聚的地方”。主题鲜明、意义非凡，又表现得十分贴切自然，令人心动。

柏林的宣传主题简单、明了、言简意赅——“柏林感谢世界”。

北京申办的主题是“开放的中国盼奥运”。用“开放”作为我们迎接奥运会到来的前提，用一个“盼”字说明了 12 亿人民的热切愿望。

悉尼申办主题是“分享奥运精神”，内涵丰富，寓意深远。

北京申办 2008 年奥运会的宣传主题，根据时代特点发展为“新北京，新奥运”，“绿色奥运，科技奥运，人文奥运”，含意明确，观点鲜明，便于记忆，表现出中国人民对奥运事业一如既往的坚定、自信、豪迈与负责精神，给人们留下了深刻印象。

从以上不同申办国和申办城市推出的宣传主题不难看出，公共关系活动主题要围绕公共关系活动目的，凸显活动信息，更要简明扼要，易记易传，才能达到效果。

(资料来源：http://wenku.baidu.com/view/aada022658fb770bf78a5593.html．)

4.2.3　公共关系目标策划

公共关系目标是指组织通过策划和实施公共关系传播活动所追求和渴望达到的一种状

态或目的，是公共关系全部活动的核心和公关工作努力的方向。整个公共关系实务工作的过程就可以理解为制定公共关系目标和实现目标的过程。

1. 公共关系目标的内容

有了公共关系目标，即可使组织公关人员的工作变无形为有形，变抽象为具体。公共关系目标是一个复合的目标系统，具体内容包括以下方面。

(1) 提高组织知名度、信誉度、美誉度，树立组织形象。

(2) 建立与公众交流的信息通道，保持与公众信息交流的畅通无阻。

(3) 监测社会环境与舆论变化的趋势，根据这种趋势督促、协调组织的决策者及时调整组织的策略与行动。利用各种渠道和媒介，在公共关系危机发生时，利用有效的传播手段，争取公众的理解、谅解、变敌视为同情，妥善解决各种公关纠纷。

(4) 积极开展组织内部公共关系活动，强化组织内部的凝聚力和向心力，为组织创造良好的人际关系。不断调整组织的政策与服务方针，以获取公众的了解和欢迎。

2. 公共关系目标的分类

根据公共关系的主要工作内容，派生出公共关系的三大基本目标，即形象设计与塑造、关系协调、传播与沟通。其中形象设计与塑造是整个公关工作的核心目标。具体公共关系活动的目标则因不同的任务和要求而有所不同。

在不同的公共关系目标指导下，组织会策划和实施不同的公共关系行动方案。为了使组织的公共关系活动与公共关系目标相一致，必须对公共关系目标进行合理、准确的分类，以利于组织根据不同的公共关系目标，开展有针对性的公共关系活动。公共关系目标可以根据以下不同的标准进行分类。

1) 按目标的时间跨度划分

(1) 长期目标。长期目标是指与组织总体发展规划、组织的长远利益相一致的目标，是关于组织发展的战略目标。它的时间跨度通常在 5 年以上，对组织的发展起长远的指导作用，是一个方向性的奋斗目标。

(2) 中期目标。这是将组织公共关系长期目标所提出的基本任务进行分析所形成的目标，时间跨度一般为 2～5 年。组织依据中期目标指导和开展其公共关系工作。

(3) 短期目标。短期目标是指年度目标，是指组织公共关系活动在一年内的工作计划和要达到的标准。它是根据组织的年度发展计划和奋斗目标而制定的。短期目标将组织公共关系工作总目标的有关任务落实到公共关系活动计划上，对组织在一年中的各项具体公共关系活动起指导作用。

(4) 具体目标。这是组织针对各项具体问题而开展的专项公共关系活动所制定的目标。组织为达到与公众沟通的目的，经常会开展一些专项公共关系活动，如召开一次新闻发布会、处理一次突发的危机事件、开展一项公益活动等。要达到这些专项公共关系活动的特定效果，必须制定各项具体目标以指导活动的顺利开展。

2) 按目标实现的顺序划分

(1) 传播信息目标。这是指组织向公众开展传播宣传活动，让公众知晓有关组织的真实情况，是公共关系最基本的目标，是公共关系策划首先要考虑的问题。连接公共关系主体与客体的中介就是传播，所以大量的公共关系工作将要围绕这一目标而开展。在进行公共关系策划时，对传播信息的手段、方式、场所、人力、财力、物力因素都要加以周密思考，妥善安排，才能保证这一目标的实现。

(2) 联络感情目标。这是组织的感情投资工作，交际型公关活动模式特别适合于这一目标。它是组织依靠某种行为去争取公众对组织的好感和信任，既是一项具有长期性的任务，也可以在较短的时期内见到成效。在进行公共关系策划时，首先要考虑到它的方式方法，要区别于一般人际关系，避免出现不正当的“拉关系”、“走后门”现象。如果事前策划不当，消耗了大量的人力、财力、物力，还可能无所作为；反之，按照科学的方法和正当的途径则可以产生事半功倍的效果。

(3) 改变态度目标。无论现代公共关系理论有了怎样的新发展，组织通过引导、沟通，改变公众对组织的某种观念和态度，始终是公共关系的主要目标。

3) 按目标的性质划分

(1) 战略型目标。这是与组织的根本利益、整体形象相关的重大长远目标，是关于组织的文件。它的实现能为组织的发展创造和谐的内外环境，建立广立良好的社会形象。

(2) 战术型目标。它是指组织在适应环境的过程中根据组织公共关系的具体情况能动的开展的活动所追求的目标，具有较强的可操作性。由于各组织的情况不同，同一组织在不同的时期工作重点也不同，因此，组织公共关系的战术目标也各不相同。

4) 按组织所处的社会环境和战略目标起作用的性质划分

(1) 进攻型目标。进攻型目标以积极的自我调整和改变环境条件为特点，以攻为守，抓住一切有利时机和条件，在短时期内造成大声势和空前影响，创造新局面。它是在组织需要拓展或环境发生摩擦时所采用的一种工作目标类型。以“创”为主。这就是说，进攻型公共关系在解决与外部环境的矛盾时，要充分发挥组织对环境的能动作用，以具有创造性的行为去建立组织与环境的协调关系。

(2) 防御型目标。这是组织为防止自身公共关系失调而采取的一种公共关系工作目标类型。目的是将不协调因素和摩擦苗头尽量消除，防患于未然。其特点是防守与引导相结合、预测与措施相结合，以退守防御的方式，开创更为有利的时机和局面，使防守工作科学化、制度化，把可能出现的问题和危机控制起来，改造被损害的组织形象，挽救组织的声誉。这种防守型公共关系多用于应付突发性的公共关系危机。

4.2.4 公共关系时机策划

“天时、地利、人和”，时间或时机对策划者来说可以说是命运之神，关系到公共关系活动的成败。如何选择合适的时间或时机，策划者应慎重考虑。

1. 公共关系时机选择的原则

1) 服从整体公共关系策划

组织的公共关系人员在策划公共关系活动时，已经充分考虑了公共关系目标、公共关系对象、公共关系策略等一系列问题，并对其进行了精心设计、周密安排，其中对于公共关系活动的具体时间安排也有计划。为了更好地达到公共关系策划的预期目的，公共关系时机的选择必须服务和服从与组织的整体公关目标的要求。

2) 满足公众的心理期望

公众对组织的公共关系活动抱有极大的期望。在市场经济的不断完善，人们的消费心理和消费方式都发生了极大变化的时代，人们的消费心理和消费方式都发生了极大地变化，正从以解决温饱为主的生存时代和解决物质丰富的生活时代向解决感性需求的精神时代过渡。因此，组织的公共关系活动要择时而动、见机而行，要迎合公众的心理，激发公众的购买动机，并使这种动机尽快转化为购买行为。

2. 公共关系活动的时机分类

1) 可预先选定利用的时机

可预先选定利用的时机包括组织创办或开业之时，组织更名或与其他组织合作、兼并、资产重组之时，组织内部改组、转型、品牌延伸之时，组织迁址之时，组织推出新产品、新技术、新服务之时，组织周年庆典或周期性纪念活动之时，组织股票上市之时，国际国内各种节日和纪念日之时。

2) 常规时机

每隔一年或几年一次的各种文化体育活动，如亚运会、奥运会、锦标赛、博览会、展览会、电影节、青年歌手大赛等。这些常规性机会是组织塑造良好形象，开拓发展的良好机遇。

3) 需随时捕捉稍纵即逝的时机

需随时捕捉稍纵即逝的时机包括重大的社会活动和社会事件出现之时，组织形象出现危急之时，组织或社会突发性灾难爆发之时，国家或地方政府新政策出台或新领导人上台之时，公众观念和需求发生转变之时，组织经营发生困难之时，国际国内经济政治大环境大气候发生转变之时，组织内部资源发生变化之时。

应用案例 4-5

后　窗　热

20 世纪 50 年代，好莱坞影片《后窗》曾风靡香港。该片描写了一个腿部受伤的新闻记者，在家养伤时闲极无聊，便买来一架望远镜，每日坐在屋子里从对面楼层的后窗窥视住户的家庭隐私，从而卷入了一场谋杀案。影片上映后，香港人竟相观看，形成了“后窗热”。这时，香港的一家生产百叶窗的企业成功地抓住了这一事件。他们在报上连续刊登题目为“请留心你家的后窗”的销售广告，其生意一下子兴隆起来。

这就告诉人们企业在经营发展过程中，要有公关敏感性，要做到随时善于捕捉并运用偶然的、稍纵即逝的公共关系时机来宣传自己，扩大自己的影响。

(资料来源：http://www.cnbm.net.cn/wenda/92938729.html.)

4) 组织营运过程中所蕴含的时机

组织营运过程中所蕴含的时机包括两类：一是组织重大事件发生的自然时间，如某工程奠基之时、落成之时，组织创办之际，企业推出新产品或新服务之时，企业销售额达到一个大的整数之时等；二是一些具有隐蔽性的时机，需要公共关系人员慧眼察觉，如组织运营过程中，可能会出现差错而造成组织形象受损，或者由于信息传播障碍而引起公众误解，或者由于外部某种原因可能引起公众关系恶化等。

3. 公共关系活动中的最佳时机

1) 组织创办或企业开业之际

一个组织或企业创办时，还没有同社会各界建立联系，不能为社会所认知，不能为同行所接受，它的社会知名度几乎是零，根本谈不上所谓的美誉度，所以此时迫切需要的是借助创办或开业之际进行自我介绍、宣传和推广，以扩大影响。组织此时就要运用公共关系手段建立与媒体、社区、政府、社会团体、供应商、经销商、组织公众的广泛联系。在开幕活动中，邀请他们到场，给予足够的曝光度，最好借助新闻媒体之口将此次活动大张旗鼓宣传出去，使组织或企业或产品在公众心目中留下一定的印象，提高组织的知名度。

应用案例 4-6

老板喝涂料

2000年10月8日，一家名为富亚的涂料公司在《北京晚报》上打出一则通栏广告：10月10日上午，在北京市建筑展览馆门前开展"真猫真狗喝涂料"活动，以证明该公司生产的涂料无毒无害。由于这一活动的新奇性，加上近年来"动物保护"意识已深入人心，因此，广告一刊出即在社会上引起轩然大波。

10月10日上午，北京建筑展览馆门前挂起了"真猫真狗喝涂料富亚涂料安全大检验"的横幅，一猫三狗准备就绪，富亚公司请来的崇文区公证处公证员也已到位。而展台前则拥满了观众，其中几位愤怒的动物保护协会成员发誓要阻挠此事，还有不少跑来"抢新闻"的媒体记者。

上午9时，富亚公司总经理蒋和平开始向围观者宣传：1998年，中国预防医学科学院就用小白鼠为富亚牌涂料做过无毒实验，结论是"实际无毒级"。开展这次活动是请大家亲眼见证。他的解释没能说服特意赶到现场来制止这一事件的动物保护主义者。北京市海淀区环保协会动物救助分会会长吴天玉向在场的观众和媒体发表了自己的看法："我认为这种做法是错误的，伤害了人类的朋友——动物。"她认为涂料一定会损伤动物的肠胃功能。北京市保护小动物协会副秘书长赵羽和国际爱护动物基金会的吴晓京也是反应激烈，他们与同伴一起在现场举起标语"请不要虐待动物，孩子们看了怎样想？"要求立即停止动物喝涂料的实验，并几次强行要把正准备喝涂料的小动物带走。

现场秩序很乱，围观者越聚越多，眼见"真猫真狗喝涂料"活动就要泡汤。这时蒋和平摆出一副豁出去的架势，大义凛然地宣布，考虑到群众情绪，决定不让猫狗喝，改为人喝涂料，他亲自喝。话音刚落，场内顿时鸦雀无声。在两名公证员的监督下，蒋和平打开一桶涂料，倒了半杯，又兑了点矿泉水，举在眼前顿了顿。在四周观众的注视下，蒋和平咕咚咕咚喝下手中一大杯涂料。喝完后一擦嘴，还面带笑容。蒋和平这一"悲壮"的行为赢得了极大的新闻效应。当时，新华社播发了一篇700字的通稿《为做无毒广告，经理竟喝涂料》，此后媒体纷纷跟风，"老板喝涂料"的离奇新闻开始像野火一样蔓延。不仅北京市的各大媒体竞相报道，全国各地的媒体也纷纷转载。当时有个细节可说明这一事件的影响力：北京电视台评选的10月份十大经济新闻，"老板喝涂料"赫然跻身其中，与"悉尼奥运会"等同列。事后有人做过一个统计，全国至少有200多家媒体报道或转载了这则消息。就在这样高密度的报道过程中，富亚的知名度越来越高。

这真的是一个突发的经济新闻吗？非也，这是一次精心的策划。事后，蒋和平在接受媒体采访时表示，在激烈的涂料市场上要想与国外大品牌抗衡，尤其是在发展初期还没有自己的知名度的情况下，就必须要打响自己的品牌，但他们根本没有打广告的钱，于是在北京一个著名策划人的帮助下，想出了"老板喝涂料"这一怪招。用人喝的方式来"鉴定"涂料的环保与无毒，确实是一个大胆而富有创造力的策划。其最大成功之处在于：新闻"制造"得不留痕迹，因为事件本身的离奇性已经足够构成一个新闻题材。

(资料来源：http://www.wiseuc.com/zt/zt_11/ztcon_590.shtml.)

2) 企业退出新产品或新的服务项目之际

顾客和消费者在日常生活中往往都有固定的消费习惯和品牌爱好，当新的产品或服务出现时，他们常常采取观望的态度。此时企业就要抓住时机，及时运用公关手段并通过媒介，向公众进行产品知识教育、产品性能介绍等，以引起消费者的注意，消除其观望戒备心理，强化其新奇感和好奇心，鼓励其进行新的尝试，从而接受新产品、购买新产品。

3) 组织发展很快但声誉尚未建立之际

公共关系是社会组织为了寻求零号合作和协调发展，通过形象塑造、传播管理、利益协调等方式，同相关的公众结合成的一种社会关系。当组织发展很快，而组织的声誉又跟不上这种发展速度时，正是公共关系大展宏图的好时机。企业应该充分利用这个机会广泛地开展公关宣传，以扩大组织影响，提高其社会知名度。

4) 组织更名或与其他组织合并之际

组织在经过一定的努力之后，在公众记忆中取得一席之地，在社会上已经树立起声誉后最好不要轻易更改组织名称。更改组织名称容易使公众产生猜疑，容易动摇其投资决心，涣散协作关系。如果因某种原因而不得不改时，就要恰当地运用公共关系，使组织的声誉损失降到最低限度。

5) 组织在某些方面出现失误或遭到误解之际

组织在运营过程中，可能会因为出现差错而造成形象损坏，或者由于信息阻塞和误传而引起公众误解，或者由于遭受故意中伤诽谤引起公众关系恶化。此时，组织要运用各种公共关系媒介，开展公共关系活动，表明态度、澄清真相，以争取公众的谅解、信任、合作和支持，维护组织的声誉。

6) 组织遭到突发性危机事件之际

“天有不测风云，人有旦夕祸福”，对于一个组织而言，突发性事件的发生是不以人的意志为转移的，面对危机、突发事件，组织所能做的就是采取一切可能采取的措施，挽救危机。首先组织应反应迅速、当机立断地对危机事件进行处理，并以最快的速度通过新闻媒体向公众通报情况以及组织正在采取的行动。当企业面对危机时，应以社会公众和消费者利益为重，迅速做出适当反应，及时采取补救措施，并主动地、有意识地以该事件为契机，变坏事为好事，因势利导，恢复企业或组织的声誉。

4. 公共关系时机选择时的注意事项

1) 避开或利用重大节日

如果策划的公共关系活动与重大节日有联系，就要充分利用节日来增强活动效果；如果策划的公共关系活动与重大节日没有太大联系，就要避开节日，否则，活动内容会被节日气氛所冲淡。

2) 避开或利用国内外重大事件

如果策划的公关活动与国内外重大事件有联系，就要利用重大事件，如中央宣布放宽部分商品价格时，企业可抓住时机向客户公布产品调价；如果策划的公关活动与国内外重大事件无关，就要避开这个时机。

3) 不宜在同一天或同一段时间同时开展两项重大的公关活动

在同一天同一段时间同时开展两项重大的公关活动会让公众产生无所适从的感觉，并且造成人力、物力、财力的紧张和失控。

4.2.5 编制公共关系预算

进行公共关系活动经费预算，也就是在计划中将资金、人力和时间进行合理分配，以便有效地开展工作，从财力上保证将公共关系工作纳入正轨。通过估算公共关系活动经费，为以后评估公共关系工作的成果及所取得的效益提供比较科学的依据。了解经费情况，便于选用恰当的公共关系活动方式和传播媒介，也容易将公共关系的计划方案具体化，形成时间—经费—活动一览表，保证各项具体任务的实施；保证公共关系活动经费按计划支出，防止透支或以权谋私现象的发生。

公共关系活动费用的基本构成有 10 个部分，具体内容如下。

(1) 场地费用。场地租金。

(2) 物资费用。包括活动使用的各种道具、器材、设备、文具、礼品及布置场地物品所需的费用等。

(3) 礼仪费用。包括礼仪性项目的开支，如邀请乐队、仪仗队、文艺演出的演员等。

(4) 保安费用。活动期间保卫工作、安全设施、保健项目等费用支出。

(5) 宣传费用。包括用于活动宣传方面的开支，如摄影、录像、广告宣传、宣传品印刷、展示费用等。

(6) 项目开支。包括交通运输费、差旅费、办公费等行政性开支或代付费用。

(7) 餐饮费。假如活动项目中有宴会或餐饮计划，需要安排这一项目开支。

(8) 劳务费。包括公共关系人员和其他劳务人员的薪水。公共关系活动是知识与劳动均呈密集状态的突击性工作，人员的工资、报酬在整个经费中占有很大的比重。这里的人员开支，主要包括公共关系专家、公共关系文职人员、公共关系礼仪队员、名人、摄影师等参与公共关系活动人员的工资、奖金、补贴等。

(9) 不可预算的费用。包括应急费和大型活动常常有的许多不可预算的开支，一般是以活动费用总额的 5%～10%计算。

(10) 承办费。假如是委托专业公共关系机构承办的，必须支付承办费，这一费用实际包括了承办机构的管理费、利润。

以上活动经费预算通常是以编制预算书的形式完成。

本 章 小 结

公共关系策划是以社会环境及其公众分析为基础，以策订目标为首要任务，以创造性设计、制作公共关系策划方案为核心，体现智谋性、迂回性、时机性、情感性特征的活动。公共关系策划在具体的实施中可根据不同层次、实施的主体、策划过程、组织形象创新程度等标准分为不同的类型。不管是哪种类型的公关策划，都要遵循公众导向、创新求异、切实可行、综合效益等原则，并在此基础上按照收集公共关系信息、策划公共关系目标、策划公共关系对象、策划公共关系策略、策划公共关系时机、公共关系决策与公共关系效果的程序来构思和谋划。只有这样，才有可能实现预期的公关目标。将策划全过程最终形成的，作为公共关系工作方案实施过程的指导性蓝图的文件称为公共关系策划书。

公共关系策划的运作是将完善的公共关系策划的构思和谋划转变为现实，保证实现公共关系目标，服务于组织目标的过程。本章节从公共关系项目策划、公共关系主题策划、公共关系目标策划、公共关系时机策划、编制公共关系预算等方面做了讲述。要想策划好公共关系项目，必须要先确定公共关系由头，再选择合适的公共关系时机，最后确定合适的活动项目模式才能达到效果。用紧扣主题、新颖别致、短小精悍的文字作为公共关系主题来串联各个公关项目，能使公共关系效果起到事半功倍的效用。公共关系目标是公共关系全部活动的核心和公关工作努力的方向。策划出科学的公共关系目标了，公共关系活动也就由抽象变具体了。按公共关系目标实现的时间、目标实现的顺序、目标的性质、目标起到的作用可有不同的分类，公共关系策划者可适宜确定。所有的公共关系策划都要根据公共关系目标的需要选择最佳的时机来实施。因此，公共关系策划者不仅要抓住常规时机，更要捕捉瞬时时机和最佳时机。通过公共关系预算，将公共关系的策划方案具体化，形成时间—经费—活动一览表，保证各项具体公共关系任务的实施。

习　　题

一、复习题

1. 选择题

(1) 公共关系工作程序中，最复杂、最多变的关键步骤是(　　)。

A．调查　　B．策划　　C．实施　　D．评估

(2) 下列步骤属于公共关系策划准备阶段的是(　　)。

A．预赛经费　　B．分析公众　　C．确定目标　　D．设计主题

(3) 下面不是公共关系策划特征的是(　　)。

A．智谋性　　B．时机性　　C．情感性　　D．可操控性

(4) 称之为公共关系全部活动的核心和公共关系工作努力的方向的是(　　)。

A．公共关系目标　　B．公共关系策划

C．公共关系项目　　D．公共关系主题

(5) “机不可失，时不再来”是指在公共关系策划中要善于选择(　　)。

A．公共关系公众　　B．公共关系时机

C．公共关系主题　　D．公共关系目标

2. 判断题

(1) 公共关系策划之前，需要整理策划信息点，进行分析，锁定目标，提炼策略，分解战术。 (　　)

(2) 因项目背景分析工作量大，且有很多主观干扰，所以其结果不一定与我们的策略和目标保持一致。 (　　)

(3) 公共关系计划的制订是解决问题的过程，公共关系计划的实施是研究问题的过程。 (　　)

(4) 公共关系关系策划书又称为公共关系策划方案、公共关系策划文案，是策划全过程最终形成的文件，是公共关系工作方案实施过程的指导性蓝图。 ( )

(5) 公共关系是塑造组织良好形象的艺术，而公共关系策划则是组织适应市场经济的发展，提高组织核心竞争力的根本保证，是组织形象的“设计师”。 ( )

3. 简答题

(1) 如何策划公共关系项目？

(2) 公共关系策划的程序分为哪些步骤？

(3) 公共关系策划原则对公共关系策划实践的指导意义体现在哪些方面？

(4) 如何选择公共关系时机？应注意哪些事项？

4. 实际操作训练

(1) 实际操作训练内容。某市有一家豪华公寓，周围景色迷人，服务优质，价钱合理。因交通不便，很多人担心购物困难，担心缺乏娱乐。故房屋多空闲，降价后也没起色。公司决定通过公共关系活动推动销售。请设计一个具体的公共关系策划方案。

(2) 实际操作训练步骤：①以小组为单位；②分组讨论选题，创意策划；③写出策划书；④每组展示自己的公共关系活动策划书，并接受答辩。

(3) 实际操作训练要求：①加强团队合作，活动策划反映集体智慧；②活动策划富有新意，可行性强；③策划书形式规范，结构合理，表述得当。

二、案例应用分析

福特福克斯上市推广公共关系策划书

长安福特的重量级产品——福特福克斯，自 1998 年面世以来，福特福克斯全球累计销量将近 500 万辆，在全球已荣膺超过 100 项大奖，其中包括 15 项“年度车”桂冠，是第一辆同时在欧洲与北美时常都获得年度风云车的车型，以其时尚动感又不失大气的外形，宽敞舒适的空间以及优越的操控性能，在欧洲和美洲享有很高的声望。然而，作为国内中级车市场的新兵，福特福克斯在国内的知名度还仍然有限。面对中级车市场群雄并起的局面，福特福克斯如何脱颖而出？这是长安福特 2005 年面临的重大课题。

1. 项目调研

福特福克斯融合了现代欧洲设计、卓越驾驭品质和精湛德国工艺，是一辆动感、活力十足的车。其目标消费者为生于 20 世纪 70 年代前后、月收入较高的城市居民。他们受过良好的教育，正逐渐成为社会的精英。他们热爱驾驶，很有品牌意识，偏爱欧洲品牌，喜欢动感的生活与时尚的外形。他们有开放的思维方式和运动、积极的生活方式，爱好音乐、电影、唱歌、健身、去酒吧和购物，往往也是最先尝试新生事物的人。文化消费在目标人群消费中占有重要比重。戏剧、电影、艺术动态是其文化生活的关注要点，同时网络是目标人群工作与生活的重要媒介。

2. 项目策划

在汽车产品同质化的今天，实现竞争优势，关键在于产品风格等其他无形的东西，加上用户通过这些方面能够体验到的感性享受。有关调查显示，消费者刚考虑买车时脑子里往往先有五六种选择，然后再不断添加和排除。随着消费者从单纯的了解、熟悉发展到挑选、试车，选择面变得越来越小，最后决定购买的只有一种。在整个过程中，品牌经历了一条“购买通道”，每个选择环节的每一步都对产品提出了新的需求。鉴此，长安福特在制定营销战略时，把目光放在了充分利用每个消费者触动点上，并计划展开更深入、更有针对性的推广活动。

3. 公共关系目标

长安福特的目标是，根据产品特点以及目标消费者的特点，采用创新的方式，将目标消费者与其感兴趣的话题或活动进行深度结合，并通过这些活动与目标消费者就产品和品牌进行深度沟通，从而树立福特福克斯动感活力的品牌形象，并创造良好销售业绩。

4. 公共关系对象

敏感地意识到今年是中国电影诞生100周年，长安福特在制定营销战略时，把目光放在了电影上。我国涌现了一批有实力的新生代导演，新生代导演具有“创新”的特质，而福特福克斯具有“新锐”的特质，长安福特运用此种关联，决定以新锐导演为主体，进行一次集体创造。为了更利于目标受众接受和认同电影，增加传播的广度，将传统的电影方式改成3分钟短篇的形式展现。由此福特福克斯携手中国新锐导演，与著名电影人田壮壮合力打造的中国汽车史上的第一部主题电影由此诞生。

5. 项目执行

在从4～12月跨越近9个月的时间里，长安福特将福克斯上市分为了热身、预售第一阶段、预售第二阶段和上市共阶段共4个阶段，分阶段传播不同的信息。

(1) 热身阶段主要事件。福特福克斯亮相上海车展，核心信息：“福特福克斯就要来了！”

(2) 预售第一阶段主要事件。“动感生活聚焦福克斯”电影活动核心信息：“聚焦福克斯电影，聚焦福克斯”。

(3) 预售第二阶段主要事件。8月1日接订单核心信息：“福克斯开始销售了，你最佳的选择。”

(4) 上市阶段主要事件。9月下旬新车发布、9月底经销商展厅公众上市、传播主战役(电视广告10月播出、赞助十运会等)、主要城市试乘试驾、区域促销和全国性经销商促销(10～12 月)。福克斯上市活动整合了线上广告、公关、线下活动、网络、经销商和客户关系等传播营销渠道，创新了整合传播模式。具体的传播执行情况如下。

新锐导演代表在仅3分钟的时间内，用最新的创意与拍摄技巧，引领各位观众去感受现代中国的时尚动感生活与电影艺术的独特魅力。8个故事，有白日的梦，少年情怀；淡淡惆怅，激扬青春；亲情，友情，爱情。8种情绪贯穿8个故事，演绎城市最真实的情绪，展示福特福克斯人都市生活情态。电影活动以网络为主要传播渠道，一改惯常的影院首映方式，采用网络形式以每周两部的速度首映了这8部短片，所有短片及影片幕后拍摄花絮和精彩剧照都可在 http://www.ford.com.cn/focus 福特福克斯网页上供观众观看或下载。

公共关系方面，针对不同的阶段，传播了以下信息。

(1) 认知期——使目标受众了解电影和产品基本信息，对福克斯产生初步关注。

(2) 兴趣激发期——使目标受众了解电影详细内容，将消费者对电影的兴趣过渡到产品上，并开始思考产品兴趣和利益关注点。

(3) 深度沟通诱导期——通过信息全面散播，使目标受众群主动接受信息内容，并对汽车产品利益点进行主动搜集；在公共关系媒介组合上，重点采用了娱乐、汽车和大众媒介组合应用。娱乐媒体以演员、导演、影片为核心信息，完成观众从对影片拍摄的关注到下载欣赏的过程。汽车媒体将关注点过渡到产品，以产品为中心进行沟通，并传播福克斯电影营销在汽车营销史上的意义。

(4) 福特福克斯主题电影在传播上突出了变单向传播为互动沟通和变被动接受为主动获取两特点。通过网上投票方式最终选出一名最佳人气奖影片，该影片的导演届时将获得福特福克斯一台，通过抽奖方式，一名参加网上投票的幸运选民也将赢得福特福克斯一台，同时利用病毒营销模式，加强电影在受众中的传播。影片的新锐导演阵容、预热传播方式和情节及内涵文化元素，使消费者对电影和福克斯的关注大大增强，从以往的被动接受改为主动获取信息内容。

6. 项目评估

福特福克斯上市活动取得了较高的品牌及产品的曝光度，为福特福克斯目前上市热销局面奠定了良好基础。福特福克斯今年的销售目标为8 000辆，但上市伊始，全国大部分区域目前的订单已经排到了明年年初，也就是说，福克斯目前的订单已经超过了今年的产能，出现了供不应求的局面。

(1) 如何将一种新品上市演绎为新闻事实，再将这种新闻事实扩展为新闻事件，保证其舆论热度和一段时间内的持久关注度，是很多公关人在做新品推广时梦寐以求想的目标。这也就是公共关系策划的目标。本案例体现了公共关系策划必须有明确的公共关系目标，所有的策划活动必须围绕公共关系目标展开。

(2) 一个企业成功运作的公共关系策划必然是形成公共关系策划书之后进行的，而公共关系策划书的形成是公共关系策划构思的文案化，而成功的公共关系策划必须遵守一定的程序才能达到预期的效果。公共关系策划的程序包括公共关系信息收集、公共关系目标确定、公共关系对象策划、公共关系策略策划、公共关系时机策划、公共关系决策与公共关系效果评估等环节。而本案例中的策划过程正是体现了这些环节和程序。本案选择新车上市与电影概念相结合，这并不新鲜，业内宝马品牌推广已经用过(连导演数量也是相同的)，在汽车行业外更是屡见不鲜。不过，本案将福特福克斯的上市成功演绎成了中国电影圈的一个新闻事件，这算是平凡中的不平凡。尤其是找到了适合福特福克斯的对象——中国新锐导演群，并以他们独特的时代身份和镜头语言集体为福特福克斯代言，通过线上线下互动等多种公共关系手段，在细节的思考和执行上都相对到位，让福特福克斯的上市变得广为人知。其次，本案尝试使用了整合传播的策略，多重传播手段互动配合，力求传播效果的最大化。

(资料来源：http://wenku.baidu.com/view/cb424cc75fbfc77da269b1a8.html.)

问题：

(1) 案例的过程体现了哪些公共关系策划理论？

(2) 本案例体现了公共关系策划应遵循的哪些程序要求？请结合案例加以分析。

知识链接

突发公共事件

1. 突发事件的定义

突发事件是指在某种必然因素支配下出人意料地发生，给社会造成严重危害、损失或影响且需要立即处理的负面事件。

国务院发布《国家突发公共事件总体应急预案》中规定，突发公共事件是指“突然发生，造成或者可能造成严重社会危害，需要采取应急处置措施予以应对的自然灾害、事故灾难、公共卫生事件和社会安全事件”。根据社会危害程序、影响范围等因素划分，可分为特别重大、重大、较大和一般4级。

突发事件的构成要素：突然爆发、难以预料、必然原因、严重后果、需紧急处理。

2. 突发事件的类型

(1) 按照成因：自然性突发事件、社会性突发事件。

(2) 按照危害性：轻度、中度、重度危害。

(3) 按照可预测性：可预测的、不可预测的。

(4) 按照可防可控性：可防可控的、不可防不可控的。

(5) 按照影响范围：地方性、区域性或国家性、世界性或国际性。

① 地方性突发事件。在有限范围内发生，影响范围小。一般只需地方政府应急处理机构应对，无需外来协助。但地方政府有责任义务及时向上级报告，以备扩大延伸和恶化时提供援助。

② 区域性或国家性。例如，SARS、挑战者号、切尔诺贝利核泄漏、库尔斯克海难、哥伦比亚解

体等。需中央政府出面调度资源救援处理，也需各省或地方政府积极协调配合。民间资源援助也必不可少。

③ 世界性或国际性。例如，SARS、卢沟桥事件、珍珠港事件、入侵科威特、9·11 等。

(6) 根据突发公共事件的发生过程、性质和机理，主要分为以下 4 类。

① 自然灾害。主要包括水旱灾害、气象灾害、地震灾害、地质灾害、海洋灾害、生物灾害和森林草原火灾等。

② 事故灾难。主要包括工矿商贸等企业的各类安全事故、交通运输事故、公共设施和设备事故、环境污染和生态破坏事件等。

③ 公共卫生事件。主要包括传染病疫情、群体性不明原因疾病、食品安全和职业危害、动物疫情，以及其他严重影响公众健康和生命安全的事件。

④ 社会安全事件。主要包括恐怖袭击事件、经济安全事件和涉外突发事件等。

3. 我国目前处在突发公共事件的高发时期

在未来很长一段时间内，我国都将面临突发公共事件所带来的严峻考验。

1) 自然角度

中国是世界上受自然灾害影响最为严重的国家之一，种类多、频度高、损失严重。受灾害影响人口大体在 2 亿左右，占全国 1/7 以上，在中国有着较强的社会性。随着经济建设的发展灾害损失逐步增加。我国有 70%以上的大城市、半数以上人口、75%以上工农业生产值分布在气象、海洋、洪水、地震等灾害严重的沿海及东部地区。我国每年因自然灾害造成的损失一般都要超过千亿元。

2) 社会角度

我国目前既是社会经济的关键发展期，同时又是矛盾凸显期。人民内部矛盾出现一些值得重视的新问题，如果处置失当有可能出现社会危机。此外，国际政治经济格局的最新变化也使得国际间的冲突和危机出现新的特点。如“9·11”事件就显示了国际恐怖主义的巨大威胁。

另外，我国很多地区自然环境破坏严重，潜在的危机有可能随时爆发。而建国以来建设的大量基础设施年代久远、老化严重，又缺少及时的维护和更换，安全隐患非常多，也是一个个定时炸弹。

4. 防范突发事件的价值

1) 减少和避免经济损失

日本阪神地震的直接经济损失达 1 000 亿美元，但 20 世纪 90 年代按新规模设计的建筑物仅 3%～4%发生损伤。美国每 1 美元预防白喉、破伤风和百日咳可节约 29 美元的医疗费。

2) 减弱或避免政治风险

历史上已多次发生由突发事件导致政治动乱甚至内战的情况。宏观政治涉及公共管理机构在国际社会、新闻媒体、公众面前的形象。应利用各种公共关系，明确公共管理机构的立场，提供及时准确的信息，稳定公众信心，团结更多的合作者和支持者。微观政治涉及政策的决策和执行。应成立突发事件应对小组，提出清晰的思路和行动建议，保证信息传递准确及时，物资和人事调动畅通无阻。

3) 减少或避免文化损失

防范突发事件可以塑造良好社会精神，这是国家、民族面对突发事件的灵魂和基础。突发事件文化是指各阶层人们在突发事件状态时的主体意识和行为，内容涉及传统、思想、意志、毅力、品德、作风、创造力等文化背景。要培养不怕挫折，敢于胜利的强势心理，用知识和科学培养正确的突发事件意识、精神准备、承受能力和操作方法，尽快用科学的文化取代滞后的非科学文化和迷信。

(1) 培养良好习惯。例如，SARS 危机以后人们开始注意讲究清洁卫生，实行分餐制，公款吃喝和陋习减少，崇尚大自然，网络视频会议网上购物交易娱乐学习等网络经济生活提升，引发了一场社会风俗革新运动。

(2) 减灾的科学进步意义。通过不断研究探寻战胜突发事件的方法和措施而获得科技进步与社会发展，如避雷针的发明和人工降雨等。

(3) 提高公众的突发事件意识。一个社会如果公众在信念、意愿、好恶、目的等社会态度方面对突发事件具有科学判断，就会形成一种科学应对突发事件的社会共识和自觉行动。

(资料来源：http://www.hudong.com/viki/%E7%AA%81%E5%85%AC%E5%85%B1%E4%BA%8B%E4%BB%B6%)

第5章 公共关系实施

教学目标

通过本章学习，了解公共关系模式的含义和实施的原则，明确公共关系实施应考虑的综合因素，了解战术型公共关系模式和战略型公共关系模式并掌握公共关系实施模式中经常运用的几种模式。

教学要求

知识要点	能力要求	相关知识
公共关系实施概述	(1) 公共关系从业人员能够很好的围绕公关实施的原则来开展活动 (2) 公共关系从业人员能利用或避开影响因素保证公共关系实施的顺利进行和保证 (3) 公共关系目标的实现	(1) 公共关系模式的含义 (2) 公共关系实施原则 (3) 公共关系实施应考虑的因素
战术型公共关系模式	能够策划并实施战术型公关活动	(1) 日常事务型公共关系 (2) 建设型公共关系 (3) 进攻型公共关系 (4) 防御型公共关系 (5) 维系型公共关系 (6) 矫正型公共关系
战略型公共关系模式	能够策划并实施战略型公关活动	(1) 宣传型公共关系 (2) 交际型公共关系 (3) 服务型公共关系 (4) 社会型公共关系 (5) 征询型公共关系

基本概念

公共关系实施　公共关系模式　战术型公共关系　战略型公共关系

导入案例

法国白兰地在美国的精彩亮相

1957年10月14日，华盛顿。这天是美国总统艾森豪威尔(Eisenhower)的67岁生日。华盛顿街道彩旗飘扬，标语醒目，白宫周围人山人海，华盛顿市万人空巷，等候着一个时刻的到来，这一刻，人们已经等了很久。

按照美国人的脾气，爱好自由、民主的公民们是不屑于为总统的一个区区生日而特意来凑热闹捧场的。

可是这一天，美国人却显得异乎寻常地热情、激动，到底发生了什么事？

一个月前，法国人就在各种媒介上广为宣传，为了感谢在第二次世界大战中美军对法国人民的恩情，为了表示法美人民永远的友谊，法国人决定，在艾森豪威尔总统67岁寿诞之时，向美国总统敬赠两桶酿造已达67年的法国白兰地。这两桶极品白兰地将由专机运送，并在总统生日这天，举行盛大的赠酒仪式，向全世界表明法国人民对美国人民的友好之情。

法国白兰地！美国人似乎一下子想了起来，那不是扬名全世界的美酒佳酿吗？我们以前怎么就没有想起来尝一尝呢？一时之间，白兰地的历史、趣闻、逸事，陆续地出现在各种媒体上。

久盼的时刻终于到了。上午10时，4名英俊的法国青年，穿着雪白的王宫卫士礼服，驾着法国中世纪时期的典雅马车进入白宫广场，由法国艺术家精心设计的酒桶古色古香，似已发出阵阵的美酒醇香。全场沸腾了，当4个侍者举着酒桶步向白宫时，美国人唱起了《马赛曲》，欢声雷动，掌声轰鸣，人们沉浸在欢乐的气氛中。各大新闻机构毫无例外地派出了记者。关于赠酒仪式的报道文字、图片、影像，充斥了当天美国的各大媒体。

借白兰地唱法美友谊，缩短了白兰地与美国公众的感情距离，这是法国白兰地制造商们举行的极为成功的公共关系活动。它直接为白兰地进入美国市场扫清了道路。赠酒仪式不久，一向不为美国人重视的白兰地酒迅速成为市场上的抢手货，在人人以喝上法国白兰地为荣的背景下，法国白兰地成为供不应求的俏销产品。

“酒香也怕巷子深”，在商品经济时代，这早已成为人们的共识。任何商家都怕自己的产品“藏在深闺无人识”，都在不遗余力地宣传自己的产品。

然而，在公共关系和营销艺术走俏的今天，“王婆卖瓜”式的推销已面临淘汰的命运。怎么样才能既吆喝了自己的商品，又不至于引起顾客的忽视甚至抵触、厌恶呢？或者，如何做才能让顾客心甘情愿地打开自己的皮夹子，买完后依然笑逐颜开呢？白兰地进军美国市场有许多值得称赞的地方。

(资料来源：奎军. 公关经典100[M]. 广州：广州出版社，1998.)

思考题

上述案例公关艺术体现在哪些地方？

法国白兰地成功进入美国市场，是典型的宣传型公关活动。宣传型公共关系活动就是利用各种传播媒介和交流方式，进行内外传播，让各类公众充分了解组织、支持组织，从而形成有利于组织发展的社会舆论，使组织获得更多的支持者和合作者，达到促进组织发展的目的。

1. 选择的宣传基调巧妙

在策划实施时，宣传的基点是法美人民的友谊，巧妙地选择了法美友谊这个情感纽带。

美国人在第二次世界大战中为反对法西斯战争立下了汗马功劳，特别是诺曼底登陆，直接解放了法国，扭转了战局。法国人选第二次世界大战功臣、美国人的象征，即总统作为表示友谊与感谢之情的对象，满足了美国人的救世主心理，在褒扬美国的同时巧妙地展示了产品，同时提高了产品的地位(友情的使者)，使美国人在感情上顺利接受白兰地。

2. 明确的宣传主题突出、贴切

整个公共关系活动的主题是“礼轻情意重、酒少情意浓”。

3. 选择的时机恰到好处

择定的宣传时机是美国总统艾森豪威尔 67 岁寿辰。

4. 借助媒体的力量和名人效应

公共关系活动实施过程尽可能广泛地利用了法美两国的新闻媒介，以新闻的大众力量来推广自己的酒，试想一个国家能将自己的酒献给另一个国家元首，他的知名度能不高吗？

一个能将酒的买卖与一个总统的生日联系到一起是这次公共关系策划和实施的最鲜明特点。这既有效地祝贺了美国总统的生日，加强两国的友好关系，更重要的是将一向不为人知的法国酒推向全球。事先以法美友谊为由头，借新闻媒介大肆渲染，为新闻“创造”的素材，使宣传活动可信度高、且花费很少，法国人精心设计礼品的形象，更添加了美国人对白兰酒的好感。法国人正是用这种方法，让整个美国人对他们的酒产生神秘之感，自然酒就卖得快了。整个公共关系策划和实施的过程体现了“新、奇、特”的特点。

5.1 公共关系实施概述

公共关系实施是整个公共关系活动的中心环节，是社会组织为了实现既定公共关系目标，充分依据和利用实施条件，对公共关系策划进行实施策略、手段、方法设计并进行实际操作与管理的过程。公共关系实施决定了公共关系策划创意能否实现及实现的程度和范围。有效的公共关系实施不仅能执行策划创意，而且能创造性地修改和弥补策划的不足。同时，公共关系实施的结果也是后续公共关系策划的重要依据与起点。任何一项公共关系策划的实施过程不论成功与否，都会在社会上造成一定的影响和后果，进行新一轮的公共关系策划必须要以此为基础，针对新出现的问题策划新的方案。

5.1.1 选择公共关系模式的含义

模式是一种成熟的方法与思路，是提示一种方向，使策划与思考问题更加完善。公共关系活动模式就是公共关系工作的方法系统，是由一定的公共关系目标和任务，以及这种目标和任务所决定的数种具体方法和技巧构成的有机体系。选择公共关系模式就是为了实现既定的公共关系目标，根据公共关系策划的需要，选择科学合理的公共关系模式的过程

5.1.2 公共关系实施的原则

公共关系实施是将公共关系策划所规定的目标和内容转化为现实的过程。在这个过程中，公共关系实施人员必须按科学规律办事，遵循一定的原则。

1. 做好实施的准备工作

公共关系活动是一项时效性很强的活动，一般在公共关系策划方案正式实施之前，必须做好各种实施准备工作。实施准备是公共关系活动实施成功的基础和前提条件。

2. 做好实施过程的目标控制

做好实施过程的目标控制是指在公共关系计划实施过程中，保证公共关系实施活动不偏离公共关系策划目标。即公共关系计划在实施过程中，需要随时监督检查实施的进程，以便及时调整偏差，保证计划在总体目标上的实现。公共关系计划的实施过程离不开控制。控制过程就是实施人员利用目标对整个实施活动进行引导、制约和促进，以把握实施活动的进程和方向。目标控制的主体是实施公共关系计划的社会组织，客体是社会组织的公众，其手段就是目标本身。

3. 做好实施工作的整体协调

整体协调就是在计划实施过程中使工作所涉及的方方面面达到和谐、统一的状态。协调不同于控制，控制是对一个组织的计划实施过程中是否与公共关系计划的目标有差异或背离而进行纠正或克服；协调则强调在各个实施过程中的环节之间、部门之间及实施主体和公众之间和谐化、合理化，尽量避免矛盾的发生。做好整体协调的工作包括横向协调和纵向协调。横向协调是指同级部门之间、实施人员之间或者是实施主体和公众之间的协调。横向协调通常采用面对面协调、文件往来、召开新闻发布会等形式沟通信息，从而达到协调的目的。纵向协调是指组织中上下级之间的协调。

4. 做好方案实施的反馈与调整

反馈是控制论中的一个重要概念，也是公共关系计划实施工作中的一个重要概念。人们通常要用这种反馈后所获得的信息来调整个公共关系计划的实施活动，即根据过去实施的情况去调整未来的行为。

5. 充分发挥新闻媒体的作用

组织开展公共关系活动的总目标是树立良好的组织形象，公共关系人员应围绕这一总目标确定具体的公共关系活动分目标。而在实现不同的公共关系具体分目标的同时，就要根据公关传播的内容、结合不同的公众对象的特点、兼顾社会效益和经济效益的原则来选择新闻媒体，起到提高企业知名度、美誉度，宣传企业的效果。

5.1.3 公共关系实施应考虑的因素

公共关系策划方案在实施过程中可能因诸多因素的存在或变化使预期效果受到影响，因此，保证实施过程除根据计划方案所规定的内容进行之外，还应考虑以下因素。

1. 公共关系目标因素

公共关系目标因素是指在公共关系计划实施中由于所拟定的公共关系目标不正确或不明确、不具体而给实施带来的影响。在公共关系计划实施过程中，无论实施的动态性多么突出，实施的过程基本上要根据计划方案所规定的内容进行，否则它就不是公共关系计划的实施了。对此应该从以下 5 个方面检查：①检查计划目标是否切合实际并可以达到；②检查计划目标是否可以进行比较和衡量；③检查计划目标是否指出了所期望的结果；④检查计划目标是否是计划实施者在职权范围内所能完成的；⑤检查计划目标是否规定了完成期限。

2. 沟通因素

1) 语言沟通

语言是人类交流思想的工具，它是以词汇为建筑材料、以语音为物质外壳、以语法为结构条理而构成的符号体系。语言与人的思维紧密相连，人们只有借助语言才能更方便地向外界传播一定的信息，或接收一定的信息。因此，在传播沟通时，一定要强调语言的运用技巧，如修辞、音调等，否则会对某些特定的接受对象造成语言方面的沟通障碍，如一位知识分子用大量专业术语写成的新闻广播稿，就不能吸引那些只受过初等教育的人。同一国度、同一民族因居住的地区不同而造成语言不通，也常给人们的生活和工作带来麻烦，如购物听不懂答话、问路因语言不通误听而走错路等。更不用说不同国度、不同民族之间语言的沟通障碍了。可以说，由于语言沟通不畅造成沟通失误，甚至引起某些纠葛，在日常生活和工作中比比皆是。而存在于公共关系计划实施过程中的语言沟通障碍常会造成公共关系工作的被动局面。因此，在公关实施中要考虑使用合适的语言和语音，避免不必要的负面影响。

2) 风俗习惯

所谓风俗习惯，是指在一定的文化历史背景下形成的具有固定特点的调整人际关系的社会因素，如道德习惯、礼节、审美传统等。风俗习惯是世代相传的一种习俗，不仅不同国家、不同民族的风俗习惯不同，有时同一国度、同一民族因居住地区的距离远近不同也会形成不同的习俗。虽然习俗不具有法律那样的强制力，但是通过家族、邻里、亲朋的舆论监督，往往迫使人们入乡随俗，即使圣贤也莫能例外。因此，公共关系实施时要因地适宜，入乡随俗。

3) 思想观念

所谓思想观念，是指在一定的社会条件下人们接受、信奉并用以指导自己行动的理论和观点。思想观念对沟通起着巨大的作用，有的会极大地促进沟通的顺利进行并取得好的沟通效果，而有的则会成为沟通的障碍。因此，有必要认真对待沟通障碍中的观念障碍。

(1) 封闭观念造成的沟通障碍。封闭观念主要源自自给自足的小农经济。由于他们从事简单劳动，不需要分工协作，也没有丰富的社会联系，长此以往就形成了一种排外观念或事物的自我封闭观念，致使信息传播受阻。

(2) 极端观念破坏沟通。由于固执地坚持某一极端的观点或立场而造成对沟通的破坏。例如，在对某一有争议的事件做出最终判断时，由于争论的双方只是抓住对方沟通过程中的某一环节、方面或特点，各执一端，彼此排斥，各自无法听进对方的意见，结果常常闹得不欢而散。

当然，观念障碍还有其他类型。总之，对观念障碍的理性认识有利于在公共关系实施中消除这种障碍。

4) 组织障碍

“组织”这一概念在这里是指由若干“系统”所组成的、开放的社会技术系统。合理的组织结构能够有效地进行内外沟通；反之，不合理的组织结构则会成为束缚沟通的绳索。

主要表现：①传递层次过多造成信息失真；②机构臃肿造成沟通缓慢；③条块分割造成沟通“短路”；④沟通渠道单一造成信息量不足。

公共关系实施过程中首先应注意缩小传播者与公众之间的差异。例如，选择传播沟通媒介时应尽量选择公众心目中信誉较高的媒介，尽量站在公众的立场上，从公众的需求出发，用公众较容易接受的语言或一些生动简单的事例来说明沟通的内容，尽量缩小传播者与公众之间在语言、习俗、态度、观念等方面的差距。其次，应注意今天的公众比以往更多地接受到各种大众传播媒介的影响，而他们更乐于接受那些与其自身利益密切相关的信息。

3. 突发事件的干扰

对公共关系计划实施的干扰，最大的莫过于突发事件。这里所说的突发事件包括两大类：一类是人为的纠纷危机，如公众投诉、新闻媒介的批评、不利舆论的冲击等；另一类是不以人的意志为转移的灾变危机，如地震、水灾、火灾、空难等。这些重大的突发事件对公共关系计划的实施干扰极大。因为突发事件一般具有以下几个特征：①发生突然，常常令人始料不及；②来势迅猛，常常令人措手不及；③后果严重，危害极大；④影响范围大，易给整个社会带来恐慌和混乱。一个社会组织如果不善于处理突发事件，那么不但会使整个公共关系计划难以实施，甚至会影响到本组织的生死存亡。

应用案例 5-1

长跑竞赛发生事故

1999年6月，在春江市“阳歌杯”全民健身周长跑竞赛中，不幸多人中暑，两人死亡。

当日上午，春江市骄阳似火，天气暴热。9时整，3 000多名运动员参加了1.5千米长的群众性长跑活动。随后，其中的350名运动员移师江滨路进行长跑竞赛。其中，中年男女组和青年组赛程为8千米，少年组为3.6千米。由于在烈日下激烈地奔跑，有不少运动员先后出现程度不一的中暑反应。8名中暑较严重的运动员被迅速送往市急救医疗中心抢救。伍思聪在途中中暑摔倒，头部被摔伤，待送达急救中心时，伍思聪心跳已停止。夺得中年女子组竞赛第二名的春江市第一机床厂的申桂英也因中暑不治，于次日凌晨死亡。

此案例说明了公共关系工作的科学性和有效性很大程度上取决于公共关系的策划和公共关系实施过程的管理。公共关系实施管理的过程涉及的相关因素大致有3个系列，即公共关系目标因素、沟通因素和突发事件的干扰。这3种因素客观上影响着公共关系工作的效果。 在此案例中，由企业赞助全民健身周活动，本来是一极具传播价值的公共关系活动，但是在长跑比赛中却发生了两个死亡、多人中暑的不幸事件。首先，6月的春江市，天气酷热，在这种条件下，让3 000多名运动员参加长跑比赛，是由于公共关系活动的主持者实施准备工作不当，没有考虑到天气因素，实属时机选择不当。其次，在发生意外后，没有控制好意外事件对组织的影响，使本来很有意义的公关活动变成了一个悲剧。经新闻媒介报道后，其不利影响不堪设想。

由此可见，在公共关系活动实施的管理过程中，要综合考虑各种影响因素。

（资料来源：http://www.zhuoda.org/why/40946.html. ）

5.2 战术型公共关系活动的模式

战术型商务公共关系活动的模式在组织发展的不同时期，根据组织发展不同时期公共关系工作的特点，可以归纳出6种模式。

5.2.1 日常事务型公共关系

日常事务型公共关系是指在组织的日常运行中，贯彻公共关系工作目标，努力树立形象、争取公众、扩大影响。其目的在于使组织在日常经营的各个领域、各个环节都能给社会公众留下好印象，争取正面的社会舆论，使组织保持良好的知名度和美誉度，实现组织的稳定，保持良性发展。

1. 日常事务型公共关系活动的特点

日常事务型公共关系的主要特点在于其广泛的渗透性。日常公共关系渗透于组织的每一个人、每一时间、每一事务、每一场所，它从平淡、细致的工作中，员工的言谈举止中都会体现出来。北京长城饭店成立之初，即聘请了美国达拉斯凯饭店富有经验的公共关系经理布朗(Brown)女士担任该店的公关部经理。当时人们对公关相当陌生，觉得很神秘。一次，有位服务员在打扫房间时，发现客人的床头上摊放着一本书，她没有挪动书的位置，也没有信手把书合上，而是细心地在书摊开的地方夹进了一张小纸条，以起到书签的作用。事后，客人对服务员细致的服务倍加称赞，并将此事告诉了同来的几十名同事，告诉了她所认识的所有朋友。布朗女士抓住这件小事，告诉大家：这就是公关。公关需要从细微处做起，所有饭店工作人员都应通过自己的一举一动体现公关意识，从各方面树立完美的形象。

2. 日常事务型公共关系活动的方法

日常事务型公共关系要求组织在日常运行的各个环节、各个渠道都时时注意形象问题，处处给人留下好感，在内外公众中都留下好的印象。例如，一个制衣厂，它为了争取公众、建立声誉，从原材料采购、商品生产、产品包装、销售服务等各方面皆严格把关，保证质量、合理定价，优质服务；同时，对本厂职工的劳动保护、生活福利、医疗保健、家属问题等事务也无微不至地予以关怀。长此以往，通过这一系列日常公关实务就会不知不觉地达到公共关系工作的目标，赢得公众信任，扩大本企业的名声。

3. 日常事务型公共关系活动的原则

在开展日常事务型公共关系活动时，必须遵循以下原则。

1) 文明性

它要求一个组织在管理思想上应树立文明经营的观点。例如，生产上不偷工减料，不弄虚作假；销售上礼貌待人，货真价实、童叟无欺；即使与公众发生矛盾，也应本着严于律己、宽以待人的精神妥善地予以处理；无论内外公众，皆应以诚相待，以情相接，不做损人利己之举。

2) 制度性

组织对所属各部门、各工种等皆必须制定合理、全面的相应规章制度。一方面要使这些制度条款化、公开化，认真加以宣传，严格予以贯彻；另一方面要经常性地进行监督，检查具体的执行情况，绝不能让它成为一纸空文，并且要辅之以必要的奖惩手段。

3) 求实性

这要求组织的日常事务真正地切合实际，确实能起到于细微处见精神的效果。这就要求组织在考虑进行这一系列日常事务时，应听取群众意见，做调查研究，所做的事情能做到点子上，并真正与公众“痛痒”相关，而不是脱离实际、好高骛远。严格地按照此规范去做，这一组织的事务型公共关系工作就是成功的。

4. 日常事务型公共关系活动模式应注意的问题

1) 培训和强化组织全体员工的公关意识

只有明确的重视公众的公关意识，才会有相应的言语、表情和姿势等行为表达重视顾客之意，才会有真正的“顾客第一”的公关行为。反之，如果没有公关意识，所谓的公关行为也会形似而神不似。在各行业提倡“微笑服务”的今天，可以听到有些工作人员一句冷漠的“欢迎光临”，这是没有公关意识的体现。全员公关需要全员具有明确的公关意识。

2) 将公共关系行为规范化、制度化

首先，组织的管理者应该树立文明经营、诚信经营的思想，即从原材料的采购、加工到生产出顾客满意的优质产品到提供良好的服务过程中一直要贯穿诚信的理念。其次，组织对所属各部门、各工种等必须制定合理、全面的规章制度，强化公关效果。

5.2.2 建设型公共关系

建设型公共关系是在社会组织初创时期或新产品、新服务首次推出时期，为开创新局面进行的公共关系活动模式。其目的在于提高组织的美誉度，形成良好的第一印象，或使社会公众对组织及产品有一种新的兴趣，形成一种新的感觉，直接推动组织事业的发展。

1. 建设型公共关系活动的特点

建设型公共关系活动的特点是宣传和交际，塑造良好的“第一社会印象”。 通过宣传和交际，向社会公众介绍自己，使公众对新组织、新服务、新产品有所认识，引起公众兴趣；并努力结交朋友，提高知名度，尽量使更多的公众知道、理解、接近自己，取得公众的信任与支持，争取良好的印象，争取更多的正面舆论。简言之就是采用高姿态的传播方式，打开局面，扩大影响。

2. 建设型公共关系活动的方法

建设型公共关系活动采用的方法一般包括开业广告、开业庆典、落成典礼、新产品试销、新服务介绍、新产品发布会、免费试用、免费品尝、免费招待参观、开业折价酬宾、赠送宣传品、主动参加社区活动等。

3. 建设型公共关系活动的原则

1) 抓住时机

对于建设型公共关系来说，选择时机十分重要，公司挂牌、商场开业、产品上市、都需要注意研究公众的需要，选择有利时机，让公众形成良好的“第一印象”。

2) 练好内功

不管是为了一炮打响来个开门红，还是为了开创组织的新局面、赢得新市场，都必须首先在产品规格、产品质量、花色品种、外观设计、服务态度的建设和改进上下工夫。这是组织建立新形象的基础工作，这个工作做得不好，开创新局面将成为一句空话。

3) 掌握分寸

为了让组织迅速获得公众的认同，或者让新产品新服务迅速占领市场，必须通过各种传播媒介大力宣传组织的新情况、新进展、新产品、新服务、以便让公众了解组织、理解组织。但要掌握好分寸，不能露出过多的宣传痕迹，更不可胡吹乱捧，以免引起公众的反感。

应用案例 5-2

强力胶水店的开张宣传

中国香港一家经营强力胶水的商店，坐落在一条鲜为人知的街道上。为了招揽生意，在开张前一天，这家商店的店主在门口贴了一张布告："为了庆祝开业，明天上午 9 点，在此将用本店出售的强力胶水把一枚价值 4 500 美元的金币贴在墙上，若有哪位先生、小姐用手把它揭下来，这枚金币就赠送给他(她)，本店绝不食言!"这个消息不胫而走。第二天，人们将这家店铺围得水泄不通，电视台的录像车也开来了。店主拿出一瓶强力胶水，高声重复广告中的承诺，接着便在那块从金饰店定做的金币背面薄薄涂上一层胶水，将它贴到墙上。人们一个接着一个地上来试运气，结果金币纹丝不动。这一切都被录像机摄入镜头。这家商店的强力胶水从此销量大增。

该案例是典型的建设型公共关系活动。经营强力胶水的商店，在发展之初知名度不高，于是就在开业前夕，精心策划了这一活动，抓住公众的心理，引导他们参与。由于强力胶水质量过硬，商店本身有实力，再借助于媒体的力量，做足了宣传，因而取得了成功。

(资料来源：赵宏中. 公共关系学教程[M]. 3 版. 武汉：武汉理工大学出版社，2009.)

4. 建设型公共关系活动模式应注意的问题

(1) 在宣传、交际上，组织要加强管理，自我审查，保证组织本身管理完善，产品或服务过硬，这是建设型公共关系活动实施的前提和根本。

(2) 要注意掌握分寸，不要有过多的宣传痕迹，更不能乱吹乱捧。前提是与组织形象、产品质量实际相符，宣传不能脱离实际，否则会适得其反，引起公众的反感。

5.2.3 进攻型公共关系

进攻型公共关系活动是一种主动进取、争取公众、创造良好环境时采用的一种公关模式。当组织需要拓展(一般在组织的成长期)，或预定目标与所处环境发生冲突时，主动发起公关攻势，以攻为守，及时调整决策和行为，积极地改善环境，以减少或消除冲突的因素，并保证预定目标的实现，从而树立和维护良好形象。

应用案例 5-3

一百万封"求爱信"

——上海普陀旅行社的进攻性公关战略

上海普陀旅行社经理陈安华在 8 年内发出了一百万封"求爱信"。把他写过的"求爱信"摊平叠起来，有十几层楼高。每次发信都是用黄鱼车装载。

8 年前，长寿路一条弄堂口挂出了普陀旅行社这块不显眼的小招牌。陈安华经理，一共才五六个人。

社址设在弄堂里的一个过街楼下，总共才 13.8 平方米。当时上海已有十几家旅行社，人家设在繁华的外滩、南京路、西藏路、延安路、淮海路、四川路，镀金的招牌和耀眼的霓虹灯十分引人注目。陈经理心里明白，他们挤在"下犄角"，地理条件就先天不足。开张初期，手头无资金又做不起广告，打个不恰当的比方，好比一个小伙子个子不高，经济条件不佳，找对象有一定的难度。忧虑中陈经理迸出灵感：小伙子向姑娘求爱，常用写信的方法，办企业为啥不能借鉴？他深情地提起笔，在信中开诚布公地表明：鄙社新开张，希望各方大力支持。信中介绍了旅游线路、服务项目，并写明收费标准。陈经理买来钢板、蜡纸、简易油印机，开始了"求爱信"的"批量生产"。陈经理和伙伴们日夜开信封，一寄就是几万封。

心诚石头也能开出花。信发出不久，果然有不少游客接连不断地前来光顾。春、夏、秋、冬，陈经理一年都要发 4 次"求爱信"，不管对方有意还是无意，陈经理始终一往情深，8 年内不间断发信，有些游客上门时说："看在你们一年 4 封信的情分上，我们也该到你们这儿参加旅游。"

"求爱信"的面越来越广。崛起的乡镇企业，发展的个体户，壮大的三资公司，这些都成了陈经理的"求爱"对象。从工矿企业到村民委员会，从机关学校到普通居民，从大公司到小烟杂货店，陈经理都把他们当"意中人"。离退休干部和农民对旅游的热情也引起他极大的注意。嘉定县江桥乡一家厂接到"求爱信"，包了一辆大巴士去杭州、瑶琳旅游。他们对普陀旅行社的服务态度赞不绝口，回乡后向左邻右舍大加夸奖。活广告引起了大生意。这年，光做这个乡的生意一个月的营业额就达 10 万元。东北一家老干部局收到"求爱信"后，马上与陈经理联系，双方约好在南京"相会"。在导游的精心安排下，对方十分满意，马上谈成了第二批业务。

"求爱信"的数量一次比一次多。陈安华每天必看《解放日报》，搜集新成立单位的电话、地址，对改名、换地址的单位，他也一一记录在册。这几年，他搜集了上海市区和郊县 4 万多家单位的最新邮政编码和地址，分类成 4 大本，计 200 万字。翻开这 4 大本，每一页、每一行、每一字都整整齐齐、毫不含糊。这是陈经理利用每天晚上在办公室等候各地导游电话的空隙时整理的。陈经理并不满足上海滩的业务，他还一点一滴地搜集了各省市工矿企业和机关学校的地址，目前在手的已有几十本。事实上，他的"求爱信"早已遍布全国各地。

人们对陈经理说，你可称得上是"上海地址大全"了，这可是一笔财富。他却说，为游客设计的旅游线路图才是真正的财富。这几年，普陀旅行社已开出了 100 多条线路，都由陈经理一手策划。有探梅、赏菊、冰灯、避暑等季节性的；有爬山、游泳等体育型的；有新婚、商务等社交型的；有革命根据地、革命遗址等教育型的；还有美食、戏曲、购物、宗教等风格型的，内容丰富、风格各异。

"求爱信"的身份越来越高。如今，信已由专业印刷厂印刷，开面比以前翻了好几番。千变万变，有一点却没变，陈经理仍像"初恋"时那样真诚。信中所标的收费价格适中，购票时绝不加费。

诚招天下客。普陀旅行社的生意越做越兴旺。在上级领导的支持下，社址已迁到长寿路上的街面房，上下两层。在市工人文化宫南侧，他们还开设了门市部。建设第一年营业额万元，去年达 270 万元。

这个案例告诉人们，企业在成立之初可以采取进攻型公关策略，使企业不断开创新局面，并在开创的过程中要协调好各种社会关系，团结更多的支持者和协作者。

(资料来源：刘强，彭洪峰. 公关经理 MBA 强化教程[M]. 北京：中国经济出版社，2002.)

1. 进攻型公共关系活动的特点

进攻型公共关系的特点是组织运用一切可以利用的手段，抓住一切有利的时机和条件，以积极主动的姿态调整自身行为，改变环境，摆脱被动局面，创造有利于组织发展的新局面。

2. 进攻型公共关系活动的方法

进攻型公共关系活动可采用如下方法：①开拓新的领域，改变组织对环境旧的依赖关系；②主动交朋友、加入同行业协会或参与协作性的交流会议，减少与竞争者的冲突、摩擦；③组织要尽量避免过多受到环境中消极因素的影响，对这些影响可以采取迂回转移策略；④利用机会主动出击。

3. 进攻型公共关系活动的原则

1) 把握时机

进攻型公共关系活动很讲究实际条件，并不是任何组织一旦与环境发生了矛盾冲突都能采用这种活动方式。在缺乏一定的社会气候、环境气候，尤其是在组织的内在应变能力本来就不强时，不能开展这种活动。如果实际条件没有把握好，盲目出击，不仅伤了组织的元气，还会加剧组织与环境的冲突。

2) 创新进攻

组织在进攻时，应以“创”为主，发挥主观能动性。例如，选择新的顾客群；改换合作伙伴；减少社会关系，调整组织在社会上的位置去减少组织与环境的摩擦冲突；通过制造新闻形成支持组织的社会舆论；通过争取政府制定有利于组织发展的新政策等。

3) 把握分寸

组织可以通过积极主动的行为改变环境，使环境适合于自己，但这种改变是有限度的，这个限度就是合理运用环境中有利于组织的实际条件。倘若改变环境的努力超出环境承受力，就出现“搬起石头砸自己的脚”乃至“玩火自焚”的局面，使组织“赔了夫人又折兵”，陷入更大的困境，所以应把握好尺寸。

4. 进攻型公共关系应注意的问题

(1) 要避免环境的消极影响，如避免参加过多的纵向关系组织和不必要的社会活动，避免过多地承担社会义务，以免受到过多的规章制度和社会关系的牵制。

(2) 不断开创新局面，如建立分公司、研制新产品、开辟新市场、创造新环境。

(3) 要协调社会关系，以减少与竞争者之间的矛盾和冲突，团结更多的支持者和协作者。

5.2.4 防御型公共关系

防御型公共关系活动是组织为防止自身的公共关系失调而采取的一种公共关系活动模式。其目的是在组织与公众之间出现摩擦苗头的时候，及时调整组织的政策和行为，铲除摩擦苗头，始终将与公众的关系控制在期望的轨道上。

1. 防御型公共关系活动的特点

防御型公共关系活动的特点是防御与引导相结合。具体来说在于确切地了解自身组织的公共关系现状，敏锐地发现其失调的预兆和症状，针对失调采取对策，及时消除隐患。

2. 防御型公共关系活动的方法

防御型公共关系活动的工作重点是以防为主。因此，要多采用调查、预测手段来堵塞漏洞，防患于未然。这就需要通过公共关系人员树立强烈的防范意识，建立科学的预警系统，形成防御机制，对各类可能出现的问题及时发现、及时纠正。

3. 防御型公共关系活动的原则

1) 具备危机意识

在组织中，应树立一种危机观念，营造“危机”氛围，使企业经营者及所有员工面对激烈的市场竞争激发其忧患意识和奋斗精神。

2) 形成预警系统

防御型公共关系工作应以预防为主，重在平时。公共关系部门要对可能遇到的会导致公众产生信任危机的问题，进行预测，分析其发生的概率、性质、范围、影响等，并分别制定应急措施，确定处理问题的恰当人选。

3) 主动采取措施

面对潜在危机，必须及时采取对策，在问题未对组织构成任何威胁时着手工作，主动进行调整与引导，防患于未然，使“患”在“萌芽”之中就得到解决。

4) 增加透明度

一个组织愈增加透明度就愈能减少与外部公众发生摩擦的可能性，即使出现了摩擦也能及时得到解决。

4. 防御型公共关系活动应注意的问题

防御型公共关系对待危机应该以预防为主。在组织发展顺利、情况正常的时候，要善于发现问题、预见问题，做到未雨绸缪，及早制定出防治措施，才能在公共关系活动中保持主动。

5.2.5 维系型公共关系

维系型公共关系活动是指社会组织在稳定发展期间，用来巩固良好形象的公共关系活动模式。其目的是通过不间断的、持续的公共关系活动，巩固、维持与公众的良好关系和组织形象，使组织的良好印象始终保留在公众的记忆中。其做法是通过各种渠道和采用各种方式持续不断地向社会公众传递组织的各种信息，使公众在不知不觉中成为组织的顺意公众。

1. 维系型公共关系活动的特点

维系型公共关系是一种借助各种传播媒介，以较低的姿态，持续不断地向公众传递组织的各种信息，推动公众对组织有更新更深的认识与了解的形式。维系型公共关系通过不间断的宣传和工作，对公众施以潜移默化的影响，不断巩固组织在社会公众心目中的良好形象，因而体现出渗透性、宣传性的特点。

2. 维系型公共关系活动的方法

1) 硬维系

硬维系是指那些维系目的明确、主客双方都能理解意图的维系活动。这种模式适用于已经建立了购买或业务关系往来的组织和个人，特点是靠优惠措施和感情联络来维系与公众的关系。例如，许多西方航空公司明确宣布，凡乘坐我公司航班多少次以上者或累计飞行里程达多少者，公司可提供免费旅行一次，目的是同顾客建立较长期的联系。有些国内外厂商还利用一些节日、纪念日，向长期客户赠送一些小礼品，做一些联谊活动，来加强感情联络，发展厂商与顾客之间的关系。具体方式灵活多样，可利用各种传媒进行一般的宣传，如定期刊发有关组织情况的新闻、播出广告、提供组织的新闻图片、实行会员制、提供累计消费折扣等。

2) 软维系

软维系是指那些活动目的虽然明确，但表现形式却比较超脱的公共关系活动，它的目的是让公众淡忘了组织。一般是针对广泛的公众开展的公共关系活动，其具体做法可以灵活多样，但要以低姿态宣传为主，如定期广告、组织报道、提供组织的新闻宣传片、散发印有组织名称的交通旅游图等。保持一定的媒体曝光率，使公众在不知不觉中了解组织的情况，加深对组织的印象。

应用案例 5-4

北京长城饭店的"醉翁之意"

1986 年的圣诞节，北京长城饭店公共关系部请了一批孩子来饭店装饰圣诞树，除供应他们一天的吃喝外，临走时还特地送给每人一份小礼物。这些孩子分别来自各国的驻华使馆，他们的父母都是使馆的官员。长城饭店是五星级豪华饭店，顾客主要是各国的来华人士，邀请这些孩子来饭店，表面上是为孩子们举行了一次符合西方习惯的传统活动，但"醉翁之意"是希望通过孩子来维系长城饭店与各使馆的关系。孩子在饭店待了一天，长城饭店的豪华设施在他们幼小的心灵中留下深刻的印象，他们的父母也一定会问孩子圣诞节在长城饭店过得是否快乐，还可能看看赠送给孩子的礼品，对长城饭店的好感油然而生。随之而来的必然是宾客盈门了。

(资料来源：宋常桐. 公共关系与现代礼仪[M]. 北京：清华大学出版社，2007.)

3) 强化维系

强化维系是指在组织已有了一定的形象或相当好的公关形象时，为进一步巩固和发展既有形象、消除潜在危机而开展的公共关系活动。

3. 维系型公共关系活动的原则

1) 抓住公众心理

要维系组织良好的公共关系状态，需要深入研究公众的心理需求，只有这样有针对性地开展维系性公共关系活动，才能使公众对组织产生有利的心理定势。

2) 渐进性

开展维系型公共关系活动，在方法上应注重"细水长流"。通过传播媒介不断地将组织有关信息传给公众，使组织的良好形象经常呈现在公众的面前，让公众在不知不觉中慢慢形成对社会组织的好感。

4. 维系型公共关系活动应注意的问题

维系型公共关系是为了维系组织已享有的声誉，稳定已建立的良好关系。因此，在向社会和公众传递信息时，必须要对公众的心理进行分析，并且针对不同的目标公众采取一种持续不断、较低姿态的传播方式，对公众施以不落痕迹、不知不觉的影响，保持一种潜移默化的渗透力，避免引起公众的抵触。

5.2.6 矫正型公共关系

矫正型公共关系是指社会组织在遇到问题与危机、公共关系严重失调、组织形象受到损害时，为了扭转公众对组织的不良印象或已经出现的不利局面而开展的公共关系活动。其目的是对严重受损的组织形象及时纠偏、矫正，挽回不良影响，转危为安，重新树立组织的良好形象。

1. 矫正型公共关系的活动特点

矫正型公共关系活动的最突出特点是“及时”：及时发现问题，及时纠正错误，及时采取有效措施，以对公众负责的态度处理危机，做好善后工作，以尽量减轻损害造成的后果，并重新建立起组织的新形象，挽回组织的声誉。

2. 矫正型公共关系的活动方法

矫正型公共关系活动根据产生危机的来源不同，可将其划分为内部矫正型和外部矫正型两类。

1) 内部矫正型

内部矫正型是指由于组织内在的原因，如产品质量、服务态度、环境保护、管理政策、经营方针等方面发生了问题而造成组织公共关系的严重失调。这时组织应设法降低知名度，尽量控制影响面，同时具体分析原因，提出纠正措施，解决实际问题，并利用各种公共关系方式向新闻界和社会公众公布纠正的措施和进展情况，平息风波，恢复信任。

2) 外部矫正型

外部矫正型是由于外在的误解、谣言，甚至人为的破坏而招致组织形象的损害。在这种情况下，组织机构迅速查清原因，公布真相、澄清事实，与舆论及有关部门协同采取措施，消除损害因素。

3. 矫正型公共关系活动的原则

1) 正确对待

由于组织是在极其复杂的现实环境中进行运行的，不可能对运行中可能发生的各种情况做出完全准确的预见。因此，难免会有失误的地方，并对组织形象造成不同程度的损害。面对各种失误，应当树立正确的态度：亡羊补牢，向公众表明解决问题的诚意，求得公众的谅解和合作。这样，才有可能尽量减少因失误对组织形象产生的损坏，并由被动变为主动。

2) 阐明真相

面对受损的组织形象，公共关系部门应迅速查清原因，采取行动，尽快与新闻界取得联系，控制影响面，并及时把外界的舆论准确地反馈给决策层和有关部门，通过坦诚事实的真相，争取公众的谅解和支持。

3) 及时补救

失误一旦发生，组织形象便开始受到损坏。因此，纠正失误的公共关系工作要有成效，就要有强烈的“救火”意识，及时发现，及时纠正，及时改善，变被动为主动，控制事态，减少对组织形象的损害。

4) 重塑形象

运用矫正型公共关系纠正组织自身的失误，其根本目的是通过补救措施，主动地、有意识地以该事件为契机，变坏事为好事，向好的方面扩大自己的知名度。这就需要一个组织有高超的公共关系艺术，善于借题发挥，因势利导，把握趋向，重塑形象。

4. 矫正型公共关系活动应注意的问题

社会组织在遇到问题与危机，引起公众和社会负面舆论，组织形象受到损害时，应迅速反应，及时提出消除危机的办法和纠正错误的措施。与此同时，公共关系人员还需运用各种公共关系手段和技巧开展公共关系活动，消除不良影响，向新闻界，并通过新闻界向广大公众公布纠正的措施和进展情况，求得公众的谅解，平息风波，恢复信任，重新树立良好形象。

应用案例 5-5

35 次紧急电话

一名美国女记者在世界著名的日本奥达克余百货公司买了一台未开启包装的唱机准备送给住在东京的婆婆。结果当她到婆婆家试用时，发现电唱机少了重要的内件，心中非常恼火，当晚写成一篇《笑脸背后的真面目》的新闻稿。第二天正当她动身出门准备找公司交涉时，奥达克余百货公司的副总经理和一名职员找上门来当场道歉，承认失误，亲手将一台完好的电唱机，外加一张著名唱片、一盒蛋糕奉上。女记者了解到为了寻找她，公司打了 35 次紧急电话，包括打国际长途到女记者所在的美国公司、她父母亲家了解女记者在东京的住处，她非常感动，立即重写一篇《35 次紧急电话》。

这个案例告诉我们企业在运营过程中不可避免会产生各种问题，关键是问题出来以后公共关系人员需要会运用各种公共关系手段和技巧开展公共关系活动，消除不良影响，求得公众的谅解，平息风波，恢复信任，重新树立良好形象。

(资料来源：赵宏中，等. 公共关系学[M]. 武汉：武汉理工大学出版社，2003.)

5.3 战略型公共关系活动的模式

应用案例 5-6

鸽子事件——企业宣传性公关的经典案例

美国联合碳化钙公司一幢 52 层高的、新造的总部大楼竣工了，一大群鸽子竟全部飞进了一间房间，并把这个房间当作它们的栖息之处。不多久，鸽子粪、羽毛就把这个房间弄得很脏。有的管理人员建议将这个房间所有的窗子打开，把这一大群鸽子赶走。这件“奇怪”的事传到公司的公关顾问那里，公关顾问立刻敏锐地意识到：扩大公司影响的机会来了。他认为，举行一次记者招待会，设计一次专题性活动，散发介绍性的小册子等，都可以把总部大楼竣工的信息传播给公众，这些自然也算是好方法，但仍是一般常规的方法。最佳的方法应做到使公众产生浓厚的兴趣，以至迫切想听、想看。现在一大群鸽子飞进了 52 层高的大楼内，这本身就是一件很吸引的新奇事，如果再能巧妙地在这件事上做点文章，则一定能产生更大的轰动效应。于是，在征得公司领导同意后，他立即下令关闭这个房间的所有窗门，不能让一只鸽子飞走。接着，他设计并导演了一场妙趣横生的“制造新闻”活动。

这位公关顾问别出心裁地用电话与动物保护委员会联系，告诉他们此间发生的事情，并且说，为了不伤害这些鸽子，使它们更好地生栖，请动物保护委员会能迅速派人前来处理这件有关保护动物的“大事”。动物保护委员会接到电话后居然十分重视，答应立即派人前往新落成的总部大楼处理此事，他们还郑重其事地带着网兜，因为要保护鸽子，必须小心翼翼地一只只捉。公关顾问紧接着就给新闻界打电话，不仅告诉他们一个很有新闻价值的一大群鸽子飞进大楼的奇景，而且还告诉他们在联合碳化钙公司总部大楼将发生一件既有趣又有意义的动物保护委员会捕捉鸽子的“事件”。

新闻界被这些消息惊动了。他们认为，如此多的鸽子飞入一幢大楼是极少见的，又加上动物保护委员会对它们采取“保护”措施。这的确是一条有价值的新闻，他们都急于想把这条信息告诉更多的公众。于是，电视台、广播电台、报社等新闻传播媒介纷纷派出记者进行现场采访和报道。

动物保护委员会出于保护动物的目的，在捕捉鸽子时十分认真、仔细。他们从捕捉第一只鸽子起，到最后一只鸽子落网，前后花了 3 天的时间。在这 3 天中，各新闻媒介对捕捉鸽子的行动进行了连续报道，使社会公众对此新闻产生浓厚的兴趣，很想了解全过程，而且消息、特定、专访、评论等体裁交替使用，既形象又生动，更吸引了广大读者争相阅读和收看。这些新闻报道把公众的注意力全吸引到联合碳化钙公司上来，吸引到公司刚竣工的总部大楼上来，结果，联合碳化钙公司总部大楼名声大振，而且公司首脑充分利用在荧屏上亮相的机会，向公众介绍公司的宗旨和情况，加深和扩大了公众对公司的了解，从而大大提高了公司的知名度和美誉度。同时，借此机会，将联合碳化钙公司总部大楼竣工的消息巧妙地、顺利地告诉了社会，使公众全盘地接受了这一消息。通过“制造新闻”，终于事半功倍地完成了向公众发布此消息的任务，扩大了企业的知名度，这是一起典型宣传性公共关系策划，属于战略型公关的一种。

战略型公共关系活动的模式一般有宣传型公共关系、交际型公共关系、服务型公共关系、社会型公共关系、征询型公共关系等 5 种类型。

(资料来源：http//www.docin.com/p-245891816.html.)

5.3.1 宣传型公共关系

1. 宣传型公共关系活动的含义及目的

宣传型公共关系活动是运用大众传播媒介和内部沟通方法，开展宣传工作，树立良好组织形象的公共关系活动模式。其目的是广泛发布和传播信息，让公众了解组织，以获得更多的支持。

2. 宣传型公共关系活动的特点

宣传型公共关系活动的特点是利用一定媒介进行自我宣传，其主导性、时效性极强，具体表现为以下 3 点。

1) 运用公关广告形式

按照本组织的意图在报纸、杂志、广播、电视等新闻媒介上宣传自己、树立形象，争取有关公众的好感。

2) 策划专题活动“制造新闻”，吸引新闻界报道

“制造新闻”也称媒介事件，是指组织为吸引新闻媒介报道并扩散自身所希望传播开去的信息而专门策划的活动。在众多的免费的宣传型公共关系手段中，它是一种最主动、最有效的传播方式。其他如新闻报道、专题通信、记者专访、新闻发布会等形式，都带有一定的机遇性，而且这些形式的主动权不在组织本身，往往取决于新闻传播媒介，取决于上级部门的安排，而“制造新闻”形式却能使组织积极主动地寻求扩大影响的机会，抓住时

机“制造”新闻，以激起新闻媒介采访、报道的兴趣，从而促使新闻媒介为组织做免费宣传。“制造新闻”作为一种积极主动的公共关系活动，是以社会组织充分认识新闻媒介公众的地位为前提的，如果对媒介公众的作用缺乏足够的认识，是产生不出“制造新闻”的热情的，也不可能经常保持与媒介公众的友好关系。上述“鸽子事件”成为美国市民 3 天的议论中心，可见“制造新闻”之魅力。

3) 名人效应

利用举办各种纪念会、庆祝典礼，或利用名人、明星等特殊人物的声望，达到提高组织知名度的效果。

3. 宣传型公共关系活动的方法

根据宣传对象的不同，宣传型公共关系活动的方式可分为内部宣传和外部宣传两类。

1) 内部宣传

内部宣传的对象是内部公众，如员工、股东等。宣传的目的是让内部公众及时、准确地了解与组织有关的各方面的信息，如组织的现行方针和决策、组织各部门的工作情况、组织的发展成就或困难和挫折、组织正在采取的行动和措施、外界公众对组织的评价以及外部社会环境的变化对组织的影响等，以便鼓舞士气，取得内部理解和支持。常用的宣传媒介有企业报纸、职工手册、黑板报、照片、宣传窗、闭路电视、电影、座谈会、演讲会、讨论会等形式。对于企业内部的特殊公众——股东，采用年终总结报告、季度报告、股东刊物、股东通信、财务状况通告等形式。

2) 外部宣传

外部宣传的对象包括与组织有关的一切外部公众，宣传的目的是让公众迅速获得对本组织有利的信息，形成良好舆论。外部宣传常用的方式有刊登广告、新产品展示会、举办记者招待会、经验或技术交流会、对外开放参观、各种典礼和仪式、制作公共关系刊物和各种视听材料等。

4. 宣传型公共关系活动的原则

在开展宣传型公共关系活动时，应把握以下 3 个原则。

1) 真实性

宣传的事实或信息应客观真实，绝不能出现虚假不实之词。

2) 双向性

公共关系传播是双向的，这要求组织既要将组织的信息通过各种途径传播给各类公众，又要及时搜集、反馈公众的信息。

3) 技巧性

宣传工作要主题明确，安排及时迅速，方式方法恰当适宜。避免过度宣传，给公众留下“王婆卖瓜”的印象。

只有这样遵循以上 3 个原则，通过组织的宣传型公共关系活动的开展，才能真正得到公众的信任和合作，才能在公众中真正树立良好的组织形象和信誉。

5. 宣传型公共关系活动应注意的问题

要根据目标公众选择合适的宣传策略和传播媒介。宣传型公共关系活动就是通过宣传的途径，建立良好的公共关系网络，来达到公共关系的目的。因此，在宣传型公共关系活动启动时，要事先将宣传目标，高度聚合于直接与本组织有关联的、特定的公众对象上，形成宣传性公关活动的鲜明的目标公众“聚焦点”，并在这一基础上，选择合适的传播媒介进行针对性、互动性的信息交流。宣传的内容要在真实的基础上，抓住时机，技巧策划，求异创新，争取公众的支持和配合。

5.3.2 交际型公共关系

交际型公共关系活动是在人际交往中开展公共关系工作的一种活动模式。它是以人际接触为手段，与公众进行协调沟通，为组织广结良缘的公共关系活动。其目的是通过人与人的直接接触，进行感情上的联络，为组织广结良缘，建立广泛的社会关系网络，形成有利于组织发展的人际环境。因此，交际型公共关系活动实施的重心是，创造或增进直接接触的机会，加强感情的交流。

1. 交际型公共关系活动的特点

1) 有灵活性

有灵活性即利用面对面交流的有利时机，充分施展公共关系人员的交际才能，达到有效沟通和广结良缘的目的。

2) 人情味强

以“感情输出”的方式，加强与沟通对象之间的情感交流。一旦建立了真正的感情联系，往往会相当牢固，甚至超越时空的限制。

2. 交际型公共关系活动的方法

交际型公共关系活动可以分为团体交往和个人交往。团体交往包括招待会、座谈会、工作午餐会、宴会、茶话会、联谊会、现场参观团队、考察团、团拜和慰问等。个人交往有交谈、上门拜访、祝贺、信件往来、个别参观、定期联络、问候等。

3. 交际型公共关系活动的原则

在开展交际型公共关系活动时，应遵循以下原则。

1) 广泛性

组织应充分认识交际型公共关系的作用，要承认关系网，利用关系网，正视关系网，发展关系网，同社会各界广结良缘，构架信息网络。

2) 经常性

交际型公共关系活动不仅要广结良缘，还要善于巩固和发展与公众建立的联系和友谊。组织应与社会各界经常来往，勤于交际。

3) 礼貌性

礼仪、礼节是开展交际型公共关系活动的重要组成部分，这要求公共关系人员在开展公共关系活动时要礼貌待人，注意礼节辞令，要在仪表、言语、行动和精神风貌上都要给公众留下深刻的良好印象。

4) 真诚性

社交型公共关系活动要以真诚为基础，无论是对其他组织还是对于个人，都要实事求是，讲真话，坦诚相待，不说假话，以取得公众的信任。

5) 正当性

应坚决杜绝使用各种不正当的手段，要明确社会交际只是公共关系的手段之一，绝不是公共关系的目的，更不能把私人间的一切交际活动混同于公共关系。

4. 交际型公共关系活动应注意的问题

要完善自我形象，掌握交际的礼貌、礼仪和交际艺术，善于运用有声语言和无声语言，善于与人打交道；要保持经常的接触与联络，注意平时的感情投资。“有事要登三宝殿，无事也要登三宝殿”，这样可以缩短人际交往的心理距离，密切相互的感情联系，保持长期良好的关系；注意团体交际形式，通过各种各样的招待会、工作餐、座谈会、茶话会、联谊会、团拜会等进行交往，增进感情。

应用案例 5-7

两块小方布

一个人乘坐北方航空公司的飞机去长沙出差。飞机降落之后，他提着随身带的一捆资料，走到了机舱门口。空中小姐在向他微笑道别的同时，递给了他两块小方布，说：“先生，请用小方布裹着绳子，不要勒坏了您的手。”这位先生备受感动，从此每次出差或带家人出门，总是首选北航。一句话、两块小方布，换来了一生的光顾，真是划算。

交际型公共关系是一种有效的公共关系方式，使沟通进入情感阶段，具有直接性、灵活性和较多的感情色彩。它是一种人文关怀、一种心灵的感动，绝不是那种眼睛紧紧地盯着人家手里的钱，说些寒暄的套话，连自己都不甚清楚。在这愈发冷淡的科技时代，情感变成了一种稀有资源，谁借用了这种资源谁就能引爆公关的革命，实现大丰收。

(资料来源：http://baike.baidu.com/view/3397355.htm.)

5.3.3 服务型公共关系

服务型公共关系活动是一种以提供优质服务为主要手段的公共关系活动模式，其目的是以实际行动来获取社会的了解和好评，建立自己良好的形象。对于一个企业或者社会组织来说，要想获得良好的社会形象，宣传固然重要，但更重要的还在于自己的工作，在于自己为公众服务的程度和水平。因此，组织要有全员公关意识，更要在组织和自己相关公众发生冲突时，做好掌握处理公众抱怨的技巧，妥善解决各种小冲突，做好组织形象的日常维护工作。面对抱怨需持一种积极态度：当面对顾客的抱怨和不满时，服务人员应该要有积极的态度，要勇于正视顾客的抱怨，把抱怨理解为顾客的一种权利。

1. 服务型公共关系活动的特点

服务型公共关系活动是一种最实在的公共关系活动，它的最大特点是看得见、摸得着，实在而又较少商品交换痕迹，人情味足，反馈灵敏，调整迅速。

2. 服务型公共关系活动的方法

服务型公共关系活动的方式包括各种消费教育、消费培训、消费指导、售后服务、免费保用保修、接待顾客和访问用户、为公众提供优惠服务及其他各种完善的服务措施等。

例如，针对顾客的抱怨可以借鉴 OHS(occupational health&safety，职业健康和安全)基本策略——一激二安三交代来进行疏导：

(1) “一激”就是指第一步行动，先激励肯定客户，感谢对方。例如，用“感谢您的支持，让您生气真不应该，请您不要生气了”此类的语句对顾客进行肯定，安抚客户的情绪。

(2) “二安”的含义包括“安其心”和“安其身”。先安其心，就是向顾客承诺一定给予完满的答复。然后安其身，可以把顾客引导到舒适的地方，让他坐下来喝口水，离开这个让他感到不满的环境，避免问题公开化与扩大化。

(3) “三交代”是给顾客的答复和处理意见。所谓满意都是相对的，很难达到绝对的满意。但是通过合理的沟通，顾客就能够接受。因此，不管最后顾客能否满意，都必须要给予交代，不能不了了之。如果顾客对处理结果不满意，可以接着再做第二循环的沟通。

服务人员要真心认错，口气轻快、柔和，承诺给顾客积极和热情的处理意见。

所谓“公共关系就是百分之九十要靠自己做好”，其含义即在于此。组织应依靠向公众提供实在、优惠、优质的服务来开展公共关系，获得公众的美誉度。

3. 服务型公共关系活动的原则

1) 自觉性

公共关系人员必须自觉把服务工作放在重要位置上，自觉开展服务工作。不能只着眼于经济利益，更重要的是社会价值，要着眼于通过服务来塑造良好形象。

2) 行动性

公共关系人员应注重以实际行动向公众证明组织的诚意，用实际行动说话，对行为应提出具体的目标，让组织对公众的一切诚意和善意变成看得见、摸得着的实在东西。

3) 全员性

服务型公共关系是尊重公众、为公众服务意识的体现，优质的服务不能仅靠公共关系部门的工作，而是需要依靠组织中所有成员的共同努力来实现。

4) 特色性

服务型公共关系绝不仅仅限于专门的服务行业，社会上任何一种组织都能以自己独特方式向公众提供必要的服务，提倡人无我有，人有我优，形成特色。

5) 规范性

为了保证提供优质、实在、便利的服务，有必要建立合理的制度，确立活动的规范，从而使公共关系工作有条不紊、坚持不懈地开展下去。

4. 服务型公共关系活动应注意的问题

1) 要提高服务的可感知性

服务的可感知性是指服务产品的有形部分，如各种设施、设备以及服务人员的外表等。通过这些有形、可视的部分为顾客提供有关服务质量本身的线索，并使顾客能直接有效地来把握服务的实质，增强其满意度。

2) 让公众感受到可靠性

让公众感受到可靠性是指企业应该准确无误地完成所承诺的服务，以此来建立企业声誉和同顾客良好的关系。

3) 要提高企业服务反应性

提高企业服务反应性是指企业随时准备愿意为顾客提供快捷、有效的服务，时刻把顾客利益放在第一位。

4) 提高服务人员的理解性

提高服务人员的理解性是指服务人员不仅要有友好的态度，而且要能真诚关心顾客，了解其实际需要(甚至是私人方面的特殊需求)并予以满足，使整个服务过程富有人情味。

5.3.4 社会型公共关系

应用案例 5-8

免费啤酒

某日，比利时某啤酒厂在闻名于世的小便神童莫尼坎皮斯的雕像里灌入400升该厂生产的啤酒，让神童一向排泄的自来水变成了泡沫飞腾的啤酒。布鲁塞尔的市民纷纷携带杯子和瓶子排起长队喝免费啤酒，盛况持续了1小时。真正吸引市民的，与其说是“免费”，还不如说是“神童”——他曾经用自己的小便浇灭了侵略军的炸药引线，挫败了敌人毁灭布鲁塞尔的阴谋，拯救了比利时。他是民族的象征。他的小便在比利时国民意识中，绝非普通的人体排泄物，而是早已被脱俗、神化为“圣水”了。电视台和报社的记者及时摄下了这一情景，并进行了报道。

这是一起很成功的社会型公共关系活动，体现了社会型公共关系活动的特点和原则。

（资料来源：http://wenku.baidu.com/view/66d85d6627d3240c8447efb4.html. ）

社会型公共关系活动是社会组织通过举办各种社会性、公益性、赞助性的活动，来塑造良好组织形象的活动模式。它实施的重点是突出活动的公益性特点，为组织塑造一种关心社会、关爱他人的良好形象。目的是通过积极的社会活动，扩大组织的社会影响，提高其社会声誉，赢得公众的支持。

1. 社会型公共关系活动的特点

社会型公共关系活动的特点是公益性、文化性、社会性、宣传性、影响面大、着眼于组织的整体形象和长远利益。

2. 社会型公共关系活动的方法

社会型公共关系活动的方法有以下几种。

1) 以组织机构本身的具有社会影响的项目为中心

这种场合的公共关系活动是自己搭台自己唱戏，如利用开业大典、竣工仪式、周年活动、组织内部重大事件、节庆吉日等机会，邀请各界宾客、社会公众共同参加庆祝活动，渲染喜庆气氛，借庆典活动，同各界人士广交朋友，扩大自己的社会影响。

应用案例 5-9

进步大游行

美国通用汽车公司在某新型汽车发明周年纪念之际，举办了历代汽车“进步大游行”活动。那一天，在纽约的主要马路上排满了各种式样的老爷车，由穿着考究礼服的司机拿着起动摇柄，开着晃晃悠悠的老爷车，长龙式地从纽约驶向全国其他城市。一路上，所有行人都好奇地驻足相望，热闹非凡。这次周年纪念活动搞得非常成功，不仅使人们对汽车发展史有较深刻、系统的了解，宣扬了通用汽车公司在汽车发展史上所做的贡献，而且使人们对该公司所生产的新型汽车有了“最现代化”的认识，扩大了通用汽车公司的社会上的影响。

(资料来源：http://www.wyfwgw.com/Article/4913_4.html.)

2) 以组织所处的社区或有关组织的重要节目为中心

这种条件下的公共关系活动是外人搭台自己唱戏，一般是利用社会上的传统节日、民俗、相关组织的重要活动等机会，积极参与，以此来树立自身的形象。

3) 以赞助社会福利事业为中心开展的公关活动

这类活动诸如支持社区福利事业、慈善事业，赞助教育、残疾人组织，赞助公共服务设施的建设，参与国家、社区的重大活动等，以此在公众心目中树立本组织注重社会责任的形象，提高组织的美誉度。

4) 资助大众传播媒介举办的各种活动

此类活动大都以冠组织名称或产品名称的“××杯”智力竞赛、唱歌比赛、影星评选等形式出现，既活跃了社会文化生活，又提高组织的知名度，宣传了组织形象。

4. 社会型公共关系活动的原则

在开展社会型公共关系活动时，应遵循以下原则。

1) 公益性

在开展社会型公共关系活动时，应体现一种乐善好施的精神，突出回报社会、承担社会责任的良好形象。

2) 文化性

在开展社会型公共关系活动时，应充分展示对真善美的和谐追求，应尽量与社会文化事业联系起来，提高文化形象，促进信息交流。

3) 量力性

公共关系人员一定不要拘泥于眼前得失而不顾长远利益；也不要贪多求大，毫无节制；要量力而行，谨慎从事。

4) 宣传性

社会型公共关系活动应与宣传型公共关系活动有机地结合，提高组织的知名度与美誉度。

5. 社会型公共关系活动的注意事项

组织要善于运用各种时机灵活策划社会型公共关系活动，以期引起新闻界和公众的兴趣与重视，通过大众传播达到扬名在外的目的；要坚持利他原则，特别是尊重公众利益，重视社会整体效益；社会型公共关系要结合宣传型公共关系。

5.3.5 征询型公共关系

征询型公共关系活动是以采集社会信息为主、掌握社会发展趋势的公共关系活动模式。其目的是通过信息采集、舆论调查、民意测验等工作，加强双向沟通，使组织了解社会舆论、民意民情、消费趋势，为组织的经营管理决策提供背景信息服务，使组织行为尽可能地与国家的总体利益、市场发展趋势以及民情民意一致；同时，也向公众传播或暗示组织意图，使公众印象更加深刻。征询型公共关系活动实施的重心在于感动操作上的科学性以及实施过程中的精细和诚意。

1. 征询型公共关系活动的特点

征询型公共关系活动的特点是长期、复杂、艰巨，需要持之以恒、日积月累；需要公共关系人员具有智慧、耐力和诚意。一旦能够获得公众的配合，组织就能够及时地对民意和舆论的变动做出反应，保持组织与社会环境之间的动态平衡。

2. 征询型公共关系活动的方法

当组织进行一项工作后就要设法了解社会公众对这项工作的反应。经过征询，将了解到的公众意见进行分类整理加以分析研究，然后提出改进工作的方案，直至满足公众的愿望为止。

征询型公共关系活动的工作方式包括：①产品试销调查，产品销售调查，市场调查；②访问重要用户，访问供应商，访问经销商；③征询使用意见，鼓励职工提合理化建议；④开展各种咨询业务，建立信访制度和相应的接待机构，设立监督电话，处理举报和投诉等。开展以上活动可采用的具体的做法：首先，在日常工作中发现公众意向，即直接通过与公众的接触，了解和观察众多的公众意向信息；其次，利用专门调查了解公众意向；最后，利用大众传播媒介了解公众意向。大众传播媒介往往反映一种公共意见，同时，众多的信息，如政府的决策信息、立法信息、社会舆论信息及竞争对手信息等，往往是用大众传播媒介进行传播的。因此，通过大众传播媒介来获取公众意向信息，具有省时快速、简便易行的特点。

此外，不要忽视企业内部公众意见的征询。征询内部员工意见的主要方法有走访、座谈、信访、设立意见箱、举报电话及内部员工合理建议奖等，也都是了解公众意见的好形式。

3. 征询型公共关系活动的原则

在开展征询型公共关系活动时，应遵循以下原则。

1) 长期性

征询型公共关系活动是一项长期艰巨性的任务，应坚持征询活动的日常化和制度化，并善于挖掘信息的潜在价值，才能及时发现问题与机遇，实现组织与环境之间的动态平衡。

2) 公正性

在活动中，公共关系人员的态度必须公正。公共关系人员不但是组织的耳目，更重要的是要站在中间人的角度，广泛、及时、公正地采集一切有关组织形象的意见和建议，起到组织机构与社会公众的中介者的作用。

3) 全面性

公共关系人员搜集信息视野要宽广，应全面搜集一切有关信息，不能仅局限在某些领域和方面，而把有价值的信息漏掉。

4) 预测性

预测工作是征询型公共关系活动的重要内容。公共关系人员注重预测，以敏锐的眼光和洞察力，对组织发展的社会环境、市场前景、原材料及能源供应等进行全面的预测分析，为决策服务。

4. 征询型公共关系活动应注意的事项

实施征询型公共关系的活动要注意日常化、常规化，形成不间断的周期循环；同时，要根据组织不同时期的发展目的，选择确定好既定的潜在公众和目标公众，并通过的适宜的开展方法、渠道和媒介来开展，达到挖掘、发现、收集、运用信息，为公共关系目标服务的目的。

以上6种战略型公关活动模式和5种战术型公关活动模式在策划时可以根据实际情况交叉组合使用。任何一种战略型公共关系活动模式都可以同时配用5种战术型公共关系活动模式；任何一种战术型公共关系活动模式都可以服务于任何一种战略型公共关系活动模式，一切都要从组织的需要和条件的允许出发，不要拘泥、刻板。

本章小结

公共关系实施是整个公共关系活动的中心环节，是社会组织为了实现既定公共关系目标，充分依据和利用实施条件，对公共关系创意策划进行实施策略、手段、方法设计并进行实际操作与管理的过程。公共关系实施决定了公共关系策划创意能否实现及实现的程度和范围。公共关系实施是一个系统操作和安排的活动，环环相扣、互相影响。因此，在公共关系实施的过程中，必须遵守做好公共关系实施的准备工作、做好公共关系实施过程的目标控制、做好公共关系实施工作的整体协调、做好公共关系实施的反馈与调整、充分发挥新闻媒体的作用等原则。同时，公共关系实施是公共关系策划方案的执行过程，然而公共关系策划只是对未来公共关系活动的一种预测和计划，在实施过程中，会有很多组织内外的各种因素干扰公共关系实施的进行，所以在公共关系实施过程中，要考虑到公共关系目标因素，语言沟通、风俗习惯沟通、思想观念、组织障碍等沟通因素，突发事件的干扰等各种能影响甚至制约公共关系实施顺利进行的因素。

在实施公共关系活动时，为了保证公共关系活动的效果，可以借助某种具体的公共关系模式。公共关系活动模式既为公共关系工作的方法系统，又是由一定的公共关系目标和任务，以及这种目标和任务所决定的数种具体方法和技巧构成的有机体系。选择公共关系模式就是为了实现既定的公共关系目标，根据公共关系策划的需要，选择科学合理的公共关系模式的过程。在本章中，具体阐述了战术型公共关系模式和战略型公共关系模式。其中，战术型公共关系模式包括日常事务型公共关系、建设型公共关系、进攻型公共关系、防御型公共关系、维系型公共关系、矫正型公共关系等6种模式；战略型公共关系模式包括宣传型公共关系、交际型公共关系、服务型公共关系、社会型公共关系、征询型公共关系5种模式。在以上的11种模式当中，都有不同的实施目的、各具的特点、操作实施的方法、操作实施过程中的原则以及实施过程中应注意的问题。在公共关系实施过程中，公共关系从业人员可灵活选择一种或多种模式，来满足实现公共关系目标的需要。

习　题

一、复习题

1. 单项选择题

(1) 决定了公共关系策划创意能否实现及实现的程度和范围，是整个公共关系活动的中心环节的是(　　)。

A．公共关系策划　　B．公共关系计划
C．公共关系实施　　D．公共关系评估

(2) 不借助媒介而直接交往，具有灵活性、人情味、使公众感到情善和诚意，有利于相互信任，这类公共关系活动称为(　　)。

A．服务型公共关系　　B．征询型公共关系
C．宣传型公共关系　　D．交际型公共关系

(3) 防御型公共关系用于(　　)。

A．组织环境发生激变、冲突已经产生时
B．组织的公共关系状态严重失调时
C．组织出现潜在公共关系危机时
D．组织处于稳定发展时期

(4) 日常事务型公共关系最大的特点是(　　)。

A．渗透性　　B．宣传性　　C．敏捷性　　D．关联性

(5) 上海大江有限公司出资 25 万元，与 8 家新闻单位联合主办“大江杯迎亚运世界体育知识大奖赛”，这一活动是(　　)。

A．服务型公共关系　　B．征询型公共关系
C．社会型公共关系　　D．交际型公共关系

2．判断题

(1) 走访、座谈、信访等，设立意见箱、举报电话及内部员工合理建议奖是开展征询型公共关系的方法。(　　)

(2) 支持社区福利事业、慈善事业，赞助教育、残疾人组织，赞助公共服务设施的建设，参与国家、社区的重大活动属于服务型公共关系。(　　)

(3) 矫正型公共关系的最突出特点是“及时”。(　　)

(4) 以人际接触为手段，与公众进行协调沟通，为组织广结良缘的公共关系活动是交际型公共关系。(　　)

(5) 公共关系实施只要按照公共关系策划方案操作就行，不需要考虑其他因素。(　　)

3．简答题

(1) 简述公共关系实施的原则。
(2) 社会型公共关系的方法及注意事项是什么？
(3) 在公共关系实施过程应考虑哪些因素？
(4) 战术型公共关系有哪些模式？请举例分析其中一种模式的操作原则和方法。

4．实际操作训练

实训一：

1) 实训操作内容

认识执行力。通过认识在任务执行过程中影响执行力的作用因素，使同学有意识地提高组织与个人执行力，从而提高公共关系活动实施能力。

2) 实训步骤

(1) 教师组织大家做撕纸游戏。

请大家每个人双手拿一张白纸，闭上双眼，听我讲两句话，按这两句话做。在整个过程中请不要讲话。

第一句话：请将手中的白纸对折一遍，并在其左下角，撕去一个半径为1厘米的1/4圆。

第二句话：请将手中的白纸再对折一遍，并在其右上角，撕去一个边长为1厘米的正方形。

好，都做完了吗？

好的，请大家睁开眼，打开手中的白纸，互相对照一下，看看是否一样。

(2) 以小组为单位展开讨论，分析为什么大家撕出的纸形都不一样。

(3) 小组派代表发言，说明自己小组的讨论结果。

(4) 教师点评并总结。

3) 实训要求。

每位同学认真参与游戏，并参与讨论，以小组为单位提交本小组讨论结果。

实训二：

1) 实训操作内容

公共关系活动实施训练。通过对具体活动的实施，掌握活动实施的步骤和实施管理方法。

2) 实训步骤

(1) 以小组为单位，策划一个“建设低碳校园”为主题的公共关系宣传活动。

(2) 对该公共关系活动制作实施计划并进行实施。

(3) 提交活动实施情况报告。

3) 实训要求

要求在实施情况报告中说明实施的步骤和对实施过程的控制、克服的障碍和实施的效果。

二、案例应用分析

精工表公关巧实施 奥运会扬名效果佳

——大型体育盛会公共关系计划的实施与评估

1964年，东京奥运会结束后不久，曾有日本人访问罗马。在一家餐厅里，当侍者看到这位日本人手腕上戴的表是瑞士产品时，竟疑惑地问：“您真的是日本人吗？”诧异什么？日本人竟没戴在东京奥运会上叱咤风云的国粹——精工表。侍者的态度不仅反映了公众对精工表的评价，这实际上也正说明精工计时公司借助奥运会开展的公共关系活动的成功，从某种意义上讲，这也是对该公司公共关系关系活动效果的最好评价。精工计时公司的公共关系计划是如何实施的呢？

1. 精心策划，运筹帷幄

功夫不负有心人。精工表美誉东京奥运会，其公共关系战略却要追溯到4年前。当奥运会一经宣布将在东京举行，日本主办单位决定的第一件事项就是大会的计时装置要使用日本的国产表。而在这之前奥运会所使用的计时装置几乎都是瑞士产品，当东京奥运会决定首次使用日本国产表后，奥委会的有些人士曾深感不安，唯恐发生了故障使大会难堪。

日本精工计时公司决心消除人们的种种疑虑，制订了让全世界的人都了解精工的计时是世界一流的技术与产品的公共关系计划，确立“荣获全世界的信赖”为公共关系目标，“世界的计时——精工表”作为公共关系活动的主题。为此，精工计时公司着手制订并实施了一项长达4年之久的整体计划，开始了一场史无前例的公共关系活动。

2. 巧妙实施，逐层推进

首先，精工计时公司派遣本企业的公关人员到罗马奥运会，进行“OMEGA”计时装置的现状及设施使用情况的调查。根据调查结果，决定产品开发的程序，拟订全盘公共关系计划。同时，各公司也开始进行各种各样的计时装置技术开发工作。随着计时装置开发工作的顺利进行，精工计时公司的公共关系计划业已策划成熟。调查研究工作结束以后，整个公共关系计划变分为 3 个阶段进行实施。

第一阶段，主要是全力以赴的开发计时装置技术并同时说服主办单位使用该企业的产品。另外，会场的布置也需征得国立竞技场和东京都政府的认可。精工计时公司一方面积极从事游说工作，另一方面将新开发的计时装置提供给日本国内举办的各种运动会作为实验之用，其目的是为了向委员会证明精工技术的可信度。其真诚努力终结硕果，奥委会已于 1963 年 5 月正式决定东京奥运会全部使用精工计时装置。

第二阶段，在改进技术的同时，展开了以“精工的经济计时表将被用于东京奥运会”为主题的公共关系活动。为了在世界范围内大造舆论，精工计时公司准备了奥运会预备会上所需的宣传手册，广告宣传也在紧锣密鼓的展开。

进入奥运会前的第三阶段，公共关系的各种计划先后付诸实施，报纸、广播、电视等在报道与奥运会有关的消息时，都或多或少地涉及精工表，从而造成了“东京奥运会必须使用精工计时装置”的舆论。

由于精工与奥运会完善结合，公共关系活动收到了奇效。当东京体育馆室内比赛大厅的竞技计时装置完成后举行盛大的落成典礼时，精工的技术被夸耀为日本科学的精华，无与伦比的结晶，终于实现的“精工——世界的计时表”这一目标。

精工计时公司为这次长达 4 年的公共关系战役投下的资本是 85 名技术员与 890 名作业员以及数亿日元的财富。然而，成就的最好例证便是开篇的故事。在罗马人眼里，精工表可以和瑞士表媲美。这足以说明精工计时公司此项公共关系活动的效果。

(1) 这是社会型公共关系，开展这类活动的目的是提高组织的知名度和美誉度。

(2) 其特点为内容的公益性、影响面的社会性、利益的长远性、形式的多样化。

(3) 应注意的问题：①要淡化商业性，突出公益性；②要量力而行；③要遵循经济性的原则；④要注意公共关系活动的连续性；⑤社会性公益活动必须与经常性公共关系活动相结合。

(资料来源：赵宏中．公共关系学[M]．武汉：武汉理工大学出版社，2003．)

问题：

(1) 精工计时公司所实施的公共关系活动属于哪种公共关系模式？

(2) 分析日本精工计时公司在大型体育盛会前的公共关系计划的实施。

知识链接

制 造 新 闻

制造新闻：社会组织为提高自身的知名度与美誉度，通过有计划的策划与组织，而将某种事件典型化、新闻化的公共关系行为。

造假新闻：非真实新闻。真实性和权威性是新闻的生命线。故意向新闻中“掺水”和“注水”，不仅严重违背新闻工作的职业操守和道德底线，也为广大读者所痛恨和不齿。

新闻制造是一种宣传型的媒介公关活动，也称媒介事件，是指组织为吸引新闻媒介报道并扩散自身所希望传播开去的信息而专门策划的活动。“制造新闻”不是无中生有地编造新闻，也不是不负责任地欺骗公众，而是善于利用一些偶然事件和突发事件，在一般人视为平凡小事中挖掘出新闻价值点，吸引新闻媒介广为传播、连续报道。

造假新闻是捏造新闻信息或对有关信息进行修改、拔高、浮夸等，失信于民。真实是新闻的生命，是新闻事业持续健康发展的重要前提和根本保障，新闻造假不仅严重破坏损害了媒体及造假组织的形象，也削弱了新闻的公信力，败坏了社会风气。

借势就是借助具有相当影响力的事件、人物、产品、故事、传说、影视作品、社会潮流等，策划出对自己有利的新闻事件的策划方式。

造势即善于发现和利用“趋势”，结合企业公关、营销目标，发现新闻点，整合可利用资源，利用媒体最大限度的发挥传播“共振效应”，达到传播的“裂变”，在竞争中以小搏大以一击十。

“势”通俗地说是潮流、趋势。审时度势，只能用心感受，才能发现“势”，用感性和理性去辨别“势”的走向、强弱，去挖掘哪个“点”更具有争议性、新闻性，研究如何传播才具有共振性、爆炸性、裂变性。新闻造势在短期内一触即发，形成人们争议的焦点和时尚话题，达到口碑传播和高度关注。

一个好的新闻策划，不应该只是“一锤子买卖”，一次报道之后就没有了下文，而是应该有很强的发展性，能够不断产生出新的事件和新的角度，紧紧围绕主题层层推进，以“组合拳”的方式进行“新闻轰炸”，从而更好地达到策划目标。

因此，新闻制造要善于借势和造势，积极主动地寻求扩大影响的机会，抓住时机“制造”新闻，以激起新闻媒介采访、报道的兴趣，从而促使新闻媒介为组织做免费宣传。新闻制造还要注意新闻策划的曲折性，遵循“新、奇、好”三原则，紧紧抓住媒体注意力，吸引他们对事件进行连续报道，扩大传播效应。

制造新闻是一种最有效、最主动、最经济的传播信息的方式，对组织来说，恰当地制造新闻有以下好处。

(1) 制造新闻是一种积极主动的传播方式。制造新闻是在社会组织充分认识新闻媒介的地位、作用和特点的情况下，为扩大知名度和美誉度，抓住一切可利用的契机制造新闻，以激起新闻媒介采访、报道的兴趣，从而达到使新闻媒介自觉不自觉地为组织作宣传的一种积极主动的创造型的新闻媒介公关活动。

(2) 制造新闻是一种最为有效的传播方式。新闻媒介所作的新闻报道、专题通信等都具有客观性、公正性和可信性，它比直观的商业广告更容易被公众接受、相信和记忆。因此，制造新闻将组织所要扩散和传播的有关信息用新闻的方式传递给公众，其效果要比王婆卖瓜式的商业宣传好得多。

(3) 制造新闻是一种最经济的传播方式。因此制造出来的新闻具有报道价值，所以被各媒介主动报道，对组织来说这种宣传是免费的。

(资料来源：http://doc.mbalib.com/view/01706392587387d82236aff5effla276.html．)

第6章　公共关系评估

教学目标

通过本章学习，理解公共关系评估的含义，了解公共关系评估的作用和方法，熟悉公共关系评估的内容，掌握公共关系评估报告的撰写方法。

教学要求

知识要点	能力要求	相关知识
公共关系评估的含义	(1) 学习和认识公共关系评估 (2) 理解公共关系评估的含义 (3) 了解公共关系评估的作用	(1) 程序评估 (2) 过程评估 (3) 类型评估 (4) 绩效评估 (5) 目标评估 (6) 活动效益评估
公共关系评估标准	(1) 掌握公关认知度的评估标准 (2) 熟悉公关美誉度的评估标准 (3) 了解公关和谐度的评估标准	(1) 知名度 (2) 态度赞同 (3) 情感亲和 (4) 言语宣传 (5) 行为合作
公共关系评估方法	(1) 熟悉公共关系评估的方法 (2) 学会使用评估方法分析公共关系活动效果	(1) 目标管理法 (2) 民意测验法 (3) 实验法 (4) 德尔菲法
评估报告的撰写	(1) 能正确衡量组织公共关系评估的效果正确应用评估方法和撰写评估报告 (2) 能根据评估结果提出合理化见解	(1) 评估报告与决策依据的关系 (2) 定量分析 (3) 定性分析

基本概念

公共关系评估　目标管理法　德尔菲法

导入案例

奥迪 A8 新产品上市项目实施结果评估

1. 媒体覆盖率

在北京、上海和广州三地，总计来自 93 个媒体单位的 126 名记者参加了针对 A8 轿车发布会的公关活动。截至 2001 年 8 月 20 日，本项活动所产生的直接媒体报道文章共有 144 篇。其中做了重点报道的媒体包括：中央电视一台的“清风车影”栏目在 6 月 1 日对 A8 轿车的上市进行了为时 9 分钟的专题报道，该栏目乃是国内影响最广泛的汽车电视节目；广东有线电视台在 8 月 17 日的“车世界”栏目上做了为时 5 分钟的报道；中国最大的汽车爱好者杂志“冠军赛车手”在 7 月 1 日出版的一期杂志中对 A8 轿车进行了详细介绍；8 月 8 日出版的“南方城市新闻”刊登了一篇专题文章，题目为《奥迪在中国推出 A8 型轿车后，再度与奔驰和宝马展开激烈竞争》，文章高度评价了 A8 轿车的优秀性能。有关 A8 轿车的报道中，97.78%的文章从正面角度报道了这次活动。至少 92. 24%的文章在标题中提到 A8 轿车的名称，并有 82.76%的文章至少同时刊登一张参加这次活动的 A8 轿车的照片。在媒体报道中，绝大多数都介绍了 A8 轿车的主要特征，如 Quattro 全时四轮驱动系统、ESP 程序和全铝质车身结构等。

2. 媒体反馈

“在所有国内外轿车试驾驶活动中，在北京举行的奥迪 A8 试驾驶活动是我所经历的最富创造性、最新颖的一次活动。”——车王杂志。

“从来没有参加过像奥迪 A8 媒体投放这样独特的试车活动。高雅地艺术表现方式，虚实结合地传达出奥迪 A8 的特性，而且给我们留下如此深刻的印象。我认为，奥迪 A8 媒体投放活动是我所参加的汽车媒体活动中最具特色的。”——经济日报 · 汽车周刊。

“从空间、宁静、时间和安全等角度来展示轿车的优越性能给人深刻印象，是一个极富想象力的主意。这次试驾驶活动的安排非常独特；所选择的地点十分理想。”——车王杂志。

3. 投资回报率

按照广告价值计算超过 400 万元人民币。在 5～7 月 3 个月期间，由于对 A8 轿车的大量报道，奥迪在国内媒体报道中所占的份额比奔驰或宝马高出 134%。

对销售工作产生的直接影响。自从奥迪于 6 月开展营销活动以来，各地经销商已经售出 50 辆 A8 轿车，相当于奥迪一年指标的 10%。奥迪的经销商反映，前去询问销售信息的顾客人数出现稳定增加。

4. 效果评价

奥迪中国区总监麦凯文(Kevin McCann)对该次公关活动评价说：“我们对 A8 轿车媒体公关活动对我们的销售业务所产生的效果感到惊喜，这种积极作用不仅表现在 A8 轿车上，而且也表现在奥迪的所有产品线上。”奥迪中国区公关经理于丹评价说：“我自豪地看到，所有参加完我们奥迪 A8 公关活动的记者，无不认为这是他们所参加过的最别开生面的产品投放公关活动。特别是奥迪 A8 在国际市场上并不是一款刚推出的新车型。罗德公关公司通过巧妙的策划将它重新包装、重新定位。而且在如此短的时间里，能完成如此一流水平的公关活动，再次证明罗德公司是业界公认的汽车行业内实力最强、影响最大的公关公司。这也是奥迪中国与罗德公关公司保持长期合作的原因。”

此案例说明举办公共关系活动主办单位的工作不能只停留在“举办活动”上，必须有评估。没有评估就无法了解事件发生的结果，对某个环节的疏失也不得而知。切实做好评估工作，充分了解公关计划实施及信息传播的效果，进而找出缺点让组织的公关方案能够适时修正，并追求更好的效果。

（资料来源：http//wenku.baidu.com/rivew/631d2778168884868762d60.）

思考题

从该案例中你能体会出如何进行公共关系评估吗？

6.1 公共关系评估概述

6.1.1 公共关系评估的含义

公共关系评估是根据特定的标准，对公共关系计划、实施过程、实施效果进行检查、分析和总结，以便找出成功与失败的经验教训，作为今后进一步开展公共关系实施活动的参考。

公共关系评估是公共关系工作的最后一个阶段或环节，这个阶段与第一阶段的“公共关系调查研究”可谓首尾相接，很可能前一个公共关系项目的“评估结果”就是最后一个公共关系项目的“调查研究”。在很长的一段时期内，这项工作未受到公共关系人员的重视。但现在这种状况已有很大的改变。作为一种管理职能，评估工作已成为公共关系中不可缺少的一项工作。而且公共关系的评估工作不能将它只看作事后的总结，或是最后一个阶段工作，而是应该将它看作贯穿于整个公共关系活动过程中的一项工作，是进行新的、更高级的公共关系工作的开始。

6.1.2 公共关系评估的作用

公共关系评估是四步工作法的最后一步，对公共关系活动起着总结、衡量和评价的重要作用。要判读某项公共关系活动的成效，就要运用调查研究的方法，收集公众的各种信息，进行科学、严密、认真的比较、分析、鉴定，以测定公关活动的实施效果。并且准确及时地将分析结果以正式评估报告的形式反馈给组织(或企业)的决策层，使组织及时修改公共关系计划，改进工作，调整其公共关系战略。

6.2 公共关系评估的内容

公共关系活动涉及组织的各个方面，与此相适应的评估工作也不例外，通俗的表达是对每一项公共关系活动提提出了公共关系评估的标准及内容。但在具体操作中，评估的内容可以根据要求有所侧重。一般来讲，其评估的内容包括以下几个方面。

6.2.1 公共关系工作程序评估

公共关系工作程序评估是指对公共关系活动实施过程的每一环节、每一步骤的合理性做出客观评价。其内容主要有以下几个方面。

1. 公共关系工作程序评估

公共关系工作程序评估是对公共关系工作的各个步骤、各个环节的工作进行评价、估计或研究。主要包括公共关系调查过程评估、公共关系计划制订过程的评估、公共关系计划实施过程的评估等方面的内容。

1) 公共关系调查过程评估

公共关系调查过程评估主要研究 4 个方面的问题：第一，公共关系调研的设计是否合理，能否收集到完备的公共关系工作信息；第二，公共关系调研方法的选择是否得当；第三，公共关系调研工作的组织实施是否科学、合理；第四，公共关系调研的结论分析是否科学。

2) 公共关系计划制订过程的评估

公共关系计划的制订过程的评估主要研究六个方面的问题：第一，公共关系计划的目标是否正确；第二，总体计划是否可行、合理；第三，公共关系构想是否科学；第四，公众目标选择是否正确、全面；第五，媒介选择及媒介策略是否得当；第六，经费预算是否合理。

3) 公共关系计划实施过程的评估

公共关系计划实施过程的评估主要研究 5 个方面的问题：第一，准备是否充分，是否包括实施方案的装备、组织机构统筹分工装备、信息资料准备、实施人员训练的装备、各种实物准备，沟通协调工作等；第二，实施过程安排是否合理、细致、周到、灵活、创新；第三，信息制作如何，内容是否准确充实，表现形式是否恰当，数量、质量如何；第四，传播效果如何，有多少信息量被采用，有多少公众接收到或注意到信息；第五，实施效果如何，包括测量公众在了解信息、改变观点、改变态度方面的数量分析，引起行为的公众数量、重复行为的公众数量，是否达到目标及解决问题等。

6.2.2 公共关系活动类型评估

1. 日常公共关系活动成效评估

日常公共关系活动成效评估的内容主要包括：①组织的全员公共关系运作情况；②组织内部的公共关系协调状况；③组织和外部公共关系协调状况；④组织公共关系人员的工作状况；⑤公共关系人员与领导工作配合；⑥组织和各部门在经营管理的各个环节上的公共关系投入如何等。

2. 单项公共关系活动效果评估

单项公共关系活动效果评估的内容包括：①项目的计划是否合适；②其目标与组织的总目标、公共关系战略目标是否一致，项目的目标是否已经实现；③传播沟通策略、信息策略是否有效；④公共关系沟通协调状况如何，对公众产生了哪些影响；⑤公共关系形象有什么改变；⑥项目预算是否合理；⑦组织管理工作成效如何等。

3. 年度公共关系活动效果评估

年度公共关系活动效果评估是对年度的日常公共关系活动和单项公共关系活动进行的总体评估。其中包括：①年度公共关系计划目标是否合理、实现情况；②年度的日常公共关系活动成效如何；③年度内单项公共关系活动的类型、数量及成效分析；④年度公共关系经费预算使用情况；⑤内部公共关系利弊得失情况；⑥公共关系机构及人员的绩效如何；⑦组织的公共关系应变能力如何等。

4. 长期公共关系活动效果评估

长期公共关系活动效果评估是对某一时期公共关系项目和公共关系长期工作成效的分析。它是一个总结过程，根据组织长期的公共关系活动目标，需要将日常工作评估结果、单项活动评估结果、阶段性工作评估结果一起来进行系统分析，从而获得一个总的结论。在这种评估中，要特别注重公共关系战略的得失问题，公共关系与经营管理关系等问题的分析研究。

1999 年 9 月～2000 年 7 月宝洁公司在山东推广舒肤佳清洁用品。经过宣伟公关公司的缜密策划，决定通过“共创健康新世纪”活动，普及宝洁公司提倡的“健康卫生三部曲”理念。首先在项目调查阶段，宣伟公司从多方渠道了解到舒肤佳已获多家国际医学专业团体认可，其中包括中华医学会的认可。接着在项目策划阶段，宣伟公司根据调查所获信息建议宝洁公司以赞助人的身份，与山东爱卫会及中华医学会携手筹办“共创健康新世纪”活动，在全社会倡导健康卫生的习惯。在项目实施阶段，宣伟公司积极协助宝洁公司与政府沟通，邀请专家、媒体发布新闻，并创作活动主题歌推广“健康卫生三部曲”。从项目评估来看，该活动很好地体现了品牌内涵，向公众传递了重要的信息，为舒肤佳树立了健康卫生的专业形象。

6.2.3 公共关系目标的评估

公共关系策划目标的实现程度是评估公共关系活动效果的最重要指标。它一般是通过公共关系的三大目标加以评估。这三大目标就是争取公众的深入了解、争取公众的高度赞誉、争取公众的广泛合作，即认知度、美誉度和和谐度。组织通过多种形式、多个渠道进行公共关系活动，就是为了达到这些目标，以塑造良好的组织形象。

1. 认知度

认知即认识知晓的意思。认知度表述的是一个社会组织被社会公众所认识、知晓的程度，其中包含被认识的深度和被知晓的广度两个方面。例如，一个企业的企业名称、产品商标、行业归属、历史沿革、主要产品、产品特征、经营状况、法人代表等诸多具体信息在多大范围内被公众所知晓，在多深的程度上被公众所认识，两方面合起来则为这个企业的认知度。认知度与知名度相比，其内涵更加丰富。它不仅可以指组织的名声在多大范围内被公众所知晓，而且指组织有多少信息被公众所认识。一般来说，公众如果只闻组织其名，即知名，对组织的意义并不大，而在知名的基础上，公众对组织认识越多、越深，对组织的意义与作用也就越大。检查原定的公共关系目标是否达到，就要与原有方案目标中的组织形象进行对比，看其是否达到了方案目标所期望的组织形象。例如，原先设定的目标是提高组织的知名度，并在最上规定把知名度从 20%提高到 50%的标准，那么就要评估一下组织的知名度到底提高了多少百分比。

2. 美誉度

美誉度即一个社会组织获得公众赞誉、称誉的程度，是组织形象受公众给予美丑、好坏评价的舆论倾向性指标，是一种对组织道德价值的评判。美誉度是有褒贬倾向性的统计指标，是对组织的美丑、好坏的价值判断。一个组织可能有“先天不足”，但却可以通过努力拥有较高的美誉度。公众对组织美誉度的评价，多建立在媒体的评论报道之上。对此，组织要了解各种大众传播媒介是如何报道有关组织的政策和活动的；了解哪些报告对组织是有利的，哪些是不利的，哪些是持中立态度的；还要弄清在影响新闻媒介方面公共关系人员起了多大的作用。

3. 和谐度

和谐度也属于对组织价值判断的范畴，是美誉度在目标公众中的延伸，即一个社会组织在发展运行过程中，获得目标公众态度认可、情感亲和、接受宣传、行为合作的程度。它是组织从目标公众出发、开展公共关系工作获得回报的指标。组织和谐度建立在专门向各类目标公众调查统计的基础之上。因此，组织的和谐度的分解首先就是对目标公众的分类，其次则是对目标公众与组织的和谐度进行程度的分类。而和谐度的程度主要是就公众目标与组织的实际关系而言，一般可分为“态度赞同”、“情感亲和”、“言语宣传”和“行为合作”4个等级。要提高和谐度，组织就必须多参加公益活动，改善社区关系的状况。

6.2.4 目标受众反应的评估

对目标受众反应的评估的目的之一是增加目标公众对组织的认识、了解和理解。目标公众对社会组织传播的信息内容是否关注以及关注、了解的程度，直接影响到他们对组织的态度和可能采取的行动。对目标受众反应的评估就是通过各类公众关系的变化来评估以往公共关系工作的成效。

1. 内部公众关系评估

内部公众关系评估的内容要点：①组织的公关政策能否被全员接受；②组织内部的日常公关活动是否能做到上情下达和下情上达，使上下协调一致；③组织内部各部门之间能否做到及时、准确的横向信息交流；④员工的士气和组织的凝聚力如何；⑤公共关系贯穿于各种经营管理活动过程中是否存在障碍；⑥全体员工对决策部门的信任度如何等。

2. 外部公众关系评估

此项评估包括受公关活动影响的公众数量的评估和目标公众态度的评估。它评价公众从公共关系活动中了解到了什么，或者他们所掌握的关于组织的情况是否得到了补充。为此，需要对开展公共关系活动前后公众对组织的认识、了解和理解等变量进行比较。具体操作上可用试验法来对之评估，即对两组可比标准进行比较。例如，在公共关系活动开展前后，对同一组公众进行重复测验；或者在一组中开展公共关系活动，在另一组中不开展这项活动，然后将两组测验结果加以比较。这种方法可以用于左右实施效果评估的项目中。

外部公众评估主要有两个方面。

1) 舆论评估

舆论评估即根据大众传播媒介的传播情况，如传播的数量、质量、时机、传播媒介的影响力、新闻资料等的使用方法来进行评估。

(1) 报道的次数。一般来说，报道的次数越多、篇幅越大、出现频率越高，引起公众注意和兴趣的程度就越高，越能扩大组织的社会影响。

(2) 报道的质量。媒介对组织公共关系工作的成就、经验报道越多，越有利于塑造组织的良好形象。相反，如果出现负面报道，则可能导致组织形象下降。

(3) 新闻传播媒介的影响力。一般来说，传播媒介的发行量大、覆盖面广、权威性强，其影响力亦大，也就更能提高公共关系活动的效果。组织的公共关系活动由权威性较强的新闻媒介报道，能加深公众的印象，增加公众对组织的好感。

2) 公众评估

公众评估是根据组织内部公众的亲身感受，以及广大外部公众的信息反馈来进行评估，其中主要是根据消费者公众、经营伙伴公众、社会公众的信息反馈来评估。例如，了解公众对企业信息的理解与企业的意图是否一致：公众对企业信息赞成、反对或漠不关心的各占多大比例。对公众反应的评估，可用以下方法。

(1) 访问法。访问法是指在公共关系活动的现场直接采访公众对企业信息的反应。通过这种方法来认清消费者的态度、行为变化特点，评估组织公共关系活动的工作成效。

(2) 日记法。在公共关系活动中选定一些目标公众，随时记录这些公众对企业信息的理解情况和感兴趣的程度。

(3) 回忆法。在公共关系活动结束后，请目标公众回忆活动中印象最深刻的人物、事件，并提供相关的信息。除此之外，外部公众关系目标受众的评估还包括社区公众和政府。社区公众是组织的左邻右舍，他们与组织由于地域邻近而关系密切、相互了解。因此，组织要时常调查了解各类社区公众对自己及有关活动的看法，从社区公众那里获得信息反馈，据此评估公共关系工作的成效。此外，政府的支持情况、政府与组织关系的密切程度、政府关系的沟通协调策略等一些情况，也能反映出公共关系的社会效果。

6.2.5 公共关系活动效益的评估

对公共关系活动效益的评估包括对公共关系活动的社会效益、心理效益和经济效益 3 个方面的综合评估。

1. 社会效益

公共关系活动的总体目标是树立社会组织的良好形象和信誉，承担起社会责任，创造和谐的公众环境，赢得公众的支持。因此，评价公共关系活动的效果，首先要衡量其社会效益。由于社会效益带有明显的滞后性，对社会效益的评价不能简单用数字式指标来衡量，应该在考察其是否达到公共关系活动目标的基础上，综合衡量人力、物力、财力是否得到最有效的利用。例如，中国北京申办 2000 年奥运会没有能够获得成功。我们没有办法从经济效益这个定量的角度去评价这次申办奥运行为的效果。但是，北京通过申办奥运会，取得了巨大的社会效益，向世界充分展示了中国人民的奋斗精神、灿烂的中华文明以及综合国力。

2. 心理效益

公共关系活动的一个重要目的就是给公众造成一定的心理影响。例如，引起公众注意，留下深刻印象；使公众在赏心悦目之中对社会组织产生好感与期盼；振奋人的精神，促人奋发向上等。因此，评价公共关系活动的效果，还要衡量其心理效益。

3. 经济效益

公共关系活动的社会效益与心理效益最终要体现为经济效益。公共关系的根本目的是为了实现组织的营销目标，实现其经济效益。因此，测评公共关系活动的效果，在评估社会效益、心理效益的同时，还要重点评估其经济效益。经济效益是指组织的经营成果与组织的劳动消耗、劳动占用之间的对比关系。事实上，公共关系的每项活动都要花费一定的人力、物力和财力，必须争取以最少的投人获得尽可能多的效益。如果不注意公共关系的经济效益，即使达到了一定的效果，也会造成对组织资金的巨大浪费。公共关系活动的经济效益一般可以通过数量表示出来，如通过公共关系活动，组织的销售额增长了多少、资金利润率提高了多少。

广州白云山制药厂的公关口号是“白云山，白云山，爱心满人间”。在这充满温情的口号之中，从松花江畔到天涯海角，从东海之滨到西南边陲，到处留下了白云山医疗服务队的足迹。他们多年坚持为群众义务治病，为敬老院、孤儿院、军队医院免费送药。爱人者得人心。受感动的人们流泪了，说：“白云山的药不仅治病，还暖人心”，“白云山是社会主义的白云山!”这个案例生动地说明：白云山制药厂不仅仅推销了药厂的产品，而且以真诚的公共关系活动，为净化社会风气，增强人们的奋斗信念做出了努力，从而获得了综合社会效益。

6.2.6 公共关系机构工作绩效的评估

对公共关系机构工作绩效进行评估，便于了解公共关系机构人员的工作效率、实际工作能力、运用策略手段的效果等。定期对此做出评估分析，对改进机构工作效率和水平很有帮助。这种评估主要包括以下几个方面。

1. 市场营销分析

市场营销是企业的经营和销售活动的总称，是引导商品从生产者到消费者的企业整体活动。对它的评估主要研究公共关系工作对市场营销工作的促进状况、市场营销中的公共关系策略和市场营销公共关系传播的成效等，如通过开展公共关系活动，组织的销售额和利润贡献提高了多少。

2. 广告研究

广告是开展公共关系的一种宣传手段，公共关系广告是以广告的形式来宣传组织的信誉和形象，以此提高组织的知名度和美誉度。对广告的研究主要是测定广告覆盖状况、影响的广度和深度，评估广告所带来的认知度变化、产品被接受情况，评估广告策略的利弊得失，如通过广告活动，确定组织的知名度和公众对它的认知度有没有变化。

3. 新闻宣传评估

公共关系需要将组织的有关信息准确、及时、有效地传送给社会各界公众，为组织提高透明度和知名度，创造良好的舆论气氛，推广良好的社会形象。运用新闻报道的形式为公众提供信息，为组织创造声势是公众传播中最常用的一种方式。对新闻宣传的评估研究主要包括宣传资料的制作情况、宣传资料被媒介所采用的情况以及宣传效果等方面的评估。

4. 专题活动评估

公共关系专题活动是指社会组织以公共关系为主题，有策划地开展的各种有特定目的和内容的社会活动，如纪念庆典活动、公开展览活动等。对它前面也已经做过陈述。

5. 管理绩效评估

对管理绩效的评估主要包括对目标完成情况、管理技能、工作人员目标任务完成情况、工作效率、实际能力、策略手段的改善和调整的评估等。上述各种公共关系评估类型在内容上互有交叉，区别只是评估的角度不同。具体的公共关系评估工作可视需要选取其中的一类或几类进行。

6.2.7 公共关系活动的评估报告

公共关系评估的成果可由多种形式综合体现，而主要形式则为评估报告。编写效果评估报告应该成为公共关系活动的一项固定工作。公共关系评估报告是在评估工作结束后，由公共关系人员撰写的提供给组织的一种正式文本。评估报告通常采用文字、图表或相应的其他形式的来展示公共关系工作的成绩、经验教训、建议等内容。到目前为止，我国许多社会组织仍然不太重视公共关系检测评估工作，能见到的公共关系专业评估报告也甚少。由于不太注重评估成果的运用，常常使公共关系工作带有很大的盲目性和被动性，因而丧失了许多成功的机会。

1. 评估报告的意义

报告往往被送交最高管理层，使组织管理者及时掌握情况，以利于调整公共关系工作策划，使其更趋于科学合理；同时也可作为统筹管理和制定新决策的依据。

报告被送达各职能部门，作为各部门改善工作的参考，还可以促进新的公共关系策划借鉴成功经验，吸取失败的教训，避开误区，有效地开展工作。

报告可以提供给全体员工，以利于员工了解外界的评价，提高士气，有助于改进组织全面的公共关系工作。

通过评估报告，也可以说明公关活动始终与企业目标保持一致，并在实现企业目标过程中起着重要作用。

另外，公共关系评估报告的公开发表还可以供同行或其他社会组织参考和借鉴。总之，通过撰写公共关系检测评估报告，可以总结过去，积累经验；着眼现在，克服缺点；面向未来，指导工作。

2. 评估报告的内容

公共关系活动效果评估报告的内容概括了整个活动过程。它通常包括：①根据评估标准，对本次公共关系活动进行全过程的系统分析，总结出其中的经验和教训，以及取得的成果及不足之处；②本次活动未能解决的问题：今后的环境发展趋势和可能产生的影响，以及可能的解决方案、为决策部门提供的信息与依据。

公共关系总结报告依其内容可分为综合性总结报告和专题性总结报告。前者是全面性的总结，即全面地总结组织在某个时期内主要工作的各个方面情况，既要总结成绩，又要找出差距；既要有经验总结，又要有教训体会。有时还要有下一段工作的打算和安排等。后者是仅就某一方面的内容，或只涉及某一工作的某一侧面，其内容和范围具有单一性的特点。一般来说，一个完整的评估报告应包括以下内容。

1) 基本情况概述

这一部分或概述公共关系工作的全貌、背景，或说明总结工作的指导思想和公共关系的成果，或将公共关系的主要成绩、经验、问题扼要地提出来，给人以总的印象，作为下文的铺垫。报告中尽量采用有说服力的定量指标来描述活动过程和结果。

2) 成绩与经验的论述

这是公共关系总结报告的主体，可以先写成绩后讲做法、经验。也可以把两者结合在一起，做法、经验中讲成绩，或成绩中加做法、经验。

3) 分析问题和原因，提出今后的努力方向

评估时既要总结公共关系活动中存在的缺点和问题，又要分析其原因。要针对公共关系活动中存在的问题，从经验教训及有关规律性的认识中，提出今后应发扬什么、克服什么，采取哪些措施，向什么方向努力，达到什么目的等。

3. 评估报告中要注意的问题

在撰写公共关系评估报告的过程中，应注意以下一些问题。

(1) 语言要明了、精练，要注意记叙性和说理性相结合。情况的记叙是必要的，但它不是对以往实践情况的简单回顾和全面罗列，而是侧重于分析评价，揭示其中的成绩和失败的原因。在撰写公共关系检测评估报告时，要尽量用最少的文字、篇幅来说明问题、提出建议。只有从大量的实践材料中归纳出具有指导意义和值得借鉴的东西，才能够发挥其指导今后公共关系实践的作用。

(2) 必须掌握全面情况和整个工作进程，广泛搜集材料，这样才能综观全局，全面、真实地反映出工作中的成绩与问题、经验与教训。

(3) 坚持实事求是，从实际出发，结论要客观具体。总结内容必须完全忠实于实际情况，在充分肯定成绩的基础上，实事求是地找出存在的问题和缺点，不能只讲成绩不讲问题。要从大量实践材料中归纳出具有指导意义、可资借鉴的经验教训。在做出结论时，评估人员要尽量避免受到部分领导、员工的主观意志或一己之见的影响。在评估报告中必须反映评估人自己独立的评估结论。在结论中要避免“可能”、“大概”、“也许”等模糊语言，所有的结论都应该找到相应的材料来证明。

(4) 着眼发展，着眼提高，着眼未来。总结评估工作的着眼点是为了把未来的事情做得更好。为此，必须善于从总结历史经验教训的高度，抓住对未来最有指导意义的东西，作为总结的重点。

(5) 注意定量与定性相结合。在公共关系活动工作中，评估结论一般是定性的，但必须用定量的指标进行说明。因此，需注意定量与定性的密切结合。

(6) 建议与策略要具有可操作性。提出的建议与策略要切合实际情况，只有这样才具有可操作性。

6.3 公共关系评估的方法

公共关系评估的方法一般来说有目标管理法、民意测验法、德尔菲法和实验法等。

6.3.1 目标管理法

20世纪50年代中期，管理专家彼得·德鲁克(Peter Drucker)最先提出了“目标管理”这个概念，其后他又提出了“目标管理和自我控制”的主张。德鲁克认为，并不是有了工

作才有目标，而是相反，有了目标才能确定每个人的工作，所以“企业的目的和任务，必须化为目标”。企业的各级主管必须通过这些目标对下级进行领导，以此来实现企业的总目标。一个领域如果没有目标，这个领域的工作必然会被忽视。如果没有方向一致的分目标来指导各级主管人员的工作，则企业规模越大、人员越多时，发生冲突和浪费的可能性就越大。因此，管理者应该通过目标对下级进行管理，使管理活动围绕和服务于目标中心，以分解和执行目标为手段，以圆满实现目标为宗旨。

1. 目标管理的内容

1) 目标管理是全员参与的过程

目标管理法的实施是一个企业全员参与的过程。企业上至总经理，下至普通员工都要参与目标的制定，所以目标的实现者同时也是目标的制定者。只有这样，才能够真正实现目标管理，才能够实现企业期间发展的总目标。组织总目标是目标管理的起点，所以需要首先确定出组织的总目标，然后由总目标再逐级分解，通过上下协商，制定出组织各部门、各员工的分目标。用总目标指导分目标，用分目标保证总目标。总目标、部门目标、岗位个人目标，这些目标方向一致，环环相扣，相互配合，就形成了一个协调统一的目标体系。目标管理的核心就在于将各项目标予以整合，以目标来统合各部门、各单位和个人的不同工作活动及其贡献，从而实现组织的总目标。

2) 强调“自我管理、自我控制”

目标管理是一种全员参与的、民主的、自我控制的管理制度。在这一制度下，上级与下级之间是一种平等、尊重、依赖和支持的关系，下级在承诺目标和被授权之后是自觉、自主和自治的。德鲁克认为，员工是愿意负责的，是愿意在工作中发挥自己的聪明才智和创造性的。目标管理的目的在于，用“自我控制的管理”代替“压制性的管理”，要培养员工参与管理的意识，认识到自己是既定目标的成员，由员工自己控制自己的成绩，努力实现自己制定的个人目标，从而实现部门单位目标，进而实现组织的整体目标。通过自我管理和自我控制来带动员工尽自己最大的力量把工作做好。

3) 重视成果目标管理

从制定目标出发，以目标完成情况的考核为终结。工作成果是评定目标完成程度的标准，也是人事考核和奖评的依据，和评价管理工作绩效的惟一标准。采用传统的管理方法来评价员工的表现，往往容易根据印象、本人的思想和对某些问题的态度等定性因素来评价。实行目标管理后，由于有了一套完善的目标考核体系，从而能够按员工的实际贡献大小如实地评价一个人。这有助于调动员工的积极性，增强组织的凝聚力。

2. 目标管理的过程

一般来说可以分为以下 3 个阶段。

1) 建立一套完整的目标体系

这项工作是从企业的最高主管部门开始的，由组织的高层为领导制定战略性目标，然后各级人员相互进行讨论并修改，由上而下地逐级协商确定目标。上下级的目标之间通常是一种“目的-手段”的关系，某一级的目标需要用一定的手段来实现，而这些手段就成为下一级的次目标。按级顺推下去，直到作业层的作业目标，从而构成一种锁链式的目标体系。分目标要具体量化，便于考核；要分清轻重缓急，以免顾此失彼；既要有挑战性，又要有实现可能。每个员工和部门的分目标要和其他的分目标协调一致，并支持本单位和组织目标的实现。

2) 组织实施目标

目标既定，主管人员就应放手把权力交给下级成员，而自己去抓重点的综合性管理。完成目标主要靠执行者的自我控制。当然，目标管理重视结果，强调自主、自治和自觉，并不等于领导可以放手不管。上级的管理主要应表现在定期检查、辅以指导和协助、创造良好的工作环境、保留对例外发生的重大问题进行指导和控制的权利等方面。

3) 总结和评估

对各级目标的完成情况要定期进行检查，检查的依据就是事先确定的目标。达到预定的期限后，下级要首先进行自我评估，提交书面报告，然后上下级一起来进行目标评价，即把实现的成果同原来制定的目标相比较，并根据评价结果进行奖罚，同时讨论下一阶段目标，开始新循环。如果目标没有完成，就分析原因总结教训。

3. 目标管理法在公共关系评估中的应用

根据目标管理的主要内容和过程，对公共关系活动的效果进行评估，首先要根据组织的总目标明确公共关系部门的部门目标、每次专题活动的分目标，再落实到每个公共关系部门执行人的个人岗位目标。在公共关系活动进行过程中，是根据分目标来进行过程管理的。活动结束后，要对照公共关系目标规划体系，衡量公共关系的总目标、分目标、阶段目标、专题活动目标、个人目标等检查是否逐项落实，比较预期目标和实际活动效果，发现工作中的问题，总结工作中取得的成绩。

6.3.2 民意测验法

1. 民意测验法的含义及步骤

民意测验法是指运用各种调查方法，直接了解社会公众对组织所开展的公共关系工作或某一项活动的认识、看法和反应，以此作为评价公共关系工作效果的重要依据的一种方法。民意测验法早先是用于测定公众对某一政治或社会领域中争议问题的态度的，现在这种方法已经十分普遍地运用在公共关系领域中。基本做法是按随机抽样的原则，在选定的公众群体中，选择一定数量的测验对象，用问答、座谈等方式，征求他们对某一问题的意见、态度、倾向，再进行统计分析和研究，借以评价公共关系活动的效果。

民意调查最早可追溯到 18 世纪后期逐渐发展起来的各种社会调查方法，开始受到重视并迅速发展起来是在 1963 年盖洛普成功地进行了美国总统选举预测调查之后。目前，公共关系调查中应用的民意测验是经过此专业机构长期使用并改进的一种较为科学和准确的调查评估法。民意测验一般有以下几个步骤：确立调查目的、确定调查对象的范围、抽选样本确定调查方式、拟订调查表、整理资料并撰写调查报告等。

2. 民意测验法的主要方法

民意测验中主要运用抽样调查。所谓抽样调查及时指从调查总体中选出一部分样本进行调查，然后根据样本的结果，来推断调查总体的情况。抽样调查的优点：①它只从样本总体中抽取一部分进行调查，省时、省力、较为经济；②抽样调查，尤其是随机抽样最能反映事物的本来面目；③抽样调查可随时汇总和提供调查结果，以便使用。当然抽样调查出有一定的误差，为了减少抽样误差，应做到：①正确地选用抽取样本的方法，尽可能地抽选出能反映事物本来面目的样本；②确定合适的样本数量，样本数量多少一般地与抽样结果成比，即抽取样本越多，误差越少，但过多又失去了抽样的意义。为此，应加强调查组织工作、注意提高工作质量。

6.3.3 德尔菲法

德尔非法(Delphi method)，又称专家评价法，是指由公共关系方面及相关方面的专家来审定、观察公共关系计划的实施，对计划实施的对象进行调查，与实施人员交换意见，最后撰写出评价报告，鉴定公共关系活动的成效。专家评价法的价值，完全取决于专家是否具备专门知识，如果专家对公共关系活动所涉及的某些领域的知识不足，也无法做出正确的评价。因此，采用专家评价法，一定要聘请知识丰富、熟悉情况的专家。

德尔菲法依据系统的程序采用匿名发表意见的方式，即专家之间不得互相讨论，不发生横向联系，只能与调查人员发生关系，通过多轮次调查专家对问卷所提问题的看法，经过反复征询、归纳、修改，最后汇总成专家基本一致的看法，作为评估的结果。这种方法具有广泛的代表性，较为可靠。德尔菲法的具体实施有以下几个步骤。

(1) 组成专家小组。按照评估课题所涉及的知识范围，确定专家。专家人数的多少可根据评估课题的大小和涉及面的宽窄而定，一般邀请公关、管理、心理、传播专家10～20人。

(2) 向所有专家提出所要评估的问题、评估标准及有关要求，并附上有关这个问题的所有背景材料，同时请专家提出还需要什么材料。然后由专家做书面答复。

(3) 各个专家根据自己所搜到的材料，提出自己的预测意见并说明自己是怎样利用这些材料并提出预测值的。

(4) 将各位专家第一次判断意见汇总，列成图表，进行对比，再分发给各位专家，让专家比较自己同他人的不同意见，修改自己的意见和判断。也可以把各位专家的意见加以整理，或请身份更高的其他专家加以评论，然后把这些意见再分送给各位专家，以便他们参考后修改自己的意见。

(5) 将所有专家的修改意见搜集起来，汇总，再次分发给各位专家，以便做第二次修改。逐轮搜集意见并为专家反馈信息是德尔菲法的主要环节。搜集意见和信息反馈一般要经过三四轮。在向专家进行反馈的时候，只给出各种意见，但并不说明发表各种意见的专家的具体姓名。这一过程重复进行，直到每一个专家不再改变自己的意见为止。

(6) 对专家的意见进行综合处理。德尔菲法同常见的召集专家开会、通过集体讨论、得出一致预测意见的专家会议法既有联系又有区别。德尔菲法能发挥专家会议法的优点：①能充分发挥各位专家的作用，集思广益，准确性高；②能把各位专家意见的分歧点表达出来，取各家之长，避各家之短。同时，德尔菲法又能避免专家会议法的缺点：①权威人士的意见影响他人的意见；②有些专家碍于情面，不愿意发表与其他人不同的意见；③出于自尊心而不愿意修改自己原来不全面的意见。德尔菲法的主要缺点是过程比较复杂，花费时间较长。

6.3.4 实验法

利用调查法虽然可以了解公共关系活动是否产生了效果，但不能证明如果没有这些活动，这种效果就不会产生，也就是不能真正地证明引起公关活动活动效果的原因是什么。要想确立因果关系，必须使用实验法。表 6-1 所示的模型就是普遍采用的实验设计。在表 6-1 中实验组和控制组是指两群随机选来的测试样本。

表 6-1　实验设计模型

	实　验　前	实　验　后
实验组	A	B
控制组	C	D

在实验时，对实验组的成员施加某些影响，即对他们进行一定的操作。控制组则不受这些影响，控制在一定的条件下。A、B、C、D 分别是他们在实验前后进行某种测验的成绩，如果 A 与 B 的差大于 C 与 D 的差，那么就说明实验条件对实验产生了影响。

例如，如果想知道一部有关新能源的影片，是否能够增加人们有关能源的知识，就可以进行下面的实验。把一群公众当作实验组，让他们在实验室里看这部有关新能源的电影，把另一群学生当作控制组，带他们到另一房间去，让他们观看一部武打电影(或什么也不看)，然后在观看电影的前后对两组被测试者进行有关能源的知识测验。如果这部有关新能源的电影有助于增加能源知识，就会发现实验组的成绩比控制组的成绩增加的要多。

在实际的研究中，很难完全控制实验条件，如不能真正做到随即选择被测试者，实验组和控制组的条件不等同，实验组和控制组之间有一定程度的交流等。基于这些原因，在公共关系评估中，通常采用准实验或非实验设计。常用的有以下 4 种设计。

1. 前测后测法

这种设计是针对只有一组被测试样本而进行的。因为没控制组，就只能对实验组在实验前后分别测量，然后比较两者的差异，如果实验前后的成绩不同，就说明实验条件对被测试者产生了影响。

2. 后测法

随机选取两组测试样本，使两者的条件尽量对等，一个作实验组，一个作控制组，在实验前不对他们进行测验，施加一定条件后再进行测验比较，看两者的成绩是否有差异。

3. 复杂的前测后测法

这种方法是对实验组和控制组分别进行前测、后测法实验，然后将其成绩放在一起比较，从中发现实验条件所起的作用。

4. 非均衡控制法

这是在不能随机选取测试样本时所使用的一种方法。这种情况在公关评估研究中是经常遇到的。例如，人们可能为改善一个公司内部员工与领导的关系而进行了一系列组织内部的公共关系活动，而人们不一定能找到两个条件完全相同的公司进行比较研究，因而只能在非均衡条件下进行实验和评估结果。

本章小结

公共关系活动的效果评估是公共关系工作进程的最后一个步骤。本章着重阐述了公共关系评估工作的重要性、公共关系评估的主要内容、公共关系评估的方法。对公共关系的评估分别是为了验证组织取得公共关系工作的成绩，发现公共关系工作中出现的问题，为制定新的公共关系策划提供科学的依据，以使公共关系工作有策划、有步骤地进入下个工作过程，更好地塑造组织的形象。

习　　题

一、复习题

1. 填空题

(1) 公共关系四步工作法的第四步是________

(2) ________是公共关系调查中最主要、应用最广泛的方法。

2. 选择题

(1) 对公共关系活动类型评估，主要包括(　　)。

A．日常公共关系活动效果评估
B．专项公共关系活动效果评估
C．年度公共关系活动效果评估
D．长期公共关系活动效果评估

(2) 公共关系实施过程评估的内容主要包括(　　)。

A．发送信息数量　　B．媒体采用信息数量
C．注意到信息的公众数量　　D．产生期望行为的受众的数量

3. 简答题

(1) 公共关系评估工作的意义是什么？
(2) 公共关系评估工作的工作程序应该怎样？
(3) 公共关系评估的方法有哪些？请简要介绍两种方法。
(4) 撰写公共关系评估报告要注意哪些问题？

4. 实际操作训练

(1) 假定你所在的学校近日有一次重要的公共关系活动，但由于恶劣的天气，致使活动不能如期开展，请拟定一个应急方案，以消除或减小不利影响。

(2) 对近期举行的某一次公共关系实施活动进行评估，并撰写评估报告。

二、案例应用分析

两县竞争“猪之歌”

2005年4月29日，北京世纪飞乐影视传播公司接到了荣昌县政府的一封公函信的内容大致是，希望

将最近网络风行的歌曲——《猪之歌》转让给荣昌县，作为中国重庆畜牧科技城的城市形象推广歌曲，并聘请香香本人担任科技城的形象代言人。

荣昌县是四川养猪专业大县，到 1998 年为止，已经成为了中国重庆畜牧科技城。随着《猪之歌》的流行热度不断提升，荣昌县打起了《猪之歌》的主意。

消息传出后，当地媒体抓住这件事情大幅度报道，一时间，荣昌县邀请香香的事情被广泛报道。后来香香所在公司飞乐影视答应了荣昌县要求，条件是要付 188 万费用，又引起媒体新一轮的报道，最后因为价格太高无果。

正在荣昌与世纪飞乐洽谈之际，四川省广安市武胜县又向香香伸出了橄榄枝。重庆当地有媒体道："香香所在的飞乐唱片公司已初步决定，不仅答应武胜的邀请，而且还免费。"该公司已与武胜县政府商定，香香与县政府负责人见面并洽谈免费担当形象代言人的详细事宜。

武胜县是四川省最大的养猪县之一，肉猪不仅在国内热销，而且出口俄罗斯、新加坡等国，养猪已成了武胜 80 万农民的主要收入来源。而世纪飞乐唱片公司则称，冲着广安是伟人邓小平同志的故乡，首选武胜也在情理之中，

媒体对此事议论纷纷。网络媒体上比较一致的一种看法是，无论是两地政府还是香香本人都是在利用此事炒作自己。不可否认的是，荣昌县和武胜两县在此次事件当中获得了极大的知名度。

通过《猪之歌》的案例，我们看到的结果是三赢：荣昌县出名了；武胜县在此次事件当中获得了极大的知名度；而公众也对两县的猪肉需求有了进一步的拉动。这使人们再一次认识到公共关系评估使人们总结上一次的经验，做好下一次的准备。

（http://www.finance.sina.com.cn/leadership/case/20051009/14522017712.shtml.）

问题：

评价北京世纪飞乐影视传播公司、荣昌县政府、武胜县政府在此事件的得失。

知识链接

上海申博办申请 2010 年世界博览会

1. 项目背景

当今社会国际商品交换的扩大和科学技术与经济发展之间的紧密联系使世界博览会这一国际经济、科技、文化的奥林匹克盛会显得举足轻重。中国正以她前所未有的发展速度和在世界政治、经济、国际事务中的影响和作用令世人瞩目，举办一届成功的世界博览会显得极其重要。能否成功举办世界博览会，不仅反映出一个国家的建设成就和综合国力，更显示出主办国迈向下一世纪的决心和信心。

2. 项目调查

作为中国最大的经济中心城市，拥有 1 300 多万户籍人口的上海，2002 年人均国内生产总值超过 4 900 美元，综合经济实力达到中等收入国家水平。经过 20 多年不懈努力，上海的市政基础设施建设、旧区改造、产业结构调整都取得了重大进展，城市综合素质大大提高。特别是经过 99 财富全球论坛、2001 年亚太经合组织会议的洗礼，上海举办大型国际活动的能力得到进一步增强。上海正在迈向国际经济、金融、贸易和航运中心。如果中国申博成功，对长江三角洲影响巨大。上海周边城市将迎来一个扩大对外开放，活跃人流、物流、信息流，带动相关产业发展的历史性机遇。世博会从申办到举办，整个过程长达 10 年，上海市初步估计要投资 30 亿美元，用于世博会园区建设。1 美元的会展投资，将拉动 5～10 美元的城市相关产业投资，这对江浙两省无疑是一个极好的机遇。江浙两省作为经济大省、建筑大省，为上海发展出力，接受上海辐射，是江苏、浙江的区位优势。目前，上海进行的上万个建筑工程中，有无数的江苏、浙

江人在竭诚奉献。2010 年上海世博会，预计有 7 000 万参观者，其中 30%～35%将继续在华东地区游览。这意味着上海周边 100 千米以苏州、周庄为代表的江南水乡，150 千米～200 千米的无锡、杭州，300 千米内的南京、扬州、镇江，以至中国最为富庶的整个华东 6 省 1 市，都将被上海世博会直接带动。

对于民众支持度的调查，申博办委托上海城市经济调查队对全国 50 个城市的民意调查显示：89.4%的人认为中国有必要申办 2010 年世博会，94.4%的人拥护中国申办 2010 年世博会，92.6%的人认为中国有能力申办 2010 年世博会，78.6%的人相信中国申办 2010 年世博会会成功。一次广泛的网上调查也证明，92.3%的人支持上海举办 2010 年世博会。

3. 项目策划

1) 公关公系目标

塑造上海国际大都市形象，展现上海魅力，最终夺取 2010 世博会主办权。充分发挥上海的五大优势是申博取得成功的保障，所以贯穿整个公关策划的就是突出优势、体现个性、展示魅力。

2) 五大优势

(1) 参观人数多。如果 2010 年世博会在上海举行，超过 7 000 万人次的参观者将创世博会历史纪录。2010 年上海世博会将成为各国人民的盛大集会。

(2) 上海为世博会选定了合适的主题——“城市，让生活更美好”，能得到各国广泛关注。

(3) 选址符合世博会的宗旨，做好了合理的选址场馆规划。世博会场址选在黄浦江滨水区，规划控制面积 540 公顷，世博园区面积规划 400 公顷，通过场馆建设，促使旧城改造；并在举办后，使该地区今后成为经济、科技和文化的交流中心。

(4) 上海改革开放以来积累的经济实力完全有条件举办世博会。

(5) 社会稳定，秩序良好。上海举办世博会得到了民众的极大支持。据调查结果显示，上海世博会的民众支持率在 90%以上。

围绕这五大优势系列公共关系活动一一展开，让世界认同“上海是最好的选择”。

4. 项目实施

(1) 2001 年 9 月前以发放宣传册为铺垫，之后展开了大规模全方位的宣传——世博会知识网络电视竞赛。

(2) 举行申办 2010 年上海世博会新闻通气会。

(3) 世博主题文艺演出。

(4)“万人支持申博网上签名”活动。

(5)“上海市民骑车申博万里行”。

(6) 2010 名上海市民代表宣誓。

(7)“长江三角洲申博之旅”。

(8) 征求申办徽标、口号、招贴画。通过宣传征集徽标 165 个，海报 470 幅；口号 6140 条。最终决定入围海报 10 幅，入围口号 10 条，入选口号“中国如有一份幸运、世界将添一片异彩”。

(9) 进入社区的“世博会向我们走来——世博知识巡回展”。

(10) 派遣 37 个组团出国访问了 87 个 BIE(the Intermatinal Exhibitions Bureau，国际展览局)成员国，其中包括 9 个非建交国家。

(11) 国外媒体宣传。世界各大主流媒体都对上海申博表示热切关注，分别以专题、专刊专版的形式给予追踪报道。英国《泰晤士报》、天空电视新闻频道以及星空传媒新闻频道，对上海市市长陈良宇进行了联合采访，表示了对上海申办世博会的支持。

(12) 成立支持中国申博“企业后援团”。

本次活动的主体有以下几个。

(1) 2001 年 6 月 6 日国际展览局第 129 次成员国代表会议在巴黎举行。时任上海市常务副市长陈良宇在会上进行了中国申博首次陈述，确定申博主题以及选址。申博市民代表袁鸣做诚恳的介绍，现身说法谈上海发展为人类提供实现价值的环境，以情动人，形式创新生动。

(2) 2001 年 11 月 30 日国际展览局举行第 130 次成员国代表大会，时任上海市市长徐匡迪作了申办陈述。瑞士罗氏制药有限公司总经理以一名外资商人角度谈自身在上海的投资回报，证实了中国政府的承诺是绝对可以信任的。

(3) 2002 年 3 月 10 日～16 日，中国作为申办国之一，第一个接受了国际展览局代表团的考察。通过一系列的陈述报告、实地考察，与各界人士交流沟通，国际展览局充分了解到上海的优势、能力、举办条件和各项准备工作。

(4) 2002 年 7 月 2 日国际展览局举行第 131 次成员国代表大会，时任国务委员吴仪、外交部长唐家璇、上海市市长陈良宇、中国贸促会会长俞晓松等做了申博陈述。唐家璇部长代表中国政府承诺我国将投入 1 亿美金支援发展中国家和地区前来参展。对参展国建立永久性展馆，中国政府还将给予建馆资金 25%的补贴。此外，还设立了用于大会各项评奖的奖励基金。

(5) 2002 年 12 月 3 日国际展览局举行第 132 次大会，时任国务院副总理李岚清、国务委员吴仪、上海市市长陈良宇进行最后一次陈述，再次肯定了中国政府对于承办 2010 年世博会的信心与态度。会上以一部充满上海市民热切期盼的实地拍摄申博纪录片充分展示了上海的无限魅力。

当日国际展览局成员国对 2010 年世博会主办国进行投票表决，中国获得 2010 年世博会的主办权。

5. 项目评估

有了北京申奥的成功经验，上海申博活动开展得相当不错。整个申博过程中，政府牵头的国际公关为上海赢得了不少加分。

首先，在国际展览局成员国会议上的 4 次陈述形式有重大突破，给成员国代表以耳目一新的感受。

其次，1 亿美金援助基金的提出也是史无前例的，充分表示了中国政府的诚意以及表达了上海努力办好国际性世博会的意愿。最重要的是，公共关系活动抓住了上海的五大优势展开，扬长避短，展示了上海开放、包容的鲜明个性，最终吸引了世界的目光。

（资料来源：http://wenku.baidu.com./view/0abb6dd380eb6294dd886cac.html.）

第 7 章 企业文化

教学目标

通过本章学习，理解企业文化的内涵与特征，了解企业文化的基本结构，知道企业文化的企业地位，掌握建设企业文化的基本程序。

教学要求

知识要点	能力要求	相关知识
企业文化的内涵与特征	(1) 理解企业文化的内涵 (2) 了解企业文化的功能 (3) 了解企业文化的特征	(1) 企业文化与传统企业管理的关系 (2) 导向功能、激励功能、凝聚功能、规范功能、协调功能、教化功能、维系功能、辐射功能
企业文化的结构	(1) 知道企业文化的构成 (2) 理解企业文化各要素的内涵	(1) 理念文化 (2) 制度文化 (3) 行为文化 (4) 物质文化 (5) 文化环境
企业文化的地位	(1) 了解企业文化与公关的异同性 (2) 认识企业文化与品牌的关系 (3) 知道企业文化与企业形象的关系	(1) 企业文化与公关的共同性 (2) 企业文化与公关的互补性 (3) 企业文化与企业战略的关系
建设企业文化的程序	(1) 了解建设企业文化的基本原则 (2) 熟悉建设企业文化的程序 (3) 运用企业文化理念适应所在组织的文化	(1) 文化的启动和调研 (2) 文化的梳理和导入 (3) 文化的巩固和完善 (4) 文化生命周期

基本概念

理念文化　制度文化　行为文化　物质文化

导入案例

博士的惊讶

2001 年 6 月 22 日，时任中国科学院清华大学国情研究中心主任胡鞍钢博士参观了海尔特种冰箱事业部生产线，在生产车间，胡鞍钢博士被一块“海尔特种冰箱 B2B、B2C 创新订单排期表”吸引住了，表格中填满了出口到各个国家的订单的接收日期、数量、交货期及特殊要求等。最吸引胡鞍钢的是这些订单当中居然有的只有 10 台!

“我们的订单还有一台的呢!”特种冰箱事业部综合部部长王暖诚告诉胡鞍钢，胡鞍钢瞪大了眼睛颇为惊奇：“一台你也干？!”“生产一台很正常，我们满足的是用户个性化的需求，而且这些冰箱是‘有主的’，我们都是根据这些订单去生产。”王暖诚介绍道。胡鞍钢称赞道：“怪不得海尔不用打价格战，你们越是这样做，用户感到越珍贵……”抬起头，胡鞍钢看到是一条醒目的标语——“专注于用户需求而不是专注于竞争对手”。

(资料来源：http://www.03964.com/read/55061e94f8aef9ef043a797c.html.)

思考题

该案例中胡鞍钢博士在惊讶什么呢?

7.1　企业文化概述

企业文化主要是由理念文化、制度文化、行为文化和物质文化等内容构成。它产生于 20 世纪 20 年代，是市场竞争的产物，也是现代企业竞争的焦点。企业文化以其独有的价值观念、管理思想、群体意识、行为规范和行为方式，对企业员工的行为起着导向、凝聚、规范、激励和协调作用。

7.1.1　企业文化的内涵与特征

当提及唐装、京剧、中国书法、武术等具有中国传统文化元素的时候，人们明白了什么是文化产品。但是对其中的文化内涵和特征又了解多少呢？下文将从企业文化的立场出发进行一一探讨。

1. 企业文化的内涵

不管你是否注意到文化的存在，文化就在你身边。往往只有在人们所习惯的事物发生变化时，当人们遇到了不同于自身所习惯的事物时，才会深刻地注意到文化的存在。事实上，人们常常期望其他人也有与自己相似风俗习惯和文化意思，而在他们并不具备这些东西时，会感觉到奇怪。如果你在一家企业工作了一段时间，然后又调往另一家企业，或者如果你的公司有了一次并购经历，你对其间的文化差异就会具有深刻体验。不同的企业有着不同的文化。例如，当你进入不同的企业，你就能“感觉到”该企业所处的氛围，人们是如何打招呼的，或他们是如何看待你的。人们谈论的事物，或人们保持沉默的态度，办公室的设备、布告栏以及许许多多不出声的暗示都能向你展示公司的文化。

1) 企业文化理论的界定

企业文化又称公司文化。这个名词的出现于 20 世纪 80 年代初。一种新的概念和理论在形成过程中，往往会有众多学者从不同角度发表学说，企业文化也不例外。

特伦斯·迪尔(Terrence Deal)和艾伦·肯尼迪(Allen Kennedy)在《企业文化》一书中指出，企业文化是由 5 个因素组成的系统，其中，价值观、英雄人物、习俗仪式和文化网络是它的 4 个必要的因素，而企业环境则是形成企业文化的最大的影响因素。

约翰·科特(John Rotter)和詹姆斯·赫斯克特(James Heskett)在其《企业文化与经营业绩》中指出，企业文化通常代表一系列相互依存的价值观念和行为方式的总和。这些价值观念、行为方式往往为一个企业全体员工所共有，往往是通过较长的时间积淀、存留下来的。

迈克尔·茨威尔(Michael Zwell)在其著作《创造基于能力的企业的文化》中谈到，从经营的角度来说，企业文化是组织的生活方式，它由员工“世代”相传。通常包括以下内容：我们是谁，我们的信念是什么，我们应该做什么，如何去做。大多数人并不意识到企业文化的存在，只有当自己接触到不同的文化时，才能感觉到自己文化的存在。企业文化可以被定义为在组织的各个层次得到体现和传播，并被传递至下一代员工的组织的运作方式，其中包括组织成员共同拥有的一整套信念、行为方式、价值观、目标、技术和实践。

杰克琳·谢瑞顿(Jacalyn Sherrition)和詹姆斯·希特恩(James Stern)在《企业文化：排除企业成功的潜在障碍》中指出，企业文化通常指的是企业的环境或个性，以及它所有的方方面面。它是“我们在这儿的办事方式”，连同其自身的特征，它很像一个人的个性。更确切地说，可以将企业文化分成 4 个方面：一是企业员工所共有的观念、价值取向以及行为等外在表现形式；二是由管理作风和管理观念(管理者说的话、做的事、奖励的行为)构成的管理氛围；三是由现存的管理制度和管理程序构成的管理氛围；四是书面和非书面形式的标准和程序。查尔斯·希尔(Charles Hill)和盖洛斯·琼斯(Careth Jones)认为，企业文化是企业中人们共同拥有的特有的价值观和行为准则的聚合，这些价值观和行为准则构成企业中人们之间和他们与企业外各利益方之间交往的方式。

2) 企业文化的定义

企业文化是社会文化的一个子系统。企业通过自身生产经营的产品及服务，不仅反映出企业的生产经营特色、组织特色和管理特色等，还反映出企业在生产经营活动中的战略目标、群体意识、价值观念和行为规范，它既是了解社会文明程度的一个窗口，又是社会当代文化的生长点。因此，在国内外学者观点的基础上，可以对企业文化做如下定义。

企业文化是指现阶段企业员工所普遍认同并自觉遵循的一系列理念和行为方式的总和，通常表现为企业的使命、愿景、价值观、行为准则、道德规范和沿袭的传统与习惯等。也可以从以下 4 个方面来理解企业文化。

(1) 文化总是相对于一定时间段而言。这里所指的企业文化通常是现阶段的文化，而不是指企业过去的历史文化，也不是指将来企业可能形成的新文化。

(2) 只有达成共识的要素才能称为文化。企业新提出的东西，如果没有达成共识，目前就不能称之为文化，只能说是将来有可能成为文化的文化种子。企业文化代表企业共同的价值判断和价值取向，即多数员工的共识。当然，共识通常是相对而言的。在现实生活中，通常很难想象一个企业所有员工只有一种思想、一个判断。由于人的素质参差不齐，人的追求呈现多元化，人的观念更是复杂多样，因此，企业文化通常只能是相对的共识，即多数人共识。

(3) 文化问题相对于一定的范围而言。我们所指的企业文化通常是企业文化通常是企业员工所普遍认同的部分。如果只是企业领导层认同，那么它只能称为领导文化；如果只是企业中某个部门中的员工普遍认同，那么它只能称为该部门的文化。依据认同的范围不同，企业中的文化通常可以分为领导文化、中层管理者文化、基层管理者文化，或部门文化、分公司文化、子公司文化、企业文化等。

(4) 文化必定具有内在性。企业所倡导的理念和行为方式一旦达成普遍的共识，成为企业的文化，则这些理念和行为方式必将得到广大员工的自觉遵循。

2. 企业文化的特征

企业文化作为一种亚文化，它除了具有社会大文化的共性以外，还有其自身的特征。人们对于企业文化有不同的概括：多样性、时代性、人文性、继承性、综合性、社会性、地域性、民族性、主体性和传播性等。本书认为企业文化的主要特征有以下几种。

1) 人文性

企业文化从理论到实践都十分强调人的社会性，强调以人为中心，强调人的价值观念在企业动作中的重要地位和作用。企业文化提倡群体精神，提倡建立亲密、友善、互助、信任、亲和的关系。企业文化注重职工的自尊、自我实现等高层次的心理需求，并把以上这些带有人文色彩的信念、价值观等巧妙地注入职工的心灵深处，在企业中形成一种和睦相处、和衷共济的人际环境。例如，美国得克萨斯州一家电视机厂经营不善，管理不当，濒临倒闭。老板决定请日本人来管。日本人接管后一连使出 3 招。第一招，新任经理把员工召集在一起，不是指责他们，而是邀请他们喝咖啡，还赠送每人一台半导体收音机，并且心平气和地说："你们看看，这么脏乱的环境怎么能搞好生产呢？"于是，大家一齐动手，清扫并粉刷了厂房，使工厂的面貌为之一新。第二招，新任经理一反资方与工会对立的传统，主动拜访了工会负责人，希望"多多关照"。此举使工人们很快解除了心理戒备，在感情上与经理靠近了。第三招，时常需要增加劳动力，但不是雇请年轻力壮的新人，而是把以前被该厂解雇的老工人全部召回来，重新雇用。这样一来，这家由日本企业家管理的美国工厂，产品数量和质量都达到了历史最高水平。其实这位日本企业家只是把日本的企业文化移植到美国工厂而已，而这家美国工厂恰好有条件接受日本式的企业文化，从而使日本管理理念和策略得到实施。这一事例说明，着眼于人的管理方式是企业文化的精华。

2) 时代性

企业文化作为管理科学的最新成果，是在一定的历史文化、现代科学技术和现代意识影响下形成和发展起来的。因此，它不能不受到当时当地政治、经济、文化发展的影响，不能不带有时代的特征。换句话说，企业文化产生在特定时代的大背景下，它必然成为时代精神的反映。现代的企业文化渗透着现代企业经营管理的种种观念，如市场经济观念、市场竞争观念、经济效益观念、消费者第一观念、灵活经营观念、开拓创新观念等。

例如，"和成精神"是上海电度厂的企业精神。"和成"原是上度厂产品的商标名称，原意是想以人和达到事成，服务民众，回报社会。经历了 40 多个春秋的艰苦奋斗，800 名员工风雨同舟，和成牌电度表成为国内电度表行业中技术领先的名牌产品。进入改革开放新时期后，上海电度厂在走向市场、参与市场竞争的过程中，又借用商标名称来概括厂的企业精神，形成了“和成精神”，并赋予“和成精神”新的丰富内涵：创新、精业、和成、守信。“和成精神”通过升华历史传统，反映时代要求，形成了鼓舞人心、凝聚人心、振奋人心的新时期创业精神。

3) 特色性

企业文化既存在于民族社会文化之中，又因各企业的类型、所处行业性质、规模、人员结构、发展阶段等方面的差异而各不相同。不同的社会、不同的民族、不同地区的不同企业，其文化风格各有不同，即使两个企业在环境、设施设备、管理组织、制度手段上可能十分相近甚至一致，在文化上也会呈现出不同的特点。这是由企业生存的社会、地理、经济等外部环境，以及企业所处行业的特殊性、自身经营管理特点、企业家素养风范和员工的整体素质等内在因素决定的。正如《日本企业管理艺术》中所说：“每一家公司就像每一个人一样，必须按照它自己的方式去发展。”企业文化在各个企业的具体表现是丰富多彩、各具特色的。不仅不同的国家、不同的社会制度下的企业各具特色，就是在同一个国家、同一种社会制度下，各个企业也千差万别。因此，作为组织文化的企业文化，也就不能不因企业而异，表现出具体性的特点。例如美国的惠普公司崇尚“尊重个人价值”的精神；松下电器公司将其企业精神凝练为“产业报国、光明正大、友好一致、奋斗向上、礼节谦让、适应同化、感激报恩”精神；中国上菱电器公司则提出了“团结奋斗，创优夺魁”精神。每个企业只能根据本企业的具体情况，因时制宜、因人制宜地培育适合自己需要的、具有自己特色的企业文化。

4) 稳定性

任何一个企业的企业文化总是与企业发展相联系的。企业文化的形成是一个渐进的过程，它一经形成，并为企业员工所掌握，就具有一定的稳定性，不因企业产品、组织制度和经营策略的改变而立即改变。没有质的稳定，就没有特定的企业文化，企业文化的存在和发展也就失去了客观基础。

文化的生成呈现长期性，文化的作用具有延绵性。一种积极的企业文化，尤其是居核心地位的价值观念的形成往往需要很长时间，需要先进人物的楷模作用，需要一些引发事件，需要领导者的耐心倡导和培育等。企业文化一旦形成，它就会变成企业发展的灵魂，不会朝令夕改，不会因为企业产品的更新、组织机构的调整和领导人的更换而发生迅速的变化，一般来说，它会长期的在企业中发挥作用。

当然，企业文化的稳定性也是相对的，根据企业内外经济条件和社会文化发展变化，企业文化也在不断地得到调整、完善和升华。尤其是当整个社会处于大变革和大发展、企业制度和内部经营管理发生剧烈变动的时期，企业文化也通常会因为新旧观念的冲突而发生大的变革，从而适应新的环境、条件和组织目标。“适者生存，优胜劣汰”，企业文化是在不断适应新和环境中得以进步并充满生机和活力的。

5) 开放性

优秀文化具有全方位开放的特征，它绝不排斥先进管理思想及有效经营模式的影响和冲击。企业文化的开放性将促进企业文化的发展。通过引进、改造、吸收其他企业的文化，促使自身发育成长，不断完善。企业文化的开放性必然导致外来企业文化与本土企业文化、现代企业文化与传统企业文化的交融与整合，这也正是建设具有自身特色企业文化的契机。

6) 可塑性

企业是一个有生命的有机体，企业活动是一种动态的过程。随着社会和经济的发展，各种先天素质、历史的积累、后天的营养以及现实的环境因素等，都会对企业文化产生影响。人们希望优秀企业文化可以能动地变革，创造某些形态和模式，以适应新的发展要求，塑造出新的企业文化。企业文化的塑造过程实际上也就是企业所倡导的新的价值观念和行为方式被员工普遍认同并接受的过程。

7) 系统性

企业文化是一个系统，是由相互联系、相互依赖、相互作用的部分和层次构成的有机整体。构成企业文化的有意识形态、制度形态，物质形态等不同的层次和内容，虽然它们各有特点和相对独立，但又紧密结合成为一个整体。企业文化与社会文化也是一个有机的整体，社会文化时时处处在渗透、影响和制约企业文化的发展，而企业文化也通过其辐射功能推动着社会文化的进步，使其成为社会文化新的生长点。可见，企业文化不是企业诸因素简单叠加，而是相互影响、相互渗透的一个有机系统，综合对企业管理和企业发展产生作用。

8) 非强制性

企业文化不是强制人们遵守各种硬性规章制度和纪律，而是强调文化上的认同，强调人的自主意识和主动性，也就是通过启发人的自觉达到自控和自律的境界。对多数人来讲，由于认同了某种文化，这种文化就具有非强制性的。当然，非强制之中也包含有某种强制，即软性约束。对于少数人来讲，一种主流文化一旦发挥作用，即使他们当时并未对这种文化产生认同或达成共识，也同样会受到这种主流文化氛围、风俗、习惯等非正式规则的约束。违背这种主流文化的言行是要受到舆论谴责或制度惩罚的。因此企业文化专家威廉·大内(Wicliam Ouchi)认为，文化可以部分地代替发布命令和对员工进行严密监督，从而既能提高劳动生产率，又能发展工作中和的支持关系。非强制性是针对对企业文化产生认同的人员而言的，强制性是针对企业文化未产生认同的人员而言的。可见，企业文化与传统管理对人的调节方式不同，传统管理主要是外在的、硬性的制度调节；企业文化主要是注重内在的文化自律与软性的文化引导。

7.1.2 企业文化的功能

企业文化是在强化传统企业管理功能的基础上，又突出了传统企业管理不能替代的作用。根据国外学者的研究和众多企业的实践，优良的企业文化通常具有以下功能。

1. 导向功能

导向功能是指企业文化对企业员工行为的导向作用。企业是由怀着不同信念和目的的人所组成的，通过企业文化的引导，统一企业各级领导和员工的思想，形成本企业意志化、信念化的群体意识，促使企业成员把企业的目标变为自觉行动，从而促进企业朝着选定的目标健康发展。

1) 企业文化能显示企业发展方向

企业文化以概括、精粹、富有哲理性的语言明示了企业发展的目标的方向，这些语言经过长期的教育、潜移默化，已经铭刻在广大员工心中，成为其精神世界的一部分。美国

IBM 公司的宗旨是“为顾客提供世界上最优良的服务”。经过长期实践，“优良服务”几乎成了 IBM 公司的象征。它不仅向客户提供各种机器租赁而且提供各种机械服务，不仅提供设备本身，还提供技术培训和“随叫随到”的咨询服务。它能保证做到“在 24 小时以内对任何一个顾客的意见和要求做出满意的答复”。

2) 企业文化能诱导企业行为方向

企业文化建立的价值目标是企业员工的共同目标，它对员工有巨大的吸引力，是员工共同行为的巨大诱因，使员工自觉地把行为统一到企业所期望的方向上去。正如汤姆•彼得斯(Tom Peters)和罗伯特•沃特曼(Robert Waterman)所说，在优秀公司里，因为有鲜明的指导性价值观念，基层的人们大多数情况下都知道自己该做些什么。

3) 企业文化能坚定企业行为方向

企业在遇到困难和危机时，强大的企业文化可以促使员工把困难当作动力，把挑战当作机会，更加坚定而执著地为既定的目标而奋斗。青岛双星集团的总裁汪海曾自豪地说：“我们不怕困难，不怕挑战，我们经常讲危机，经常讲缺点。因为我们相信，‘双星’精神会激励我们战胜危机，克服困难”。要发挥企业文化的导向功能，首先要引导员工树立企业的共同价值观；第二要引导职工正确认识自己在本企业中所处的地位和作用；第三要引导企业树立良好形象，提高企业知名度。

2. 激励功能

激励功能是指运用激励机制，使员工的潜能充分发挥出，产生一种情绪高昂、奋发进取的力量。

(1) 企业文化使员工获得充分发挥自己聪明才智、不断实现自我的优越条件。鼓励创新、支持变革，是一切优秀企业文化的鲜明特点。员工自我发挥、自我实现和自我完善的需要，只有在强大的企业文化环境中才能获得满足。

(2) 企业文化的重要特点是重视人的价值，正确认识员工在企业中的地位和作用，激发员工的主体意识，从根本上调动员工的积极性和创造性。例如，美国波音公司把“我们每一个人都代表公司”作为企业精神来激励员工的主体意识。

(3) 积极向上的思想观念行为准则，可以形成强烈的使命感和持久的驱动力。心理研究表明，人们越能认识行为的意义，行为的社会意义越明显，越能产生行为的推动力。倡导企业理念的过程，正是帮助员工认识工作意义，建立工作动机，从而调动积极性的过程。

实现企业文化的激励功能，最有效的途径是坚持精神激励和物质激励相结合的原则，强化整体激励机制。

3. 凝聚功能

凝聚功能是指企业文化能将企业员工紧密地团结起来，为实现共同的目标、理想、事业而形成的一种向心集中、聚合、凝结的合力，以达到内求团结、外求发展的目的。

企业文化赋予人们以共同的目标、理想、志向和期望，使人们心往一处想，劲往一处使，成为具有共识、同感的人群结合体。

企业文化给人们提供了一套价值评价和判断标准，使人们知道怎样做是正确的，怎样做是错误的，不仅能避免大量矛盾的发生，而且即使出现某些矛盾和冲突，也会积极、主动地设法解决。

企业文化提供员工多方面心理满足的条件，企业对员工有很强的吸引力，员工对企业有很大的向心力。

实现企业文化的凝聚功能，还必须考虑以下4个方面：第一，要将企业目标和员工个人的目标有机地结合起来；第二，要将企业的利益与员工的利益融为一体；第三，要使员工能用正确的价值观来支配自己的行为；第四，要使员工在生产、学习和生活中自觉形成民主和和谐、互助合作的人际环境。

4. 规范功能

规范功能是指企业文化通过其企业规章制度、思想作风、伦理道德、价值观念、企业的行为方式等对员工思想和行为进行约束。企业文化具有两个方面的约束功能：一种是硬性的约束，即企业成文的规章制度对员工的约束力；另一种是软性的约束，即一种无形的约束。

企业文化的约束功能主要是从价值观念、道德规范上对员工进行软性的约束，它通过将企业共同价值观、道德观向员工个人价值观、道德观的内化，使员工在观念上确立一种内在的自我约束的行为标准。一旦员工的某项行为违背了企业的信念，心理上会感到内疚，并受到共同意识的压力和公共舆论的谴责，促使其自动纠正错误行为。例如，北京王府井百货大楼的广大员工在张秉贵“一团火精神”的带动下，人人都以热情服务、微笑待客为荣，以不负责任、冷淡粗暴为耻。

为了实现企业文化的规范功能，第一要让员工了解本企业的共同价值观，使员工的思想和行为尽可能地符合企业的共同价值观。第二在硬、软约束之间，要侧重于软约束，即如果要在制度管理和自我管理之间作做出选择，企业文化倾向于选择后者。第三要重视员工自我管理的心理需要。

5. 协调功能

协调功能是指通过现代化的沟通手段和方法，使职工接受企业的共同信念，从而把个人和企业融为一体。企业信念是协调领导与领导之间、员工与员工之间、领导与员工之间相互关系的“微调装置”。共同信念可以引导内部各种关系摒弃前嫌、化解冲突、消除疑虑，为了一个共同的目标及时协同作战。在企业中，领导与员工之间是最容易产生矛盾的环节。现代企业的员工都有强烈的自尊心和自主意识，对于要求他们服从他人十分反感。用企业的共同信念或最高目标来进行管理就可避免这种情况。这样，领导与员工之间就会由控制与被控制、监督与被监督的关系，转变为在共同的信念下平等协商、共谋企业发展的朋友式关系。

为了发挥企业文化的协调功能，首先要让员工爱企业，其次要在领导和员工中形成一种相互沟通、理解、信任的文化氛围。

6. 教化功能

员工的素质是企业素质的核心，员工素质能否提高，在很大程度上取决于他所处的环境和条件。优秀的企业文化体现卓越、成效和创新。具有优秀文化的集体是一所“学校”，为人们积极进取创造良好的学习、实践环境和条件，具有提高人员素质的教化功能。它可以使人树立崇高理想，培养人的高尚道德，锻炼人的意志，净化人的心灵，使人学到为人处事的艺术，有助于人的全面发展。例如，具有悠久历史的北京同仁堂，它的堂训是“同修仁德，亲和敬业；共献仁术，济世养生”，这一理念不仅影响员工行为，更为重要的是陶冶了员工的情操，培养了优秀的品质，发扬了中华民族的优良传统。

7. 维系功能

企业发展需要两种纽带：一个是物质、利益、产权的纽带，另一个是文化、精神、道德的纽带。企业如果只有前一种纽带，而没有后一种纽带，是不会得到健康、持续发展的。企业文化建设的重要功能之一就在于形成企业发展所不可缺少的精神纽带、道德纽带。正如济南三联集团董事长张继升所讲：“这种纽带能够把不同经历、不同年龄、不同知识层次、有不同利害关系的人组合在一起，为共同的目标努力工作。这种作用绝不是仅仅用金钱就能实现的。”可见，文化纽带是韧性最强、最能突出企业个性的纽带，同时也是维系企业内部力量统一、维系企业与社会良好关系的重要力量。

8. 辐射功能

企业文化不仅对本企业产生作用，还会不断地向周围传播和辐射。这种辐射的途径是企业对个人的横向联系及人员交往，它的作用机制则是依靠企业文化交往实现的。

除上所述外，企业文化的功能还可以从多侧面来理解，如审美功能、辐射功能、娱乐功能、稳定功能等。但归根到底，企业文化是以人为中心，挖掘、开发人的内在潜能，最终赢得企业的发展壮大。同时，企业文化功能在企业活动中并不是单独地起作用，而是综合地起作用。这样，企业文化的整体效应就会发挥出来了。

7.1.3 企业文化的基本结构

企业文化通常是由企业理念文化、企业制度文化、企业行为文化和企业物质文化等四个层次所构成。

1. 企业理念文化

企业理念文化是指企业在长期的生产经营过程中形成的文化观念和精神成果，是一种层次的文化现象，在整个企业文化系统中，它处于核心的地位。企业理念文化通常包括企业精神、企业使命、企业价值观等内容，是企业意识形态的总和。

1) 企业精神

企业精神是企业文化的灵魂，是现代意识与企业个性相结合的一种规范化、信念化的群体主导意识，它往往以简洁而富有哲理的语言形式加以概括，通过“司训”、“司歌”等形式形象地表现出来。一般来说，企业精神是企业广大员工共同一致、彼此共鸣的内心态度、意志状况和思想境界。

企业精神是企业广大员工在长期的生产经营活动中逐步形成的，并经过企业家有意识的概括、总结、提炼而得到确立的思想成果和精神力量，它是企业优良传统的结晶，是维系企业生存发展的精神支柱。只有人才具有精神，而企业精神这一概念就是把企业人格化了，它是由企业的传统、经历、文化和企业领导人的管理哲学共同孕育而形成的，集中体现了一个企业独特的、鲜明的经营思想和个性风格，反映着企业的信念和追求，也是企业群体意识的集中体现。企业精神具有号召力、凝聚力和向心力，是一个企业宝贵的经营优势和精神财富。正如美国IBM的董事长小托马斯·沃森所说，一个组织与其他组织相比较取得何等成就，主要决定于它的基本哲学、精神和内在动力，这些比技术水平、经济资源及组织机构、革新和选择时机等重要得多。

1977 年 6 月，正值日本松下电气公司成立 60 周年之际，松下幸之助先生出版了《实践经营哲学》一书。在书中，松下幸之助以自己的切身体验证明：正确的经营理念，可以激发全体员工崇高的使命感和奋力工作的干劲。因此，无论从哪个方面来说，经营理念都非常重要。对于企业来说，技术力量、销售力量、资金力量及人才等，虽然都是重要因素，但是最根本的还是正确的经营理念。只有在正确的经营理念的基础上，才能真正有效地使人员、技术和资金发挥作用。

华为公司在其基本法中指出："爱祖国、爱人民、爱事业和爱生活是我们凝聚力的源泉。责任意识，创新精神、敬业精神与团结合作精神是我们企业文化的精髓。"

2) 企业使命

企业使命陈述是在回答"企业的业务是什么"这一关键性问题。企业使命描述了企业的主导产品、市场和核心技术领域，反映了企业的宗旨和价值观。使命是企业一种根本的、最有价值的、崇高的责任和任务，即回答"我们干什么"和"为什么干这个"。例如，在微软中国公司的网站上开宗明义的便是微软的使命："在微软，我们的使命是创造优秀的软件，不仅使人们的工作更有效率，而且使人们的生活更的乐趣。"

企业使命的作用如下。

(1) 企业使命明确企业发展方向与核心业务。企业使命使企业明白企业目前是怎样一个组织，将来希望成为怎样一个组织，以及如何才能体现出不同于其他组织的显著特征，从而为企业确立一个贯穿各项业务活动始终的共同主线，建立一个相对稳定的经营主题，为进行企业资源配置、目标开发以及其他活动的管理提供依据，以保证整个企业在重大战略决策上做到思想统一、步调一致，充分发挥各方面力量的协同作用，提高企业整体的运行效率。

(2) 企业使命协调内外部各种矛盾冲突。通常情况下，公众比较关心企业的社会责任，股东较为关心自己的投资回报，政府主要关心税收与公平竞争，地方社团更为关心安全生产与稳定就业，这样这几者之间他们就有可能会在企业使命与目标的认识上主生意见分歧与矛盾冲突。一个良好的使命表述应能说明企业致力于满足这些不同利益相关者需要的相对关心与努力程度，注意协调好这些矛盾冲突目标之间的关系，对各种各样利益相关者之间所存在的矛盾目标起到调和作用。一切组织都需要得到用户、员工与社会的支持，企业使命表述能够起到帮助企业实现与内外部环境利益相关者有效沟通并赢得支持的作用。企业使命表述通过对于企业长期发展目标的说明，可以为各级管理人员超越局部利益与短期观念提供努力方向，促进企业员工各层次之间形成共享的价值观，并逐步随着时间推移不断得到加强，以做到最终为企业外部环境中的个人与组织所认同、所接纳，从而为企业带来良好的社会形象。

(3) 企业使命树立用户导向思想。一个好的企业使命体现了对用户正确预期。企业的经营宗旨应当是确认用户的需求，并提供产品或服务以满足这一需求，而不是首先生产产品，然后再为它寻找市场。理想的企业使命应认定本企业产品对用户的功效。美国电话电报公司的企业使命不是电话而是通信，埃克森公司的企业使命突出能源而不是石油和天然气，太平洋联合公司强调运输而不是铁路，环球电影制片公司强调娱乐而不是电影，其道理皆在于此。

(4) 企业使命表明企业的社会政策。社会问题迫使战略制定者不仅要考虑企业对各类股东的责任，而且要考虑企业对用户、环境、社区等所负有的责任。企业在定义使命时必然要涉及社会责任问题。社会与企业间的相互影响越来越引人注目。社会政策会直接影响企业的用户、产品、服务、市场、技术、盈利、自我认识及公众形象。企业的社会政策应当贯穿于所有的战略管理活动之中，这当然也包括定义企业使命的活动。

(5) 企业是提供物质财富的经济组织。这是传统的企业观，这个观念在过去的时代几乎从未发生过变化。然而在当今时代，仅仅从企业的经济活动本身来认识企业，已经远远不够了。企业不仅在经济上，而且在许多方面都担负着重要的责任，企业活动的领域正在逐步扩展，延伸到社会的各个方面。因此，企业使命从总体上来说可以划分为经济使命、社会使命和文化使命 3 个层面。

3) 企业价值观

(1) 企业价值观的内涵。

所谓企业价值观是全体(或多数)员工一致赞同的看法，所以有时又称共有(或共享)价值观，个别员工的看法没有资格称为企业价值观。企业价值观的形成，必须有一个认同过程，这个过程可以说就是企业文化建设过程。企业价值观是企业全体(或多数)员工赞同的关于“企业的价值在于什么以及哪些对象对于企业来说有价值”的看法。企业的价值在于什么、什么对于企业来说有价值，这两者一般说来是统一的。例如，企业的价值在于培育人才，而人才对于企业来说也是很有价值的；企业的价值在于提供优质产品，而优质产品对企业来说也很有价值等。但在许多情况下也可以不统一，亦不必统一，如原料对于企业来说有价值，但却不能说“企业的价值在于能够获取原料”等。

任何一个企业总是要把它的价值所在以及自己认为最有价值的对象作为本企业努力追求的最高目标、最高理想或最高宗旨；反之，凡被一个企业列为最高目标、最高理想或最高宗旨的东西，也必然是能够体现它的价值观的东西。因此，企业价值观、共有价值观、企业最高目标、企业理想、企业宗旨等，提法虽然不同，但其实实质一样的。同样，对于“企业的价值在于什么以及什么对于企业来说有价值”这个问题一旦有一致的理解和回答，那么这种理解和回答当然就成为该企业的基本概念和信仰。因此，从某种角度来说价值观就是一个组织的基本概念和信仰。

(2) 企业价值观的意义。

① 企业价值观是企业文化的核心。企业文化是由众多相互依存、相互作用的要素结合而成的有机统一体，不同要素在企业文化体系中扮演着不同的角色，处于不同的地位。企业价值观以其对企业发展所做出的突出贡献和对企业文化其他要素所起的支配作用，在企业文化体系中处于核心地位。

② 企业价值观决定企业的命运，是企业文化的核心，这已经成为企业文化倡导者的共识。美国学者特伦斯•迪尔和艾伦•肯尼迪认为，价值观贯彻于人的整个活动过程的始终，也贯彻于管理活动的始终。它构成人们对待客观现实的态度，评价和取舍事物的标准，选择对象的依据和推动人们实践和认识活动的动力。价值观的一致性、相容性，是管理活动中人们想到理解的基础，是组织之所以成立，管理之所以成功的必要前提。如果在经常接触的人们之间缺乏这种相容和一致，那么他们的社会交往就会发生困难，这个组织就会涣散、解体，当然也就无法进行正常的管理。特伦斯•迪尔和艾伦•肯尼迪用了

大量的时间对近80家公司进行了调查研究，发现所有杰出的公司都很重视企业文化的建设，都具有崇高的信念或价值观。由此得出这样的结论："在美国企业中，一种强有力的文化几乎始终是持续成功的推动力。"而价值观，则是"一个组织的基本观念和信念，因而成为企业文化的核心"、"价值观是任何一种企业文化的基石。价值观作为一家公司成功哲学的精髓，为所有员工提供了一种走向共同方向的意识，也给其日常行为提供了指导方针。取得成功的这些程式决定着公司的各类英雄人物，并且决定着企业文化中的神话、礼仪和庆典。

特伦斯·迪尔和艾伦·肯尼迪还指出，对拥有共同价值观的那些公司来说，共同价值观决定了公司的基本特征，使其与众不同。同样，这些共同价值观创造出公司员工的实质意义，使其感受与众不同。更重要的是，这样的价值观不仅在高级管理者心目中，而且在公司绝大多数人的心目中，成为一种实实在在的东西。它是整个企业文化系统，乃至整个企业经营运作、调节、控制与实施日常操作的文化内核，是企业生存的基础，也是企业追求成功的精神动力。

③ 企业价值观在企业文化中的核心地位是在同企业文化其他诸要素相互联系、相互比较中体现出来的。企业价值观与企业使命、目标、信念、精神、道德、风气等之间是一种决定与被决定、作用与反作用的关系，企业价值观在诸要素中处于主导和支配地位，而其他要素不过是企业价值观的拓展和延伸。

企业道德、企业作风等等也都是企业价值观的表现形式。企业道德是企业价值观功能发挥的必然结果，企业作风是企业价值观的外部表现。

2. 企业制度文化

企业制度文化是得到企业广大员工认同并自觉遵从的、由企业的领导体制、组织形态和经营管理形态构成的外显文化，是一种约束企业和员工行为的规范性文化。它是企业文化的中坚和桥梁，把企业文化中的物质文化和理念文化有机地结合成一个整体。

企业制度文化一般包括企业领导体制、企业的组织机构、企业的经营制度、企业的管理制度和一些其他特殊制度。

(1) 企业领导体制是企业领导方式、领导结构和领导制度的总称。不同的企业领导体制反映不同的企业文化。领导体制影响组织机构的设置，制约企业管理的各个方面。

(2) 企业组织机构是指企业为了有效实现企业目标而建立的企业内部各组成部分及其相互关系。如果把企业视为一个生物有机体，那么组织机构就是这个有机体的骨骼。

(3) 企业的经营制度是指通过划分生产权和经营权，在不改变所有权的情况下，强化企业经营责任制度。

(4) 企业的管理制度是企业在管理实践活动中制定的各种带有强制性的规定或条例。没有规矩，无以成方圆。一般来说，企业管理制度影响和制约着企业文化发展的总趋势，同时也促使不同企业的企业文化朝着个性化的方向发展。

(5) 特殊制度主要是指企业的非程序化制度，如员工评议班干部制度、干部员工平等对话制度等。与一般制度相比，特殊制度更能够反映一个企业的管理特点和文化特色。

企业的制度与企业的理念有着相互影响、相互促进的关系。合理的制度必然会促进正确的企业经营观念和员工价值观念的形成；而正确的经营观念和价值观念又会促进制度的正确贯彻，使员工形成良好的行为习惯。

3. 企业行为文化

企业行为文化是指企业员工在生产经营、学习娱乐中产生的活动文化，包括企业经营教育宣传、人际关系活动、文娱体育等活动中产生的文化现象。它是企业经营作风、精神面貌、人际关系的动态体现，也是企业理念的折射。

从人员结构上划分，企业行为包括企业家的行为、企业模范人物的行为、企业员工的行为等。企业的经营决策方式和决策行为主要来自企业家，企业家是企业经营的主角。在具有优秀企业文化的企业中，最受人敬重的是那些集中体现了企业价值观的企业模范人物。这些模范人物使企业的价值观“人格化”，他们是企业员工学习的榜样，其行为常常为企业员工所仿效。企业员工是企业的主体，企业员工的群体行为决定企业整体的精神风貌和企业文明的程度。

IBM 在几十年的经营中形成了一种良好服务的企业文化。IBM 的历届总裁认为，良好的服务是打开计算机市场的关键，IBM 就是要为顾客提供全世界最好的销售服务。IBM 的创始人老托马斯·沃森从公司建立的那一天起就十分注重销售部门的服务质量，他要求对每一个用户的服务都要周密安排。IBM 还免费为用户提供基本软件、保养维修、业务咨询及培训设计人员和操作人员。如果用户对机器的业务性能质量不满意，可以不付租金，将机器退回。正因为 IBM 从上到下竭尽全力为顾客提供尽可能完善的服务，所以赢得了用户的广泛好评。

4. 企业物质文化

企业文化作为社会的一个子系统，其显著的特点是以物质为载体，物质文化是它的外部表现形式。优秀的企业文化总是通过重视产品的开发、服务的质量、产品的信誉和企业生产环境、办公环境、文化设施等物质现象来体现的。企业物质文化是企业文化系统的表层文化，它是由企业员工创造的产品各种物质设施等构成的文化现象。它主要包括以下几个方面。

(1) 企业名称、标示、标准字、标准色。这是企业物质文化最集中的外在体现。

(2) 企业外貌、建筑风格、办公室和车间的设计和布置方式等。生产环境的好坏直接影响员工的情绪与心理。企业如果绿化好、厂容美、环境清洁整齐，不仅可以激发员工的自豪感和凝聚力，而且可以直接影响员工的工作效率。因此，优秀的企业特别注重为员工创造优美的工作环境，并把它作为企业文化建设的重要内容，作为调动员工积极性的重要手段。

(3) 产品的特色、样式、外观和包装。

(4) 技术工艺设备特性。

(5) 企业旗帜、歌曲、服装、吉祥物等。

(6) 企业文化体育生活设施。人有多种需要，不仅仅是物质需要，更重要的是精神需要。在物质生活水平不断提高的今天，人们对精神需要的追求愈加强烈，求知、求美、求乐等心理迅速发展，构成企业文化建设中不可忽视的课题。建立和完善员工的文化设施，积极开展健康有益的文体活动，是许多优秀企业的重要物质文化内容。

(7) 企业造型和纪念性建筑，如雕塑、纪念碑、英模塑像等。

(8) 企业的文化传播网络，如企业自办的报纸、刊物、有线广播、闭路电视、计算机网络、宣传栏等。

企业文化的以上4个层次是紧密联系的。物质文化是企业文化的外在表现和载体，是行为文化、制度文化和理念文化的物质基础；制度文化是理念文化的载体，制度文化又规范着行为文化；理念文化是形成行为文化和制度文化的思想基础，也是企业文化的核心和灵魂。

7.2 公共关系与企业文化

应用案例 7-1

橱窗内陈列的半瓶酒

香港的不少酒店，在餐厅的主要部位都装有一个装潢考究的橱窗。橱内陈列的不是新酒，而是顾客未喝完的各式半瓶酒。瓶颈上都挂着一张精致的小卡片，上面写着存酒主人的姓名。这是什么原因呢？

这是一种独特管理方式，效果是奇妙的。

其一，酒店不占顾客便宜，使顾客对店家增加了信任感。

其二，酒瓶上挂名，孰优孰劣，一看便知。要面子的顾客都点高档酒，酒店赢利自然越来越多。

其三，剩酒免费代存，下次继续饮用，是商客关系得以发展。

其四，我们是不是也感觉到了酒店的文化韵味呢？

由此可见，公共关系与企业文化作为新兴的管理学科，在经济领域中发挥了其他学科所不能替代的作用，并且越来越受到社会组织的重视。因此，探讨两者之间的关系，更有助于企业在市场运行中准确运用，赢得公众的支持。

(资料来源：国英．现代礼仪[M]．北京：机械工业出版社，2004．)

7.2.1 公共关系与企业文化的异同性

公共关系与企业文化虽同属于管理学科，两者之间有着内在的联系，但也存在许多交叉点。

1．从产生的时间来看

公共关系与企业文化都产生于20世纪，具有相似的时代背景，是现代文明的产物。这个时期市场竞争激烈，产品、价格、服务已相差无几，以形象为导向的竞争逐渐形成，并显现出其重要性。企业文化比公共关系晚起步约80年，可以说是对公共关系的补充和发展。

2．从两者对企业的作用看

公共关系和企业文化都主要作用于企业和经济领域，两者都以信息为手段塑造形象来完善企业形象，以争取公众的认同。但前者在处理企业与外部关系时发挥的作用更大一些。它靠不断推出富有创意的专题活动吸引公众引起轰动效应，提高企业知名度、美誉度，增强企业和谐度。而后者则侧重对内部员工培训、教育引导、传达企业精神、企业价值观，使内部员工形成强大的凝聚力，共谋企业的发展。

3. 从应对危机的作用看

公共关系和企业文化对危机都负有管理责任，但前者特别强调管理危机，而后者则侧重于预防危机。

7.2.2 公共关系与企业文化的互补性

由于公共关系和企业文化本身存在着交叉，因此，当两者在更趋细分和专业时，交叉部分也同时在膨胀、增强。当企业文化建设借助公共关系手段进行策划和实施时，企业文化理念的设计和操作会变得更加深入、系统和规范，并在科学性方向上一个台阶；当公共关系引进企业文化理论后，会使其理论更加进一步深化和完善。

1. 企业文化借助公共关系手段得以充分显现

企业文化借助公共关系手段得以深化、细化、系统化，成为具有凝聚力和可操作性的企业价值、企业精神、企业道德等，用这些思想统一人们的行为，造就良好的企业文化。例如，公共关系作为一种“润滑剂”，不仅可以减少企业内耗、理顺人际关系，也是医治企业领导者官僚主义顽症的一剂良药，能充分调动员工的积极性，发扬主人翁精神。世界著名三角洲航空公司，为努力培养全体员工“大家庭感情” 的企业文化，公司的各层次都实行“门户开放”，即公司董事长、总经理办公室的大门是永远敞开着的，欢迎职工来访，鼓励下属直言上诉，对于职工的来信都能负责地妥善处理。公司的最高首脑与全体员工每年至少进行一次生动活泼的“自由讲座”，全公司就像是一个和睦、奋进的大家庭大家互相尊重，彼此信任。“大家庭感情”的企业文化，经过公共关系的精心策划而被公司全体员工所接纳，从而增强了员工的主人翁意识。

企业文化借助公共关系物化形象而得以向外传播企业的价值观、企业的精神，从而影响人们的思想感情。企业价值观、企业精神等都是内在的，是企业文化的支柱，但表现得空灵和无形。人们在市场中直接接触到的是产品包装、标准字型、企业标志、企业装饰、吉祥物、名片印刷、员工服饰、厂歌、厂名等，是实实在在、可以触摸的东西，是连接企业与公共之间最直接的物化形象。企业文化不再是一种简单的物化形象，而是无时不在影响人们在市场中的购买、注意、兴趣、喜好、逃避、厌恶、好奇、排斥、追逐等各种行为。

2. 公共关系以企业文化为中心

公共关系必须以企业文化为中心来确立目标和开展工作。只有紧紧围绕企业文化总目标开展的公共关系活动，才能达到树立良好的组织形象和信誉，创造出最佳的内部和外部环境，让社会公众和内部员工认同企业价值观和企业精神。

“想主人事、干主人活、尽主人责、享主人乐”是著名乡镇企业杭州万向节总厂的企业精神。围绕企业精神，该厂开展了多种公共关系活动。例如，1988 年 7 月，国内外用户纷纷向厂方要货，产品供不应求、生产频频告急。这时，该厂不失时机地推出“为国家做贡献的事就在你岗位上”的职工竞赛活动。为此，厂部致信全厂每一位职工，现在工厂欠产已达 17 万套万向节，能否按时供货，关系到国家信誉和企业形象，尽量满足用户需要，为国家多创汇多做贡献，是每一位职工当家作主的光荣职责。工厂面临的喜与忧一下子成为职工们茶余饭后的热门话题。尽管当时气温高达 38℃，但大家以主人翁的态度，坚持上班加班，结果超额完成了生产任务，满足了用户的要求，同时，树立起了企业良好的信誉。

7.3 企业文化的企业地位

应用案例 7-2

“小燕子”的一封信

日本奈良市郊区有一家旅馆，外在环境优美，招待客人热情，很能吸引顾客。但美中不足的是每年春季，许多燕子争相光临，在房檐下营巢安家，排泄的粪便弄脏了玻璃窗和走廊，服务员小姐擦不胜擦，使得旅客有点不快。旅馆遇到了保护生态环境与旅客是旅馆的上帝两难满意问题，于是，“小燕子”的一封信到了。

女士们、先生们：

我们是刚从南方赶到这儿过春天的小燕子，没有征得主人的同意，就在这儿安了家，还要生儿育女。我们的小宝贝年幼无知，我们的习惯也不好。常常弄脏您的玻璃与走廊，致使您不愉快。我们很过意不去，请女士们、先生们多多原谅！

还有一事恳求女士们和先生们，请您千万不要埋怨服务员小姐，她们是经常打扫的，只是她们擦不胜擦。这完全是我们的过错。请您稍等一会儿，她们就来了。

您的朋友：小燕子

这显然是以小燕子的名义写的向旅客们解释和道歉的信。旅馆经理把它贴到显眼的地方。客人们看了这封公开信，都给逗乐了。不仅不再提意见，而且还对这家旅馆更感亲切，并留下了美好的印象。

此案例中酒店形象背后酒店文化的支撑显而易见，接下来让我们对企业文化与企业形象的关系作进一步的探讨。

(资料来源：李道平．公共关系学[M]．北京：高等教育出版社，2010．)

7.3.1 企业文化与企业形象的关系

企业形象是企业重要的竞争要素，良好的企业形象是企业不可忽视的无形资产。企业形象是企业文化的外化，是企业文化在传播媒介和对外交往中的映射，企业文化则是企业形象的核心和灵魂，企业形象与企业文化是一种标和本的关系。导入 CI(corporate identity，企业形象识别)，进行企业形象塑造，也是企业文化建设过程中的重要组成部分。

1．企业形象不同于企业文化

我国形象策划开始于 20 世纪 80 年代，先从美术教育界引进，以后应用到企业。所谓企业形象策划，就是人们常说的 CI 策划或 CI 战略。所谓 CI 战略，就是对企业形象的有关要素，即企业理念识别(mind identity，MI)、行为识别(behavior identity，BI)和视觉识别(visual identity，VI)进行全面系统的策划、规范，并通过全方位、多媒体的统一传播，塑造出独特的、一贯的优良形象，以谋求社会大众认同的企业形象战略。

企业文化是企业信奉倡导并付诸实践的价值理念和行为方式。企业文化建设按照美国学者彼得斯和沃特曼所说，就是汲取传统文化精华，结合当代先进管理思想与策略，为企业员工构建一套明确的价值理念和行为规范，创建一个良好的文化氛围，以帮助整个企业进行经营管理活动。

企业形象与企业文化的区别如下。

首先，企业文化是一种客观存在，而企业形象则是企业文化在人们头脑中的反映，属于人类的主观意识。如果没有已存在的企业文化，就不会有公众心目中的企业形象。因此，企业文化是企业形象的根本前提，企业文化决定企业形象。

其次，由于人类认识过程受到客观条件(如信息传播渠道)和自身认识水平(如知识、经验)的限制，因此，公众心目中形成的企业形象并不一定是企业文化的客观真实或全面的反映，有时甚至还有扭曲的成分。这决定了企业形象与企业文化之间必然存在某些由人类认识造成的差距。当然，随着认识过程的不断深入，两者之间的差距会逐渐缩小。

最后，由于企业出于自身需要，企业文化的有些内容是不会通过传播媒介向外传播的，或是向外传播，或是向传播一些经过特别加工的信息，这也使得企业形象与企业文化在内涵上存在差别。

2. 企业形象与企业文化相互联系

企业文化与企业形象的层次相互对应。从企业形象的构成来看，它的 3 个层次——理念形象、行为形象和视觉形象，与企业文化的理念层、行为层、物质层之间存在着相互对应关系。企业文化的理念层对应企业理念形象，行为层对应行为形象，物质层对应视觉形象，即企业文化理念层——理念识别系统，企业文化行为层——行为识别系统，企业文化物质层——视觉识别系统。3 个层次的要素相互作用、带动企业经营的发展、塑造企业独特的形象。

3. 企业形象是企业文化的外现

从认识过程来看，客观对象必须转化为可以传播的信息，才能通过媒介和活动被人类认识，这种在媒介上和活动中反映出的关于企业文化的全部信息就构成了企业形象。

CI 策划和实施是建设企业文化的重要方式。在企业文化的建设过程中，往往可以把企业形象策划作为企业文化建设的重要内容。因为企业理念文化的整合包含了理念识别系统的设计；企业行为文化的规范包含了行为识别系统的设计；企业物质文化的美化包含视觉识别系统的设计。

企业文化塑造着企业形象，要塑造有特色的企业形象，就需要有建设有差别的企业文化。同时，CI 策划也不是企业孤立的行为，它已成为企业文化建设的一种重要方式。

1) CI 策划设计了一定时期企业的目标文化模式

企业文化建设是在充分认识分析现实企业文化的基础上，根据社会发展要求和企业发展战略制定出目标企业文化模式，作为今后建设和努力的方向。CI 策划的关键步骤是要设计了包括企业使命、企业目标、企业价值观、企业道德等在内的企业理念，即目标企业文化理念层的全部要素。并以此为指导设计企业的行为形象、视觉形象，即目标企业文化的行为层面和物质层面的内容。

2) CI 的内部实施过程构成企业文化建设过程中的重要组成部分

CI 在企业内部的发表和实施过程，就是企业理念被员工自觉遵循、企业制度和行为规范被员工遵守、企业视觉形象被员工认同的过程。因此，CI 的内部实施过程成为建设企业文化的重要组成部分。

3) CI 的对外实施有利于实现企业文化的辐射功能

企业文化塑造着企业形象，而企业形象深刻地反映企业文化的特点和内涵。企业形象通过企业活动必然对本地区乃至国内外企业产生一定的影响，企业形象所反映的企业文化观念、规范等内容也同样会对社会产生某种程度的影响。先进的企业文化对社会文化的发展有积极的推动作用，这种对社会的影响就是企业文化的辐射作用，CI 战略的实施就是这种辐射作用的贯彻和体现。

7.3.2 企业文化与企业品牌的关系

企业文化支撑着品牌的塑造，品牌在很大程度上可以说是企业文化的载体和象征。品牌与企业文化的关系，犹如枝繁叶茂的大树与其赖以生长的肥沃土地之间的关系一样，不可分离。只有肥沃的企业文化土壤，才能孕育享誉中外的名牌，或者说，一个有名的品牌背后一定有深厚的企业文化根基。名牌是企业培育的，每个企业的名牌又都有自身企业价值观的烙印。当然，品牌一旦得到市场认可后，就将以它巨大的扩散效应传播企业文化。

1. 名牌反映企业理念

名牌反映了企业先进的价值理念。例如，索尼反映的是一种不断创新、不断开拓进取、不断追求卓越的经营哲学；同仁堂集团所反映的是“同修仁德，济世养生”的企业信念。

任何一种成功的企业品牌，不仅是依靠其产品优良的品质性能，而且还依靠比别人更胜一筹的品牌后面蕴藏着的丰富的文化内涵。以黄色 M 字为标志的麦当劳企业，在世界各地拥有 6 500 多家连锁店，是世界上最大的饮食企业。麦当劳的企业理念是 Q、S、C、V，即优质(quality)、服务(service)、清洁(clean)、价值(value)。

2. 名牌需要企业文化支撑

虽然名牌概念主要是针对产品而言，但任何品牌在一开始都不是名牌，品牌之所以能够成为名牌，完全是企业下大工夫精心培育的结果。所有成功培育出名牌产品并且使名牌的价值不断增长的企业，除了一流的设备、强大的资金、先进的技术外，都有一整套与之相适应的企业文化因素。这些文化因素对于孕育名牌、创造名牌、维护名牌、开拓名牌具有巨大的、无形的影响，构成了企业文化中的一道独特的风景——名牌文化。森达集团董事长朱相桂提出的“大名牌要有大文化”所指的就是这种名牌文化。

7.3.3 企业文化与企业战略的关系

企业文化是激发人们热情、统一群体成员意志的重要手段。企业文化代表组织成员的共享的价值理念和行为方式，任何一个组织客观上都应该有一个特别的不同于其他组织的思想理由，而不论其战略管理者是否意识到、是否能用文字表达出这种特别重要的理由。

每个行业都存在行业文化，而且行业之间的文化往往有着较显著的差异，如制造业的文化就有行业自身的特点，从管理方面来说，它可能比较严格，注重质量的管理、生产的效率、纪律性等；而一些新兴产业，如 IT 行业的特征则更多地注重宽松的环境、注重员工的创新性、注重相互之间的交流。因此，企业在制定战略时，特别是考虑行业选择时，必须以目前本企业的文化现状为基础。每一个行业都有其文化个性，在这个行业没有革命化的变化之前，行业的基本特性是不会改变的，是必需的。因此，企业的文化特质在很大程度上决定企业总体战略中有效的行业选择。企业战略一旦制定，就需要全体成员积极有效地贯彻实施。

1. 企业文化为战略实施提供行为导向

企业文化的导向功能是指它对企业行为方向的显示、诱导和坚定作用。首先，企业文化能显示企业发展方向。企业文化以概括、精粹、富有哲理性的语言明示了企业发展的目标和方向，这些语言经过长期的教育、潜移默化，已经铭刻在广大员工心中，成为其精神世界的一部分。其次，企业文化能诱导企业行为方向。企业文化建立的价值目标是企业员工的共同目标，它对员工有巨大的吸引力，是员工共同行为的巨大诱因，使员工自觉地把行为统一到企业的期望的方向上去。因此，优秀的企业文化能有效地弥补人的有限理性的不足，将广大员工的行为引导到共同的企业发展目标和方向上来。

2. 企业文化与企业战略相互适应和协调

由于一个企业的企业文化是相对稳定的，不易变革，有一定的持续性，因此，企业战略的制定和实施都必须适应已有的企业文化，不能过分脱离企业文化现状。从战略实施的角度来看，企业文化既要为实施企业战略服务，又会制约企业战略的实施。当企业新的战略要求企业文化与之相配合时，企业的原有文化变革速度却非常慢，不能很快对新战略做出反应，这时企业原有文化就成为实施企业新战略的阻力。因此，在战略管理过程中，内部新旧文化更替和协调是战略实施获得成功的重要保证。哪一种企业文化最适合于企业的行业特性并能自觉地推动战略目标的实现，企业必须根据自身的行业特点去寻找这种文化或是建立这种文化，使企业文化的特性与产业的特质一致，以使企业获得自觉的发展。要使企业文化在行业中树立竞争优势，就必须将这一目标具体演化为与行业相适应的使命、精神、价值观、行为方式等，并使其员工对此有普遍的认同和自觉性，使之成为文化并推动企业的战略目标成为一种可操作的实现过程。

7.4 建设企业文化

7.4.1 建设企业文化的基本原则

1. 文化建设要与企业战略管理相结合

企业文化由于其导向、约束、凝聚、激励等重要功能，成为企业战略实施的重要手段。但当企业战略发生较大调整时，企业文化由于变革的缓慢又可能制约企业战略的实施，因此，企业文化必须与企业战略相适应。加强企业文化建设，首先必须有一个明确的企业发展战略。只有紧紧地将文化建设与战略管理相结合，企业文化建设才能有不竭的动力和明确的方向。

2. 文化建设要体现行业特点和企业个性

企业文化是一种亚文化，既存在于民族社会文化之中，又因各企业的类型、行业性质、规模、人员结构等方面的差异而有所不同。企业文化的共性是时代特征和社会特征的综合体，反映了社会环境对企业文化的影响。然而，企业文化又是企业基本特点的体现，是一个企业独特的精神和风格的具体反映，并以其鲜明的个性区别于其他企业，形成自己的具体特点。每个企业应根据本企业的具体情况，因地制宜地建设适合自己需要的、具有行业特点和自己特色的企业文化。

3. 文化建设要与形象管理相互促进

企业文化是企业形象的内在根基，企业形象是企业文化的外在表现。企业形象是企业内外对企业的整体感觉、印象和认知，是企业状况的综合反映。企业形象是企业在与社会公众(包括企业员工)通过传播媒介或其他方法的接触过程中形成的。当企业在社会公众中具有良好形象时，消费者就愿意购买该企业的产品或接受其提供的服务；反之，消费者将不会购买该企业的产品，也不公接受其提供的服务。因此，企业应将文化建设和形象管理有机地结合起来。

4. 文化建设要能够发挥领导作用

文化是人们意识的能动产物，不是客观环境的消极反映。在客观上，对某种文化的需要往往交织在各种相互矛盾的利益之中，羁绊于根深蒂固的传统习俗之内，因而一开始总是只有少数人首先觉悟，他们提出反映客观需要的文化主张，倡导改变旧的观念及行为方式，成为企业文化的先驱者。正是由于领导群体和先进分子的示范，启发和带动了企业的其他人，形成了企业新的文化模式。领导群体对新文化的塑造可以起到很好的倡导和总结作用，可以起到很好的宣传和鼓动作用，可以起到很好的表率和示范作用。

5. 文化建设要反映员工的共同愿望

企业是由广大员工组成的，文化体系的最终完成与实现有赖于员工的认同、积极配合与行为上的支持。因此，文化建设必须以全体员工的整体愿望为基点，也只有如此，才能确保文化建设的有效性。

6. 文化建设要贯彻共识原则

共识即共同的价值判断。共识是企业文化的本质。企业文化建设强调共识原则，是由企业文化的本质所决定的。人是文化的创造者，每个人都有独立的思想和价值观，都有自己的行为方式。如果在一个企业中，任由每个人按自己的意志和方式行事，企业就可能成为一盘散沙，不能形成整体合力。企业文化不是企业中哪个人的文化，而是广大成员的文化。因此，只有从多样的群体及个人价值观中抽象出一些基本信念，然后再由企业在全体成员中强化这种信念，进而达成共识，才能使企业产生凝聚力。可以说，优秀企业文化本身就是共识的结果。建设企业文化必须不折不扣地贯彻这一原则。

7.4.2 建设企业文化的基本程序

企业文化建设是一项复杂而艰巨的系统化工程，也是一个循环往复和不断发展的动态过程。建设企业文化的基本程序，一般包括启动和调研、既有文化的梳理与新文化要素的提出、导入和实施以及巩固与完善4个环节。

1. 启动和调研

企业在进行文化建设时，一般要成立两个机构：一个是企业文化建设委员会，一个是企业文化工作机构。企业文化建设委员会负责制定企业文化建设的工作，指导与审议企业文化工作机构工作方针、措施的制定，推动文化建设与变革的顺利进行，同时也监督工作机构的工作。企业建设委员会的组成人员一般包括一位企业高层领导、各中层部门负责人及一线员工具有代表性的人员。企业建设委员会的工作包括：①确定企业文化建设的宗旨；②制定企业文化建设的原则；③领导对企业文化现状的进行全面调查研究的工作；④对企业文化建设的工作目标、推进计划与时间安排作出规定与指示；⑤确定企业文化建设的管理体制与保障机制。企业文化工作机构则在企业和企业文化建设委员会的双重领导下，负责文化建设中的具体工作。企业文化工作机构的成员应该有一定企业文化基础知识，在以后的企业文化建设中成为骨干的人员组成。企业文化工作机构的工作包括：①将企业文化的建设的战略与原则落实成方案，将具体的方案变成有型的结果；②激发基层文化建设的积极性，保障企业文化工作的贯彻执行；③提高基层企业文化建设与管理的素质，提升基层管理人员企业文化管理技能。

准备和动员工作是企业文化建设顺利开展的前提。企业员工通常会趋于反对任何措施所带来的改变，因为他们改变了原来的工作秩序。因此，企业中不可避免地存在着变革的阻碍力量，为解除人们对文化建设或变革的抵制和不良情绪，就需要开展动员和宣传活动，并进行相关的培训。

一般来说，进行企业文化调研的目的就是了解本企业的企业文化现状和未来发展趋势。

企业文化调研必须有经过专业培训的企业文化工作机构的人员进行，调研的主要内容包括：①企业的经营领域和发展战略；②企业高层领导人的个人修养好风范；③企业员工的素质及需求特点；④企业的优良传统及成功经验；⑤企业现有文化理念和适应性；⑦企业面临的主要矛盾；企业所处地区环境。调研的方法前面章节已有论述，这里不再赘述。

2. 既有文化的梳理与新文化要素的提出

在企业文化调研的基础上，企业应对有文化节进行认真全面的梳理，将那些符合当前和未来发展战略要求的文化内容保留下来，而破除那些违背当前和未来发展战略要求的要素，并使企业文化呈现出科学的体系性。文化设计的基本原则如下。

1) 从实际出发和积极创新相结合

企业文化的设计不能脱离实际，只有使目标企业文化与企业内外与此无关和员工现有素质、心态相适应，真正广大员工的心声，体现企业的传统特色，才能被企业多数员工所认同和接受，才能逐渐扎根于群体意识之中。但设计后的企业文化不是对现有文化的简单总结、归纳和表述，而要有一定的升华，需要对现有文化进行创新，反映一定的前瞻意识，从而使企业文化保持先进性，能够对企业发展起到积极的引导和促进作用。

2) 创造个性与体现共性相结合

企业文化有个性而无共性不能融于社会，有共性而无个性将缺乏生命活力。企业文化无疑应该具有鲜明个性特征，即反映企业独特的文化信仰和追求。具有个性才能具有针对性和指导性。但也应注意到，在一定的社会政治制度、经济条件和社会文化环境中的企业文化具有很多共性的特征。只有在创造个性的同时，注重体现共性，注重从社会文化和其他企业中吸收借鉴有益的文化成分，才能使目标企业文化具有强大的生命力。

3) 领导组织和群众参与相结合

企业文化的梳理(包括提炼、概括和确定)一般由企业领导者进行组织，广泛发动群众，自上而下、自下而上地反复酝酿、讨论、提炼概括，然后经企业领导者和企业中员工共同确认，再最后确定。企业文化的梳理过程既是员工参与讨论和决策的过程，也是员工自我启发和自我教育的过程，以及企业领导、企业员工之间价值观念的沟通过程。因此，企业文化设计不能由企业领导个人完成，应由企业全体干部员工共同完成。

3. 导入和实施

企业文化设计后，就要创造条件付诸实践。即把企业文化的确定的价值观全面地体现在企业的一切经济活动和员工行为之中，同时采取必要的手段，强化新理念，使新型的企业文化要素逐步得到普遍认同。

1) 创新文化运行机制

创新文化运行机制要做到以下几点：①不断深化企业改革，推行现代企业制度，科学管理；②加强员工的培训，不断造就训练有素的员工队伍；③积极开展民主管理活动，创造一个民主和谐的“家庭环境”，完善分配机制，建设一个牢固的企业命运共同体。

2) 加强宣传

企业文化设计后，企业领导者在工作实践中要积极宣传、示范，身体力行。其次，通过对员工尤其是新员工进行灌输教育，创办企业文化宣传刊物，开展旨在宣传企业文化的各种生产经营活动或文娱、体育活动，使企业形成浓厚的舆论氛围，让员工潜移默化地接受新的价值观，并逐渐用以指导自己的行为。

3) 利用制度、规范进行强化

导入无形的企业价值观念，不能单纯停留在口号上，必须寓于有形之中，把它渗透到企业的每一项规章制度、政策及工作规范、标准和要求当中，体现在各种活动和礼仪之中，使员工从事每一项工作每一项活动都能够感受到企业文化在其中的引导和控制作用。

4) 鼓励正确行为

企业价值观的最终形成是一种个性心理的积累过程。这一过程需要不断地强化。当人的正确行为受到鼓励以后，这种行为才能再现，进而成为习惯稳定下来，并逐渐渗透人们的深层观念之中。不仅如此，对先进人物以及正确的行为进行鼓励，也给其他人树立了仿效样，从而产生模仿效应。因此，对符合企业价值标准的行为不断地给予鼓励和强化，是导入企业文化不可或缺的重要一环。

4. 巩固和完善

企业文化需要在实践中不断得到巩固，并且随着企业经营管理实践的发展、内外环境的改变，企业文化还需要不断充实、完善和发展。企业领导者要依靠广大员工，积极推进企业文化建设，及时吸收社会文化和外来文化中的精华，剔除本企业文化中沉淀的消极成分，不断对现有文化进行提炼、升华或变革，从而更好地适应企业变革与发展的需要。

企业文化的完善提高，既是企业文化建设一个过程的结束，又是下一个过程的开始，是一个承上启下的阶段。企业文化建设与企业文化的演变规律相适应，是一个不断积累、传播、冲突、选择、整合、变革的过程，循环往复，永无休止。企业文化建设不是经过一两次循环就能完成的，它与企业文化的运动相适应，是没有止境的。但需要说明的是，一种积极的企业文化体系和模式一旦构建完成以后，就会在一个较长的时间内发挥作用。企业文化建设的任务在更多积累、传播、充实、完善，只有当企业内外环境发生了急剧变化，企业战略要素发生重大改变，企业文化产生了激烈冲突，需要选择、整合和变迁的时候，企业文化建设的任务才是结原有文化实行彻底的扬弃，重新构建和创造新型的企业文化。

7.4.3 生命周期

众所周知，生物体都会经历一个从出生、成长到老化、死亡的生命历程，生物体的生命周期不可逆转。区别于生物体，企业通过有效的管理，解决特定生命周期阶段的问题，从而使老化的过程发生逆转。成功管理的目的使企业平衡成长并永葆青春。

伊查克·爱迪思(Ichak Asizes)指出，生命周期的概念不只适用于生命体，而且也适用于企业这样的经济组织。企业就像生物体一样，也有生命周期性。在企业生命周期的每一个阶段，企业将呈现不同的文化特征。

企业文化积累过程不单是旧文化质的堆积和重复，还包含着新文化质的增长。新文化质的增长是企业文化积累的另一个重要特征。保存和增长是同一积累过程的两个方面。

新文化质的增长的意义在于对已有企业文化的完善充实和创新。一种企业文化，纵然是定了型的，也还有许多不完备之处。创造一件文化珍品需要反复琢磨，不断加工，才能使其精益求精。企业创造的自己的文化，也是如此。只有不断增长其新特质，才能使它变得日益强大。同时，增长新文化还有经过修正、改变旧企业文化的意义。一种企业文化只适用于特定的企业环境和条件。当企业环境和条件改变之后，必然暴露出不适用的弱点。这就要求诞生新文化质，修正和改变某些旧文化质，以适应企业组织生存、发展条件变化的需要。

不断增长的新文化质主要来源于两个方面：其一是企业自己提出的新观念，创造的新作风，建立的新习俗和新礼仪；其二是学习、借鉴其他优秀企业的文化，如学习国外企业文化和中内其他企业的文化管理经验，吸收他人的精华，模仿他人的形式，以丰富完善自己。

企业文化既是有界又是无界的，所谓有界是指一种企业文化只适用于某个特定的企业，只适用于这个特定企业所的生存和发展环境。出了这个企业边界，改变了企业的生存、发展条件，它就成为无助于企业的东西了。所谓无界是指作为理念形态的企业文化，它的传播是不分国家，没有区域界限的，它总是冲出自己的文化区界，向别的区域扩散、渗透。因此，企业与企业之间，在文化方面，也总是处于相互学习、借鉴、仿效和吸收之中的。美国、日本和我国的许多企业都曾有过这种实践。

本 章 小 结

企业文化包括理念文化、制度文化、行为文化和物质文化等内容。企业文化是指现阶段企业员工所普遍认同并自觉遵循的一系列理念和行为方式的总和，通常表现为企业的使命、原景、价值观、行为准则、道德规范和沿袭的传统与习惯等。

企业文化建设的任务在于更多积累、传播、充实、完善，只有当企业内外环境发生了急剧变化，企业战略要素发生重大改变，企业文化产生了激烈冲突，需要选择、整合和变迁时，企业文化建设的任务才是将原有文化实行彻底地摒弃，重新构建和创造新型的企业文化。

学习本章应注意了解企业文化与公共关系的关系，注意探讨企业文化的内涵和特征，把握其鲜明的个性；应明确企业文化的基本原则，并注意其在公共关系实践中的作用和功能的发挥。通过学习本章，可为公共关系全学科的学习打下坚实的理论知识基础。

习　　题

一、复习题

1. 填空题

(1) 企业文化的基本结构由________、________、________及________构成。

(2) 建设企业文化的原则是________、________、________、________、________、和________。

(3) 企业文化设计的基本原则为________、________、________。

2. 选择题

(1) 企业理念文化不包括(　　)。

A．企业形象　B．企业使命　C．企业价值观　D．企业精神

(2) (　　)是指企业员工在生产经营、学习娱乐中产生的活动文化，包括企业经营教育宣传、人际关系活动、文娱体育等活动中产生的文化现象。

A．企业物质文化　B．企业行为文化

C．企业理念文化　D．企业制度文化

3. 简答题

(1) 什么是企业文化？它有哪些特征和功能？

(2) 我国应建立什么样的企业文化？

(3) 公共关系管理和企业文化有何关联？

(4) 企业文化的企业地位如何？

4. 实际操作训练

(1) 将学生分成 4 组，各组学生在本市银行、企业、医院和学校 4 个行业中选其一进行调研其文化现象，写出所选行业的文化状况。

(2) 将学生分组，每组完成一部分，为本校设计“企业文化”。

二、案例应用分析

强生公司的信条

强生公司是世界上规模最大、经营品种最多的健康护理公司。罗伯特·伍德·约翰逊(Robert Wood Johansson)将军将强生公司从家庭式经营发展成为一个跨国公司。他敏锐地认识到一个公司的职责不应只限于产品制造和销售……他主张公司采纳这个信条，并要求管理部门将它作为日常经营理念的一部分加以运用。

强生公司的信条：

我们深信我们首先必须对医生、护士和病人负责。

对母亲、父亲和我们产品及服务的所有消费者负责。

为满足他们的需求，我们所做的一切必属一流。

我们必须不断降低成本，以维持合理的价格。

顾客的要求必须迅速、准确的满足。

我们的供应商和批发商须有机会获得合理的利润。

我们对员工负责，对在世界各地与我们共事的人负责。

我们必须将每个人视为个体，尊重他的尊严，认可他的优点。

他们在工作中必须享有安全感，享有公平、安全和环境。

我们必须着意帮助他们履行各自的家庭义务。

员工们必须享有提建议和意见的自由。

我们应向能者敞开受聘、发展和升迁的公正的大门。

我们必须拥有胜任的管理人员，他们办事公正，严守职业道德。

我们对生活和工作的社会负责，也对整个国际社会负责。

做好公民，支持有益的行为和慈善事业，缴纳应付的税款是我们的义务。

我们必须促进文明进步，改善卫生和教育。

我们必须保护环境和自然资源，使我们有幸享用的资产，保持良好的状况。

我们最终必须对我们的股东负责，我们的业务应该产生丰富的利润。

我们必须尝试新思想，继续从事研究、开发新项目，并弥补过错。

我们必须购买新设备，提供新设施，开发新产品。

为防不测，我们必须建立储备。

如果我们根据这些原则运作，我们的股东将得到合理的回报。

出色的公司几乎都只以寥寥几条主要的价值观来作为驱动力，并给员工充分施展的余地，使他们得以发挥主动性，为实现这些价值标准而大显身手。

强生公司的这个信条任何时候都指导着员工的行为，公司员工定期参与检查和评估公司对信条所规定职责的履行情况。这些考核结果再被反馈给管理部门。如有不足之处，他们立即采取措施，予以改正。在时间的运行中，虽然公司信条的一些字句曾被改动，并加入了一些重视环境和妥善处理工作和家庭之间关系的新内容，但它的基本精神从未改变。它所倡导的基本原则已经成为强生公司所有成员一贯追求的目标和力量的源泉。强生公司的发展和壮大，见证了这个信条激励斗志的作用和地位。

(资料来源：[美]迈克尔·茨威尔. 创造基于能力的企业文化[M]. 王申英，等译. 香港：华夏出版社，2002.)

问题：

(1) 强生公司的信条在强生公司的企业文化中有何作用？

(2) 强生公司的信条对你的启发是什么？

知识链接

CIS

1. 基本概念

CIS是英文corporate identity system的缩写，译为企业识别系统。CI理论是将企业经营理念与精神文化，运用整体传达系统(特别是视觉传达设计)，传达给企业周围的有关社会公众，使公众对企业产生一致的认同感与价值观的一种形象手段。

2. CIS 的构成要素

CIS 由企业理念识别、企业行为识别和企业视觉识别所构成。这 3 个要素相互作用、带动企业经营的发展、塑造企业独特的形象。

1) 企业理念识别系统

企业理念识别(mind identity，MI)，顾名思义就是企业经营管理的观念，也称为企业的指导思想，它属于思想意识的范畴。MI 是 CIS 的基础和基本精神所在，是企业在长期发展过程中形成的，具有独特个性的价值体系，是企业宝贵的精神资产、是企业不断成长的根本驱动力。MI 统领企业的各项行为和活动，决定企业在市场上的定位。它是理念识别 CI 战略的核心所在，将贯穿于企业经营管理的每一个领域的每个环节，它往往将企业的千头万绪高度抽象概括为一句话。日本著名的百货商店银座松屋店曾将“顾客第一主义”作为其理念。麦当劳的企业理念是“时间、质量、服务、清洁、价值”。MI 的实质，在于确立企业的自我，以区别于其他企业。MI 设计包括企业方针设计、企业精神设计、企业理念设计、企业标准广告语设计、企业歌曲设计等。

2) 企业行为识别系统

企业行为识别(behavior identity, BI)，是在 MI 的指导下逐渐培育起来的企业全体员工自觉的行为方式和工作方法。包括对内的行为识别和对外的行为识别两个部分。①企业对内的行为识别，就是建立完善的组织、管理、教育训练，福利制度等行为规范，通过企业内部的宣传与培训等一系列活动，使员工对企业理念认同形成共识，增强企业凝聚力。②企业对外的活动识别，是对内行为识别的延伸的扩展，是以更多的见解的外部公众作为活动对象。通过对外活动识别，可以使更多的见解的外部公众作为活动对象。通过对外活动识别可以使更多的人了解、认知企业，获得社会公众的识别和认同，对企业产生好感和依赖，从而达到树立良好形象的目的。企业对外行为识别的主要做法：为社会提供优良的产品和优质服务，树立企业良好的产品形象；注重奉贤社会末尾公众留下一个企业乐于助人的形象；以治理公害为己任，为公众留下企业保护环境的形象；精心策划大型活动，给公众留下一个高大完善的企业形象。

3) 企业视觉识别系统

企业视觉识别(visual identity,VI)，是 CI 的静态识别符号，是具体化、视觉化的传达形式。其项目最多，层面最广，效果最直接，VI 以视觉传播力为感染媒体，将企业理念，文化特质、服务内容，企业规范等抽象概念转化为具体符号。根据心理学理论，人们日常接受外界刺激所获得的信息量中，以视觉感官所占的比例最高，达到 83%。因此，视觉传达成为企业信息传达的最佳手段。VI 能将企业识别的基本精神内涵充分表达出来，并让消费者一目了然掌握其中传达的情报信息，达到识别、认知的目的。VI 设计的具体内容分为两大主要方面：一是基础系统，包括企业名称、企业标志、企业标准字体、企业标准色彩、企业宣传口号、企业宣传手册、企业产品说明手册等六大要素；二是应用系统，它至少包括十大要素，即产品及其包装、生产环境和设备、展示场所和器具、交通运输工具、办公设施和用品、工作服及其饰物、广告设施和视听资料、公关用品和礼物、厂旗和场徽、指示标志和路牌等。

总之，市场认可的企业识别系统是 MI、BI 和 VI 的有机组成，没有 MI 的视觉传达设计只能是简单的装饰品，相反没有 BI、VI，MI 也将无法有效地传播与表现，三者共为一体不可分离。MI 是 CI 战略的灵魂，是 CI 运作的原动力，直接决定着企业的个性特征，并决定着企业形象档次的高低。因此，企业必须注重更新、完善、明确、统一自己的理念，使之具备正确、强大的导向功能、渗透功能和传播功能。

3. MI 设计

1) MI 设计的内容

(1) 企业精神。

企业精神是对企业精神的归纳与概括，主要有爱国主义精神、集体主义精神、科学精神、创业精神、奉献精神、拼搏精神、主人翁精神等。这些精神对每一个企业来说都是必须具备的，但不同性质的企业应有不同的重点，不能面面俱到，平均用力，而应抓住核心，反映特色，兼及其他。企业理念如何体现企业精神也有不同的方式，也可以是间接式或含蓄隐射式等。

(2) 价值观念。

企业的价值观念是企业对经营行为的价值判断标准或全部看法。价值标准不仅影响企业经营行为的方向，也影响企业经营行为的效果。

企业的价值观念包括：①目的观，即企业生产经营活动的目的是什么，是为了赚钱，还是为了造福社会；②质量观，即企业质量问题的全部看法，是视质量为生命，还是重经营轻质量；③服务观，即企业对于提供服务的认识，是认为服务乃企业行为的组成和必然延伸，还是服务是为了从消费者那里获得更多的利润；④责任观，即企业对自身责任的看法，是单纯生产经营多赢利，还是负有社会责任；⑤人才观，即企业对人才问题的根本观点，是将人才看作企业的财富，还是将人才作为赚钱的工具；⑥政策法律观，即企业对政策法律的看法和态度，是严格执行和遵守，还是钻空子、打擦边球；⑦财税观，即企业对国家税收的态度，是依法纳税，还是偷漏税款。

(3) 经营宗旨。

经营宗旨是企业生产经营的目的，一般而言，企业的经营有3个层次。第一层是经济目的，企业是赢利性的经济组织，所有的企业其最终目的是要实现利润。第二层是经济、社会目的。企业除了追求经济效益以外，还要实现社会效益，绝不能因为追求经济利益而忽视了企业的社会责任。第三层是经济、社会、文化目的。企业不仅要获得利益，要注重社会效益，还要注重文化建设，而且把建立独特的企业文化作为一项重要的任务。因为企业文化不仅对企业有极大的作用，也是一笔重要的社会财富，可以为社会广泛采用。

不同的企业，由于其不同的性质，会各有不同的宗旨。这些不同的宗旨都强调了某一个侧面，于是形成了企业的特色。但不管是什么特色，企业宗旨都必须坚持高品质、个性化、可操作。

(4) 经营方针。

经营方针是企业运行的最高原则。在一个企业内，具体的运行原则是各种行为规程，而这些行为规程必须受影响于统一的、最高的原则，这就是经营方针。

企业经营方针的设计应考虑行为特点，如生产企业要强调产品的高质量，第二产业应强调优质服务。经营方针不仅要为企业员工所认同，也要得到消费者的接受，设计时要充分考虑消费者的取向。

4. MI设计的步骤

(1) 形象定位。

形象定位是指通过CI调查和数据等资料的分析研究，确定企业的身份及特征。形象定位是对企业时是“谁”，即企业的位置的准确寻找，起到为CI战略确定视点的作用。如果形象定位不准，CI设计所传达出的企业形象就会模糊不清，甚至是虚假的，失去竞争力，从而导致企业的失败。

形象定位包括公共关系形象和品牌形象定位两大部分。

公共关系形象定位是指企业希望在公众中树立的自身形象的确定，并以此吸引、影响公众的认知和情感。根据调查分析的结果，企业必须从多角度，站在客观的立场上，站在社会公众包括竞争对手的立场上来重新认识、评价自我，寻找到一个合适的位置，确定自己的身份。

企业品牌形象定位要遵循以下原则。

① 先导原则，企业品牌形象定位时要突出“第一”、“最先”的品牌形象，先声夺人，以第一品牌最先占据市场、引导消费行为、占据心理上的优势。

② 求新原则，在新产品、新特色、新技术、新服务等新角度定位，突出品牌形象的优势。

③ 差异原则，以有个性、与其他企业品牌有着明显的特征差异的品牌形象定位，便于公众识别。

④ 独立原则，寻找并挤占市场上的产品空隙位置，突出企业品牌形象，影响消费公众的态度和行为。

企业要根据外部环境，特别是自己产品的处境，进行领先者、挑战者、跟随者和补缺者的形象定位，并制定灵活有效的品牌形象定位策略。

(2) 形象提升。

企业理念设计并非对企业现有理念的“照相”，而是对企业现有理念的概括，是根据企业形象定位所确定的企业战略对企业理念的升华，从而形成与企业现实的距离，成为企业努力达到的目标，使企业理念设计对全体员工具有激励作用和导向作用，因其个性化和时代感而对社会公众产生吸引力和穿透力。

(3) 准确表达。

MI 的内容必须借助于准确、有效的语言文字，通过各种传播途径传送出去。语言表述是否具有个性、时代感，是否被公众注意、理解并记忆，直接影响到企业理念的传播效果。因此，企业理念识别设计必须把内容设计与语言表述有机地统一起来，才是完整有效的。

MI 的语言表述设计要做到以下几点。

首先，简明凝练。语言表述设计要明确地把企业理念传达出来，以达到良好的认识效果，绝不能含糊其辞，隐晦曲折。还要简练、凝重，文字不易过多，语句不易太长。

其次，富有文化个性。MI 设计实际上是企业文化的直接而简练的反映，因此语言表述设计要表现出企业的文化水准和品位，即富有文化个性，在公众心目中产生鲜明的印象。

最后，易于传送。企业理念传送的范围越广，其影响力就越大。因此，语言表述设计节奏要鲜明，读起来朗朗上口，听起来响亮悦耳。

5. BI 设计

企业行为是生产经营管理的各项活动对企业理念的外化与表现。没有行为表现的理念是空虚、苍白的，没有理念核心的行为则是随意、盲目的。

BI 设计在 CI 设计中是一个应与以高度重视的构成要素。对企业形象的美好设计，毕竟是企业的一种主管行为，是企业对自身形象的理想与追求。这种理想与追求最终必须落实到企业的经营管理当中去。我国的企业过去奉行“全心全意为人民服务”的宗旨，如今推崇“顾客是上帝”的信条，但必须言行一致，而不能讲得多、行得少，以至消费者在过度失望中不再相信。因此，企业理念以标语、口号等形式传达出来后，必须以实际行动告诉公众：言必行，行必果。公众对企业形象的认识与评价，固然受到视觉器官所接受的信息的影响，而真正有说服力的还是在与企业各方面接触的过程中所得到的企业行为信息。没有与企业理念相一致的企业行为，企业理念就会空洞无力，VI 设计就便成了涂脂抹粉。企业实际行为与视觉识别所传达的企业形象反差过大，对比越鲜明，其破坏程度就会越大。在 CI 的设计运作中一方面要防止走进把 CI 变成单一的 VI 的误区，也要避免重 VI 而轻 BI 的倾向，保障 CI 战略价值的发挥与实现。

BI 设计应该是全方位的，即无论在企业的哪一个角落、哪一种活动中，都是在统一的理念和统一的行动准则指导下的企业行为。

6. VI 设计

视觉是人们获取外界信息的一个重要渠道。据统计，一个人所掌握的信息有 80%来自视觉。人们对“亲眼所见”的东西常常深信不疑，这已成为一种普遍性的心里定式。CI 战略正是运用这些规律所发展起来的企业形象战略，其目的就在于把视觉识别与企业行为识别和企业理念识别完整的结合起来，已新颖、独特、美观的视觉形象设计传达企业理念，诉读社会公众的视觉面，从而树立、完善企业形象。

1) VI 设计的原则

(1) 合法原则。视觉识别符号一般多用于商业活动，如促销、广告等。从保护消费者的利益，尊重与维护企业权益的角度出发，VI 必须符合商标法、广告法等法律精神。

(2) 习俗原则。企业视觉识别设计必须充分考虑到不同的文化传统和风俗习惯，有些可以突破，有些则必须遵守，一旦触犯公众的禁忌，就会遭到抵抗。

(3) 美好原则。企业视觉识别是一种视觉艺术，通过对统一与变化、对称与均衡、调和与对比等美学规则的体现，以及色彩的联想和抽象的情感等，产生美感和艺术表现力，获取公众的心智，使企业形象被明确地识别和牢固的记忆。

2) VI 基本要素的设计

VI 的基本要素包括名称设计、标志设计、标准字设计、标准色设计、内部识别标记设计、环境识别标记设计、交通识别标记设计、包装识别标记设计、商品识别标记设计、员工服装识别标记设计和出版物识别标记设计等，其核心是标志设计。

(1) 名称设计。这里所说的名称包括企业名称、商标名称和品牌名称。由于 CI 统一性的要求，这三者应尽量统一。所以名称设计应企业名商标名和品牌名的设计。

在 MI 和 BI 确定之后，就应该给产品取个好名称。新成立的公司肯定要取名，已存在的公司导入 CI 时，如名称不符合 CI 原则也要更改名称。

(2) 标志设计。企业标志是 VI 种应用最广泛、出现频率最高的要素。企业标志通过 CIS，贯穿渗透到企业生产经营管理的各个方面和各个环节；同时，CIS 以企业标志为中心，全方位、深层次塑造和传播企业及其产品的直观识别形象，把企业与其他企业特别是同类型的其他企业与产品区分开来。

(3) 标准字设计。VI 设计中对企业所用标准字的设计和认定，包括中文、英文和其他语种。文字可以直接说明企业及其产品的名称、内容等特征，与标志图形相互补充，有强大的形象感染力和诉求力。

标准字通过幅宽、笔画配置、线条结构与粗细造型设计，来丰富文字的表现力。标准字一经确定，就必须严格遵守，不得随意变动。

(4) 标准色设计。标准色是企业识别标志不可缺少的一个构成要素，以某一特定的色彩或色彩组合，运用到所用的媒体上，以光色效应表现、渲染企业及其产品。

标准色设计要适合民族的颜色偏好，实现标志色的积极功能；要与企业理念相一致，是企业理念的色彩化；要体现企业理念和产品的特色，使人产生合理的联想。

(5) 内部识别标记设计。它主要有徽章、证件、名片、信封、信纸、专用图纸、账单、请柬等。

(6) 环境识别标记设计。它主要有建筑物、室内外装饰、广告标牌、展览展销活动等。

(7)交通识别标记设计。它主要有企业专用车辆，包括小汽车、班车、运货车、售后服务车、购货小推车、消防车等。

(8) 包装识别标记设计。它主要有企业专用包装箱、包装纸、礼品袋、购物袋等。

(9) 商品识别标记设计。它指的是在商品上标有企业与企业有关的标记。

(10) 员工服装识别标记设计。它主要是指员工统一的岗位服装。

(11) 出版物识别标记设计。它主要是指商品目录、商品说明书、产品简介、年历、宣传资料等。

第2篇 实务操作

第8章 公共关系专题活动

教学目标

通过本章学习，理解公共关系实务概念，了解公共关系实务的基本原则，熟悉公关活动的基本要求，掌握各种公共关系专题活动要点。

教学要求

知识要点	能力要求	相关知识
公共关系专题活动的含义	(1) 了解公关专题活动的概念 (2) 了解公关专题活动在组织公关中的作用 (3) 知道在公共关系实务的基本原则	(1) 公共关系实务 (2) 真实信用 (3) 服务社会 (4) 全员公关 (5) 平等互利 (6) 明确目标 (7) 精选主题
公共关系专题活动形式	(1) 知道常用公共关系活动的形式 (2) 了解每种公共关系活动的程序 (3) 掌握每种公共关系活动的要点	(1) 庆典活动 (2) 赞助活动 (3) 展览活动、新闻发布会 (4) 开放参观活动
公共关系专题活动活动策略	(1) 了解公共关系专题活动的操作性和技术性 (2) 注意观察身边专题活动的过程和效果	(1) 筹办专题活动 (2) 策动媒介宣传 (3) 灵活驾驭 (4) 周密筹备 (5) 效果监测
专题活动与实践	学会运用公共关系专题活动的基本操作程序，结合现实市场变化，使自己将来快速融入社会组织的公共关系行列	(1) 公共关系专题活动与实际操作的关系 (2) 组织的公共关系专题活动时机把握

基本概念

专题活动 赞助活动 新闻发布会

导入案例

烟台啤酒“出奇制胜”

20世纪30年代烟台啤酒研制出后，准备投放上海市场。但是当时垄断上海市场的是外国啤酒，烟台啤酒毫无知名度可言。如何能打入上海市场呢？烟台啤酒避开了老一套广告模式，采取了巧妙的专题活动，取得了出奇制胜的效果。

首先，烟台啤酒同“新世界”游乐场举办了“喝啤酒大赛”。征得对方同意后，他们在各大报刊登启事：定于某日，持新世界门票入场者，领烟台啤酒厂毛巾一条，然后可以免费喝啤酒，喝酒多者，按前3名的排名顺序给予厚奖。当日，上海市民蜂拥而至新世界，南京路人山人海，发生交通堵塞。48瓶一箱的啤酒被喝掉了500箱。霎时间轰动了整个上海。

其次，他们并不见好就收，又在各报刊上登了一条消息：定于某星期日，烟台啤酒厂在半淞园内隐藏一瓶啤酒，谁能找到，奖励啤酒20箱。此举再次吸引了成千上万的上海市民。

“喝啤酒”和“找啤酒”活动为烟台啤酒打开上海市场造出了强大的声势，烟台啤酒在短时间内打入上海市场，与国外名牌啤酒形成了分庭抗礼的局面。

上例是公共关系专题活动的一种形式，烟台啤酒打入上海市场，没有很好的时机，但是，他们却抓住了上海企业多产品广告少商务专题活动这样一个空当。在这种情况下，空当很容易引人注目：从方式上看，啤酒具有大众性，烟台啤酒选择了大众参与方式。烟台啤酒商务专题活动成功使人们期待更深入的公共关系专题活动的探讨。

(资料来源：http://bbs.tjkx.com/archiver/showtopic-53389.aspx.)

思考题

上述成功案例的特点是什么？

8.1 公共关系专题活动概述

公共关系专题活动是社会组织为了达到预期的商务公关目标，以一个明确的主题为中心，采用特定的形式，有计划开展的各种社会活动。公共关系专题活动能把组织与广大社会公众紧密地联系在一起，增强公众对组织的亲近感，吸引社会舆论对组织的兴趣与注意。它也是一种有效的传播形式。

8.1.1 公共关系专题活动的概念

公共关系专题活动是指公共关系活动中，针对某种特定的主题，利用某种特定的时机举办的公共关系活动。公共关系专题活动是公共关系工作重要的有机组成部分，同其他任何传播、沟通方式或活动一样，也属于公共关系的手段。所不同的是，公共关系专题活动是借助特定主题而开展的同公众共同交往的特殊活动，因而其效果显著且具有明显的共时性。社会组织之所以要不断开展公共关系专题活动，就是为了不断增进同公众之间的面对面共同交往和紧密联系，从而使双方关系的协调步入实质性的促进阶段。公共关系专题活动同人类社会生活中的任何其他种类的活动一样，以人们聚集起来一同活动为基本形式，借助活动形式，使人们的生活有了新鲜的情绪体验、良好的思想情感交流、饶有兴致的情趣欣赏、密切的关系促进和感染人的情感氛围。所不同的是，公共关系专题活动是为协调社会组织与公众之间关系而组织策划的，更有自己的特色和魅力。

8.1.2 公共关系专题活动的基本原则

公共关系专题活动的开展没有固定的条条框框，允许人们采用不同的方法，这也是公共关系成为智慧行业的原因所在。但要注意以下几点原则。

1. 服务社会原则

公共关系活动以传播信息来展开，其目的是使组织与其公众相互了解与适应。这种“了解与适应”的共同基础是最佳社会效益，公共关系只有以此为依据，才能获得社会的认可。

社会效益既包括了社会组织的自身利益，也包括了社会公众的利益，这两种利益相互影响、休戚相关。一方面，作为社会组织它的工作目标就是努力推进本组织的发展，在维护或塑造本组织的社会形象的基础上，追求组织的经济效益；另一方面，社会组织作为社会成员的一份子，他的发展离不开社会的发展，因而它在追求自身效益获得之时，首先应考虑社会整体效益是否得到了实现。社会组织如果能对社会效益予以关注，那对争取公众舆论、扩大组织影响、树立组织形象是大有益处的。虽然这方面的作用表现的不是那么直接、明显、具体、迅速，但它所蕴涵的潜在效能却非常可观。这方面的社会效益主要指与大众生活有关的一些公益活动或设施，如参加社会公益劳动，关心城市建设以及环境保护，支持社区公共事务，从事社区福利事业，开展社会性文体活动，促进文化教育事业的发展及良好的社会风气的形成等。

社会组织要提高参与社会的自觉性与主动性，增强社会责任感。真诚地服务于社会，不失时机地主办或开展一些受人欢迎的工艺活动，这对提高组织的知名度、增加经济效益也是很有作用的。

红桃 K 集团稍有成功就把社会和消费者作为企业的“恩人”，始终奉行“来自民众，汇报社会”的企业宗旨。1996 年 6 月，红桃 K 集团积极参与了“希望工程”有奖储蓄，认购 10 万元；1997 年 1 月，向湖北见义勇为基金会捐资 100 万元；年底又为全国“知识工程”捐助 1 000 万元；从 1998 年以来，陆续出资 1 000 万元，延长征路修建乡镇卫生院、所，帮助贫困地区群众改变缺医少药的现状……这些数字的背后是一颗颗积极汇报社会的驰骋之心。就连朴实的河南半坡村农民企业家在富裕之后也不忘拿出数十万元重奖发射“奥星”的航天技术功臣。

2. 真实信用原则

真实信用原则是公共关系原则的组成部分，是公共关系活动成败的关键。真实与信用是并存的，没有真实就没有信用，是真实创造了信用。公众只相信真话，为了生存和发展，社会组织的经营和发展都要以真诚为基础，树立自己真实的形象。真诚信用的原则是指从事公共关系工作要以利国利民为宗旨，以真实为基础，以信誉为目标，尊重客观事实。“诚能生信，金石为开”。

中央电视台“实话实说”栏目是收视率最高的金牌栏目，原因也就在于“说实话”，主持人的平民气质、栏目形式的轻松性与贴近大众的内容选择，使观众产生一种亲切感，信任感，收视率上升也就是很正常的事了。

1996 年黄浦江畔上海外滩，北京某技术股份有限公司上海办事处(以生产空气还气机为主)，准备配合禁烟日，斥资 30 万元策划一项公共活动——全价购烟，即让市民将手头余烟卖给该公司(按上海百货一店零售价格)，然后再当中销毁。他们未曾想，从当日上午 10 点开始，很多市民拿着烟，要求该公司全价收购，由于资金不足以及未对假烟制定收购办法，到下午两点，公司活动资金已经用完，可后来的市民仍不肯罢休，双方在僵持中，出现了撕扯、推嚷的混乱现象，最后，在保安、巡警协助下活动才匆匆宣告收场，而留给市民的却是一种对该公司不讲信用的无情埋怨和斥责，原本想利用这次公共活动扩大本组织在上海市场影响力的目标也完全破灭了。应该说对活动策划不周是导致这次活动失败的主要因素，但一旦推出就应该守诺言。“步步高”总裁就曾说过：为了一个承诺我损失了 800 万元，这也许是“步步高”在今天能拥有全国 80%无绳电话时常占有率的原因之一吧。

3. 平等互利原则

任何组织在社会实践中，都希望得到对方的尊重与信任，同时也都希望在听同等的交往中满足自己的需要，即平等互利。在处理与消费者关系时，尤其要坚持这一原则。

在市场经济不断发展和完善的今天，消费者的权益绝不能被忽视。以日本三凌公司帕杰罗Ｖ31 越野车质量事件为例。该车由于刹车制动质量问题引起多起事故，造成人员伤亡。这一事件的后果是三凌公司被迫退出中国汽车时常以成必然，该公司本部 2 月 26 日宣布裁员 9 500 人，年产量从 130 万辆减少至 100 万辆，车种也由 24 个减至 13 个，“日本制造”的深化也已经破灭，以后要重新再树立不只要花费大量人力、财力、物力，还有数以亿计的召回维修费和可观的赔偿费，还造成中国民众对日本产品所谓“一流质量到欧美，二流质量用国内，三流质量供中国”的深恶痛绝。

4. 长期努力原则

社会组织要凭借公共关系在公众中塑造良好形象，进而达到让组织获益的目的，绝非一日之功，必须经过长期而艰苦的努力。如果说广告和推销大量地考虑到眼前效益的话，公共关系则更多的是着眼与未来。正如萨母·布来克(Sam Black)所说的，公共关系需要精心的策划和持续的努力。

对一个组织而言，公共关系活动不是某一项具体的工作任务、工作目标，而是一个长期的、有计划的、充满坚信与坎坷的系统性工程。每一次集体的公共活动都必须经过周密细致的准备，踏实而稳健的行动，都要做到着手于现在，着眼于长远。任何短视的和急功近利的行为都是要不得的。

5. 全员公共关系原则

这是公共关系的一个重要原则。它强调公共关系工作决不仅仅是公关专业人员的专利，任何组织，上至最高领导，下至普通员工，也都应把自己看作公共关系的工作者。因为公共关系不是抽象的而是具体的，不是神秘的而是实实在在的。一个组织要想在公众中树立美好形象，仅凭公共关系机构策划几次专题公共关系活动是远远不够的。它要求组织的全体成员自觉具有公共关系意识，通过自己的一举一动、一言一行，很自然地进入公共关系角色，大家共同努力塑造本组织的美好形象。

8.1.3 公共关系专题活动的基本要求

公共关系专题活动是社会组织围绕某一明确的目的而开展的活动，是一项操作性、应用性和技术性很强的工作。为了确保专题活动的公共关系效果，开展公共关系专题活动必须讲究基本的活动策略，掌握基本技巧，注意工作方法。

1. 明确目标

目标是公共关系专题活动的灵魂和统帅。目标直接影响着公共关系专题活动的整个发展过程，明确的目标不仅可以提高专题活动的工作效率，而且可以增强专题活动对公众的影响，扩大专题活动的工作效果。

社会组织的一切公共关系活动的目标，都是为了塑造组织的良好形象，使社会组织形象深受广大公众的喜爱。专题活动从长远来看，是为了塑造组织的形象；从近期来看，就是围绕这一主题开展活动，并通过这项主题活动吸引公众、赢得公众。因此，专题活动的目标是有层次性的，要求做到近期目标与长远目标统一。

筹办专题活动首先要选择好明确而具体的公共关系专题活动目标，然后才能根据工作目标确定专题活动的主题、内容和范围。公共关系专题活动的工作目标不能过于抽象，更不能含糊其辞。一般来说，专题活动只有一个基本的工作目标，这个目标必须具体、明确。常见的专题活动工作目标：①让公众接受某个信息；②消除公众对社会组织的误解和偏见；③让公众知晓社会组织的新发展(如技术革新、管理创新、新产品问世等)；④加强内部公众的相互了解及相互信任，巩固社会组织与社区公众的友好关系；⑤促成新闻界对社会组织的关注；⑥鼓动公众支持社会组织的某项决策；⑦收集公众对社会组织的意见和对社会组织的建议等。

2. 精选主题

公共关系专题活动的主题是公共关系专题活动目标的具体体现。

公共关系专题活动要有明确的主题，并且围绕这一主题开展特殊方式的活动。它通过引起舆论和公众的关注，引发他们的浓厚的兴趣，使组织形象在公众的心目中留下深刻印象。明确的主题可让公众与舆论更好地知晓组织行为目的及其活动的意义，加强对组织的了解。

选择专题活动主题应遵循以下原则。

1) 主题与目标一致

专题活动的主题要与组织的公共关系目标相一致。任何有悖于目标实现的专题活动，无论其设计如何精彩，都应当放弃。

2) 主题与公众心理一致

任何一项专题活动的主题首先必须符合公众的心理要求。另外，主题必须符合社会发展的要求，符合时代的特征。

3) 主题必须富有特色

特色是鲜明的个性，是有别于其他活动的特性。个性是提高知名度的重要因素，没有个性，主题千篇一律，专题活动就不会有满意的效果。

4) 主题易于传播

主题的表现形式是多种多样的，可以是一次赞助活动，可以是一次庆典活动，也可以是一种公益性活动，而主题的表达只能是一句话或一段精辟的文字或一首歌等。无论是一句话、一首歌或一段文字，都要求容易传播，要朗朗上口，要具有震动力、冲击力。

3. 周密筹备

公共关系专题活动工作量大、涉及面广，需要精心准备和系统规划。一个专题活动往往是多个活动的组合。例如，一个庆典活动，可能要涉及到宴请、仪式、联欢、新闻发布会等多项活动。

在公共关系专题活动的筹备工作中，主要做好以下几件事。

1) 确定名称

名称是公共关系专题活动的窗口。一个好的名称，可以增强公共关系专题活动的吸引力。理想的名称，既要简明精确地体现专题活动的主题内容，又要有丰富的文化艺术色彩。

2) 选择日期地点

开张吉庆、周年纪念、节假日以及某些社会活动时期都是开展公共关系专题活动的黄金时间，但公共关系专题活动的时间安排不能与重大事件或重大节日相冲突。开展专题活动的地点，一般应选择社会组织所在地或社会组织熟悉的地方，因为在熟悉的地域内，对公众比较了解，容易满足公众的心理需求。此外，也可以选择交通方便或公众集中的地方。公共关系专题活动的时间和地点确定后，应提前一周左右通知公众，以便让公众及早做出安排。

3) 准备接待

公共关系接待人员应当穿戴醒目的制服，并有明确的分工，同时要做到热情主动、彬彬有礼、洒脱大方。

4. 策动媒介宣传

为了扩大公共关系专题活动的影响范围，造成公共关系专题活动的轰动效应，使公共关系专题活动取得更大程度上的成功，社会组织必须策动媒介宣传，利用传播媒介增强公共关系专题活动的辐射力。

在公共关系专题活动过程中，为了充分发挥传播媒介的作用，策动媒介宣传响应做到以下几点。

(1) 力求使公共关系专题活动中充满特色、富有魅力、规模适中，以引起新闻媒介的关注，争取新闻媒介进行必要的报道。

(2) 开展公共关系专题活动时，应事先邀请新闻记者召开记者招待会，把有关的背景资料寄给新闻单位，争取电台、电视台、报刊、杂志为公共关系专题活动进行报道、宣传。

(3) 积极制作社会组织的媒介刊物，如厂报、厂刊、宣传材料、画册、书籍、广描稿、黑板报等，及时向公众发布有关的信息，使公众充分知晓公共关系专题活动的内容。

(4) 自觉做好公共关系专题活动摄影工作和访问工作，主动为新闻记者和电台报刊提供宣传材料和新闻稿。

5. 灵活驾驭

社会组织制定公共关系专题活动的计划和方案时，不可能预见所有可能发生的问题，所以，公共关系专题活动主持人必须具备较强的组织能力和驾驭能力。这样，既能使专题活动按照原定的基本程序进行，又能及时处理各种突发事件；同时，还能利用专题活动过程中出现的各种机会，机智幽默地活跃专题活动的气氛，使整个公共关系义务专题活动盎然有趣、轻松活泼而又井然有序，提高专题活动艺术感染力。

8.2 庆典活动

庆典活动是社会组织为与公众沟通信息、联络感情、增进友谊、提高知名度而利用重大节日或纪念日举行的专题活动，它包括开业典礼、周年纪念活动、节日联谊会、联欢会等活动形式。与社会组织平常的活动相比，庆典活动更具有特殊性和隆重性，因而能引起较广泛的社会影响。

8.2.1 庆典的类型

社会组织庆典活动的范围较广，形式较多，概括起来主要有以下几种类型。

1. 开业庆典

开业庆典是社会组织在新成立时或重大活动的开幕时，社会组织重要机构组建时举办的庆典活动。通过开业庆典，社会组织不仅可以向社会公众和舆论传递信息、通报情况、扩大影响，还可以得到社会公众的祝福和祝愿，为获得今后事业的顺利发展奠定基础。可以说，一个成功的开业庆典就是社会组织事业发展的一个重要里程碑。

2. 周年庆典

周年庆典是社会组织在开业纪念日举行的庆祝活动和纪念活动。可以每年举行一次，也可以 5 周年、10 周年等举行一次。周年庆典是社会组织进行公关活动的有利时机，通过这一机会向社会公众宣传自己的历史、发展、成就和对社会的贡献等，制造出有影响的新闻，有助于提高社会组织的知名度和声望。

3. 庆功庆典

庆功庆典是社会组织在工程竣工、建筑物落成或取得某项战略性成果时为祝贺成功而举行的庆祝活动。庆功庆典有着锦上添花的作用。社会组织趁机造势，凭借组织在公众心目中的良好印象再做出努力，有助于进一步强化并扩大这种良好的形象。

4. 节日庆典

节日庆典包括国家法定节日(如元旦、劳动节、儿童节、建党节、建军节、国庆节等)，民间传统节日(如春节、端午节、中秋节等)，国际性节日(如情人节、妇女节、圣诞节等)及其他重大事件节日等，为庆祝和纪念这些节日而举办的典礼仪式或各种联谊活动(如大型游园、团拜会、嘉奖等)统称节日庆典。社会组织举行节日庆典活动可以借助热闹的节日气氛宣传本组织，融洽各种社会关系。

5. 表彰庆典

表彰庆典即发奖、授勋仪式，一般以表彰大会的形式出现。社会组织举行这类庆典活动的目的在于宣传和弘扬先进模范人物或集体的优秀事迹和高尚精神，并授予其光荣称号、勋章、奖旗、奖状即物质奖品等，以此来激励组织内部员工更好的工作，并向外部公众展示自身的良好形象。

8.2.2 庆典的策划

社会组织庆典活动是所有公共关系活动中“表演”色彩最为浓厚的活动。要把庆典活动开展得有声有色，引起社会公众的广泛注意，社会组织公关人员应做好以下策划的工作。

1. 确定庆典活动的主题

从公众关系角度看，每个庆典活动本身的名称只是标明了形式上的主题，其中往往还蕴涵着与社会组织发展密切相关的更为重要的主题，如宣传组织精神、显示组织实力、传播组织业绩等。社会组织公共关系人员应努力发掘那些与事业发展有本质联系的东西，从而把活动的表现形式与内涵主题有机地融合起来。

2. 设计庆典活动的形式和程序

社会组织庆典活动的形式和程序会因组织的性质、活动的目的、主题的不同而呈现出丰富多彩的多样性。如何选择恰当的形式和程序，是活动能否成功的关键。设计活动的形式应注意：一要明确庆典的中心内容和辅助内容分别是什么；二要明确庆典活动的具体做法和措施。设计程序也是一项重要的工作。尽管各类庆典活动都有大致相同的基本程序，但具体到每个活动，又各有特殊性。程序设计要严密有致，做到隆重热烈、有条不紊。特别是如何营造气氛和烘托高潮，使活动能否获得喜庆效果的点睛之笔。

3. 邀请庆典嘉宾

社会组织公共关系人员在庆典活动之前应拟好庆典的嘉宾邀请名单，并做好邀请工作。嘉宾的确定直接关系到庆典的规模、层次和宣传效果。邀请嘉宾不仅要考虑有关单位和左邻右舍，还要考虑邀请一些社会名流和新闻人士，而且要考虑股东代表及员工代表等。拟好名单后，社会组织公关人员应将请柬提前送到嘉宾手中。请柬应新颖别致，并写明活动事由、方式、事件、地点等。对一些重要嘉宾，应当免邀请，以示尊敬和慎重。

4. 落实致词和剪彩人员

庆典活动之前，社会组织公共关系人员应落实庆典致词和剪彩人员名单。胜任这些工作的人应具有权威性和代表性。工作人员应事先通知致词和剪彩人，并为他们拟好发言稿。

5. 安排利益，工作人员

为使庆典活动显得隆重和热烈，社会组织公共关系人员应安排礼仪和工作人员，由他们担任礼仪、接待、服务等工作。礼仪人员应端庄大方、俯视同意、举止高雅。工作人员要职责明确、密切配合。入场、签到、奉茶、录音、摄像、留言、现场布置等均应由专人负责。礼仪人员和工作人员一般都应进行事前排练和演习，以使其在庆典活动中头脑冷静、成竹在胸。

6. 庆典接待工作

庆典活动开始之前，社会组织公共关系人员应组织好一切接待工作。礼仪和工作人员各就各位、各司其职。重要来宾应由社会组织高层领导人亲自接待，以示重视和礼貌。要设置专门的接待休息时，以便正式活动开始前让来宾信息并相互认识。此外，还要准备好相关物品，包括款待嘉宾的茶水、糖果、香烟，乐队、音响、话筒、摄影器材，横幅、献花、彩带、鞭炮，签名簿、纪念品等。

8.2.3 庆典的举行程序

以开业典礼为例。

1. 开业典礼的筹备工作

(1) 拟定邀请嘉宾名单并发请柬。
(2) 场地布置。
(3) 文字工作。
(4) 安排礼仪小姐和工作人员。
(5) 物品准备。

2. 开业典礼的程序

1) 嘉宾签到

嘉宾来到后，要有专人负责引领他们到签到处签到，同时发放宣传资料。签到处要准备好两个名片盒子，一个盒子装本组织最高领导或公关部经理的名片，另一个盒子装嘉宾的名片，这样便于以后联系或制作通讯录。嘉宾签到后，由接待人员引领到备有茶水、饮料的接待休息室，让嘉宾稍事休息并相互认识。

2) 典礼开始

(1) 首先由典礼主持人宣布典礼开始，鸣炮或奏乐。
(2) 介绍嘉宾。
(3) 领导致辞。
(4) 剪彩期间可安排一些助兴节目，如奏鼓乐、歌舞表演或播放喜庆音乐以渲染气氛。还可以进行文艺表演，以示庆祝；也可以举行大型促销活动。

3) 典礼后活动

主持人宣布仪式结束即可引导嘉宾参观组织的设施设备、服务条件等，介绍主要设施设备或产品特色，展示、宣传自我；也可以举行简短的座谈会或宴请嘉宾。

8.3 展览活动

展览活动是综合性的传播活动，它通过实物、产品、图片、资料的展示，使公众对产品和服务有一个直观、具体的了解，是组织与公众直接沟通的最佳方式。同时，展览活动又是新闻媒介报道的热点，具有很好的传播效果，历来被组织公共关系活动所广泛采用。

8.3.1 展览活动的特点

1. 传播方式的复合性

展览活动是一种复合运用多种传播方式的传播活动。它既要运用人际传播的许多方法和技巧，又要运用大众传播的许多方式和策略。从面对面的解说、咨询到文字说明、图片、实物展览，以及电视、广播、报纸等多种传播手段使展览活动能够综合各种传播媒介的优点，形成多层次、全方位、立体化的传播效果，取得很好的社会效应。

2. 沟通方式的双向性

展览活动是组织与公众进行直接双向沟通的最好形式。组织通过对自己产品和服务的展示、咨询、洽谈来传播和反馈组织信息。这种面对面的信息互流，不仅可以使公众很快了解组织信息，而且通过留言本、征询卡、洽谈等反馈信息。而且展销活动上往往商家云集，信息传播反馈快，成交量集中，无疑是一种传播沟通的极佳形式。

3. 宣传的直观性

展览活动以产品、实物展示、解说员的生动讲解、现场的具体操作、生动形象的示范表演等给人以生动直观的印象。特别配以现代化的电子媒介，往往给参观者留下更为深刻的印象。因此，它带来的宣传效果比一般的广告更直观、更真实、更具体。

4. 形式的活泼多样性

展览活动可以通过各种形式来展示自己的产品、宣传企业的业绩和风采。特别是可以运用声、电、光等现代化手段，把展览活动搞得有声有色、丰富多彩，如通过录像、电影、电视专题片来展示企业的发展面貌，从而起到良好的沟通效果和宣传效果。

8.3.2 展览活动的类型

按照不同的标准，展览活动可有不同分类。

1. 贸易展览和宣传展览

如果按展览活动性质的不同，展览活动可分为贸易展览会和宣传展览会。贸易展览会主要通过产品、实物的展示来直接促成交易，往往展览和贸易同步进行，即既展又销。社会组织举办这类展览会活动的特点是面向目标客源，重点吸引的对象是展览会举办地的消费者公众；另外一种贸易展览活动是商品交易会，这是社会组织最常组织的一种展销会，社会组织与产品的代理商和行业专家等进行深入洽谈、签订合同。宣传展销活动主要是对社会组织及其产品和服务的宣传，配以图片、资料、实物等，达到与公众沟通的目的，并不直接发生贸易活动。

2. 综合展览和专题展览

如果按照展览活动内容的不同，展览活动可分为综合展览会和专题展览会。综合展览会是全面介绍一个地区的情况，其综合概括性强，能让参观者留下全面深刻的印象。这类展览会产品或服务品种繁多、规模庞大、组织工作复杂。专题展览会是因某一特殊专题而组织的展览活动，与综合展览会相比，其内容较少，规模较小，不具综合性，但更要求主题宣明，内容集中且有深度。

3. 室内展览和露天展览

如果按展览活动地点的不同，展览活动可分为室内展览会和露天展览会。室内展览会往往在一个大厅或展览馆举行，不受气候影响，并可精心布置，展览效果较好，但展台租金较贵，且受空间限制。露天展览会一般在室外的广场、操场等空旷地带举行，它不受空间限制，且投资较少，但受气候影响较大，因而展览时间不宜过长。

4. 大型展览、小型展览和微型展览

如果按展览活动规模的不同，展览活动可分为大型展览会、小型展览会以及微型展览会。大型展览会一般由行业主管部门发起和组织，参展单位多，展品丰富，影响比较大，如“国际旅游博览会”等。小型展览会通常有若干社会组织或某个社会组织主办，参展单位少，规模比较小。微型展览活动又称袖珍展览会，如橱窗展览、流动车展览等。这类展览看似简单，其实技巧性要求较高，举办得当也能扩大社会组织的影响。

5. 固定展览和流动展览

如果按展览活动时间的不同，展览活动可分为固定展览会和流动展览会。固定展览会一般在室外或某一固定空间举办，它又可进一步分为长期性展览会和周期性展览会。前者往往长期稳定不变，后者则是定期更换内容，而地点和名称不变。流动展览会也被称为一次性展览会，它没有固定的举办地点，而是在展品的实际运用过程中宣传社会组织及其产品或服务的形象。

8.3.3 展览活动的组织流程

展览活动是一种综合性的活动。要耗费大量的人力、物力和财力。为保证展览活动的成功举办，社会组织公共关系人员须做好以下工作。

1. 分析举办展览活动的必要性

展览活动是大型的综合性的公共关系活动。耗资较大，因而在举办展览活动之前，社会组织公共关系人员一定要对举办展览会的必要性和可行性进行分析研究，防止盲目投资、得不偿失，或因准备不足而起不到应有的作用。

2. 明确展览活动的目的和主题

任何展览活动都有一定的目的，即通过展览活动的举办，社会组织要解决什么问题，达到一个什么样的目标，具体来说，是以促销为目的的，还是以宣传组织形象为目的等。主题应是展览目的的概括体现，是展览活动的精神核心和指导宗旨，它通常用一两句高度概括的语言表现出来，并书写在展览活动醒目的位置上，给参观者留下深刻的印象。

3. 确定展览类型和项目

有了明确的目的和主题，便可以进一步确定展览活动的类型、参展项目，如举办大型综合展览会，通常用广告和邀请函等形式向可能参展的组织讲明展览宗旨、类型项目、要求教业用等，为潜在参展组织提供决策所需的资料。

4. 选择展览场地

展览场地最好租用交通方便、设施齐全的展览馆，这样既方便展品运输，也方便参观者到会。此外，还应考虑展品的安全和保卫工作及与周围环境的协调等因素。

5. 了解参观者的类型

展览的对象是准，范围有多大，参观者的层次、要求、数量等状况如何，这些都是社会组织公共关系人员在展览活动前应分析研究的问题。这样在接洽、解说和材料上才能根据不同层次的参观者来准备，从而保证展览活动的顺利开展。

6. 准备各种宣传资料

展览活动需要的材料很多，如展览徽标、宣传招牌、图片、展品、广告、气球等。还有些要分发给参观者，如社会组织及其产品或服务的简介、宣传画册、纪念品等。这些都应在展览活动前做好充分准备。

7. 培训展览工作人员

展览活动组织的成功与否、质量好坏，与工作人员的素质高低有很大关系，特别是一些专业性较强的展览。如果没有一定的专业知识，展览的组织、洽谈、解说、咨询等工作就会受到影响。此外，工作人员的素质、接待礼仪、讲解的技巧，都影响着展览活动的成功。因此，必须对展览工作人员进行事前培训，提高其素质和技能。

8. 完善参展设施和配套服务

社会组织公共关系人员筹办展览会应准备好电源、电活、照明、音响、影像等辅助设施，以及邮政、检验、保险、银行、交通、住宿等配套服务，以保证展览活动集中、高效率地进行。

9. 与新闻界的联络

展览活动要利用一切可以调动的传播媒介进行公共关系活动，使公众通过视、听等多种渠道了解有关社会组织的信息。展览活动前应组建专门的新闻机构，负责展览活动的新闻宣传，如新闻处、秘书处等。由他们邀请新闻记者参加开幕式和采访，与新闻媒介保持密切联系。举办记者招待会，为新闻记者采访提供一切方便和相关资料等。

10. 策划展览活动的开幕式

展览活动的开幕式应隆重而热烈。可邀请政府官员、各界名人出席，请政府部门的负责人为开幕式剪彩，还可以邀请大型乐队来助兴，以造声势，烘托气氛，并请参观者、来宾签名留念。开幕式是展览活动的前奏，一定要搞得有声有色，富有吸引力，给参观者留下良好的印象。

11. 展览活动费用预算

经费预算是把展览活动所投资的总金额落实到展览活动的每项具体项目中，使每一个项目的经费得以落实，如场地租金、设计装修、广告费、电费、运输费、接待费、资料费、劳务费等。社会组织公共关系人员应有计划地分配展览所需的各项资金，防止超支和浪费。

12. 评估展览活动效果

展览活动带来的最直接的效果是产品成交量的多少，这是评估展览活动的主要衡量标准。此外，还可以通过参观人数、新闻传播媒介的报道量、咨询台、留言簿、问卷调查、有奖测验、新闻分析等方法，了解评估展览活动的效果。宣传展览活动，由于不直接促销，因而采用这些评估方法，通过评估总结出此次展览活动的成绩和不足。

8.3.4 展览活动的效果检测

举办一个展览活动的效果如何，是举办者最关心的问题，也是根本的问题。检测展览会效果的主要方法有以下几个。

(1) 设置留言簿，主动征询公众的意见。

(2) 举行有奖测验。根据展览内容确定试题，组织参观者当场答卷，并当场发奖。

(3) 召开座谈会，了解公众的观后感，如对展览内容的评价，或对展览组织工作的评价。

(4) 开展调查。调查对象不仅是参观的公众，而且还包括其他公众。通过调查，了解展览活动的传播效果，了解公众对展览内容的知晓程度。如果展出的是某一商品，不仅要了解公众对商品的感受程度，还要了解公众对商品的需求状况、消费状况。

8.4 赞助活动

应用案例 8-1

“赞助(站住)!”

有这样一幅漫画，上面画着一个蒙面大汉，一手持刀，一手提着口袋，对路人大喊：“赞助(站住)!”而路人则转身飞也似地逃走。

这幅漫画反映了人们对赞助的误解，其实“赞助”完全是一种自愿行为，而不是被迫的，后者属于“摊派”。“赞助”是社会组织为求得自身发展而发动的宣传攻势的一种，是对社会的贡献行为，如有时候人们为了收看一部电视连续剧，或者是欣赏一场扣人心弦的体育比赛，不得不耐着性子看完那长长的赞助单位名单或是各类产品广告。爱好足球的人们会发现，过去的省市足球队现在都已经改头换面了，取而代之的是“上海申花”、“河南建业”、“深圳健力宝”等，原来这些球队已转由企业赞助这样人们自然会对这些企业的雄厚财力以及畅销的产品留下深刻印象。这使人们认识到“赞助”是组织的信誉投资和感情投资，是社会组织改善社会环境和社会关系，塑造组织形象的有效方式之一。

8.4.1 赞助活动的作用

社会组织赞助活动是为了支持社会公益、树立具有高度社会责任感的组织形象而无偿地提供一定的资金或物质的公共关系专题活动，是一种具有远见卓识的行为。其作用具体体现在以下 3 个方面。

1. 改善社会组织社会环境

赞助是社会组织通过对某些社会慈善事业、社会公益活动的支持和资助。在公众心目中留下关心社会公益事业的美好印象，受到社会舆论好评，这就为社会组织创造了一个和谐融洽的社会环境。

2. 获取社会组织长远的社会效益

赞助可表明社会组织作为社会成员的一员，积极承担其所应尽的社会责任和义务，追求良好的社会效益。虽然赞助活动需要社会组织出钱出物，并且是无偿的，但从另外一个角度来看，赞助活动又是有偿的。因为它使社会组织赢得与赞助项目直接相关的组织或公众的好感，使组织获取长远的社会效益。

3. 增强社会组织广告的说服力

社会组织在实施赞助活动中通常可获得现场的黄金广告位甚至全权广告代理权。此外，通过对体育比赛、文娱活动的赞助，社会组织还可使组织的名称或商标获得新闻媒介的广泛报道，借媒体之手展开强大的广告攻势，从而大大增强社会组织产品或服务的广告影响力。

8.4.2 赞助活动的类型

社会组织的赞助形式完全由组织的性质、组织产品及服务特征以及组织的经济实力来确定。常见的赞助类型主要有以下几种。

1. 赞助体育

赞助体育既是最常见的一种赞助形式，也是最有吸引力的热门赞助项目。因为随着人们生活水平的不断提高，参与或欣赏体育运动、体育表演已成为一种时尚。具体赞助方式有出资、冠名、企业与体育联姻等。这类赞助大多是为达到增强广告效果的目的，如健力宝、柯达、富士、可口可乐等在各项体育比赛中大出赞助风头，引起公众兴趣，其产品也经久不衰。

应用案例 8-1

健力宝与中国体育事业一起腾飞

广东三水县有一家名不见经传的小酒厂，1983 年的产值为 130 万元。然而就是这家小厂，已发展成为享誉国内外的健力宝集团有限公司。他们成功的秘诀之一，就是精心策划每一次的公共关系活动。

健力宝集团有限公司的宗旨是，把促进中国体育的腾飞视为己任。围绕该宗旨，他们先后为中国女排、广东乒乓球队等提供训练饮料和部分经费，为亚运会、全运会、全国首届少数民族运动会等赞助饮料，主办了“健力宝”杯健美操比赛、自行车比赛，还主办了“最受欢迎的国脚”评选活动等。在第 25 界奥运会期间，健力宝集团的公共关系活动在国内企业中首屈一指。

早在 1991 年，他们就制订了一整套公共关系计划，宣传费预算 400 万元。1992 年初，健力宝成为中国体育代表团第一位赞助商，出钱出物计 200 万元，同时，健力宝又一次赢得体育代表团专用饮品的殊荣。更重要的是，他们将集团下属企业生产的“李宁”牌运动服作为体育代表团专用领奖服，让健力宝的形象跟随中国的世界冠军，走上奥林匹克领奖台。在奥运会期间，健力宝集团买下中央电视台的最佳黄金时间，在为奥运会特制的广告中讲述一个渔民孩子与健力宝结下不解之缘的故事。

不仅如此，开幕式那天，健力宝集团还在一家中央台报纸上，刊登了一则白鸽飞翔的广告以示祝贺。由此开始，每当中国队员得一次金牌，健力宝便巧借这位明星形象，在各地有影响的报纸上刊登半版祝贺广告。我国体育健儿凯旋后，健力宝集团又立刻给每位金牌获得者一个价值 4 万元的健力宝金罐。

(资料来源：张乃英. 公共关系学[M]. 上海：同济大学出版社，1999.)

通过健力宝集团与中国体育事业一起腾飞的故事，可以认识到健力宝集团成功的秘诀之一正是通过对体育事业的真诚赞助。健力宝集团的饮料销售量逐年递增，稳居全国第一，并出口 18 个国家和地区。

2. 赞助文化

文化活动在社会中涉及的公众范围很大，影响面较广。赞助文化即赞助各种文化活动及文化表演等。具体赞助方式包括：扶持民族文化、艺术；赞助城市雕塑、文艺演出比赛、影视节目制作、图书发行、有奖征文、评选新闻等。

3. 赞助社会慈善和福利事业

赞助社会慈善和福利事业是社会组织追求社会效益的有效益手段之一。它虽然没有赞助体育那么轰轰烈烈，但却更能体现社会组织的崇高社会形象并获得政府的好感。具体赞助方式有援助希望工程、残疾人基金会、敬老院、幼儿园、下岗工人、受灾或经济落后地区等。

4. 赞助教育

教育是一项关系国家千秋大计并日益受到社会重视的事业，赞助教育是今天投资、明天收益，有助于人才的培养和社会的进步。其具体赞助方式有捐赠图书、教学、实验设备、提供奖学金等。

5. 赞助社会公益事业

赞助社会公益事业也是赞助活动的一项重要内容。它对促进社会文明进步和社会组织自身的发展都有着积极的影响和作用。其具体赞助方式有赞助制作交通安全宣传栏、见义勇为基金会、文物保护基金会等。

8.4.3 赞助的步骤

1. 确定赞助类型

社会组织公共关系人员应首先确定赞助活动的类型，这要根据赞助的目的出发。如果旨在扩大影响和知名度，社会组织可采取赞助体育活动；如果旨在树立良好形象，社会组织可采取赞助教育事业；如果旨在培养感情、增进社会理解，社会组织可采取赞助社会福利事业等。

2. 制订赞助计划

赞助类型确定后，社会组织公共关系人员就应制订出一个完整的赞助活动计划。该计划是赞助目标的具体化，通常包括赞助范围、赞助对象、赞助形式、赞助费用预算、赞助实施步骤等内容。

3. 实施赞助活动

赞助活动的实施要由专门的社会组织公共关系人员进行。为了扩大影响，赞助活动应举办一定规模的签字仪式，邀请上级领导、新闻记者、各界朋友参加，并在签字仪式上宣布赞助金额、展示实物。被赞助单位本着互惠互利的原则，尽可能为赞助单位提供宣传的机会，使宣传活动与赞助活动同步进行、协调一致。赞助单位对赞助资金的使用、赞助项目的落实以及补偿条件的兑现，要进行必要的监督，并在赞助款的兑现上，分阶段到位，按实施效果分段提供，以便从经济上约束赞助接受单位，实现赞助的目标。

4. 评估赞助效果

赞助活动实施之前确定赞助类型、制订赞助计划，目的是要赢得赞助的良好效果。因此，在每次赞助活动中，社会组织公共关系人员都应注意赞助效果的检查测定，要求将赞助的具体实施情况和赞助后公众及新闻界的反应与赞助计划相对照，明确指出完成了哪些预定指标，哪些指标没有完成并分析原因，然后写出评估总结报告，上报社会组织的领导层，并做好档案，为日后的赞助活动提供参考资料。

8.4.4 赞助活动应注意的问题

赞助是社会组织为赢得政府和社会公众的好感，创造组织生存和发展的良好环境而举办的专题活动，好事要办好还应注意以下事项。

1. 赞助活动要有针对性

社会赞助是社会组织自愿履行社会责任和义务的表现，因而社会组织既拥有选择赞助的权利，又要力所能及，以赞助者本身的意愿为前提，不可盲目贪大求全。因为赞助效果并非与出资多少成正比，企业应考虑赞助活动必要性、可行性，使有效的资金发挥最大的效应。当遇到不必要的赞助或明显没有社会效益的赞助，社会组织要坦率相告，解释原因；对虽然适合，但社会组织难以负担的赞助请求，社会组织应坦言自己的难处，婉转地要求减少赞助或表示不愿参与赞助；若遇上无理纠缠者，社会组织必须坚决用法律保护自己的权益，不能屈服于威胁和恐吓。

2. 充分利用赞助提供的机会

社会组织在承诺赞助后，要尽量利用赞助活动来宣传自己，因为赞助活动的主办人有许多事情要做，他们只能给赞助者提供机会、搭建平台，而有效利用赞助则是赞助者自己应考虑的事。

3. 提高赞助的效率和质量

社会组织可以将多方面的资金集中起来设立一个基金会。基金会可单独或联合地向社会公益事业提供稳定的长期资助，取得长期的社会效益。

4. 严格控制赞助预算

赞助活动在财务方面要严格管理，以免资金被挪作他用，或被私人非法侵吞。社会组织还应严格控制赞助的预算，以防超支。此外，社会组织还要注意预留一部分机动款项，以解决临时急用问题。

5. 淡化商业意识

赞助活动应设计新颖的赞助形式，淡化商业意识，要与做广告区别开来。即使要做广告也要以公共关系广告的形式出现，以免引起公众的反感。

8.5 新闻发布会

新闻发布会是社会组织为有效地树立良好形象、形成有利于自身发展的社会舆论而召集新闻记者，就某一问题说明事实、表明立场并回答记者提问的一种特殊的公共关系活动。它是社会组织广泛传播各类信息、吸引媒介报道并搞好媒介关系的重要手段。

8.5.1 新闻发布会的特点

1. 信息发布的权威性

新闻发布会的形式正规、规格档次较高，一般举办新闻发布会的都是政府部门、社会组织、企业集团等，它代表某一组织的权力。因此，发布信息具有较高的权威性，如我国外交部新闻发言人代表中国政府对中外记者发布信息，就具有很高的权威性。

2. 信息发布的真实性

由于新闻发布会是一级组织最高权力机构所举办的新闻发布活动，因此，发布消息正规、真实、可靠。

3. 信息传播的快速性

新闻发布会的快速性有二：一是指信息本身的时效性，即发生即发布；二是指信息传播的快速性，不受时空限制。

4. 受众的社会性

与其他传播方式相比，新闻发布会无论在深度还是广度上都更为优越，公众可以通过多种渠道获得消息，信息的受众面广、线长。

8.5.2 新闻发布会的流程

新闻发布会的议程应力求周密、紧凑。其流程如下。

(1) 服务生导引与会记者签到登记，同时分发会议资料。
(2) 会议主持人简要说明召开新闻发布会的目的。
(3) 发言人讲话，宣布重大新闻，介绍新闻的具体信息。
(4) 记者提问，发言人回答记者提问。
(5) 主持人宣布新闻发布会结束。
(6) 安排新闻发布会会后的重点采访。

8.5.3 新闻发布会的策划

1. 确定新闻发布会的主题

确定新闻发布会的主题应从新闻价值和社会组织的自身利益出发。所谓新闻价值，是指所发布的信息能否引起社会公众的兴趣，是否具有吸引新闻记者采访和报道的价值。在新闻发布会中，要明确所发布信息的内容，要注意主题的单一、集中，否则便达不到新闻发布会的公关效果。

2. 准备相关材料

新闻发布会之前要准备好各种相关资料。主要有发言稿、组织宣传材料、答记者问的备忘录和为记者准备的新闻稿等。这些资料应在充分讨论、统一认识、统一口径的前提下，由专门的班子负责起草，并在会前打印好分发给与会记者。另外，还应该准备各种宣传辅助材料，包括口头的、书面的、实物、图片、模型等，注意资料的全面、详细、具体和生动，以便增强记者招待会的效果。

3. 选择会议主持人和发言人

新闻发布会的主持人一般由社会组织公关部的负责人担任。主持人要在把握会议主题的基础之上引导记者提问，并控制会议时间。发言人一般由社会组织最高领导人担任。因为他们不仅对本组织的整体情况有全面的了解，而且其身份也决定了他们的发言和回答更具权威性。

4. 确定会议的时间和地点

新闻发布会的时间选择一要与将发生或已发生的事件在时间上靠近，但又不能太紧迫；二要考虑到被邀请对象是记者的特点，应避开节假日及社会上的重大活动的日子，以免影响新闻发布会的效果。地点的选择应根据发布信息的内容和影响的区域，选择新闻中心、宾馆、会议厅或会议室等具体场所，无论是在组织内部还是组织外部举行记者招待会，会场布置均应体现出新闻发布会的严肃性及权威性。

5. 确定应邀请记者名单并发请柬

组织新闻发布会应根据所发布信息的重要性、涉及的范围等因素来确定邀请记者的范围：是地方性媒体记者还是全国性媒体记者；是文字记者还是图片记者或音像记者；是中文报刊记者还是外文报刊记者等。在邀请记者时要特别注意，与社会组织有密切关系的新闻机构的记者不能遗漏，并适当邀请一些权威性的新闻机构的记者参加。但同时要注意：邀请记者面要广，尽量照顾到报纸、杂志、广播、电视等各媒体；队伍要精，参加对象不宜太多。

6. 预算会议经费

新闻发布会的会议经费应根据会议的规格和规模预算，并适当留有余地。一般应考虑印刷费、场租费、会场布置费、音响器材费、照相费、礼品费、茶点费、交通费、会后餐费等。

8.5.4 主持人、发言人应注意的事项

按照新闻发布会的议程做好演练，以发现准备工作中的不足，及时加以改进。

对待各媒体记者、来宾应一视同仁，不能厚此薄彼、亲疏不一。

发布新闻和回答问题应口径统一，并与社会组织一贯的宣传口径保持一致。

会议主持人、发言人应精神饱满、落落大方、风趣幽默、热情自信，以自身的人格魅力增强信息的可信度。

会议主持人、发言人应善于把握主题，对无关或太长的提问，要通过李代桃僵、避正答偏、诱导否定等语言变化技巧有礼貌地转移话题，但不能正面拒绝回答问题，以免伤害感情，造成对立情绪。

新闻发布会要有正式的结尾，不能草率收场，主持人应对会议进行高度概括。

8.6 开放参观活动

参观是指邀请外部公众或内部公众参观本组织的工作现场、设施等，是颇为流行的一

种公共关系活动。当年“揭丑运动”时杜邦集团就是通过组织记者参观来扭转形象的。

8.6.1 对外开放参观的作用

1. 扩大组织知名度

通过组织参观，增加组织的透明度，让公众了解组织的宗旨、功能、优点、特色，显示组织的存在有利于社会、有利于公众。

2. 促进业务

通过组织公众参观组织的厂区、生产流程、产品，让公众产生信任感，便于推销产品，谋求投资或相互协作、拓展业务。这类参观要着重表明组织设备精良、技术先进、管理严格、产品质量优良，如建筑单位为了承接业务，可邀请招标单位参观被组织的设备和已建立的建筑物。

3. 和谐社区关系

组织社区公众参观本组织完善的设施、优良的工作环境、可靠的安全系统，表明组织对社区公众不产生危害，以求得社区公众的理解与支持。

4. 增强员工或家属的自豪感

规模很大、地位重要的组织可组织某一所属部门的员工或家属参观组织的全局性设施、先进设施，使其感到组织规模的庞大、地位的重要，从而产生自豪感，激发工作热情，或使家属全力支持员工的工作。

参观的目的要突出，不能要求一次参观达到多种目的。贪多求快反而会使公众摸不着头脑，影响参观的效果。

8.6.2 对外开放参观的组织

1. 准备宣传小册子

这类小册子以简明扼要，深入浅出的语言介绍参观内容，要追配有一定的图表或数据，少涉及深奥的专业术语，要考虑到一般公众的文化水平、接受能力。这种小册则宜在参观开始就分发给公众，使公众快速阅读后对参观内容大致的了解，参观时还可边看实物边对照，还能集中注意参观，免去了记录的麻烦，并可供公众日后查考。

2. 放映视听材料

有些组织结构复杂、技术尖端，为了帮助公众理解，观摩实物前可放映有关录像片、幻灯片或电视片，进行简洁的介绍。

3. 观看模型

有的组织规模庞大，设施分布很广，公众不可能每处都去，每物都看或者有些设施不便于公众进入，可以事先制作模型，让公众观看，公众看后，选择几处认为重要的地方实地观看。

4. 可引导观看实物

由专人引导公众沿着一定路线参观，逐一观摩实物。在重要的实物前，引导者要做讲解，或配备专门的讲解员讲解。讲解时要抓住公众关心的或不宜理解的重点，避免长篇大论，滔滔不绝，给人以吹嘘之感而使参观者产生逆反的心理。参观主要是以物来传递信息，以让公众目击为主，讲解为辅，不能本末倒置。

5. 中途休息

参观的时间不宜太长，一天内完成为好。在参观路线的中途最好设有休息室，备好茶，供参观者中途小憩。

6. 分发纪念品

参观过程中可向公众分发一些小型纪念品，最好是本组织制造的或刻印有本组织名称的纪念物，让公众一见到它就想起本组织，引起美好的回忆。

7. 征求意见

观摩实物结束，宜在出口处设置公众留言本或意见本，有条件的话，最好请参观者座谈观感，提出意见，便于组织改进工作。参观除了平时可进行外，还可以结合一些特殊实际进行，如在开幕式、周年庆典之后组织来宾参观。

本章小结

公共关系专题活动是社会组织为了特定的公共关系目的围绕着某一主题，通过特定的活动方式来开展主题鲜明的商务公共关系活动。公共关系专题活动可以按活动的形式、规模、性质和场所进行划分。

公共关系专题活动是提高社会组织知名度、美誉度的一个重要手段。本章介绍了几种常见的专题活动。庆典活动的每一个环节都要精心设计，遵循“隆重、热烈、喜庆”的原则；赞助活动是一种超越广告宣传的系统化的公共关系活动；新闻发布会是社会组织广泛传播各类信息，吸引媒介报道并搞好媒介关系的重要手段；展览活动是通过实物、产品、图片、资料的展示，使公众对社会组织的服务有一个直观、具体的了解，是社会组织与公众直接沟通的最佳方式；参观是邀请外部公众或内部公众参观本组织的工作现场、设施等，是颇为流行的一种公共关系活动。

习　　题

一、复习题

1. 填空题

(1) 公共关系专题活动的基本原则是________、________、________、________和________。

(2) 公共关系专题活动的基本要求________、________、________、________和________。

(3) 展览活动的特点有________、________、________和________。

2. 选择题

(1) 展览活动是一种复合运用多种传播方式的传播活动。它既运用(　　)的直接沟通，又要运用新闻媒介的大众传播。

A. 人际传播　　B. 新闻媒介　　C. 沟通技巧　　D. 大众传播

(2) (　　)是社会组织为有效地树立良好形象、形成有利于自身发展的社会舆论而召集新闻记者并回答记者提问的一种特殊的公共关系活动。

A. 接待　　B. 新闻发布会　　C. 展览活动　　D. 公众座谈会

(3) 直接将实物展现在公众面前，给公众以“眼见为实”的直观感受的专题活动是(　　)。

A. 接待　　B. 新闻发布会　　C. 展览活动　　D. 赞助

(4) (　　)是社会组织无偿提供人力、物力、财力资助某一项事业，已取得一定的形象传播效果的社会活动。

A. 接待　　B. 新闻发布会　　C. 庆典活动　　D. 赞助

3. 简答题

(1) 庆典活动主要有哪几种类型？

(2) 赞助活动的作用有哪些？

(3) 新闻发布会的特点是什么？

(4) 对外开放参观的作用是什么？

4. 实际操作训练

(1) 将班级学生分为 4 组，每组学生为本班或任一毕业班策划毕业庆典活动，用幻灯片的形式播放给本班同学看。

(2) 将班级学生分为 4 组，每组学生走出学校，调查记录赞助活动的全过程，制作幻灯片在班级播放。

二、案例应用分析

IBM 的“金环庆典”活动

美国 IBM 每年都要举行一次规模隆重的庆功会，对那些在一年中做出过突出贡献的销售人员进行表彰。这种活动常常是在风光旖旎的地方，如百慕大或马霍卡岛等地进行。对 3%的做出了突出贡献的人所进行的表彰被称作“金环庆典”。在庆典中，IBM 的最高层管理人员始终在场，并主持盛大、庄重的颁奖酒宴，然后放映由公司自己制作的表现那些做出了突出贡献的销售人员工作情况、家庭生活，乃至业务爱好的影片。在 被邀请参加庆典的人中，不仅有股东代表、工人代表、社会名流，还有那些做出了突出贡献的销售人员的家属和亲友。整个庆典活动自始至终都被录制成电视(或电影)片，然后被拿到 IBM 的每一个单位去放映。

在这种庆典活动中，公司的主管同那些常年忙碌、难得一见的销售人员聚集在一起，彼此毫无拘束地谈天说地，在交流中，无形地加深了心灵的沟通，尤其是公司主管那些表示关心的语言，常常能使那些在第一线工作的销售人员“受宠若惊”。正是在这个过程中，销售人员更增强了对企业的亲密感和责任感。那么 IBM 的庆功会在公司内部究竟都有哪些重大意义？这种活动对其他公司有何借鉴呢？

通过分析我们不难得到结论：IBM 的“金环庆典”活动属于企业内部的公共关系活动，它对企业公共关系的发展有着极其重要的现实意义。

第一，它可以增强企业内部的凝聚力与向心力，显现企业文化的氛围。通过“庆典”活动，让对企业有功的人员亲身感受到企业高层主管对他们工作、学习、家庭及个人发展的关心，感受到企业 IBM 公司每年一度的“金环庆典”活动，一方面是为了表彰 有功人员，另一方面也是同企业职工联络感情、增进友情的一种手段。营造大家庭的温暖，是一种企业文化的氛围，是企业发展的基石。它可以使公司内部更多地联络感情，增进友情，协调企业内部的人际关系。

第二，它可以使员工家庭和睦、健康。为企业做出突出贡献的销售人员的家属、亲友也被企业邀请参加庆典活动，这会使这些受表彰者的家属更多地了解自己的亲人在工作中的表现，使其家属在以后的工作中更多地支持亲人的工作，使之多一份理解与关爱，从而保证这些家庭的和谐气氛。

第三，它可以使企业员工的积极性更高，使企业形象更好。在这样的庆典活动中，接受表扬者会产生一种继续奋发向上，为企业多做贡献的决心。同时也会鼓励更多的员工努力工作。在这种企业氛围中，员工会处处为企业着想，在工作中表现出良好的员工形象，进而展示出企业的风格。

第四，它可以使企业的社会效益和经济效益得到同步增长。企业员工热爱自己的企业， 以企业为荣，会自觉地为企业树立良好的形象。这样会使企业在社会公众心目中拥有良好的形象，如人们会认定 IBM 公司是一个有文化的公司、关爱社会的公司。企业社会效益提高后又会最终转化为企业经济效益的提高。人们认定，拥有良好形象的企业一定会生产出优质的产品和提供优质的服务，进而愿意购买这样企业的产品。

其他企业应借鉴 IBM 的这种做法，更多地开展企业内部的公共关系活动， 以增强企业职工与领导、职工与职工之间的感情联系，创造出良好的内部公共关系氛围。联络感情、增进友情，除了可以举办像 IBM 公司这样的庆典活动之外，还可以采用诸如组织全体职工开展文体活动，利用各种有意义的事件(如厂庆日，新产品投产和新设施的剪彩等)和有意义的节日(如新年、元旦、国庆节、劳动节以及职工的生日等)举办各种形式的工作聚餐会、周末、文化沙龙、知识竞赛以及其他联谊活动。

(资料来源：姚凤云．公共关系学［M］．哈尔滨：黑龙江人民出版社，1995．)

问题：

IBM 的“金环庆典”活动起到了哪些“内求团结，外求发展”的公共关系活动的作用？

知识链接

“黄 色 旋 风”

“黄色旋风”为时 60 天左右，效应长达 6 个月，直接参与万余人以上，间接参与 20～30 万人，辐射全市，间接影响 50 万～80 万人。

1. “黄色旋风”活动策划思想

(1) 充分利用季节时令优势(夏秋期间正是啤酒的旺销黄金时间)。

(2) 借“六一”儿童节与世人瞩目的“柯受良飞越黄河”之势营造“黄河啤酒”就品牌子的大家风范之势，抢先一步，夺取制高点，跻身市场热点与焦点的中心。

(3) 把看似无机的三大课题，巧妙穿插，相互促进，赋予崭新营销内涵，创造热门话题和轰动效应及新闻价值。

(4) 以最佳投入产出比，塑造良好的品牌形象，进一步提高品牌知名度和消费者的美誉度，架起品牌与更多潜在的消费者沟通的金桥，一次投资，长期受益。

(5) 投资少，7～8 万元；规模大，直接参与 10 000 人以上，间接参与 20～30 万人，辐射影响 50～80 万人；品牌效应好，一获美誉，二树形象，三则宣传品牌，四则促销，五则公众受益。

(6) 创造了一种新的广告宣传模式、新的产品营销概念、新的企业理念和思起境界。

2.“黄色旋风”活动的实施方案

(1) 准备工作：①详细落实在临汾市内主要小学幼儿园的准确人数，应不低于 10 000 人以或控制在 15 000 人之内；②定购与上述人数相等的黄色太阳帽，帽正面印刷有红色“黄河啤酒献爱心”字样的醒目标志，确保广告有较强的视觉效果；③提前 10 天在市电视台、有线电视台、教育电视台发布通告，告知人们“黄色旋风”即将刮进临汾大街小巷和每个家庭，敬请密切留意(前加：还有××天，最好选择在“六一”前)，或用今年夏天最热门的话题：黄色旋风——黄河啤酒献爱心大型公关活动即将轰动全市，敬请密切留意)，以求引大众关注，营造气势，制造焦点取得先声最夺人的效果，为“黄色旋风”方案的实施，埋下伏笔。

(2) 邀请地、市两级政府领导、教育局、交警队、团市委及省、地区、市三级新闻体参加于开幕式，并请市台协助给予追踪报道。

(3) 以每天一校的频率旱灾行，并同时配合民视飘字通告“黄色旋风”进度情况，以加强活动的“轰动效应”和“热门话题”传播的力度、广度和深度。

活动进行至最后一校，召开闭幕式。安排新闻专题，采访有关部门如教育局、交警队、学校教师、学生、司机、行人、市民等。提升活动的社会公益内涵，把“黄色旋风”活动推向新高潮。

3.“黄色旋风”活动实施效果预测

① 通过向全市的小学生和幼儿赠送广告品——黄河啤酒献爱心太阳帽，重点突出有效宣传了“黄河”啤酒品牌，充分展示了“黄河啤酒”献出爱心，造福社会大众的崇高企业精神。

② 活动的实施既为广大小学生和幼儿提供了防晒防暑用品，又以其醒目的黄色起到上下学的“安全帽”的作用；同时通过小学生这一特殊阶层，将“黄河啤酒”带进千家万户，遍及全市大街小巷，可在极短时间内造成极强的轰动效应和热门话题，迅速提高“黄河啤酒”的品牌知名度及营销力，促进扩大“黄河啤酒”的市场份额，以极小代价抢占先机，再创辉煌业绩！

次日，顺利签约，为抢时间，首批全部现金支付。各路人马纷纷到位进放紧张的筹备工作。按原订计划，活动的悬念广告提前 10 天在 3 家电视台以飘字广告准时播发，为保证实现预期效果，广告词需再三斟酌修改。

“今年夏天最热门的话题：黄河旋风；黄河旋风即将刮进临汾大街小巷和每个家庭；黄河啤酒献爱心型社会活动却将轰动全市。敬请留意。”

“黄色旋风”在播出时，改动了最关键的一个字。

播出两天，几乎 80%以上的人都注意到了，甚至有人打探：“‘飞越黄河’是不是黄河啤酒赞助的？这两天老见“黄河旋风”的电视预告出现。”

5 月 16 日，“黄河旋风——黄河啤酒献爱心”活动正式拉开帷幕，活动组委会每到一个学校，都受到了师生们的热烈欢迎。

“黄河旋风”活动受到数十家新闻媒体的强烈关注，临汾电视台连续 5 天播发追踪报道。临汾日报发表了配图记者专访文章：黄河啤酒献爱心活动是由黄河啤酒山西办事处独家举办的大型公益活动，名流广告公司承办，本次活动由黄河啤酒山西办事处提供 6 万余元资金，专门订购了 15 000 顶橘黄色安全帽，帽上统一印刷了“黄河啤酒献爱心”字样，用于向小学举行赠送开幕仪式，将在“六一”前夕全部赠送完毕。

(资料来源：http://wenku.baidu.com/view/0a15a6d97f1922791688e80a.html.)

现代市场竞争是产品碰撞，是实力的抗衡，是智慧的较量。一个好的军事点子，可以使战争风云突变，一个好的广告点子，则可以使企业，一种产品在商战中脱颖而出成为名牌，产品才能展示它的奇异光彩；只有名牌企业才有资格在市场中竞争。名牌代表着实力和规模，代表着信誉和质量，同时也是竞争中得以取胜的最可靠的保障。

名牌的背后自然有名牌的广告，正如一名勇猛的将军离不开足智多谋的军师一样，名牌的企业也离不开出色的广告公司指点迷津。

第9章 公共关系技巧

教学目标

通过本章学习，了解公共关系的社交心理，掌握公共关系的社交技巧和谈判技巧，运用谈判技巧进行公共关系谈判，运用演讲技巧进行公共关系演讲。

教学要求

知识要点	能力要求	相关知识
认识公共关系的交往方式	了解公共关系有哪些交往方式	公共关系的交往方式
公共关系的社交心理	(1) 了解公共关系的社交心理 (2) 对社会交往有妨碍的心理要会避开	(1) 首因效应 (2) 近因效应 (3) 晕轮效应
公共关系的社交技巧	(1) 了解社交技巧所包括的内容 (2) 学会在社会交往中正确运用这些技巧	交谈的艺术
公共关系的谈判技巧	(1) 了解公共关系谈判的原则 (2) 了解公共关系谈判的一般程序 (3) 了解公共关系谈判的准备工作 (4) 了解在公共关系谈判中的常用策略 (5) 运用谈判技巧进行公关谈判	商务谈判
公共关系的演讲技巧	(1) 了解公共关系演讲中的表达技巧 (2) 了解公共关系演讲的心理效应 (3) 了解公共关系演讲的情感调动 (4) 运用演讲技巧进行公关演讲	(1) 空白效应 (2) 权限效应 (3) 权威效应 (4) 逆反心理

基本概念

社交技巧　谈判技巧　演讲技巧

导入案例

周恩来人格魅力和公关技巧的完美结合

周恩来是一位足智多谋的谈判者。——美国《巴尔的摩太阳报》社论

周恩来以超凡的人格魅力征服了他所在的那个时代。他以过人的智慧、杰出的才能，以及他高尚的品德赢得了人民广泛热烈的爱戴。20 世纪 50 年代的世界外交舞台似乎专为周恩来而设。1954 年日内瓦会议，周恩来"舌战群儒"，"赢得了外交舞台第一流人物的地位"。1955 年在万隆会议上，周恩来再次淋漓尽致地发挥了人格魅力和公关技巧的完美结合，数次力挽狂澜，将会议一步一步引向求同存异、和平共处精神的胜利。

1955 年 4 月 18～24 日在第一次亚非会议在印度尼西亚万隆举行，故称万隆会议。29 个亚非国家和地区的代表与会，这是历史上第一次由亚非国家发起召开的国际会议，会议集中讨论了与亚非国家相关的一系列重大问题。中国总理周恩来率代表团参加。在中国和大多数与会各国的努力下，会议一致通过了《亚非会议最后公报》，确定了指导国际关系的十项原则。这十项原则正是周恩来倡导的和平共处五项原则的引申和发展。由于一些政治原因，会议一开始就出现了两种不同的倾向、两种不同的路线。有的人在会上提出一些问题，矛头实际上指向中国，会议气氛一度相当紧张。4 月 19 日周恩来在发言中指出："中国代表团是来求团结而不是来吵架的。"周恩来发言中一贯始终的中心思想——求同存异，实际上为与会国提供了互相合作的基本准则，而这也是后来被称为"万隆精神"的主干。

（资料来源：http://world.people.com.cn/GB/14549/3328516.html. ）

思考题

公共关系人员在谈判中应注意哪些技巧？

9.1　公共关系活动中的人际关系

公共关系技巧是指组织在与公众交往过程中，为达到预期的行为效果所运用的各种技能。它表现为信息沟通、公众交往、关系协调的具体运作中所应用的各种策略、手段和方法。

人际交往是个体社会化的必由之路。没有人际交往，人只能永远是一个生物的人而不能成为社会的人。社会组织的社会交往是以个体交往为基础的。在现代社会迅速发展的过程中，公共关系社交是社会组织维系生存和开拓发展的重要手段。通过开展公关社交活动，组织可以与社会各方面广泛联络、增进沟通、加深理解，这样可以提高组织的工作效率，增强公众对企业及产品的信任感，树立良好的组织形象，创造良好的外部环境。公共关系人员既代表组织，充当组织的代言人，同时他的语言、行为、风度又体现了个人的行为特征。

9.1.1　公共关系的交往方式

公共关系部门是企业、行政机构等各种社会组织对外联系的窗口，一切外部往来、事务接

洽都首先要通过它来完成。根据公共关系工作的特点，公关交往主要有以下方式。

1. 接待

接待是公共关系部门经常开展的日常工作，也是公共关系最前沿的工作。上级领导的视察、客户以及合作伙伴之间参观、媒体的正负面报道、学习及业务洽谈的人次也与日俱增，这就使得接待工作越发重要。组织接待工作的质量、行为表现的好坏，直接影响着组织形象的好坏和公共关系活动的效果。第一印象的好坏最为重要，所以组织要用好公共关系手段，搞好公共关系接待工作，不断提升企业形象。

公共关系人员要做好接待工作，应重视以下几个方面。

1) 接待工作的基本任务

接待工作是企事业单位的日常工作之一，主要表现为来访者接待和电话接待。

(1) 来访者接待是组织接待的重要工作。来访者可能是业务上与组织有联系，也可能是要接受组织的服务。无论哪种情况，组织都必须给予热情接待。

(2) 电话接待是每个组织每天都要做的工作。电话接待要主动热情、礼貌待客、语言要简洁清晰，尊重他人，还要细致周到，并做好记录与传达工作。

来访者接待和电话接待在语言要求方面相同。不同之处在于：电话接待仅靠语言来把握，而来访者接待则既靠语言又靠非语言，如表情与动作等。

2) 接待工作的注意事项

接待工作头绪多，涉及面广，稍有不慎则会贻误工作或损害公司声誉。公共关系人员应该极度重视。要做好接待工作，就要注意一些事项。

(1) 更新观念，树立意识。公共关系人员应充分认识到接待工作对组织是一种公共关系行为，是企业联系内外的纽带和桥梁。通过接待工作，组织可以展示实力、树立形象，可以积累丰富的关系资源，可以吸引投资、扩大合作，从而推动组织的快速发展。因此，接待工作不能仅仅停留在迎来送往、安排食宿的低层次上。对于每一项接待工作都要高度重视并树立机遇意识、责任意识，要保证高质量地完成每一次接待任务。

(2) 精心策划，突出特色。在承担接待工作任务时，公共关系人员要做好每一项接待工作。首先要有接待活动的策划方案，只有精心策划、充分准备，接待活动才有可能成为成功的公共关系活动，否则就只是低层次的迎来送往的应酬活动。针对具体的来宾，以来宾的目的和组织的公共关系目标为基准，制定出符合来宾身份的完善的接待工作方案和实施细则，详细安排日程、接站、用车、就餐、住宿、参观等各项活动，充分考虑各方面的细节，并体现一定的创意与创新，体现独特的组织文化，让来宾从接待工作的点点滴滴中感受到组织的个性，感受到组织文化的特色。

(3) 细致周到的工作安排。细节决定成败。接待工作容不得半点马虎，必须处处留心，周密考虑。无论来宾身份如何，都有其自身的工作任务。在策划阶段，要分清各部门的职责，下达明确具体的任务。在安排布置时，也要检查督促，以免顾此失彼，贻误工作。在重大的接待工作中，接待工作负责人要随时根据接待工作的需要对接待方案予以调整，要做到“眼观六路、耳听八方”，以便及时采取应变措施。

(4) 热情周到的接待作风。在接待工作中，不论来宾职位高低，都要平等相待，热情、主动地提供各种必要的服务，同时，在热情服务的同时，要按组织规定的制度办事，注意礼仪等活动要从简节约，举办座谈会、参观、宴会等，都要精打细算，不铺张浪费。要获得业务并成功合作，必须使来宾得到真正的快乐。商务招待成功的秘诀在于细心，照顾到每一个来宾的喜好。亨利·基辛格(Henny Kissinger)首次访华时，周恩来对美国代表团的每个成员都是热情周到，缓解了美国代表团的紧张气氛，为以后谈判的顺利进行奠定了基础。

2. 宴会

宴会是一种典型的社交活动，是指以宴请为形式来表示相互友好的一种重要的社交应酬。宴会实际上吃是形式，交际是内容。在宴请进程中，人们思想愉快，精神放松，气氛和谐，因而比会见、会谈更容易相互理解和沟通。

宴会(或饭局)从来就是中国人不可或缺的首选交际方式。中国饭局的历史可以追溯到新石器时代。而见诸于廿四史之中的著名饭局更是不可胜数。“鸿门宴”、“煮酒论英雄”、“杯酒释兵权”等历代著名饭局都是耳熟能详、妇孺皆知。在零点公司2006年年初的调查中，选择“聚餐”这种社交方式的人达到46%，比以13%排在第二位的体育活动高出了33个百分点。

宴会按规格可分为国宴、正式宴会、便宴、冷餐会、酒会、茶会、工作餐和家宴等，一般分成4个大类。

(1) 国宴。国宴是国家元首或政府为招待国宾、其他贵宾或在重要节日为招待各界人士而举行的正式宴会。国宴的主体跟客体都是特定对象，如胡锦涛主席宴请普京(Putin)总统、温家宝总理宴请德国总理默克尔(Merkel)、胡锦涛宴请出席北京奥运会闭幕式的国际贵宾。

(2) 正式宴会。这种宴会多是晚宴。人员、位次、菜单都要提前拟定好。正式宴会一般均有致词，但安排的时间不尽一致，有的一入席双方即致词，有的正式宴会在热菜之后甜食之前由主人致词，接着由客人致词。致词时，要停止一切活动，参加宴会的人员均应暂停饮食，专心聆听，以示尊重。冷餐会和酒会讲话时间则更显灵活，致词毕则祝酒。所以服务人员在致词行将结束时应迅速把酒斟足，供主宾祝酒用。

(3) 便宴。便宴相对比较随便，规模比较小，菜比较简单，时间也比较短，也不搞菜单，但实际上还是社交。

(4) 家宴。就是把人请到家里来吃饭，家宴重在参与，强调气氛的温馨和随和，能把你请到家里来说明不见外，如请外国客人到家里吃饭，还可以让他们参与制作。这样的宴会气氛融洽，有助于密切双方关系。

3. 拜访

拜访包括办公室拜访和家庭拜访。拜访前应事先和被访对象约定，以免扑空或扰乱主人的计划。联系过程中要自报家门，并询问被访者是否在单位(家)，是否有时间或何时有时间。电话中要提出访问的内容，使对方有所准备，在对方同意的情况下定下具体的时间、地点。拜访的时机要选择好，需要注意的是要避开吃饭和休息时间，特别是午睡的时间。拜访时间的长短应根据拜访目的和主人意愿而定。一般而言时间宜短不宜长。

拜访时要准时赴约。如因故不得不迟到或取消访问，应立即通知对方。让别人无故等候无论如何都是严重失礼的事情。如果是对方要晚点到，可充分利用剩余的时间，如整理一下文件。如果接待者因故不能马上接待，应安静地等候。等待时间过久，可向有关人员说明，并另定时间，不要显现出不耐烦。

一般情况下谈话时应开门见山，清楚直接地表达你要说的事情，不要海阔天空，浪费时间。说完后，让对方发表意见，并要认真倾听，不要辩解或打断对方讲话。有其他意见时，可在对方讲完之后再说。要注意观察接待者的举止表情，适可而止；当接待者有不耐烦或有为难的表现时，应转换话题或口气；当接待者有结束会见的表示时，应立即起身告辞。

4. 体育健身社交

邀请朋友游泳、打球、爬山、打高尔夫的体育健身社交方式，已成为一种新的社交时尚。

体育健身社交方式的出现，一方面表明，随着人们生活水平的提高，越来越多的人更加注意自己身体的健康状况，更重视追求高质量的生活方式；另一方面表明，人们感到以往请朋友喝酒等传统社交方式，不仅费时间耗精力，而且经常会喝得酩酊大醉，既伤身体，又失体面，更让人感到俗气。而 8 小时之外，或者在节假日健身聚会，既锻炼身体、充实生活，又沟通感情、增进友谊，不失为一种交友好方式。

5. 沙龙

沙龙是法文 salon 的音译，中文意即客厅，原指法国上层人物住宅中的豪华会客厅，特指自 17 世纪起，西欧贵族社会中谈论文学、艺术、政治问题的社交集会。大多数沙龙都有一定的主题，有文艺性沙龙、改革性沙龙、社交性沙龙、学术性沙龙、应酬性沙龙、以及综合性沙龙等。通过沙龙活动，彼此在思想上或情感上获得理解和沟通。参加沙龙活动时应该注意说话时要针对主题，不要漫无边际地随便乱扯，也不要为了吸引他人而高谈阔论，更不能以自我为中心侃侃而谈。

6. 舞会

舞会也称社交舞会，起源于西方，主要流行于上流社会。宫廷舞会、上流舞会、家庭舞会、成年舞会、慈善舞会等五花八门。其中尤以“维也纳新年舞会”最为著名。根据规格不同，可分为大型舞会和小型舞会。参加舞会必须要了解以下几个事项。

(1) 参加舞会服装要整洁、大方，仪表要修饰。女子可以化淡妆，穿得漂亮些。男子也应适当讲究，一般穿西服，显得大方、文雅。头发要梳整齐。检查一下口腔、身上无蒜味、酒气，洒些香水是相宜的。

(2) 进入舞场，要先坐下来，观察一下全场情况，适应一下气氛。没有带舞伴的，要慢慢地寻找合适的伴舞对象。邀舞一般都是男子邀请女子共舞，如果对方婉言谢绝，也不必介意，更不应勉强。不要当个不合群的冰山美人。参加舞会就是要多认识新朋友，拓展社交圈。不能在舞会中谁也不搭理，只是自顾自地吃喝；或是因为不擅交际，便跑到墙边当壁花，这都不合舞会应有的礼仪。

(3) 饮酒要自制。酒精能使人兴奋，让整个舞会的气氛更加热闹，但一旦喝多了，可能会胡言乱语或是当场呕吐，这样就非常尴尬。作为主人不妨在美酒旁置备小点心和牛奶，帮助宾客保护胃壁。作为客人，酒量如何，自己心里应该有数。

(4) 记住餐桌礼仪。参加舞会前最好先吃些东西，不要饿着肚子前往，站在餐桌前狼吞虎咽，那样也很失礼。也不要在跳舞前吃大蒜、洋葱等气味很浓的食品。

除了以上公共关系活动之外，组织还可以通过一些公共关系专题活动来开展公共关系社交，如展览活动、赞助活动、新闻发布会、开放参观、危机管理活动等。一般这种大型的、属于高层面的活动都会引起媒介的关注，并在社会上形成一定的影响力。

9.1.2 公共关系的社交心理

社会心理学的研究表明，那些在人际交往中颇受好评，很得“人缘”的人一般有以下特点：乐观、聪明、有个性、独立性强、坦诚、幽默感、能为他人着想、充满活力等。而那些在人际交往中不太受欢迎的人也具有以下几个特点：自私、心眼小、斤斤计较、孤傲、依赖性、自我中心、虚伪自卑、没有个性等。在社会交往中，对交往妨碍最大的，莫过于以下几个因素。

1. 自卑心理

自卑就是缺乏自信，即对自己的知识和能力等做出过低的估价，对自己没有信心，在社会交往中办事无胆量，很少大胆表达自己的见解，进而否定自我，总是怕遭到别人的轻视和拒绝，很想得到别人的肯定，又常常很敏感地把别人的不快归为自己的不当。这种心态如不改变，久而久之，有可能逐渐磨损人的胆识、魄力和独特个性。心理学家指出，自卑感和本人的智力、受教育程度、所处的社会地位等因素无关，而仅仅是对“自己不如他人”的确信。因此，要克服和预防自卑心理，首先要敢于正视自己的不足，要对自己有一个清醒的认识，接受自己。人无完人，每个人都有自己的优缺点，不要总是拿着自己的短处去和人家比。另外，防止和克服自卑感，要注意不要对自己提出过高的要求，要考虑其实现的可能性；还要锻炼自己的心理承受能力，不要因为一次失败而一蹶不振，或因自己某一方面的过失而全盘否定自己。

2. 自傲心理

自傲与自卑相比，也源于错误的自我估价。自傲者过高地估计自己，在人际交往中妄自尊大、自吹自擂、盛气凌人，而且不愿与自认为不如自己的人交往。这样的人当然不会受到别人的欢迎。自傲者一旦受挫，往往会较为自卑。自傲者要学会尊重别人，善于发现别人的优点，这样才有利于客观评价自己，还要学会严于律己、宽以待人。

能否正确地认识和了解他人，关系到人际交往能否顺利进行。要走出对他人认知的心理误区，需注意避免以下几个心理效应。

1) 首因效应

人与人第一次交往中给人留下的印象，常会成为一种基本印象而影响对他人各方面的评价，这种效应即为首因效应。人们常说的“给人留下一个好印象”，一般就是指的第一印象，这里就存在着首因效应的作用。但人们应该看到，第一印象得之于较短时间的接触，又无以往的经验做参照，主观性、片面性较强。人际交往中，不要以第一印象作为取舍判断的标准，一定要注意既不能因第一印象不好而全盘否定，又要防止被表面的堂皇所迷惑。

在交友、招聘、求职等社交活动中，可以利用这种效应，展示给人一种极好的形象，为以后的交流打下良好的基础。当然，这在社交活动中只是一种暂时的行为，更深层次的交往还需要加强在谈吐、举止、修养、礼节等各方面的素质，否则会导致另外一种效应的负面影响，那就是近因效应。

2) 近因效应

近因效应与首因效应相反，是指交往中最后一次见面给人留下的印象，这个印象在对方的脑海中也会存留很长时间。某人刚犯了一个大错误，于是就有人发现，他从来就不是好人，这是近因效应在作怪。在较为长期的交往中，最近的印象比最初的印象更占优势，这是一种心理惯性。由于这种惯性的作用，人们往往会以最近的印象来评价人。因此，人际交往中，不要因一时一事评价人，对人要全面来评价。

3) 晕轮效应

晕轮效应又称光环效应，是指人们对他人的认知和判断往往只从局部出发，扩散而得出整体印象，也即常常以偏概全。一个人如果被标明是好的，他就会被一种积极肯定的光环笼罩，并被赋予一切都好的品质；如果一个人被标明是坏的，他就被一种消极否定的光环所笼罩，并被认为具有各种坏品质。这种强烈知觉的品质或特点，就像刮风天气前夜月亮周围出现的圆环(月晕)一样，向周围弥漫、扩散，从而掩盖了其他品质或特点，所以就形象地称之为光环效应。其实，圆环不过是月亮光的扩大化而已。

最典型的例子就是当人们看到某个明星在媒体上爆出一些丑闻时总是很惊讶，而事实上人们心中这个明星的形象根本就是他在银幕或媒体上展现给人们的那圈“月晕”，他真实地人格人们是无从得知的，仅仅是推断的。有时候晕轮效应会对人际关系产生积极效应，如你对人诚恳，那么即便你能力较差，别人对你也会非常信任，因为对方只看见你的诚恳。从认知角度讲，晕轮效应仅仅抓住并根据事物的个别特征，而对事物的本质或全部特征下结论是很片面的。因此，在人际交往中，人们应该注意告诫自己不要被别人的晕轮效应所影响，而陷入晕轮效应的误区。

3. 害羞怯懦心理

涉世未深、阅历较浅、性格内向、不善辞令的人，容易产生害羞怯懦心理，在社交中过多地约束自己的言行，以致无法充分表达自己的思想感情。害羞怯懦心理严重阻碍了人际关系的正常发展，束缚了人们的思想行为，是常见的社交心理障碍之一。克服害羞怯懦心理，可以从以下几点做起。

首先，要放下思想包袱，对自己进行全面客观评价。要有信心，认识自己的优点。在交往中，即使遇到比自己强的人，也不要缩手缩脚，提高自信心，就会在公众面前落落大方。应当知道，人不可能事事正确，即使说得不对，可以改正；做得不成功，也可作为前车之鉴。

其次，要做好社交前的充分准备。在社交活动进行之前，将如何开场、如何发问、发问的具体内容、可能出现的事情、解决的办法等一系列问题，在心里要有充分的准备。另外，与陌生人接触之前，要尽量了解对方的情况，知己知彼就会在交往中踏实、自然、轻松自如。

再者，要鼓起勇气，敢于迈出第一步。当迈出第一步之后，就会感到事情也不是那么难，以后在社交中就会有所鼓舞。

最后，要克服交往中的害羞，还要学会观察生活和交往的技巧。在日常生活中，多留心学习，多观察别人如何待人接物、如何与各种人打交道、如何交谈愉快。日积月累，在社交中慢慢实践，逐渐便能得心应手，克服羞怯。

4. 自私自利心理

人是社会的动物，人际交往是我们每个人的一种需要。有的人与别人交往时处处为自己着想，只关心自己的需要和利益，强调自己的感受，不尊重他人的需要，漠视他人的处境和利益。在交往中，不顾场合，也不考虑别人的情绪，自己高兴时，高谈阔论、手舞足蹈；郁闷时，抑郁寡欢或乱发脾气。这种人缺乏对自己的正确认识，永远也不会与人建立牢固、持久的良好人际关系。每个人都要学会在生活中对付各种各样的情绪，这也是个人成长的一种重要表现。只有那些心地善良、待人以诚、能设身处地为别人着想的人，才能获得挚友。

5. 冷漠心理

有些人对与自己无关的人和事一概冷漠对待，在与别人交往时，总喜欢把自己的真实思想、情感和需要掩盖起来，不愿意与别人沟通。这种人往往只注重自己的内心体验，他们的行为和习惯有时令人难以理解。在他们看来，人世一切是那么无聊，令人厌倦、平淡、无意义。这种把自己封闭起来，不与别人沟通的态度，造成在人际交往中言词尖刻、态度孤傲，致使别人不敢接近，从而失去了更多的朋友，人也会更加孤僻。

6. 猜疑心理

猜疑心是影响人际关系的一大心理障碍。有猜疑心理的人总是以一种怀疑的眼光看人，对人怀着戒备之心，不肯讲真话，戴着一幅假面具与人交往。在现实生活中，这种人不以诚心待人，不信任对方，造成人与人之间关系的不和。具有猜疑心理的人，往往喜欢捕风捉影，每每看到别人议论什么，就认为人家是在讲自己的坏话。猜疑成癖的人往往捕风捉影，传播小道消息，节外生枝，挑起事端，其结果只能是自寻烦恼，制造隔阂。

7. 逆反心理

有些人总爱与别人“抬杠”，以此表明自己的标新立异。对任何事情，不管是非曲直，你说好他偏偏说坏；你说一他偏说二。逆反心理容易模糊是非曲直的界限，常使人产生反感和厌恶。要认识到求异思维并不等于标新立异与专唱反调。

8. 排他心理

人类已有的知识、经验以及思维方式等，需要不断地更新，否则就会失去活力，甚至产生副效应。排他心理恰好忽视了这一点，它表现为抱残守缺，拒绝拓展思维，使得人们只能在自我封闭的狭小空间里兜圈子。

9.1.3 公共关系的社交技巧

在现代社会竞争日趋激烈的情况下，人际关系占越来越重要的地位。要想立足于社会，必须要有一定的人际交往的能力。如何才能在人际交往中游刃有余呢？建立良好的人际关系的具体方法很多，但在日常生活中，最为主要，同时又可以有效地为每一个人所运用的主要有以下几个方面。

1. 塑造良好的形象

组织公共关系的首要任务是塑造组织形象。组织形象一旦形成便具有相对稳定性，并给社会公众带来良好的印象和影响。而组织的形象是通过组织工作人员的表现传达给公众的，尤其是公共关系人员的个人形象与组织有着密切的联系。因此，要塑造好组织形象，就要塑造好公共关系人员的自身形象。

树立良好的自我形象要注意以下几点：①仪表服饰上要整洁、端庄、大方，人们总是倾向于觉得仪表有魅力的人更活泼愉快，更友善合群；②衣着整洁、大方，举止自然使别人感到轻松、自在；③待人接物要彬彬有礼、态度应该诚恳热情，避免油腔滑调，高谈阔论，否则会使人感到不愉快，给人一种虚假、冷淡的感觉，不利于交往的继续深入；④记住别人的姓或名，主动与人打招呼，称呼要得当，让别人觉得备受重视。

当然，要给别人留下良好的第一印象，还受其他许多因素的影响，如讲信用、守时间、文明礼貌等。

2. 掌握好交谈艺术

在公共关系社交中，公共关系人员应具有较强的语言表达能力，要善于表达自己的情感与想法；注意在不同场合讲话的分寸；不讲不该说的话；在讲话中注意幽默感则能增加人际吸引，克服尴尬场面；在谈话中，选择对方最感兴趣的话题，并且引导对方谈论他自己。这样就可以成为一名最受欢迎的谈话伙伴。

1) 掌握好讲话的技巧

交谈态度要谦恭、亲切、真诚。要使用适度谦恭的语气与人交谈，尽力缩短彼此间的心理距离，寻找诸如同乡、同行或共同兴趣等共同点，和谐地把自己与对方联系在一起，为双方进一步交往打下良好基础。在人际交往中，应注意主动问候、主动示好，对自己的不足应有所认识，并善于听从别人的劝告与帮助，勇于承认和改正自己的错误与不足。热情能给人以温暖，能促进人的相互理解，能融化冷漠的心灵。

在表达自己思想时，要讲究含蓄、幽默、简洁、生动。含蓄既表现了自己的高雅和修养，同时也起到了避免分歧、说明观点、不伤关系的作用，提意见、指出别人的错误，要注意场合，措辞要平和，以免伤人自尊心，产生对抗心理。幽默是语言的调味品，它可使交谈变得生动有趣。简洁要求在与人谈话时掌握该说的说，不该说的不说。与人谈话时要有自我感情的投入，这样才会以情动人，此谓之生动。当然，要掌握好表达自己的技巧，需要不断地实践，并不断地增加自己的文化素养，拓宽自己的视野。

2) 善于倾听

认真地听人说话，表示敞开自己的心扉，就是在表达你对他人的尊重和重视，使彼此心灵融通。做一个好的听者，不仅是一种赞美方式，而且还是消除恼怒的好方法。别人对你生气，你要消除他的恼怒时，就不妨认真倾听他的训斥，甚至很认真地、表现得很重视地请他将最愤怒的话重复，这样他发泄几次后，恼怒就会很快地消除了。

在交谈时，要注意倾听对方的讲话，还要注意不要打断说话者的话题，并给予适当的反馈。总之，让对方把自己的话讲完，可以用积极的语言引导，但插话、评论的频率不要太高，否则会冲淡对方的讲话。让对方自然而然地谈到他自己，我们不仅要听得专心，表情也要专心。唯有谈话的双方发现共同的兴趣，也真正关心彼此时，才会有尽兴的交谈。

3) 选择好谈话的话题

交谈话题要引起对方的兴趣与共鸣。供人们交谈的话题俯拾皆是，如天文地理、时事政治、电影电视、衣着服饰、健身健美、花鸟虫鱼等。在一般交际场合，最不容易的是与初次相识的人进行交谈，因为你不熟悉对方的性格、爱好，时间又不允许你做太多的了解。这时，交谈最好先不要涉及较深或较特殊的话题，而是从最平平淡淡的话题展开，最简单的是谈天气或从当时的环境寻找话题。

在日常交谈中，公共关系人员应注意在不同环境、不同角色下的主要话题，经常总结哪些话题吸引人、哪些话题不吸引人，从中提炼出一些通常能引起别人兴趣的话题。有些话题则应该避免，如自己一知半解的问题、道听途说的社会传闻、自己或对方不感兴趣的问题、易使对方敏感的话题等。还有一些触及个人隐私的话题也要避免。话题不一定都是那些工作上、事业上的“大话题”，为了让大家愉悦地消磨时光，让大家开心畅怀，也可以准备一些“小话题”，如体育新闻、名人趣事等，让气氛不至于过分严肃。如果要让自己更具信心，不妨准备至少3个话题，只要是可以和初次见面的人轻松交谈的题目都可以。

3. 创造轻松、欢快的谈话气氛

谈话气氛要轻松愉快、生动活泼。陈旧枯燥的谈话使人兴致索然、昏昏欲睡，而新鲜活泼的交谈则令人心神愉悦、乐而忘返。创造令人兴奋的交谈氛围，除态度认真和话题选择恰当外，还可用幽默感和委婉含蓄这两种手段来调节谈话气氛。幽默能促使人们的关系和谐亲切；能活跃情绪气氛，使严肃紧张变得轻松活泼；能改变局促、尴尬的场面，使交谈逸趣盎然；能消除误会，化解矛盾。与人相处，难免发生摩擦冲突，委婉含蓄的语言表达艺术，其原则就是维护和满足对方的自尊需要，以达到使对方理解接受自己的观点的目的。周恩来同志在外国记者问“中国人民银行有多少资金”时说共有18元8角8分，就是委婉含蓄的一种语言表达方式。

4. 注重自身人格塑造和能力的培养

常听到有人说：“那人性格好，懂得多，所以喜欢同他交流”。从这句话可以看得出，人们大都喜欢和品格好、知识丰富的人或具有某些特长的人多多沟通交流。

1) 品格塑造

人们因为欣赏某人的品格、才能，愿意与之接近，成为朋友。因此，若想要更友好、更融洽地与他人相处，就应充分健全自己的品格，使自己的品格、能力不断提高。选择朋友时，人们都喜欢和真诚、热情、友好的人多交往，不愿和另外虚伪、自私、冷酷的人来往。一般来说，人们总是喜欢那些喜欢自己的人，对真诚评价自己的人具有好感。因此，人际交往中，要经常真诚地赞美他人，他人反过来也会对你抱有好感。只要多观察、多注意别人，就会发现任何人都有值得赞美的地方，并且肯定和表扬别人的长处，此举将会在人际交往中给自身带来莫大收益。但需注意的是要掌握分寸，不要一味夸张，从而使人产生一种虚伪的感觉，失去别人对你的信任。

2) 丰富常识

在人际交往中，常看到许多人因为对于对方的职业毫无认识而相对默然，这是个非常尴尬的社交场景。“工欲善其事，必先利其器”，要成为一个优秀的公共关系人员，就必须要多读书、多看报充实自己。世界政治局势、世界各地的风土人情、国内外著名建筑、时髦服饰、最新电影戏剧作品、科学界的新发明和新发现等等都要去有所了解。虽不能对各种专门学问皆作精湛研究，但是掌握常识却是必需的。有了一般的常识，即使没有各种专长的学问，只要能巧妙运用，也足够应付各式人等了。纵使不能应付自如，也可以提问，用提问来使对方开口。假定你的对手是医生，你对于医学虽是门外汉，但可以用提问来打开这局面，从维生素到养生保健等。总之，问话是一个打开对方话匣子的最好方法。

5. 要宽宏豁达，学会体察对方心理

在人际交往中，经常会与别人有误会，受到别人不公正的对待，这种情景时常困扰我们的生活及社交关系。例如，有媒体报道企业的产品有问题，而实际情形是那个被报道的产品是别人仿冒的产品。当出现这种情景时，通常人们会非常气愤，可能会言行失当，进而影响组织的形象。面对这种情形，如果能做到宽宏豁达，站在使用者的立场考虑问题，体会他人的心情和感受，误会、委屈就常常会烟消云散，言行转而理性起来，别人也能欣然接受。当然具有这种气度有一定的难度，这需要在日常公共关系交往中注重培养。

组织的各种社会关系中，要与方方面面的人打交道，这些人或开朗、或深沉；或含蓄，或坦率；或豁达、或慎重，其个性丰富多彩、千差万别。人们在交往中要学会做个有心人，要善于体察别人的心境，主动关心他人，采取不同的方式使他人感受到组织的善意和温暖。以客户为例，组织人员与他们接触频繁，因而摩擦也较多。这就要求组织人员在日常交易中，要多注意观察客户，多注意客户的利益和要求，减少摩擦的产生。此举可以预防尴尬局面的产生，与公众长久维持融洽的公共关系。

诚实守信是一个基本的做人准则。在公共关系交往中，一旦受到某人的某种欺骗，可能再也无法像以往那样去信任此人。将心比心，在公共关系社交中，也应该以诚实、真挚的态度对待他人，去获得对方的信任和理解，只有这样，才可能获得真正的朋友，才能与其他组织更加友好的相处。

6. 注意自己的体态语言

在人际交往中，人们的感情流露和交流经常会借助于体态语言。体态语言包括人的手势、表情及人体其他部分带有某种意义的活动或姿态。它作为一种无声的“语言”，在生活中被广泛地运用，在社交活动中有着特殊的意义和重要的作用。

语言学家的研究表明，人们之间的交际效果 20%取决于有声语言，80%取决于无声语言，也就是说无声语言所显示的意义要比有声语言多得多，而且深刻得多。因此，公共关系人员在人际交往中，要了解对方的深层心理，只靠语言感觉是不够的，还应掌握和运用好人体语言，以提高公共关系社交能力。下面介绍几种常见、常用的人体语言。

1) 面部表情

眼睛是人体传递信息最有效的器官。在社交场合交谈时，目光正视对方的两眼与嘴部的三角区，但凝视的时间不能超过 5 秒，因为长时间凝视对方，会让对方感到紧张、难堪。而面对熟人、同事，则可以用从容的眼光来表达问候、征求意见，这时目光可以多停留一些时间，切忌迅速移开，不要给人留下冷漠、傲慢的印象。公共关系人员在与他人交谈时应目光亲切而随和，既不咄咄逼人，又无怠慢敷衍之意。

眉毛和嘴巴都能表达人们生动多变的情感。例如，舒展眉毛，表示愉快；紧锁眉头，表示遇到麻烦或表示反对；眉梢上扬，表示疑惑、询问；眉尖上耸，表示惊讶；竖起眉毛，表示生气。而紧闭双唇，嘴角微微后缩，表示严肃或专心致志；嘴巴张开成 O 形，表示惊讶；噘起双唇，表示不高兴；撇嘴，表示轻蔑或讨厌；咂嘴，表示赞叹或惋惜。

2) 手势

人们在社交交谈时，手势是语言的最好辅助，如翘起拇指或鼓掌表示钦佩、赞扬；连连摆手表示反对；握紧拳头表示愤怒、焦急；招手叫人过来，挥手表示再见或叫人走开；

搔头表示困惑，用力挥手或拍额头表示恍然大悟。一般来说，表达感情时，脸部和手脚动作总是密切配合的，在人际交往中既要学会察言观色，又要善于利用体态语言表达情感，那样不必多说话，也能很好地与别人交流。注意纠正自己的坏习惯，不要在交谈中出现一些表达负面信息的手势的出现，如用手指或铅笔敲打桌面，或在纸上乱涂乱画等类似的手势，这些手势都表示对对方的话题不感兴趣、不同意或不耐烦。

3) 站姿与坐态

在社交场合中，站要挺直，坐要端正，即站有站相，坐有坐相。斜站、斜坐、半倚半坐、半躺半坐、跷脚摇晃，对客人都是极不礼貌的，更不符合社交礼仪。在社交场合中，应注意与别人保持适当的距离站立，因为每个人在下意识里都有个人的空间领域，特别是应尽量给女士以比较充分的空间。在与人谈话时，不论是就坐还是站立，将自己的身体正面对着对方是起码的礼貌与尊重。

在社交场合中，如何就坐也有讲究。座位不仅有上下尊微之分，坐态也能表现人的态度与意向。与长者或上级对面相坐时，应选择他的下座，或坐在低一些的座位上，坐态应收敛而不应放肆，恭敬有礼的坐态应与神态统一起来。在平辈或小辈面前，则可自然随便一些。

9.2 公共关系谈判的技巧

谈判是人际间的一种双向沟通方式，是人们日常生活中不可缺少的一部分。每个人都是谈判角色中的一个：在商场购买东西时，与店员讨价还价；与领导讨论工作安排；与客户讨论某个合同内容；甚至国际间的争端，都是通过双边谈判来解决各种各样的纠纷。争端各方通过谈判加强了沟通，在加深了解的基础上达成共识，实现交易或合作。

公共关系谈判可以说是企业与社会公众之间为寻求一致的观点和利益而进行洽谈、协商的一种行为，是人们为确立、变更、发展或消除相互关系而进行的一种积极活动。公共关系谈判的直接目的是保持或改善双方的关系，满足各方的利益需要。因此，成功的公共关系谈判的每一方都是胜利者。组织的公共关系人员需要认识和了解公共关系谈判的原则、谈判的一般程序、谈判的准备工作和谈判的常用策略，运用谈判手段，协调各方面的关系，以实现组织的各项管理目标。

9.2.1 公共关系谈判的原则

公共关系谈判作为组织与内外公众沟通的一种有效手段，必须按照一定的原则行事，唯有如此才能发挥应有的作用。无论是国共合作谈判、万隆会议，还是中美建交，周恩来在谈判中表现出的真诚合作、相互体谅、寻找共识等谈判态度使得他赢得了“谈判高手”的美誉。

1. 真诚合作原则

诚意是一切合作的基础，真诚是公共关系谈判中最重要的基本原则。在谈判中，要明确双方不是对手，而是合作的对象。只有当谈判各方都希望共同找到一种解决问题的方法，并持有谅解、合作的心态时，公共关系谈判才会取得进展，谈判的结果才会有助于各方的长期合作。只有坚持真诚合作的态度对待谈判，才能产生友好合作的行为。

在谈判中，要明确双方不是对手，而是合作的对象。理想的谈判过程不是争夺利益的过程，而是双方沟通交流、共同发展的过程，所以在谈判中要坚持诚挚与坦率的态度。诚挚与坦率是做人的根本，也是谈判活动的原则。在合作的基础上，将己方的目标和要求明确摆出来，对对方要求的合理部分表示理解和肯定，这将大大提高工作效率和增加相互间的信任。

2. 互惠互利原则

谈判中有可能出现僵局，使谈判停滞不前，第一种可能的原因是对出现的问题没有双方认可的解决办法，而无法推动谈判的进展。在谈判中，每一方都有各自的利益，但每一方利益的焦点并不是完全对立的，如一批设备买卖的谈判，可能卖方关心的是货款的按期结算，买方关心的可能是设备的质量稳定性。成功的公共关系谈判是在双方充分协商、讨论的基础上，进一步明确双方各自的利益，找出共同利益、不同利益，然后协调各方利益，推出互利性选择方案。

谈判的目的是满足双方的需求，因为彼此需求上有分歧，大家才坐下来沟通。谈判中不做任何让步是不可能的，因为互惠互利的原则，谈判的某一方在某一问题上的让步，就是满足另一方在该问题上的需求；而对于接受让步的一方，他也会在其他问题上做出让步才能满足谈判的需求，这就是互惠互利原则的本质。那种企图在谈判中什么都要，什么都死抱不放弃，追求完全满足自身要求的圆满是难以成功的。

坚持互惠互利原则要注意以下两点。

1) 努力寻求共同利益，以增加合作的可能性

从理论上讲，提出满足共同利益的方案对双方都有好处，有助于达成协议。但在实践中，双方为各自的利益讨价还价、激烈争辩时，很可能就忽略了双方的共同利益，在某一点上坚持，在很多情况下使得谈判陷入僵局。如果能找出兼顾双方利益的合作方案，把双方的利益由互相矛盾转化为互相补充，就能够加大合作的可能性。在这里要注意的是，共同利益需要谈判者去挖掘、去发现，然后把它能给双方带来的益处明确地表达出来，可以使谈判更和谐、更融洽。

2) 协调分歧，达成合作目标

在公共关系活动中，谈判的双方或多方都有一定的共同利益，但相互之间也存在一定利益的冲突。应该承认，在活动中时时刻刻都充满矛盾和冲突，关键是如何运用有效的手段来化解这些矛盾和冲突。调和利益的较好方法就是在谈判中尽可能发挥所有人的想象力和创造力，扩大选择范围，在听取各方意见的基础上，提出几种选择方案，寻找使双方都满意的方案。

3. 合法原则

在商务谈判中要遵守国家的法律和政策。这里包括两个方面的内容：一是谈判各方所从事的交易项目必须合法，即使谈判协议是各方自愿达成，但如果该协议对国家法规、政策有所违背和抵触，那么该谈判结果也必然为国家和社会所不允许；二是谈判各方在谈判过程中的行为必须合法，在谈判各方必须对所处环境中的社会公德、风俗习惯等予以足够的重视。公共关系谈判不仅要严格遵守国家的法规、执行国家的政策，还要符合所处地域的社会规范，包括书面文字也要法律化，以免在以后执行过程中引起争议。

4. 坚持客观标准的原则

客观标准是指独立于各方意志之外的合乎情理和切实可用的准则。它既可以是一些惯例、通则，也可能是科学鉴定、职业标准、道德标准等。如果双方都能从坚持客观标准这一原则出发，那么所提出的要求和条件就比较客观、公正，而不是不着边际地漫天要价，谈判各方的矛盾与冲突也可得到公正的解决，避免无谓的争执。

在谈判中坚持客观标准要注意以下两个方面。

(1) 标准的公正性。标准可以有很多形式，不同国家标准的差异很大。但如果坚持公正、公平的原则来确定标准，就能更好地发挥标准的作用，协调各种问题。

(2) 标准的适用性。某些谈判内容可参照的标准很多。例如，某一项产品交易谈判，既有同类产品交易的惯例价格，也有某种情况下的市场价格。究竟采用哪一个作为客观标准需要双方认真商讨，确定出适用的客观标准。

在谈判中坚持使用客观标准原则有助于双方冷静和客观地分析问题，达成协议，也有助于在执行阶段双方有效地、积极地履行合同。

5. 对事不对人的原则

谈判是一个沟通过程。每个谈判者都是有感情、有思维的人，都有自己的价值观、生活态度等，谈判的进行必然要受到这些方面的影响。一方面，在谈判过程中，如果双方建立起相互信任、相互尊重的友好关系，那么谈判将更顺利、更有效；另一方面，如果谈判双方相互指责抱怨，充满敌意，那么谈判双方可能会从个人利益和成见出发来理解对方的建议，就无法合理的探讨和解决问题。因此，在谈判中，应坚持把人和事分开。

1) 尽量阐述客观情况，避免相互指责

如果双方相互指责、抱怨，就有可能混淆了人与事的区别。当对某些问题不满意，把问题搁置一旁，指责对方，发泄怨气和不满，对方则会采取防卫措施，为自己辩护，推卸责任，这样更不利于解决问题。要避免出现这种情况，就要区分人与事的问题，尽量多阐述客观情况，以开诚布公的态度把双方的分歧点摆出，在提出自己的建议的同时，尊重对方的意见。

2) 多做换位思考

在谈判中多做换位思考，多从对方的立场出发考虑提议的可能性，理解对方的观点和看法。在谈判中要说服对方，或对对方施加影响，就要了解对方的想法，掌握对方的心理，这样减少了想当然的推断所造成的偏见，增加了谈判成功的机会。

3) 让双方都参与提议与协商

一个由双方共同起草和协商的，包含双方主要利益的建议，能使双方都切实感到自己是提议的主要参与者和制定者，达成协议也比较容易。当各方对解决的办法逐步确认时，谈判过程将更加有秩序和效率。

4) 保全面子，不伤感情

在谈判中，如果伤了对方面子，引起对方的自卫，采取对抗性行动，这就会破坏双方的关系，无法公正、灵活地处理谈判中的问题，使谈判陷入僵局。相反，如果对方在谈判中感到有面子、有尊严时，对方也会宽容大方，一切都可以通融。

9.2.2 公共关系谈判的一般程序

公共关系谈判是一项复杂艰苦的活动，需要运用多种策略技巧。不同类型、不同内容、不同性质的谈判，其复杂程度也不尽相同。但是不论何种类型的谈判，其一般程序都包括一下几个基本环节。

1. 开局阶段

开局通常会影响谈判的全部过程。一旦开局确定下来，第一印象便很难被改变，尤其是坏印象，更难被忘记。一个好的开局一定要态度积极，要强调互惠互利，并且要创造出双方的兴趣点。在开局阶段要认清以下几个问题。

1) 是否要先报价

如果一方想掌握谈判的主动权，要设定讨论的气氛，他就应该首先报价。因先报价，建立了他的定位点，先发制人，就获得了战术上的优势。这一方的定位点可以影响另一方的反应。一旦对方知道了这一方的位置，他或者拒绝这个报价，或者要求还盘，也许会根据报价来对他的底线进行修订。当然，这个报价应该是在基于最近的市场信息的基础上做出来的，应该仅仅比对方的底线只高出一点。这样，对方会对这样的报价仔细慎重地考虑和对待。一个荒谬的报价会给对方造成不好的印象，危害双方的关系。一般来说，如果对方持有更多的信息，那么这一方就不应该首先报价。

2) 开价应该高还是低

一旦谈判开始，就面临一个开价是要高还是要低的困难选择。开价高了会把对方吓走，丢掉这个生意；而开价低了又意味着放弃利润。如果对对方的底线有个准确的认识，那么己方的报价应该在对方的可接受范围，显示了合作的姿态。一些研究显示，和那些开局较低的人相比，开局较高的谈判方一般可以得到更好的结局，所以一些谈判专家建议开局要高。只是高的开局会造成两个问题：一是立刻被对方拒绝；二是它显示了一种强硬的态度，这对长期合作关系不利。

3) 如何做出让步

如果己方的最初报价被拒绝，不要马上让步。有异议是彼此间可以开始提问、回答这样开始交换信息的机会，询问对方哪一部分可以被接受。让步是谈判过程中相当重要的部分。研究显示，如果谈判中涉及让步的环节，人们感觉上会好一些。做出让步显示了你对对方需要的了解。让步的一个重要方面是相互性。如果谈判中的一方做了些让步，他会期望对方也做出些让步。在实际中，谈判人员有时的确是根据相互性做出有条件的让步。另外，让步的大小，在最初阶段，较高的让步是可行的；当接近底线的时候，这个让步将越来越小。

2. 磋商阶段

磋商阶段也就是通常所说的讨价还价阶段，是实质性谈判的真正开始，是谈判各方运用全部谈判策略与技巧的关键性阶段。讨价即评价方对报价方的价格解释予以评论后，要求报价方重新报价或修订报价的行为。虽然价格只是整个谈判过程中许多问题中的一个，但它将影响谈判的整个过程。价格是谈判中最敏感的主题，一般来说，它应该在交易中的其他问题都被协商好以后再谈。因为任何一个长期的合作都不会仅仅局限在价格的基础上，而是基于整体条件合作。

这个阶段中，每一方都会列举大量的事实和理由来阐明自己的论点，并随时准备针对对方提出的论据进行质疑和反驳。因此，在这一阶段中，一方面要求谈判人员坚定自己的立场，做好充分的准备，应付突然的袭击；另一方面又要求谈判人员进一步明确公共关系谈判的宗旨，力求满足各方利益，最终达成一致协议。为此，谈判人员决不可强词夺理，更不可以势压人，单方面追求所谓的“全面、彻底的胜利”。

在这个阶段，常常会出现双方互不相让，直至僵局的局面。出现僵局不等于谈判破裂，但它严重影响谈判的进程。交锋阶段的双方对立局面不可能永远僵持下去，相互妥协让步的阶段常常会紧随其后。经过谈判各方屡次提问、反问、表态之后，彼此之间的意见和观点已相互了解，于是便开始通过相互让步和妥协的方式寻求共同解决问题的途径。让步和妥协在公共关系谈判中是保证各方利益及需求得到满足的不可缺少的内容。但是，谁该先妥协，又如何妥协，相互让步到什么范围和程度，谈判人员要有一个迅速和正确的判断与把握，这样才能既有利于己方利益的实现，又有利于兼顾对方需求的满足，使彼此之间的意见逐渐趋于一致，为达成最终协议铺平道路。这个阶段的成功取决于前期准备工作的充分与否。

3. 结束阶段

经过开局和磋商阶段，双方取得了一致的意见，那么谈判就可以进入结束阶段。重大的谈判，一般先签订意向书。而在一般性谈判中，就直接进入签约阶段，双方用文字或其他方式将谈判内容固定下来，在谈判协议上签字。在经历了一番对抗与合作之后，谈判双方变对手为朋友，这是公共关系谈判所追求的和局。

1) 起草协议

协议阶段的主要工作是通过谈判记录的记述，回顾谈判过程、做出适当让步、表达最终意愿。谈判记录是洽谈的原始资料，是起草合同的重要依据，谈判记录的目的在于核实谈判过程中各方发言的主要内容，以免出现误解与偏差。谈判人员必须要具有有关的知识和观察与表达的技巧，通过回顾可以认清形势、明确双方的方向、采取措施加快签约的进程。最后的让步决定着谈判结果，让步与妥协的关键是要掌握好时机和幅度，让步的基本原则是应该得到相应的回报。协议的文字要简洁明确，内容要具体完整、条理要清楚严谨。

2) 签约

契约是用文字形式表述谈判结果，规定当事人的权利与义务并具有法律效力的文件。它的作用是保证当事人所享有的权利，约束当事人履行所承担的义务。在签约阶段注意不要轻易在对方拟定的谈判协议上签字，一定要详细谨慎地检查核实协议的内容，双方的责任、任务是否明确，在确信没有问题后方可签字。

谈判结束后，还有一个重要的工作，就是总结谈判的经验与失误，以指导今后的工作。

9.2.3 公共关系谈判的准备工作

谈判的准备是谈判获得成功的前提和基础。为了能够有条不紊地左右谈判形势，控制谈判进程，谈判之前应尽量做好以下工作：确定谈判内容、认识己方的形势和对方的状况、了解谈判的限制、选择谈判的策略和技巧。

1. 确定谈判内容

谈判内容就是明确双方的争论点、可能的冲突点。一般来说，一个商务谈判包括一个或两个主要的争论点(比如价格、折扣、合同期限等)，以及一些其他的次要争论点。例如，对一个销售代理合同来说，主要问题可能是折扣率、年销售额、合同时间跨度、代理唯一权限等，其他还有售后服务、销售培训等，哪些是应该优先考虑的问题，哪些是允许让步的内容，对现有资料进行分析以及猜测，把争议点都列出来，排出优先顺序。一旦谈判开始，谈判人员很容易被一些琐碎的事情(如争议、出价、还价、让步这些事情)分散注意力。这个时候，如果事先对自己的目标不是很清楚，谈判人员就会失去判断力，进而达不到最优结果。

2. 明确己方的形势

谈判的内容被确定下来后，下一个主要工作是确定己方的谈判目标，也就是在明确己方的优势和劣势的前提下，明确己方想从谈判中得到什么。

1) 要拟订谈判目标，明确谈判最终目的

一般来说目标是有形的，如价格、比例、条款明细等。商务谈判中经常遇到的问题就是价格问题，这一般也是谈判利益冲突的焦点问题，所以谈判人员应该对谈判目标有个明确的定义，这就需要把所有想要的目标陈列出来，并将其按优先顺序排序。当然，目标必须是具体的、现实的，并且是通过一定努力可以被实现的。

准备工作的一个重要部分就是设定己方让步的限度。如果你是一个出口商，你要确定你所能承受的最低价；如果你是一个进口商，你就要确定你所能接受的最高价。在谈判前，要确定一个底线，一旦谈判超越这个底线，那么谈判即可中止。这个底线要建立在调查研究和实际情况的基础之上，必须要合理和科学，不能过高或过低。

确定开价时，应该考虑对方的文化背景和市场条件，要确定出符合实际的、可信的、合情合理的开价。在某些情况下，可以在开价后迅速做些让步，但很多时候这种行为会显得你对双方即将建立的商业关系不够认真，所以开价必须慎重，而且留有一个足够的选择余地。

2) 要明确己方的优势和劣势

明确己方的优势可以让己方在谈判中占据较有利的地形。在谈判中，很多谈判人员喜欢在关键时候把对方的弱点摆到桌面上来争取对方最大的让步。在这里一定要认识到，一些弱点是不可避免的，但也有一些可以被弱化或转为优势。例如，当你代表一个生产能力较小的小工厂和大公司谈判时，第一步就要确定对方愿意和你合作的真正原因。也许是因为你有较低的管理费用，或者产品转换的灵活性，或者是你愿意接受小订单。只有当你正视了他人和自己，对自己的优劣势进行正确客观的评估以后，就可能有机会认识到，那些你以为的弱点在不同的商业环境之下很有可能是你特有的优势。

3. 明确对方状况

和明确己方的形势同等重要的是了解对方欲从谈判中得到什么。这些信息一般不易获得，这就需要推测对方的目标、优劣势、策略，这些猜测可以通过在谈判中对对方的言行进行观察得到证实。通常，谈判人员需要获得对方的以下信息：对方所在国(地区)的政策、法规、商务习俗、风土人情；对方的谈判人员状况；对方的现有资源，包括财务状况；对方的兴趣点和需要；对方的目标；对方的替代方案；对方的谈策略和技巧。其中重要的有以下几个方面。

1) 现有资源、兴趣点和需要

在谈判前从媒体、咨询公司、上市报表、商会，甚至从与之打过交道的公司那里尽量多收集对方的信息，尤其是有关对方的现有资源、谈判兴趣点和对方的真正需要方面的信息。

2) 谈判目标

确定对方的资源实力和需要后，下一步要做的就是了解对方的目标。分析对手真正目标的方法就是对收集到的所有信息进行分析，估计对手的谈判目标，然后与对方进行接触，随时根据最新信息对之进行更正。最不可取的分析方式是谈判代表依据自己的标准、价值观来对对方的谈判目标进行推测。

3) 替代方案

在准备过程中，己方必须准备好替代方案。这个方案为一旦谈判破裂提供了另一个可行性计划。同样，也必须要刺探对方的替代方案。一般情况下，当对方有一个相当吸引人的替代方案，在谈判中对方就会表现得相当自信，会设定较高的目标；而如果对方的替代方案相对较弱，对方就会在谈判中极力讨价还价。

4. 明确了解谈判的限制

谈判中至关重要的部分是为让步设定界限，即作为卖方的最低价和作为买方的最高价。在准备阶段，每一方都必须决定谈判中他所能接受的范围。例如，作为卖方，通过对产品成本与相关费用的详细分析，你必须明白在哪一点你方将无利可图；同样，作为买方，你要事先决定你所能接受的最高价和能接受的相关条件。这两点之间的区域就是议价区。总体上，双方正是在这个区域内进行讨价还价和让步的。了解这个限制，就要了解以下3项内容。

1) 目标点与保留点

目标点指谈判方最想要达到的一种理想的解决方案。这个目标点应该是在对现实情景的评估的基础上做出的。保留点则意味着当谈判进行到这一点时，谈判方就会对谈判失去兴趣，离开谈判桌。谈判的结果更多依赖于谈判双方的保留点，决定谈判方的保留点的一个方法是最佳替代方案。

2) 最佳替代方案

最佳替代方案是指在不能与对方达成一致协议的情况下，我方可以选择的最佳方案。知道你的最佳替代方案就意味着如果目前的谈判没有成功，你对下一步应该做什么心中有数，这样可以减少签署不良协议的机会。

一个强大的替代方案是重要的谈判工具，只有为可能的失败准备好后路，才能避免孤注一掷。如果拥有较好的替代方案，就有较强的谈判威力。谈判专家费舍尔(Fisher)曾形象地描述了这一点：“当你同老板谈补贴问题时，你希望在屁股兜里揣些什么？一把枪？还是另一名雇主提供给你的工作机会，而且这个雇主正式你所在公司的一个强硬竞争者呢？”当事方不仅要估算自己的最佳替代方案，还要仔细考虑对方的最佳替代方案，这样就可以对各种突然出现的可能性有一定的准备。

3) 议价区域

议价区域指当事双方各自的保留点或底线之间的区域。如果在这个区域内达成协议，双方都是有利可图的。当然，在实践中，人们很难确定议价区域的范围，因为无法确切知道对方的底线。但是，根据能够得到的信息，也可猜测这个底线。如果双方的底价有重叠，这就意味着双方最后有可能达成协议。

5. 确定谈判的策略与技巧

1) 选择谈判策略

谈判的策略有竞争型和合作型两大类。竞争型策略是一种争取利益最大化的策略，谈判方的开局较高，很少让步。这种谈判代表在谈判中不注意创造和谐的合作气氛。持合作型谈判策略的谈判方则持一种互惠互利的合作态度，在谈判中双方互相交换信息，体谅对方的处境，力求得到一个双方都满意的结果。但一个纯粹的合作关系也是不切实际的，在谈判中更多的是采取合作与竞争相结合的策略。因此，在谈判前制定多种策略方案，以便随机应变。

2) 谈判的最初定位

在谈判前，应该在考虑对方文化和背景的基础上推测他的最初定位。在一些文化中，当事方经常开局很高，给自己留下充足的机动空间，如在中东社会的商业往来中，讨价还价是非常普遍的，所以当事方开局一般要高一些。而在一些西方社会中，谈判方不太愿意还价，所以谈判方一般把开局定在他愿意接受的区域附近。

3) 让步的策略

每一个谈判都有其特点，要求有特定的策略和相应战术。在某些情况下首先让步的谈判者可能被认为处于软弱地位，致使对方施加压力以得到更多的让步；然而另一种环境下，同样的举动可能被看作一种要求回报的合作信号。采取合作的策略，可以使双方在交易中建立融洽的商业关系，使谈判成功，各方都能受益。但一个纯粹的合作关系也是不切实际的，在谈判中更多的是采取合作与竞争相结合的策略。因此，在谈判前制定多种策略方案，以便随机应变。

谈判中，让步的时机与方式和让步本身的价值一样重要。在准备阶段必须要决定，如果必要的话，己方可以做出哪些让步；如何让步；在何时让步；如果必要，还需计算出这些让步的成本，然后好决定何时如何让步。在谈判之前要考虑几种可供选择的策略，一旦对方态度不理想，就改变谈判策略。有时候，一个小小的让步也可以让对方相信这是个不错的收获，一旦对方认为这个让步是值得的，在以后的谈判中，他就会更合作，或者提出个互惠的方案。

在任何一个谈判中，最重要的环节就是计划和准备阶段。谈判双方都有自己的优势和劣势，但准备充足，为达到目标努力工作的一方会取得更好的结果。只有做好了充分准备，才能在谈判中随机应变，灵活处理，从而在谈判中达到预期的目标。

9.2.4 公共关系谈判的常用策略

谈判策略是指谈判人员在谈判过程中为了达到预期的目标，而采取的各种方式、措施、技巧、战术、手段及其反向与组合运用的总称。任何一项成功的谈判都是灵活巧妙运用谈判策略的结果。掌握了最基本最常见的谈判策略，就可以在谈判活动中灵活地加以运用。同时，对谈判对手的种种策略和手段也会有清楚地判断。

1. 开诚布公策略

这一策略的基本含义是指谈判人员在谈判过程中持诚恳、坦率的态度向对方袒露自己的真实思想和观点，实事求是地介绍己方情况，客观地提出己方的要求，以促使对方通力合作，使双方在诚恳、坦率的气氛中有效地完成各自的使命。这一策略在双方都对谈判抱有诚意的前提下，在报价阶段开始之初很有效。它有助于谈判人员达成一个双方都满意的协议，而双方都满意的协议，会促使双方的长期合作，这对双方的受益远远不是一次交易结果所能评价的。

实际上，完全把自己暴露给对方是不可能的，也是不现实的。因为人既无此高超的表达能力，也不可能诚实到把自己的全部情况告诉对方的地步。人们总有一些不愿意和不可能全部告诉别人的事情；不讲实情，是出于某种策略，讲出实情，也是策略需要，采取这个策略是要以取得好的效果为前提的。因此，人们所讲的“开诚布公”是指向对方透露90%的情况。有的谈判人员的性格特别直爽和坦率。他们不但有与对方达成协议的能力，还能够不断地为对方提供情况，提出建设性意见。这种性格很值得奖励，它能使对方与我方积极配合。因此，如果能够把“开诚布公”和其他技巧联系起来使用，并使其发挥作用，这对双方都是有利的。

2. 投石问路策略

投石问路策略是指在谈判中为了摸清对方的虚实，掌握对方的心理，通过不断提出假设某种情况，试探对方的底细。采取“假定……将会”的策略，目的是使谈判的形式不拘泥于固定的模式。例如，在谈判中，不断地提出如下种种问题：“如果我再增加一倍的订货，价格会便宜一点吗？”、“如果我们自己检验产品质量，你们在技术上会有什么新的要求吗？”

这里假设包含着虚拟的假设和真正的假设，可能是一方真正打算采取的措施或做出让步，也可能是一方虚拟的假设条件，以试探对方对此问题的态度、观点。在试探和提议阶段，这种发问的方法不失为一种积极的方式，它将有助于双方为了共同的利益而选择最佳的成交途径。

买主经常运用投石问路策略，通常都能问出很有价值的资料，这样知道的资料越多，就越能做出有利的选择。作为卖主，面对买主如此多的问题，一定要沉着冷静，看看怎样才能给买方更好的答复。一个精明的卖主，可以将买主所投出的“石头”变成很好的机会。可趁机向买主提出建议，说明什么样的交易对买主更有利、以促成更大的交易。

然而，如果谈判已十分深入，再运用这个策略只能引起分歧。如果双方已经为报价做了许多准备，甚至已经在讨价还价了，而在这时，对方突然说：“如果我对报价做些重大的修改，会怎么样？”这样就可能损于已形成的合作气氛。因此，“假定……将会”这个策略，用在谈判开始时的一般性探底阶段，较为有效。

3. 休会策略

谈判进行到某一阶段或遇到某种障碍时，谈判双方或一方提出中断会议，休息一会儿的要求。休息是一种有很大潜在影响的策略，它是谈判人员调节、控制谈判过程，缓和谈判气氛，融洽双方关系的一种策略技巧。在休息期间，让双方回顾一下谈判的进展情况，重新考虑情况，或者让头脑清醒一下再进入洽谈，这些都是有必要的。一般情况下，休息的建议会得到对方积极响应。休息不仅有利于自己一方，对双方、对共同合作也十分有益。

在休息期间，应研究怎样进行下一阶段的谈判，归纳一下正在讨论的问题，检查己方人员的工作情况或者对以下的谈判提出一些新的构想。同时要考虑怎样重新开谈，考虑往下的洽谈方案和如何做开场陈述。最好能带着新的建议重新步入谈判会场。

休会一般是经由一方提出，另一方同意才能采用的方式，这需要双方的配合。因此，为了避免对方的拒绝，提出休会一方要把握好时机，看准对方态度的变化。如对方也有休会的需要，则一拍即合，立即生效。一般地说，如东道主提出休会，客人出于礼貌很少拒绝。

4. 举重若轻策略

谈判要有缜密的逻辑思维和举重若轻的谈判艺术。说话要瞻前顾后，不能顾此失彼，更不可前后矛盾。对说出的关键词、关键数字和关键性问题要牢记不忘。在讨论其他问题甚至闲聊时，也要避免说出和这些关键问题相矛盾的语言，否则将会引起对方的猜疑而导致被动。同时，尽量不要按照对方的思路走。要千方百计地把对方的思维方式引导到自己的思维方式上来。要学会举重若轻和举轻若重策略的利用。

所谓举重若轻，就是在讨论重大问题、难点问题或双方分歧较大的问题时，可以用轻松的语言去交流。这样就不至于把谈判双方的神经搞得过于紧张，甚至引发谈判的僵局。而举轻若重，就是对那么双方分歧不大，甚至一些无关紧要的小事，倒可以用严肃认真的神态去洽谈。一是表明认真负责的谈判态度，二是可以利用这些小事冲淡或化解关键的分歧。如果在关键问题上谈不去的时候，也可以采取迂回战术。

有时候，这些方法只要利用得当，也能达到同样的谈判目的。春秋战国时期，苏秦的弟弟苏代就用这种灵活的方式说服西周，顺利地解决了一次东西周之间的水利纠纷，并且拿到了双份奖金。当时，东周为了发展农业，提高农作物的产量，准备改种水稻。西周在高处掌握着水的资源，知道东周改种水稻的消息，坚持不给东周放水。东周非常着急，于是发出话来，谁能去说服西周放水，国家要给予重奖。这时，苏秦的弟弟苏代就自告奋勇去说服西周。他到了之后就对西周人说："我听说你们不给东周放水，这个决定可是不高明啊。"西周人问："怎么不高明呢？"苏代说："你们不给东周放水，他们就没有办法改种水稻，只能改种小麦。这样，他们就再也不用求你们了。你们和东周打交道也就没有主动权了。"西周人问："苏先生，以你的意见怎么办好呢？"苏代说："要听我的意见，你们就给东周放水。让他们顺利地改种水稻。改种水稻就常年都需要水，这样，东周的经济命脉就掌握在你们手里了。你们一断水他们就完蛋。他们时刻都得仰仗你们，巴结你们。"西周人听了觉得有道理。不但同意给东周放水，还重重奖励了苏代。

5. 声东击西策略

在谈判中，一方会故意向另一方提供一大堆复杂、琐碎、甚至多半是不切实际的信息、资料，把对方的注意力集中在己方不甚感兴趣的问题上，借以分散对方的注意力，致使对方埋头查找所提供的资料，却分辨不清哪些是与谈判内容直接相关的，既浪费了时间、精力，又没掌握所需情况，甚至还会被对方的假情报所迷惑。具体的运用方法是，如果我方认为对方最注重的是价格，而我方关心的是交货时间，那么我们进攻的方向，可以是付款条件问题，这样就可以把对方从两个主要议题上引开。

实际的谈判结果也证明，只有更好地隐藏真正的利益需要，才能更好地实现谈判目标，尤其是在自己不能完全信任对方的情况下。如果自己想对某个重要问题让对方先让步的话，就可以利用声东击西策略，故意把这一问题轻描淡写地一笔带过，反而强调不重要的部分，造成对方的错觉，这样，可能就会较容易达到目的。但也要提防对方在谈判中使用同样办法来拖延时间，或分散己方注意力，如果有迹象表明对方是在搞声东击西，己方应立即采取针锋相对的策略。

6. 白脸红脸策略

美国大富豪霍华·休斯(Howard Haghes)是个脾气暴躁、性格执拗的人。一次，他要购买一批飞机，由于款额巨大，对飞机制造商来说是一笔好买卖。休斯要求在条约上写明他所提出的 34 项要求，其中部分要求没有退让余地。由于他态度跋扈，立场强硬，方式简单，拒不考虑对方的面子，也激起了飞机制造商的愤怒，对方也拒不相让。谈判始终冲突激烈，最后搞得这位大富翁勃然大怒，拂袖而去。后来，休斯派了代理人出来继续同对方谈判。休斯告诉代理人，只要争取到 34 项中的那 11 项没有退让余地的条款，就可以达成他认为十分满意的协议。该代表与飞机制造商洽商后，竟然取得了休斯希望载入协议 34 项中的 30 项，当然那 11 项目标也全部达到了。休斯十分佩服代理人的本事，便问他是怎么做到的。代理人回答："很简单，每次谈判一陷入僵局，我便问他们'你们到底是希望和我谈呢？还是希望再请休斯本人出面来谈？'。经我这么一问，对方只好乖乖地说'算了算了，一切就照你的意思办吧'。"

要使用"白脸"和"红脸"的战术，就需要有两名谈判者。第一位出现谈判者唱的就是"白脸"，他采取咄咄逼人的攻势，提出过分的要求，傲慢无礼，立场僵硬，让对方看了心烦，产生反感，激起对方产生"真不想再和这种人谈下去了"的反应。然后，"红脸"出场，他以温文尔雅的态度、诚恳的表情、合情合理的谈吐对待对方，与对方不断妥协、让步，调和双方的关系，缓解紧张气氛，达成双方的谅解，并巧妙地暗示，如果他不能与对方达成协议而使谈判陷入僵局，那么"白脸"先生还会再次出场。这番话会给对方心理上造成一种压力。在这种情况下，对方一方面会由于不愿与"白脸"继续打交道，另一方面会由于"红脸"的可亲态度而同"红脸"达成协议。利用"白脸"与"红脸"就是利用谈判者既想与你合作，但又不愿与有恶感的对方打交道的心理，诱导谈判另一方妥协的战术。这种方法有时十分有效。

7. 以退为进策略

以退为进策略是指在谈判中以做出实际的退让为条件，达到进一步进攻的目的。从表面上看，谈判的一方是退让或妥协，或委曲求全，但实际上退却是为以后更好的进攻，或实现更大的目标。这一策略的高明之处在于，纵观全局，通盘考虑，不计一时之得失，退一步是为了进两步。

以退为进策略在谈判中运用这一策略较多的形式是，谈判一方故意向对方提出两种不同的条件，然后迫使对方接受条件中的一个，这里的退往往是指提出方的另一条件。多数的做法是，先向对方提出温和的要求，然后再提出强硬的要求。一般情况下，对方要在两者选择其一，自然你的温和要求对方就很容易接受了。为了在谈判中获取更大的利益，适当的让步是一种有效的方法。你退一步，谈判双方皆大欢喜，关系融洽，交易总成本就自然会下降，使再进两步也成为可能。

但是运用以退为进策略要认真考虑其后果，一旦退步的后果对己方十分不利，或者没有把握对方的反应，不要轻易使用这一策略。

8. 吊筑高台策略

吊筑高台策略也称报高价法，是指卖方提出一个远高于己方实际要求的谈判起点，来与对手讨价还价，最后再做出让步，达成协议的谈判策略。实践证明，如果卖方开价较高，则往往在较高的价格上成交；相反，如果买主还价很低，则往往在较低的价格上成交。因为大多数的最终协议结果往往在这个价格的中间，或者接近中间的价格上成交，所以很多高明的谈判人员，在不导致谈判破裂的前提下，抬高报价，从而争取更大的利益。

1984 年，美国洛杉矶成功地举办了第 23 届夏季奥运会，并赢利 1.5 亿美元，创造了奥运史上的一个奇迹。这里除了其组织者企业家彼得·尤伯罗斯(Peter Ueberroth)具有出色的组织才能和超群的管理才能外，更重要的是得益于他卓越的谈判艺术。第 23 届夏季奥运会的巨额资金，可以说基本上是尤伯罗斯谈出来的。而他运用的谈判策略正是吊筑高台，喊价要狠。当时，尤伯罗斯一开始就对赞助商提出了很高的条件，其中包括每位赞助商的赞助款项不得少于 400 万美元。很高的要价并未吓跑赞助商，由于奥运会的特殊地位和作用，其他各方面的赞助商都纷至沓来，并且相互之间展开了激烈的竞争。最后，尤伯罗斯在众多赞助商竞争者中挑选了 30 家，终于宽松地解决了所需的全部资金。从而提高了奥运会的身价，也增强了奥运会承办者的信心。

但是过高的报价，有可能会让对方认为没有谈判的诚意，而导致谈判最终破裂；另外，太高的价格会延长谈判时间，降低谈判效率，还有可能让竞争的第三者乘虚而入。

9. 最后通牒策略

最后通牒原来是外交上的术语，通常是一国对另一国提出某种苛刻条件或绝对要求，限制在一定时间内接受其要求，否则就使用某种强制手段。在谈判中，最后通牒策略是指谈判的一方锁定一个最后条件，期望对方被迫接受这个条件而达成协议的一种方法。

在谈判中，双方已经过长时间的激烈的讨价还价阶段，在许多内容上已经达成共识，只是在最后某一两个问题上相持不下，这时谈判的一方就可给另一方提出一个最后的方案，给对方一定的期限。另一方就会考虑自己是否准备放弃这次赢利的机会，是否牺牲前面已投入的巨大谈判成本，权衡利弊，是接受还是放弃。一般来说，最后通牒包含两个方面：最后期限和最后出价。

(1) 最后期限，即规定出谈判的最后截止日期。从统计数字来看，有很多谈判，尤其较复杂的谈判，都是在谈判期限即将截止前才达成协议的。不过，未设定期限的谈判也为数不少。谈判若设有期限，那么除非期限已到，否则谈判者是不会感觉到什么压力存在的，所谓“不见棺材不掉泪”就是这种道理。当谈判的期限愈接近，双方的不安与焦虑感便会日益扩大，而这种不安与焦虑，在谈判终止的那一天、那一时刻，将会达到顶点——这也正是运用谈判技巧的最佳时机。

(2) 最后出价，即谈判一方给出了一个最低的价格，告诉对方要么在这个价格上成交，要么谈判破裂。要使最后出价产生较好的效果，提出的时间和方式很重要。如果双方处在剑拔弩张、各不相让，甚至是十分气愤的对峙状况下，提出最后报价，这很可能会被对方认为是种威胁。为了自卫反击，他会干脆拒绝你的最后报价。在提出最后报价时，尽量让对方感到这是己方所能接受的最合适的价格了。而且报价的口气一定要委婉诚恳。这样，对方才能较容易接受。同时，督促对方也尽快采取和解姿态，达成协议。

1978 年 9 月 6 日～17 日，美国总统卡特(Carter)、埃及总统萨达特(Sadat)和以色列总理贝京(Begin)在戴维营进行了为期 12 天的三方秘密会谈，此次会议的目的想解决埃、以之间对立 30 年来的一切悬而未决的问题。这些问题十分复杂，埃以双方在会谈中发生了激烈的争执，彼此抱定自己的谈判立场，各执一词，所以谈判从一开始便进行得非常缓慢，经常中断，没有人有把握能谈出什么结果来。于是，主事者美方便不得不为谈判设定一个期限——就在下个礼拜天。果然，随着最后期限一天天地接近，总算有一些问题获得了解决。而就在礼拜天将到前的一两天，谈判的气氛突然变得前所未有地顺利，更多的问题迎刃而解，埃及、以色列双方也最终达成了具有重大历史意义的“戴维营协议”，由此诞生了以色列与阿拉伯邻国这对冤家宿敌之间的第一份和平协议，也打开了通往中东的和平之门。

在谈判中，不论提出“最后期限”要求的是哪一方，期限一旦决定，就不可轻易更改，所以无论如何，你都必须倾注全力，在期限内完成所有准备工作，以免受到期限的压力。

10. 有限权力策略

有限权力是指谈判人员使用权力的有限性。当谈判人员发觉他正被迫做出远非他能接受的让步时，他会声明没有被授予达成这种协议的权力。这通常是谈判人员抵抗到最后时刻而亮出的一张“王牌”。在这时，双方都很清楚，这是为了不使谈判破裂。

谈判人员受到限制的权力是多方面的，有标准成本的限制、最高最低价格的限制、购买数额的限制、预算限制等，还有公司政策的限制、法律和保险的限制等。会利用限制的谈判人员，并不把这些看成对自己的约束，相反倒更能方便行事。首先，把限制作为借口，拒绝对方某些要求、提议，但又不伤其面子；其次，利用限制，借与高层决策人联系请示之机，更好地商讨处理问题的办法；再次，利用权力有限，迫使对方向自己让步，在权力有限的条件下与你洽谈。

一个优秀的谈判人员必须学会利用有限的权力作为谈判筹码，巧妙地与对方讨价还价。例如，埃及和以色列和平与冲突持续不断的70年代，为了调停两国的争端，前苏联与美国一直不停地出面斡旋。1973年10月，埃及的第三军团被以色列包围，随时都有被歼灭的危险。当时的苏共总书记勃列日涅夫急电美国总统尼克松(Nixon)，建议美国国务卿基辛格博士速到莫斯科，作为总统授权的全权代表与苏方谈判，调停战事。尼克松立即将谈判重任委以基辛格，向苏共总书记发去了一封电报，电文大意是他将授予基辛格“全权”，称“在你们商谈的过程中，他所做的承诺将得到我的全力支持。”基辛格对此“大吃一惊”，立刻急电华盛顿，拒绝被授予全权：“一定要使我能够对俄国人说，双方提出的建议必须向总统汇报，并请他考虑。授予全权，就会使我无能为力。”基辛格非常清楚，如果将自己处于某种受牵制的地位，会更好地争取谈判主动。

9.3 公共关系演讲技巧

应用案例 9-1

周恩来的精彩演讲

1945年，国共谈判期间，周恩来为曾应重庆“西南实业协会”的邀请，出席他们的一次星期五聚餐会，并准备演讲《当前经济形势》。在此聚餐会之前，周恩来认真阅读了当时重庆的经济资料，并且叫经济学家许涤新前去汇报重庆资本家存在的问题和思想动态，汇报资本家对于国民党的经济政策和官僚资本的态度等。

在星期五聚餐会上，周恩来做了《当前经济形势》的演讲。听报告的人极其踊跃，不仅座无虚席，而且在讲堂的窗台和窗外都站满了人，但会场秩序很好，只有周恩来同声的气壮山河的洪亮声音在震荡着。

演讲是演讲者就某一问题向一定范围的听众发表讲话，是公共关系工作中最常用、最普遍的一种口语传播方式，是一种永远都不会过时的公关手段。此案例中，周恩来就是充分运用了演讲这一公关手段，宣传了中国共产党的观点和思想。

演讲与平常的讲话不同，前期需要搜集相关素材和资料，对演讲主题进行相关调查，并根据调查的情况来确定演讲的主题和内容。周恩来的这次演讲之所以能获得成功，是与他十分认真地对待这次演讲，做了大量的准备工作分不开的。要做一次成功的演讲，必须要了解演讲的听众，对听众的社会背景、思想动态、意见态度及行为方式等做透彻的分析研究，并以此为根据来确定自己演讲的主题、内容以及合适的演讲方式。周恩来在演讲前下工夫去阅读当时重庆的经济资料，并且叫许涤新去汇报重庆资本家存在的问题和思想动态。这些准备工作为演讲的成功奠定了基础。

(资料来源：万国邦，李荣新．公共关系教程[M]．北京：机械工业出版社，2009．)

9.3.1 公共关系演讲的表达技巧

演讲是公共关系人员与听众进行信息交流、互动的过程。在生活中，我们会碰到许多场合，需要当众说几句话；在商业环境中，演讲更为普遍，如为一项重要项目或销售说服潜在的顾客，在工作成绩总结会上发表讲话等。

世上没有与生俱来的演讲家，任何人只要加强锻炼和培训，都可以当众说话或即兴演讲，关键是要掌握和运用一些技巧。了解演讲的技巧有利于演讲者有效控制自己在发言时的情绪、声调、语速等。演讲者在与听众互动过程中有效运用以下技巧，可以引起听众的共鸣，留下美好的印象。

1．语言技巧

1) 演讲语言的基本要求

演讲语言是人们交流思想、表达情感、传递信息的工具。演讲语言运用得好与坏，将直接影响着演讲的社会效果。

(1) 清晰准确。演讲当然要听众知道你说的是什么，使用的语言一定要确切、清晰地表现出所要讲述的事实和思想。只有准确的语言才能真实地反映出内在的思想，才能为听众接受，达到宣传、影响听众的目的。寻找准确恰当的词没有绝对的法则，但通常最简单的词，最具体、最能生动地引起感官反应的词语是最佳选择。尽量少用形容词和各种限定词，着重实意动词和名词的使用。

(2) 简洁流畅。要做到语言的简洁，必须对自己要讲的思想内容经过认真思考，弄清道理，抓住要点，明确中心。不要有口头禅，有的人做报告开头喜欢用“这个、那个”，有的人喜欢每句后面用“啊”，让人听起来很不舒服。

(3) 响亮。说话是说给大家听的，除非是悄悄话，有隐私。一般说话要把声音送到他人耳朵里，让人听得清楚，所以要响亮。

(4) 通俗易懂。口头语与书面语是有区别的，演讲稿是要说给大家听的，一定要口语化。如果演讲的语言不通俗，听不懂，就会影响演讲的效果。为了使演讲的语言通俗平易，可以多用口语化的语言。如把生僻的词换成常用的词，不用生造的、不合汉语规律的词语，恰当地使用方言词语，用明白的语言解释难以理解的术语。

2) 语言的修饰

“声音是语言的载体”。有效地使用声音包括六个要素：声音、语调、语速、语汇、发音和节奏。

(1) 音量大小合适。音量大小变化有利于准确地表达思想感情。要学会准确地控制和把握音量大小的变化。在情感激荡的地方，意思重复之处，音量要大些，反之则要小些。音量大小变化要自然、流畅，要是感情的自然流露。演讲时声音的大小是最能反映演讲者是否自信的一个因素。高音具有高亢、明亮的特点，多用来表示惊疑、欢乐、赞叹等情感；中音比较丰富多彩，多用来表示舒缓的感情；低音则比较低沉、宽厚，多用来表示沉郁、压抑悲哀之情。这些训练最好是通过朗诵进行。

(2) 语调贴切、自然、动情。语调是口语表达的重要手段，它能很好地辅助语言表情达意。语调要随着内容、环境的变化而不断调整，演讲时的语调的起伏不仅能使演讲更生动，而且还能传达演讲者丰富的感情信息。一般来说，升调传达着激昂的情绪，如兴奋、愤怒、谴责、疑问；降调则表达灰暗的情绪，如悔恨、伤心、失望和郁闷等。要特别注意不要在句子末尾降低音量，对重要的句子可突然提高或降低声调，以达到强调的作用。语调的选择和运用，必须切合思想内容，符合语言环境，考虑现场效果。语调贴切、自然正是演讲者思想感情在语言上的自然流露。因此，演讲者恰当地运用语调，事先必须准确地掌握演讲内容和感情。

(3) 语速松弛结合。语速是指讲话的速度。确定讲稿后，可根据内容以及自己的特性来确定语速。语速不仅有天生的因素，也可以通过后天的刻意训练来改变。在调整语速时，通常不要太快，太快不仅听不清楚，还会给人一种紧张的感觉；也不能太慢，太慢会显得拖拖拉拉；在重要的词汇之前或之后略加停顿；对重要的词句，把声音拖长，并一字一句都很重；对不重要的句子，可以很快，甚至说五六个句子的时间和说五六个单词的时间差不多。一般来说，语速不要太快，也不要太慢，能找到自己说起来比较舒服，同时也适中的语速是最好的。要善于调整语言的速度和节奏，运用声音的美感增强演讲效果。

(4) 语汇生动。尽量运用不同的语汇以增强语言的活力，运用生动形象的语言表达主题。为了增强气势，可以采用排比句，用重复的词汇加强语言的力量。排比是一种普遍应用的演讲技巧，是用句法结构相同的段落、句子或词组把两个或多个事物加以比较，借以突出它们的共同点和不同点。很多时候，排比的段落或句子是以一种递进的方式排列，营造出一种雷霆万钧的气势，同时朗朗上口，富有乐感。

(5) 发音清晰准备。正确、清晰、连贯、优美的发音是吸引听众的最有力的法宝。发音要清晰，不要含含糊糊，切记“不要自己把自己的话吃掉”。有的人演讲时往往会把一个句子的最后一个或几个字吃掉。这种现象一定要设法避免，发音不清楚会给人留下没教养、思路不清、做事凌乱的印象。在演讲过程中一般不要用多余的填充词。

(6) 节奏起伏结合。节奏与语速有关系，但不是一回事，语速只表示说话的快慢，节奏包括起伏、强弱。演讲的节奏也是关系成败的一个重要因素。说话要有节奏，该快的时候快，该慢的时候慢，该起的时候起，这样有起伏、有快慢、有轻重，才形成了口语的乐感和乐耳动听，否则话语不感人、不动人，有了这个变化语言才生动，否则是呆板的。适当的停顿不仅会显得张弛结合，同时能给听众提供一个理解回味的时间，集中其注意力。另外，掌握节奏的快慢有助于控制演讲的时间，同时也是传递感情的一种方式。

2. 态势语技巧

语言除了有声语言表达外，还有辅助语言，就是态势语。演讲的态势语是指演讲者的姿态、眼神、表情、手势等，它不仅有一定的表情达意的作用，而且更主要的是可以弥补口语表达的不足使思想感情表达得直观、充分、形象、具体。演讲时信息的传播只有 30%是通过有声语言传出去的，超过 60%的信号是通过无声的信息发出去的。因此，演讲中除了要注重有声语言的表达，更多地要注重无声语言的表达，就像自己看见别人的表情常会说“我看见你就知道你要说什么”，这就是在用无声语言(态势语)传播信息。

演讲时，表情要自然，面带微笑，不要紧张的面部肌肉都僵硬了；眼睛要直视听众，与听众进行作眼神的交流；在演讲时适当地加入一些姿势，以强调自己你的讲话，但不要过分夸张。运用非语言形式进行交流可能产生较好的效果。发言时昂然挺立可以缓解演讲者可能感到的局促不安，不但看起来具有自信的神态，而且自己也会感觉到更加自信。切勿低头垂肩地站立，显出一副没精打采的样子。举止要文雅适度，不可以过分夸张，否则就会令人讨厌。

1) 表情

表情是一种重要态势语言。演讲者要直面听众。听众最先看到的是演讲者的脸，继而通过演讲者的表情来确认演讲内容是否真实。面部表情把人复杂的内心世界，如幸福、痛苦、悲哀、失望、忧虑、愤怒等，都充分地展示出来，使听众在“察言观色”之中了解演讲者的内心世界，并因此而受到感染。人的面部表情贵在 4 个字：自然、真挚。面部表情应随演讲的内容和演讲者情感的变化而变化，一笑一颦都要和演讲的内容合拍。

演讲时的脸部表情无论好坏都会带给听众极其深刻的印象。演讲的内容即使再精彩，如果表情缺乏自信，演讲就容易变得欠缺说服力。控制脸部的方法；首先不可垂头，面部应向听众，人一旦垂头就会给人丧气之感，而且若视线不能与听众接触，就难以吸引听众的注意；另一个方法是缓慢说话，说话速度一旦缓慢，情绪即可稳定，脸部表情也得以放松全身上下也能够随之泰然自若起来。

2) 眼神

眼神是指演讲者眼睛的神态，是通过眼睛来传递信息的一种态势语。人们常说“眼睛是心灵的窗户”，所以在演讲中眼睛要直视听众，与听众进行眼神的交流；注意眼神运用的灵活，以此影响听众的情绪，调整会场的气氛，进而达到理想的演讲效果。首先，演讲者的眼神要能“拢”住全体观众，不可瞪天看地，或盯住台下一隅，而要自然地平直向前，达到最后一排观众为止；其次，要照顾到台下两边的观众，以加强演讲者和观众的感情交流。

在大众面前说话必须忍受众目睽睽。当然，并非每位听众都会对你报以善意的眼光。尽管如此，你还是不可以漠视听众的眼光，避开听众的视线来说话。尤其当你走到麦克风旁边站立在大众面前的那一瞬间，来自听众的视线有时甚至会让你觉得刺痛。克服这股视线压力的秘诀是一面进行演讲，一面从听众当中找寻对于自己投以善意而温柔眼光的人，并且无视那些冷淡的眼光。此外，把自己的视线投向强烈“点头”以示首肯的人，对巩固信心来进行演说也具有效果。

3) 身体姿态

运用非语言形式进行交流可能产生较好的效果。在演讲时适当地加入一些姿势，以强调自己的讲话，但不要过分夸张。演讲时的身姿应挺胸抬头，身体的重心平稳，既要做到挺拔，又不显得过于僵硬，一般提倡两腿略微分开，前后略有交叉，身体的重心放在一只脚上，另一只则起平衡作用。这样，既便于站立，也便于移动，身体和双手也可以自由摆动。发言时昂然挺立可以缓解演讲者可能感到的局促不安，不但看起来具有自信的神态，而且自己也会感觉到更加自信。

一般而言，采取轻松的姿势比较合适。轻松的姿势首先就是要让身体放松，不要过度紧张。面前有演讲桌时，双手交叉自然放在身体的前面，切忌在胸前抱膀或把手背在后面。其次，要注意的是像心神不定、慌里慌张、站着纹丝不动、装腔作势、仰脸朝天、双手插兜、手撑在演讲桌上、身体靠着演讲桌等动作都会影响听众的情绪。最后，要注意在演讲中的一些细小的动作，诸如摇头、晃腿、摸脸、摆弄领带、笔等，也会降低演讲效果。

4) 手势

人在演讲中使用最多、动作最大的是手势。它可以随着内容的需要向上、下、左、右、前、侧各个方向挥动，可以抒发感情、指示对象、模拟事物，还能够体现个人风格，在演讲中有着不可低估的作用。在使用手势时要注意 3 点：①胳膊不要伸得过直，以免僵板；②手指不宜弯曲，以免拙笨；③手势运用要和它所配合的那句话同始同终，以免分裂。

在演讲中，自然而安详的手势，可以帮助演讲者表现平和的心境；急剧而有力的手势，可以帮助升华情绪；柔和、平静的手势可以帮助抒发内心炽热的情感。在演讲中，手势的运用要有变化，要服从内容的需要，符合听众的习惯，简单明了，适度有节。

5) 仪表举止

在演讲之初与听众建立起来的友好关系，可能就决定了演讲成功与否。演讲者要想使听众接受自己的观点和主张，首先就必须引起听众对自己的尊重、爱戴和好感。要做到这一点，适宜的仪表是一个不可忽视的因素。

首先，服装会带给观众各种印象，所以穿着要得体，应以自然为准，以适合自己为准，以符合自己身份为佳。服装要整洁大方、庄重朴素、轻便协调、色彩和谐，不宜过于华美，过于随便或不伦不类。另外，要保持衣着整洁。演讲开始之前重新审视自己的仪表，检查着装整洁与否。在正式的场合演讲，一般来说仍以深色西服、晚宴礼服为宜。而在轻松的场合，不妨穿着稍微花俏一点的服装。发型也可塑造出各种形象来，长发和光头各自蕴含其强烈的形象。

演讲者的形象就是演讲者思想、道德、情操、学识及个性在外表的表现，是演讲者的仪表、举止、礼貌、表情、谈吐的综合反映。不雅的服装和不美的举止谈吐，使听众对演讲者产生厌烦和反感，这是演讲失败的一个原因。演讲者需要具有一定的礼节，大多数听众喜欢一种友好和不拘泥的气氛，但决不能过分随便。听众喜欢那些自然的、正直的、诚恳的态度，而反感那些做作的、傲慢的、轻浮的举止言谈。

9.3.2 公共关系演讲的心理效应

1. 空白效应

心理实验表明，在演讲的过程中，适当地有些停顿、留一些空白，会取得良好的演讲效果，这就是空白效应。适当的停顿或留白可以给予演讲者和听众整理思路、体会情感的时间，从而达到“沟通同步”。

心理学上认为，人们在面对一种不完美时，会在知觉中情不自禁地产生一种急于要改变他们并使之完美的趋向。因此，适当“留白”有利于提高演讲效果。例如，在表达方面留白，针对某些问题，演讲者不妨先不说出自己的观点，让听众去想、去说，让听众有表达自己意见的机会；在思考方面留白，给听众思考分析的机会，让听众独立地思考、判断和面对，有利于内容的进一步展开，推动主题用于引起听众的好奇、注意，令听众产生悬念。最有名的例子莫过于英国政治家赖柏斯(Labrouse)在伦敦一次参事会上就劳动问题演讲时，中途停顿 72 秒的事例。这种根据表意需要而设计的特殊停顿，可谓匠心独具，高人一筹，收到了出奇制胜的效果。

一般来讲，在列举事例之前，略作停顿，能引起听众独立思考；在做出妙语惊人的回答之后，稍作停顿，可使人咀嚼回味；在讲出奇闻轶事和精彩见解之后，在听众赞叹之余，特意停顿，可加深听众印象；引起联想在话题转移之际或会场气氛热烈之时，稍稍停顿，可加深听众记忆，给听众以领会抒情之机。同时，恰当的特殊停顿，也可以使演讲者本身赢得调整情绪的时机。

2. 超限效应

演讲到底是长一些好，还是短一些好，不能一概而论，只要有内容、有感情，长短都可以；不过，演讲最好还是短一些为好。特别是如果本来就没有多少话可说，却喋喋不休，便会让人生厌。即使演讲的内容很充实，如果太长，也会让听众受不了。因为这牵涉到心理学的一个“大脑疲劳”的理论。正常人持续接受信息的能力，在 15 分钟内达到顶峰，之后便持续下降，45～60 分钟后进入低谷，也就是人们所说的脑疲劳期。

据说，美国著名作家马克·吐温(Mark Twain)有一次在教堂听牧师演讲。最初，他觉得牧师讲得很好，使人感动，准备捐款。过了 10 分钟，牧师还没有讲完，他有些不耐烦了，决定只捐一些零钱。又过了十分钟，牧师还没有讲完，于是他决定一分钱也不捐。到牧师终于结束了冗长的演讲开始募捐时，马克·吐温不仅未捐钱，还从盘子里拿走了两元钱。这当然不一定是个真实的轶事，但这却告诉人们这样一个道理，如果演讲太长，必然会让听众生厌。这种刺激过多、过强和作用时间过久而引起心理极不耐烦或反抗的心理现象，称为超限效应。

所以说，与其长而让听众生厌，不如短一些给人留下深刻印象。其实演讲短一些未必不能把问题说清楚，短，一方面能让听众意犹未尽，一方面能表现出演讲者的概括能力。有这样一个例子，有次演讲比赛，一位女士走上讲台，在黑板上写出一道醒目的标题论坚守岗位，便走下讲台，扬长而去。在听众十分不解，甚至感到有些气愤时，演讲者又走上了台说：“如果我在演讲时离开讲台是不能容忍的话，那么在工作时间擅离职守的人难道不应该谴责吗？我的演讲完了，谢谢大家。这时，听众恍然大悟。评比结果，她以超常的演讲表演和精巧的构思赢得了一等奖。

这个演讲可谓是短中之最了。听众的掌声说明她的演讲是成功的。因为演讲者虽然话不多，但他能借助下台这个行动，来说明自己演讲的内容，虽短，却非常有力，因而她的演讲给听众留下了极其深刻的印象。当然，上面所说的是两个极端的例子，但她却能从中得出一个结论：演讲，一定要有话则长，无话则短，即使内容充实的演讲，也不宜太长。

3. 权威效应

所谓权威效应，是指说话的人如果地位高，有威信，受人敬重，则所说的话容易引起别人重视，并相信其正确性，即“人微言轻、人贵言重”。在现实生活中，利用权威效应的例子很多，如做广告时请权威人物赞誉某种产品，在辩论说理时引用权威人物的话作为论据等。如果演讲者在听众中享有声望与信誉，那么将对听众产生积极的心理作用。

1) 对听众态度的影响

如果演讲者在听众中有较高的威信，听众往往会由喜爱演讲者的人进而喜爱演讲内容。有时即使演讲内容他们并不熟悉和有兴趣，也会报以热情合作的态度。

2) 对听众认知心理的影响

社会心理学研究表明，人们对于来自权威方面的信息，一般都会不加分析地加以接受，按照权威人物的要求去做，会得到各方面的赞许和奖励，如说权威的人把黑的说成白的，人们也可能纷纷附和。

3) 对听众情感心理的影响

权威效应的最大作用就是对听众情感的影响。演讲者的威信使听众的好奇和期待心理满足了，听众就会对演讲者产生一种归属感、亲近感，便会带着兴趣聆听演讲。

演讲者在掌握了以上 3 个心理特征的基础上，便可以从以下几方面做起，树立自己在听众中的威信。首先要摆正和听众的关系。不要态度傲慢，要以平等、谦和的姿态进行演讲。其次要发挥“名片效应”和“自己人效应”。所谓“名片效应”，是指演讲者先申述一种与听众观点相同的观点，然后再说出演讲者想说的观点，这就很容易被听众接受。它可以淡化甚至消除听众在一种观点认同的喜悦中自动解除精神防线。“自己人效应”则比“名片效应”更进了一层，即演讲者与听众不仅在观点上一致，而且有某种意义的相似性，如性别、年龄、籍贯、职业、地位、经历、兴趣等，都会使听众产生信任感、亲近感，视演讲者为“自己人”。

4. 克服听众的逆反心理

在演讲中，听众常常会出现一种与演讲者的思想意识、表达情感相背离、相逆反的意识与思维，如反应冷淡、厌恶、说小话、起哄、离座，甚至刁难，其中刁难则属于不正常的逆反心理。对此，演讲者应该采取积极的态度去克服。

(1) 保持积极向上的态度与听众沟通。演讲是思想的表现和情感的传达。听众产生逆反心理可能是由于演讲者的态度让他们误解。对于反调，应泰然待之，与唱反调的人进行思想沟通，首先反省自己，对自己的过失，不装模作样地掩饰，及早敞开自己的胸怀，用诚意打动对方，让自己的思想与之发生共鸣。越是大方地勇于承认过失，就越能体现自己的高姿态、高素质，越能赢得别人的敬佩而少唱反调。

(2) 化解听众的逆反情绪。面对听众正常的逆反情绪，不能排斥和压制，而只能接受它、协调并化解它。因为听众正常的逆反心理来自你自身，而不是听众。要注意演讲的时候的表情、仪表和用词。表情不要高傲，仪表不要太张扬，不要说大话和空话。

(3) 大度接纳过激的言辞和指责。应付反调，大度是关键。有些人自视甚高，瞧不起唱反调的人，这种人看起来很有骨气很有手腕很有魄力，实则外强中干素质平平，想维护自己的尊严和威信，用大话、狠话去堵众人之口，其结果可想而知。

(4) 坚决反击刁难者。对唱反调的人，有时也需要坚决反击，即摆事实讲道理，唱出自己的反调。对于听众正常的逆反心理，要尽力化解，但是对于那些因逆反心理而故意刁难的人，则有必要以冷静的态度直接驳斥，全力反击。

9.3.3 公共关系演讲的情感调动

1. 用巧妙开场白吸引听众

演讲的开场白是演讲者与听众之间沟通的第一座桥梁，是演讲者给听众留下的第一印象。做演讲开场白最不易把握，要想三言两语抓住听众的心并非易事。如果在演讲的开始听众对你的话就不感兴趣，注意力一旦被分散了，那后面再精彩的言论也将黯然失色。一个能打动听众的开场白要匠心独运，以其新颖、奇趣、敏慧之美，抓住听众的注意力，才能立即控制场上气氛，从而为接下来的演讲内容顺利地搭梯架桥。在这个关键性阶段，必须设法与听众建立融洽的关系，同时还要激起听众对演讲主题的浓厚兴趣。

首先，题目要新奇醒目。古人说："语不惊人死不休。"演讲的题目也应像磁石一样，一下子吸引住听众。再者，标题不要深奥、空泛。演讲的主题应有针对性，对存在的问题有的放矢，而不能泛泛而谈。此外，主题还需是演讲者的创见，切不可老生常谈，人云亦云。

在演讲的开头切忌讲一些毫无必要的客套话，也不要东拉西扯、离题万里。开场白必须要注意紧扣主题，适合听众心理和环境，切不可为追求新奇而故弄玄虚。那么，应当怎样做好演讲的开头呢？

1) 引人入胜的开头

演讲开头成败的关键在于能否吸引并集中听众的注意力。一段精彩的开场白有 3 种作用。第一，吸引听众的注意力，激发听众的好奇心；第二，概述演讲的主要内容；第三，向听众阐明听演讲的必要性。演讲时获取听众注意力的方式随题材、听众和场景的不同而改变，可以运用反问、举事例、轶闻趣事、经历、引言、幽默等手段抓住听众的注意力。

2) 设置悬念激发兴趣

人们都有好奇的天性，一旦有了疑虑，非得探明究竟不可。在开场白中制造悬念，往往会收到奇效。以惊人之语震撼听众的思想，达到吸引听众的注意并使之集中注意力于演讲的主题。但要避免过分戏剧化，且不能频频使用，也不能悬而不解。在适当时应解开，使听众的好奇心得到满足，使前后内容互相照应。

3) 为听众解释关键术语和讲解背景知识

如果演讲的成功与否取决于听众能否理解演讲中的某些术语或概念，那么在演讲开头解释关键术语和讲解背景知识就格外重要。因此，如果听众对演讲的主题不熟悉或是知之甚少，那么很有必要在开头部分对听众讲述与主题有关的背景知识，这不仅是听众理解演讲所必需的，而且还可以体现出主题的重要性。

2. 用丰富多彩的语言打动听众

演讲者与听众的信息交流是通过演讲语言来实现的，离开了语言，演讲也不复存在。丰富的学识是演讲成功的基本条件。演讲者必须要经常更新知识，跟上现代科学文化发展步伐，这样就可以在演讲中能旁征博引、妙语惊人，把生动、具体、精彩的事例自如地组织到演讲中，保证演讲充实、新鲜、生动。要成为一名成功的演讲者，除了要有丰富的知识之外，还必须具备以下几种能力。

1) 敏锐的观察力

敏锐的观察力体现在 3 个方面：①在准备阶段，能从普普通通的生活中提取出那些能反映生活的本质和社会主流的内容；②在演讲阶段，能了解听众的表情、心理及场上的气氛变化，及时调整演讲的内容、方式、节奏；③在演讲结束后，能从周围的反映中综合分析自己演讲的成败得失。

2) 丰富的想象力

在演讲中，有想象力才能使演讲内容新颖而充实，才能将各种各样的事物与演讲主题巧妙地组合起来，讲起来才能具有感染力。这需要演讲者对任何问题有好奇心和求知欲望，并逐步增加自己的知识层面。

3) 较强的记忆力

有了良好的记忆力，演讲的准备阶段就能迅速、准确地从大量的信息中提取合适的材料组织演讲稿，在演讲中才能将演讲稿的主要材料、观点、事例等牢记于心。

4) 良好的表达力

演讲者必须具备良好的口语表达能力。演讲稿写得再好，表达不出来，同样不是一个优秀的演讲者。口语表达能力可以经过后天培养、训练而成。

5) 独特的语言风格

语言风格是语言运用中各种特点的综合反映。不同的人有不同的语言风格。个性明显、独特的语言风格能给人留下深刻难忘的印象，还能产生意想不到的效果。演讲者若想用语言打动公众，给公众留下深刻印象，就要形成自己的语言风格。

(1) 简洁的语言风格。简洁就是要求人们在公共关系演讲中，尽量用简单的通俗易懂的语言表达高深的道理。语言只有简洁、质朴，才能使听众听起来亲切，理解起来容易，切忌追求不必要的华丽词藻。

(2) 幽默风趣的语言风格。作为一名演讲者，如果有自然的幽默感，就会占有优势。不时地运用幽默可以融洽发言者和听众的关系，增添乐趣，使其发言令人难忘，也可以消除紧张和分歧。在公共关系演讲中，根据演讲的内容和要求，适时适度地运用幽默的故事、风趣诙谐的语言可使演讲顿然增色。一是可调节听众的情绪，减少听众的听觉疲劳，增强演讲的效果。二是有助于提高形象化的程度和水平。运用幽默的故事和风趣的语言去刻画复杂的事物，往往几句话就可以使企事业组织的形象树立在公众面前，使听众在笑声中增加对企事业组织的印象和信任。但是，运用幽默风趣的语言进行公共关系演讲，不要用得过多，否则会影响演讲的严肃性和逻辑性，还会冲淡主题思想；另外，还要注意与演讲的场合和内容不能冲突。

(3) 真诚朴实的语言风格。诚恳的态度、平实的语言能引起听众的共鸣，拉近与听众的心理距离。演讲要得到听众的首肯，需要以情感人。朴实的语言特点是质朴无华，平白如水，清新自然，不加雕饰，少用比喻而多用白描，使语境语义纯净、真诚、厚重，形象亲切、生动、感人。在演讲的语言描述中，不要进行过多的修饰，不要华而不实的辞藻，尤其自夸时更要有分寸，华而不实的语言只能使听众产生反感。自然的语言可以将演讲者的感慨和见识自然地表露出来。

(4) 严肃冷峻的语言风格。这是庄重肃穆、沉稳典雅的语言格调，它给人以高雅严谨、雄浑壮丽的感觉。这种语言风格多需要演讲者具有严谨的逻辑和博学的知识层面，多用于政论演讲及气氛庄重的场合。

语言从表面上看来是口才问题，实质上却是一个人修养、气质、智慧、品格的表现。语言效果的好坏，与一个人思想水平的高低、文化素养的深浅、内在气质的雅俗、语言艺术鉴赏能力的强弱等有着密切的联系。因此，要提高自己的演讲水平，除刻苦训练，提高语言表达能力，学习和掌握更多的语言技巧外，还必须提高自身素质，丰富内涵，提升文化品位，增强语言艺术鉴赏水平，培养良好气质。

3. 用真情实感激起听众共鸣

演讲特别需要强烈的感情色彩，不仅要说服人，而且要感染人。这种感情的投注，除了语言的抒情、表达时的激情外，更重要的是内容的入情。演讲者阐明自己的主张，不仅要像写论说文那样选择典型的事例，而且要选择生动的事例，还要考虑最佳的表达角度和方式，才能达到预期的效果演讲贵在打动人心。而要打动人心离不开演讲者的情感注入，即演讲者的感情流露和情绪表现。无论在演讲的起始、过程、还是推向高潮，乃至结束，演讲者的神形都应随着演讲情节的变化而变化，富有情感性。

卡耐基(Carnegie)历来强调演讲者选择的题目一定要有深切感受，是自己熟悉的并投入真情实感，不要压抑情感，相反要释放自己的热情，只有这样才能打动听众。上海交通大学第一届“学子人文”演讲晚会上有一位同学的演讲《流在我心里的父亲的泪》讲的是家贫的“我”在求学中屡遭挫折、最后考入交大的故事。“我”曾因为强要学费而挨过父亲的打，也曾在升学后的宴请中为父母敬酒，看到平素坚强的父亲眼角流下泪珠，自己的内心翻江倒海。她的演讲充满了真情实感，台下观众凝神静听，而后报以热烈的掌声。

4. 精彩有力的结尾引起无穷回味

演讲的结尾如同演讲的开端，都是演讲中最关键处。看一个演讲者有无经验，往往只看演讲首尾两端就可判断清楚。演讲的结尾要对演讲的整体内容做个概括后再总结，或对演讲全文要点进行简明扼要的小结，或以号召性、鼓动性的话收束，或以诗文名言以及幽默俏皮的话结尾。言简意赅的结尾或意犹未尽时戛然而止都能够使听众精神振奋，并促使听众不断地思考和回味。

本章小结

学习社交技巧和谈判技巧是现代社会每一个公共关系人员的需要。

本章阐述了公共关系的交往方式、社交心理、社交技巧、谈判技巧和演讲技巧。重点阐述了公共关系的社交技巧和谈判技巧。对于公共关系人员运用社交心理进行社会交往、运用谈判技巧进行公共关系谈判、运用演讲技巧进行公共关系演讲，提高工作效率都有重要作用。

习　　题

一、复习题

1. 填空题

(1) 在准备过程中，己方必须准备好________。这个方案为一旦谈判破裂提供了另一个可行性打算。

(2) 演讲的态势语言，是指演讲者的________、________、________、________等，它不仅有一定的表情达意的作用，而且更主要的是可以弥补口语表达的不足使思想感情表达得直观、充分、形象、具体。

(3) 第一印象的强烈影响，在知觉的偏见的产生原因中称作________。

2. 选择题

(1) 人们在认识事物或人的时候，往往把认识对象的某些突出的特征或品质推广为对象的整体印象和看法，从而掩盖了对象的其他特征或品质，形成某种幻化的知觉，这一心理现象是(　　)。

A. 首因效应　　B. 近因效应　　C. 晕轮效应　　D. 定型作用

(2) 一个优秀的演讲者必须包括的条件有(　　)。

A. 敏锐的观察力　　B. 较强的表达能力　　C. 丰富的想像力
D. 独特的语言风格　　E. 较强的记忆力

3. 思考题

(1) 何谓公共关系谈判？公共关系谈判的基本原则是什么？
(2) 公共关系演讲中有哪些常见的心理效应？
(3) 常见的公共关系交往的形式有哪几种？
(4) 怎样做好组织的接待工作？
(5) 在正式社交场合，应该注意交谈的内容与话题的哪些方面？

4. 实际操作训练

(1) 将学生分成若干谈判小组，设定谈判场景，制订出一份合理详细的谈判计划。
(2) 根据谈判计划，营造谈判气氛，进行模拟商务谈判。
(3) 设定场景，选几个同学进行主题演讲。

二、案例应用分析

谈判中的做戏

意大利与中国某公司谈判出售某项技术，谈判已进行了一周，但进展不大。于是意大利代表罗尼先生在前一天做了一次发问后告诉中方代表李先生：“他还有两天时间可以谈判，希望中方配合，在次日拿出新的方案来。”次日上午，中方李先生在分析的基础上，拿出了一个方案，比中方原要求改善了5%(由要求意方降价40%改为35%)。意方罗尼先生讲：“李先生，我已降了两次价，计15%，还要再降35%，实在困难。”双方相互评论，解释一阵后，建议休会，下午2:00再谈。

下午复会后，意方先要中方报新的条件，李先生将其定价的基础和理由向意方做了解释，并再次要求意方考虑其要求。罗尼先生又重申了自己的看法，认为中方要求太高。谈判到下午4:00时，罗尼先生说：“我为表示诚意向中方拿出我最后的价格，请中方考虑，最迟明天中午12:00以前告诉我是否接受。若不接受我就乘下午2:30的飞机回国。”说着把机票从包里抽出在李先生面前显示了一下。中方把意方的条件理清后(意方再降5%)，表示仍有困难，但可以研究。谈判结束。

中方研究意方价格后认为还差15%，但能不能再压价呢？明天怎么答复？李先生一方面与领导汇报，与助手及项目单位商量对策，一方面派人调查明天下午2:30的航班是否有。

结果该日下午 2: 30 没有去欧洲的飞机，李先生认为意方的最后还价——机票是演戏，判断意方可能还有余地。于是在次日 10:00 给意方去了电话，表示：“意方的努力，中方很赞赏，但双方距离仍然存在，需要双方进一步努力。作为响应，中方可以在意方改善的基础上，再降 5%，即从 30%降到 25%。”意方听到改进的意见后，没有走，只是认为中方要求仍太高。

这个案例里意方的戏做得不好，没有达到预期的效果。若仍以机票为道具，则应把时机改成确有回意大利航班的时间。至少有顺路航班的时间。若为表示“最后通牒”，可以把包合上，丢下一句：“等贵方的回话”，随即结束谈判，效果会更好。或仍用原话，但不讲“若不接受，我就乘下午 2: 30 的飞机回国”的话。中方破戏破得较好。双方谈判均有进取性。中方的心理上、做法上以及条件上更具进取性。

（资料来源：http://zhidao.baidu.com/question/197760564.html. ）

问题：

(1) 意方的戏做得如何？效果又如何？应如何弥补做戏的漏洞？

(2) 中方在让步及目标的调整上是否有针对性？

(3) 结合本章所学的内容，对这个案例提出个人的可行性建议和方法。

知识链接

闻一多的演讲

1945 年 5 月 4 日，西南联大等四校学生在云大操场举行“五四纪念大会”。闻一多、潘光旦等教授出席大会，还有记者、盟国友人等，共 6000 余人。集会的活动开始了。吴晗开始演讲。偏偏天公不作美，下起雨来了，有人跑到树下躲雨，会场秩序顿时乱起来。闻一多走上讲台，高呼“热血的青年过来！继承五四精神的青年站过来！怕雨吗？”不少青年同声回答：“不怕！”于是，闻一多接着高呼：“武王伐纣誓师时也下起大雨。武王说，这是‘天洗兵’，是要把蒙在甲胄上的灰尘洗干净，好上战场攻打敌人。今天，我们纪念五四运动，天下雨了，也是‘天洗兵’！是青年的都过来，是继承五四血统的青年都过来！这雨算得什么雨？雨，为我们洗兵！这是行动的时候了，让民主回到民间去！”在闻一多的召唤下，群众稳住了，冒着雨开完了大会。会后，举行了万人游行，人们高呼“立即结束国民党独裁专政！”、“建立联合政府！”等口号，走过昆明主要街道。这次游行在昆明乃至全国都产生了重大影响。

这里，闻一多适应演讲情境，克服不利因素的干扰，取得了良好的演讲效果。

（资料来源：http://www.luobinghui.com/ld/zl/200509/5700.html. ）

第10章 危机公共关系

教学目标

通过本章学习，了解危机公共关系的类型、危机产生的原因，掌握危机公共关系的原则及处理要点。在危机事件的处理中，针对危机公共关系的不同类型，运用危机公共关系的处理原则对危机事件进行处理，让危害和损失降低到最小。。

教学要求

知识要点	能力要求	相关知识
危机公共关系概述	(1) 危机公共关系的类型 (2) 危机产生的原因 (3) 危机的基本特性	(1) 危机 (2) 公共关系 (3) 危机公共关系
危机公共关系的处理	(1) 掌握危机公共关系的处理原则 (2) 危机公共关系的处理策略 (3) 学会处理常见危机事件 (4) 危机公共关系的评价	(1) 危机预警 (2) 危机管理小组

基本概念

危机公共关系　类型　处理要点

导入案例

双汇“瘦肉精”事件

2011 年 3 月 15 日晚，央视在 3·15 消费者权益日晚会播出了一期《“健美猪”真相》的特别节目，对饲喂有“瘦肉精”的生猪流入济源双汇食品有限公司进行了报道。一时间，市场哗然。各大超市卖场一片紧张，对其场内销售的双汇猪肉产品进行紧急排查并急召供应商。

3 月 16 日，双汇集团在其官方网站发表声明称，对于此事给消费者带来的困扰，双汇集团深表歉意，并责令相关公司停产自查；派出集团主管生产的副总经理及相关人员进驻济源工厂进行整顿和处理；将进一步强化对产业链上下游的控制力，确保食品安全。

3 月 17 日，双汇称将召回济源双汇在市场上流通的产品，对济源双汇总经理、主管副总经理、采购部长、品管部长予以免职。

3 月 20 日，河南省食品安全领导小组办公室通报，济源市政府在全市 7 家双汇连锁店和 59 家双汇冷鲜肉专营店封存猪肉 1 878 千克，抽样 46 个，其中 6 个被检出“瘦肉精”。

3 月 23 日和 25 日，双汇两次召开全国经销商视频会议，试图安抚处境艰难的供应商。

3 月 31 日，双汇召开“万人职工大会”，包括双汇集团所有管理层、漯河本部职工、经销商、部分新闻媒体等万人参加。集团董事长万隆再次向消费者致歉，并称双汇因“瘦肉精”事件受损超过 121 亿元，品牌损失则难以估量。

4 月 6 日，为证明产品安全放心，双汇重庆区域经理带着促销人员在卖场大吃火腿肠，却只引来市民冷眼旁观。

4 月 18 日，双汇公告公布了“瘦肉精”事件调查结果，称“瘦肉精”事件起源于旗下子公司济源双汇个别员工在采购环节没有尽责，致使少量饲喂有“瘦肉精”的生猪流入济源工厂。

双汇集团高管曾在多个场合强调双汇是“代人受过”，此举更让公众质疑双汇反思的诚意。双汇在“瘦肉精”事件出来以后，不是认真反思自身问题，而是忙于计算自身得失。双汇的道歉声明、领导表态，围绕着的都是经济损失、品牌伤害，根本没有将瘦肉精对消费者的伤害放在首位。双汇意图运用走秀式的公共关系手段侥幸过关，公众并不买账。搜狐财经的网友调查显示，有 86.3%的网友认为双汇在危机中的表现太差，无法容忍。

（资料来源：http://business.sohu.com/s2011/shuanghuiwj/.）

思考题

危机一旦产生，企业应采取的正确态度是什么？

企业从诞生之日起，在日常经营过程中就会面临各种各样的危机，如意外事故、政策变化、环境污染、媒体负面报道、产品质量问题、经营决策、财务问题等。在竞争激烈、资讯发达的当今社会，这类事件一旦发生，轻则影响组织的正常运营，重则危及组织的生存和发展，并给相关公众带来极大的损失，给社会环境带来极大的破坏。如果不能及时正确处理，哪怕是一件很小的事情都会对企业及其产品和声誉造成巨大的损害。因此，建立完善的危机管理机制十分必要，有效的危机管理已经成为企业成长的必需技能。

10.1 危机公共关系概述

危机是一种使企业遭受严重损失或面临严重损失威胁的突发事件。这些危机事件不仅造成公众、组织的生命财产损失，而且会在短时间内波及很广的社会层面，严重危害组织的形象，使组织陷入困境，对企业或品牌会产生恶劣影响。危机不仅种类繁多、无所不在，而且防不胜防。危机是不可捉摸的，既可能发生在自己身上，也可能发生在竞争对手身上，还可能发生在全行业；危机又是难以判断的，既包含了导致失败的根源，同时又蕴藏着成功的种子。因此，各类组织一定要对危机加以重视，严密监控，及时恰当地进行处理，再通过公共关系进行危机后组织形象的重建工作，力争把危机的损害降低到最小的程度。

危机公共关系又称危机管理，它是当前国际公共关系领域非常热门的专业公共关系实务，是公共关系最重要的工作之一，同时也是公共关系的最大价值所在。危机公共关系管理是在危机发生前进行预测，制定预警方案，危机发生时启动应急程序，调动各种应急资源，应对和处理危机事件，帮助组织渡过难关的系列工作。

10.1.1 危机公共关系的类型

危机有两种意思：一是指潜伏的祸根，二是指严重困难或生死成败的紧要关头。从中可以看出，企业的危机是潜在的或者已经发生的，会对企业的效益、市场和声誉造成破坏的事件。国际著名公共关系专家萨姆·布莱克(Sam Black)教授认为：“问题一旦发生，无论大小都需要立即处理。”他把任何事物都存在可能发生的情况分为“已知的未知”和“未知的已知”，前者是由于机构本身的性质所决定的可能出现的问题，但究竟会不会发生、何时发生，人们无法预测。后者是指无法预测的突发性灾难。

1. 可预见的突发事件

这类事件或事故是可以预见的，但发生的时间、地点和规模则是无法预料的。通常来说，这类事件是由企业的生产和经营的性质确定的，如产品质量事故、经营战略失误等造成的危机。

以双汇“瘦肉精”事件为例，早在2002年，农业部、卫生部、国家食品药品监督管理局就发布公告，明令禁止在饲料和动物饮用水中添加“瘦肉精”，2008年，最高人民检察院、公安部规定新的刑事案件立案追诉标准，对使用“瘦肉精”养殖生猪，以及宰杀、销售此类猪肉的，将以生产、销售有毒、有害食品罪追究刑事责任。济源双汇食品有限公司一名销售人员介绍说，他们店里销售的猪肉基本上都是济源双汇公司屠宰加工的，严格按照“18道检验”正规生产，产品质量可靠。然而，按照双汇公司的规定，18道检验并不包括“瘦肉精”检测，18道关口形同虚设。事情被曝光后，双汇将问题定性于“对消费者的困扰”，还暗示问题根源在无法控制的产业链上游——养猪户。双汇这种缺乏诚意的道歉并没有被媒体和公众所接受。随着人民生活质量的提升，对卫生、环保、绿色的要求日趋强烈，一旦社会组织在追求自身利益过程中，不注意公众社会利益的保护，肯定要受到社会舆论的谴责和惩罚。而解决的唯一途径也只有组织充分重视社会利益，并积极承担起自身应尽的社会责任，事先采取积极有效手段，减少组织在发展过程中对社会利益的损害。

再如，花旗银行危机案。花旗曾经是公认的最成功的金融服务集团，资产规模最大、利润最高、全球连锁最高、门类服务最齐全。但在2008年下半年爆发的金融危机中也损失巨大。花旗市值已从2006年底的2 740亿美元跌至2008年11月的200亿美元。出现这样的问题，首先是因为花旗投资了很大一部分资金在次债里，另外它的信用卡部分现在也出现一些问题，它2008年第三季度季报亏损非常地大。这一些全部加起来，造成了花旗银行陷入困境。对这类问题的处理，最根本的方法就是在分析组织的内外经营环境的前提下，根据组织的相对优势和劣势来调整组织的经营战略和策略。

2. 不可预见的突发事件

这类事件通常是自然灾害和人为破坏等原因造成的，如突发性自然灾害、战争、人为破坏、意外事故、经济政策变化等引起的危机。例如，1982年在美国发生的“泰诺”(止痛药商标)药物中毒事件造成7人死亡，最终查明是有人向药物中注射了氰化物。1993年6月发生的百事可乐饮料罐中出现注射用针头也是人为的，目的是诈骗。一般地讲，这类事故属于天灾人祸，不会给组织形象带来太大的影响，关键在于处理是否及时、得当。这类危机如果处理不及时，就有可能会严重影响到组织的生产经营活动，造成严重损失。

以诺基亚爱立信供应商芯片厂大火事件为例。2000年3月17号，飞利浦公司在美国新墨西哥州的半导体厂突然失火，损失惨重。诺基亚和爱立信面临着芯片数周无法正常供货的危机，不过双方的反应速度与处理方式，却是大不相同。诺基亚在事前就经常定期审查供应链、防范供货危机，事后它又采取提高生产速度、争取供应商、重新设计芯片等措施以适应市场需求。最终，诺基亚的手机供应基本上没有受到太大影响。与之相反，爱立信则因部件短缺而使生产陷入停顿，导致当年手机业务亏损17亿美元。2001年1月26日，爱立信宣布退出手机自制市场，这项败退行动将制造手机的广大利润拱手让人。同为手机制造商的诺基亚，从此顺利接收爱立信退出的市场占有率，稳坐占有率第一的宝座。

另外，还可从危机存在的程度划分为一般性危机和重大危机；从危机关系到的范围划分为内部公共关系危机和外部公共关系危机；从危机带来损失的表现形态划分为有形公共关系危机和无形公共关系危机；从危机产生的主客观原因划分为人为的危机和非人为的危机等类型。这些分类对认识不同类型事件的特点，采取相应措施是有帮助的。

10.1.2 危机产生的原因

分析危机发生的原因，对于制定正确的预防措施和有效的对策具有十分重要的意义。

1. 组织自身问题造成的危机

在社会组织发展过程中，由于企业内部管理不善、运行机制不完整、员工素质低下、企业决策失误或者公共关系意识淡薄等原因不仅会引发种种危机，而且在企业公共关系危机出现之后也难于自觉有效地处理危机，从而引发公众对组织的抵触、排斥和对抗，使企业陷入危机之中。

例如，发生在2010年年底的丰田汽车“踏板门”事件。丰田章男在美国国会陈词时坦承，公司扩张速度过快，产品质量管理和人员培训没有跟进，可能是发生一系列部件缺陷的原因。再如，三鹿奶粉事件。2008年9月11日卫生部指出，甘肃等地报告多例婴幼儿泌尿系统结石病例，调查发现患儿多有食用三鹿牌婴幼儿配方奶粉的历史。经相关部门调查，高度怀疑石家庄三鹿集团股份有限公司生产的三鹿牌婴幼儿配方奶粉受到三聚氰胺污染。

由这类原因导致的公共关系危机完全是组织的责任，最易受到公众对社会舆论的强烈抨击，对组织形象的损害是极其严重的，造成的影响也很恶劣。对此类危机，组织首先以负责的态度向公众表明对此类事件的改正决心，并主动采取行动，解决引起负面报道的有关问题，并对因此类事件而受到伤害的目标公众给予某种补偿，再进一步告诉公众，组织本身将以此为鉴，在内部制度健全、提高员工素质及外部承担社会责任各方面，完善下一步计划与决策安排。

2. 意外事故造成的危机

例如，美国墨西哥湾原油泄漏事件。2010 年 4 月 20 日夜间，英国石油公司(British Petroleum，BP)租赁的“深水地平线”钻井平台在路易斯安那州附近的墨西哥湾水域爆炸并引发大火，大约 36 小时后沉入墨西哥湾，11 名工作人员死亡。钻井平台底部油井漏油持续数月，超过 400 万桶原油泄漏，近 1 500 千米海滩受到污染，引发美国史上最严重漏油事件。此次漏油事件严重破坏了沿岸和海洋生态环境，大量鱼类死亡，水产业蒙受了惨重的损失，周边居民断了生计，生态环境遭受到巨大的破坏，引起了环境保护组织和媒体的极大关注。专家认为漏油产生的毒物会在食物链积聚、进而改变食物链网，浮油威胁至少 600 种动物安全，一些海洋物种可能灭绝；漏油还使许多地方土壤受侵蚀，植被退化。此次漏油事件造成了巨大的环境和经济损失，同时，也给美国及北极近海油田开发带来变数。爆炸发生后几个小时，BP 全球公司董事长亲自对死者家属表示慰问，并表示全力支持当时实施钻井作业的承包商跨洋公司做好善后处理。当得知有原油泄漏之后，BP 立即启动泄漏应急处置预案，并开始扮演主角，调集大量资源防止油污扩散。4 月 29 日，美国海岸警备队说 BP“是一个负责任的油污泄漏者”。

同是漏油事件，BP 的危机公共关系要比 20 多年的埃克森公司高明许多。1989 年 3 月 24 日，美国埃克森公司的一艘巨型油轮在美加交界的威廉王子湾附近触礁，原油大量泄出，在海面上形成一条宽约 1 千米，长达 8 千米的黑乎乎的漂油带，大量鱼类死亡，水产业蒙受了惨重的损失，生态环境遭受到巨大的破坏，引起了环境保护组织和媒体的极大关注。事故发生后，埃克森公司既不向当地政府道歉，也不彻查事故原因，更不采取有效措施清理漂油带，致使事态恶化，引起当地政府、环保组织、新闻界对其群起而攻之，发起了一场“反埃克森运动”。最后，迫于压力，埃克森公司仅清理油污就付出了几百万美元，加上赔偿、罚款和客户的抵制总损失达几亿美元。而其社会形象更是一落千丈。

危机公共关系十分重要，人们对当事方的态度比对灾难本身更看重。对这类危机事件的处理，一方面要迅速采取补救手段，尽可能做好善后处理工作，最大限度地减少各方面的损失，在公众中留下认真负责的好印象；另一方面要协调好舆论报道工作，防止各种谣言的流传，尽快把事实真相告诉给公众，确保危机处理有一个较公正、有利的舆论环境。

3. 不利报道引起的危机

这种负面报道有两种情况：一种是对组织损害社会利益行为的真实报道，如违章排污、生产的产品有质量问题或不符合卫生标准、内部员工素质低下伤害消费者等；另一种则是对组织情况的一种失实报道。媒体的舆论导向作用非常显著，媒体宣传往往直接影响着民众对某种事件的评价态度与关注程度。因此，对任何一种不利报道，组织都必须对其进行充分的关注。对前一种报道，组织应该以负责的态度，主动及时解决问题。对后一种负面报道，则应以严正的态度，用最有说服力的证据如专家鉴定、权威部门评议、各类证明等，通过舆论告诉公众，进行公开驳斥，并利用包括新闻发布会、公开声明等手段进行正当的商誉防卫，抑制谣言误导，还组织及相关产品以清白。

例如，美国墨西哥湾原油泄漏事件中的 BP 为了挽回声誉和形象，在 2010 年 6 月买下了谷歌、雅虎等搜索引擎中有关漏油词条的搜索结果，以应对来自社会、媒体以及网络上的批评浪潮。现在如果在谷歌网站上搜索“石油泄漏”(oil spill)这个字眼儿，会立刻弹出一个醒目的链接指向 BP 官网——“了解更多有关 BP 如何帮助(处理漏油)”。BP 发言人说，公司买下谷歌、雅虎等搜索引擎的结果，目的是为了让人们更容易找到相关信息。“这样可以方便人们了解到我们处理墨西哥湾漏油付出的努力，同时也让民众更容易找到一些关键信息的链接，如如何索赔、如何签名成为志愿者等。”BP 此举是危机公共关系战略的重要组成部分，展示其处理危机的透明性，努力缓解民众和媒体对公司的批评。及时解决危机，主动牵引危机的关注点，让危机为企业品牌宣传所用才是企业成熟的表现。

4. 外界谣言引起的危机

在现代企业危机公共关系中，谣言传播的主体及其动机具有相当的复杂性，无论企业的消费者还是竞争对手抑或社会公众都会成为谣言的策源地，主要有竞争对手、消费者、大众传媒、有意或无意制造事端的其他社会公众，他们彼此充当着不同的角色。2008 年，网络、短信传言引发了多次公共事件，如手机短信谣言“告诉家人和同事朋友暂时不要吃橘子，今年广元的橘子在剥了皮后的白须上发现小蛆状的病虫。”尽管四川省农业厅后来澄清说，这种大实蝇幼虫对人体无害，仅发生在广元几个乡镇，并得到了有效处理，但事实显然没有朝着当地政府所希望的方向发展。在其他地区也发现蛆柑后，许多人“谈橘色变”，柑橘市场的冷清状况迟迟得不到缓解，并使橘农遭受重大损失。

再如，2011 年 3 月份引发全国范围内的辐射恐慌和抢盐风波。3 月 15 日，浙江省杭州市的一位网名为“渔翁”的普通员工，在自家电脑上敲下一段消息，并发在了几个 QQ 群上，消息称“据有价值信息，日本核电站爆炸对山东海域有影响，并不断地污染，请转告周边的家人朋友储备些盐、干海带，暂一年内不要吃海产品。” 随后，这条消息被广泛转发，直至演化为两天后全国范围内的辐射恐慌和抢盐风波。3 月 17 日午间，国家发改委发出紧急通知强调，我国食用盐等日用消费品库存充裕，供应完全有保障，希望广大消费者理性消费，合理购买，不信谣、不传谣、不抢购，并协调各部门多方组织货源，保障食用盐等商品的市场供应。同日，中国盐业总公司成立应急工作领导小组，向全国各省、自治区、直辖市及计划单列市盐业公司发出紧急通知，要求立即启动市场应急工作机制，直至市场恢复平稳，加大成品盐调拨力度，实行 24 小时配送服务，确保食盐市场稳定供应。随后，卫生、物价、工商等部门及各地地方政府也快速反应进行辟谣。18 日，各地盐价逐渐开始恢复到正常，谣言告破。专家认为这是中国空前成功的一次辟谣。

5. 恶意破坏造成的危机

例如，强生公司泰诺药片中毒事件：1982 年美国强生公司发生了“泰诺”中毒事件。当时是有人有意陷害强生制药公司，故意用氰化物污染泰诺胶囊，致使 7 人死亡。其影响迅速扩散到全国各地，调查显示有 94%的消费者知道泰诺中毒事件。得到消息后，强生公司当即决定，不惜损失 1 亿美元的代价，全部收回市场上所有的此种止痛片，并花了 50 万美元向可能与此有关的对象及时发出信息。由于成功地处理了这一事件，使产品在 3 个月内将市场占有率恢复到危机前的 95%。为此强生公司还获得了当年美国公关协会颁发的“银砧奖”。

6. 法律纠纷引起的危机

例如，间接导致了三株公司的衰落的三株公司常德被告案。1996 年湖南常德一位老人因病去世，其家属称是服用三株口服液致死的，在当地法院起诉三株，索赔 29.8 万元。一审三株败诉，其家属联系媒体借此大肆炒作。这一消息迅速被媒体在全国炒作起来。虽然终审三株胜诉，但是那一段时间，喝三株能喝死人弄得几乎妇孺皆知。在四面楚歌中，三株产品的社会形象可谓一落千丈，所有工厂都停产，三株为此蒙受高达数十亿元的经济损失，三株从此一蹶不振。如果三株能够及早对危机因素充分重视并采取相关措施，如和公安机关合作防止恶意敲诈，也许三株公司就会有另一种发展结局了。

7. 社会抵制活动引起的危机

例如，雀巢公司曾经有这样一个案例。1973 年 8 月，英国《新国际主义者》发布报告，指责雀巢等公司过度宣传其乳品对母乳的替代作用，“发展中国家由于相信了这些宣传，每年有 1 000 万婴儿因非母乳喂养而带来营养不良、疾病或死亡”。由此拉开了一场最初由慈善和宗教团体发起的抵制雀巢产品的世界性运动。事件之初，雀巢公司选择了对抗措施，虽然其在诉讼媒体的官司中胜诉，但法院判决书中“如果公司想避免再受到道德和法律上的指控，必须改变产品推广程序”的字句，使其赢得官司却失去了消费者的信任。直到 1980 年末，雀巢公司才意识到对抗性的法律手段并不能解决所有的问题，于是改变策略，在广告上加入了母乳喂养的好处等营养学常识，还在华盛顿成立了雀巢营养学协调中心，致力于营养常识在世界范围的普及推广。最后抵制运动在 1994 年瓦解，雀巢公司挽回了信誉。

8. 自然灾害引起的危机

例如，地震、洪水、海啸、疾病等带来的灾害。自然性自然灾害是不以人的意志为转移的，它往往给组织带来意想不到的打击，如疯牛病使欧洲、特别是英国的畜牧业遭到沉重打击，很多公司受到毁灭性的重创。还有 2003 年初的“非典”和 2004 年初的“禽流感”，是人们无法控制的，都对很多相关组织造成重大影响。又如，科利华公司在 2003 年 3 月推出了一套新的“考得棒”家庭学习提升系统。推出不久，非典突至，各校大门紧闭。5 个月后，该系统销售仅为 7 000 多套，距离 25 万套的销售目标相差遥远。

9. 恐怖主义活动引起的危机

例如，2001 年美国的“9·11”事件。事件发生后，美国全国机场关闭数日，航空公司逼入困境，金融市场瘫痪数日；同时，许多原本打算去美国的游客改变计划，旅游、娱乐、购物等经济活动停顿，使得很多行业遭受严重损失。虽然受冲击较大的行业均非大行业，但这些行业遭受如此大的冲突，对整体 GDP 的影响仍是相当大。又如，1994 年受千岛湖事件的影响，长江旅游受到严重打击，接待游客人数锐减到 8.9 万人次，加上大量游船出厂营运，游船平均载客率仅为 38%，许多游船公司出现严重的经营性亏损，

10. 公共议题引起的危机

例如，电磁辐射对人体健康的影响。电磁污染已被公认为是在大气污染、水质污染、噪音污染之后的第四大公害。电磁辐射无色无味无形，可以穿透包括人体在内的多种物质，人体如果长期暴露在超过安全的辐射剂量下，细胞就会被大面积杀伤或杀死，并产生多种疾病。一般群众都担心源自高压电线、雷达、移动电话以及家用电气的电磁场导致对健康的负面影响，尤其是对儿童。结果，磁悬浮列车的线路建设、新的输电线和移动电话网络的建设在一些国家遇到了相当多的反对。这个议题对电器生产商的影响也不容忽视，可能会受到高新技术及其标准规范的冲击，每一项新质量标准的实施就意味着在原标准下的产品由合格品变为不合格品。

总之，除了上述列举的危机发生的原因之外，还有下列原因：劳资争议以及罢工、股东丧失信心、企业兼并、谣言、组织内部的人员的贪污腐化等。危机事件产生的原因很多，也很复杂，有时可能由某种单一原因诱发，但多数情况下是几种因素综合作用而诱发。只有在广泛收集有关信息的基础上，对造成企业危机的公共关系危机的原因进行深入全面的分析，才能做到有的放矢，对症下药，为公共关系危机的管理奠定坚实的基础。

10.1.3 危机的基本特性

1. 突发性

几乎所有的危机事件都是在人们无法预料的情况下发生的，危机何时发生、怎样发生、在什么方面发生等都常常会带有极大的偶然性。虽可估计事件发生的可能性，但却无法事先知道事件一定发生，更无法确定其发生的具体时间、地点、影响深度和实际规模，特别是一些不可抗力的因素导致的危机，如地震、海啸、台风、雪灾、政变等，更是复杂，难以预料和抗拒。因此，危机一旦发生，会引起组织内部和外部公众的恐慌和混乱，使人措手不及，如果没有任何危机应急措施就可能造成更大的损失。面对这种局面，公共关系人员就要迅速行动，采取应急措施，防止事态的蔓延和扩大，如1984年发生的美国联合碳化物公司在印度博帕尔邦化工厂的毒气(甲基乙氰酸酯)渗漏事件，造成3 000人死亡、4万人受伤、20万人从受污染地区迁离。

2. 聚焦性

现代社会传播技术发达，由于危机的严重危害性自然会引起媒体和公众的极大关注，成为社会舆论的焦点、热点问题。而媒体对危机报道的内容和对危机报道的态度影响着公众对危机的看法和态度。进入信息时代后，信息传播渠道的多样化、时效的高速化、范围的全球化，使企业危机情境迅速公开化，成为公众聚集的中心，成为各种媒体热炒的素材。近几年来，媒体正越来越多地扮演这种角色，将一个个企业推到风口浪尖。特别是伴随事件而来的强大社会舆论压力，更成为危机处理中最为复杂的棘手的问题。

很多企业遇到危机时，对媒体保持沉默，拒不接见。面对媒体时采取这样的态度，原因在于企业严重低估了媒体的力量，对媒体可能带来的影响没有引起充分的重视。由此，企业必须重估媒体的力量，并给予充分的关注。仅在2008年，从“三聚氰胺”事件到“刺五加”中药注射剂遭污染，有关食品药品的企业危机就层出不穷。9月，由三鹿奶粉受到三聚氰胺的污染导致婴幼儿泌尿系统出现异常，波及了蒙牛、伊利、圣元、雅士利等一批颇具影响力的奶制品企业；10月6日，又有云南省红河州6名患者使用了“刺五加”注射液致人死亡；10月20日左右，手机短信疯传“四川广元柑橘暴发柑蛆大家不要吃柑橘”，引发部分消费者恐慌，造成湖北、重庆、江西、北京等部分主产区和主销区柑橘滞销。所有这些事件在全国范围形成巨大影响力的背后都无一例外地有各种媒体力量的推动。由此，企业必须重视媒体的力量，并给予充分的关注。前述 BP 在事发半个月后，主要发言人几乎每天都会出现在 ABC、NBC 等主流电视媒体，向公众告知最新情况。

3. 破坏性

任何危机事件都会给社会组织的经济利益或者声誉产生不同程度的不利影响。危机越严重的事件，其破坏性越大。这种破坏不仅对组织造成破坏，也对社会造成破坏。从组织的角度看，它破坏组织的形象，影响组织的经营，给组织带来严重的形象危机和巨大的经济损失；从社会的角度看，它给社会公众带来恐慌与损失。由于危机的突发性特点，还会造成混乱和恐慌，而且由于决策的时间以及信息有限，往往会导致决策失误，从而带来不可估量的损失。而且危机往往具有连带效应，引发一系列的冲击，从而扩大事态。当事的社会组织如不能及时有效地处置，就会被社会公众迅速“抛弃”，数十年甚至上百年的形象基础也会因此而毁于一旦。例如，前例双汇“瘦肉精”事件，3月15日双汇股票跌停，市值蒸发了103亿元，从3月15日起到31日，影响销售15亿多元，品牌损失则难以估量。而 BP 的股价更从危机爆发前的59.88美元/股暴跌到7月初的36.52美元/股，市值缩水数百亿美元。而三鹿公司最后落个董事长田文华被判处无期徒刑，企业资产被拍卖的最终结局。

4. 紧迫性

紧迫性源于突发性，其严重性与破坏性密切相关。对企业来说，危机一旦爆发，其破坏性的能量就会被迅速释放，并呈快速蔓延之势，如果不能及时控制，谣言四起，危机会急剧恶化，使企业遭受更大损失。而且由于危机的连锁反应以及新闻的快速传播，如果给公众留下反应迟缓，漠视公众利益的形象，势必会失去公众的同情、理解和支持，损害品牌的美誉度和忠诚度。因此，对于危机处理，可供做出正确决策的时间是极其有限的，而也这正是对决策者最严峻的考验。

有些企业在危机爆发后，由于没有及时和公众沟通，导致危机不断升级。例如，2010年的丰田汽车公司“踏板门”事件。以1月21日宣布在美召回230万辆汽车为开端，丰田在全球的大规模召回正式展开，在此后的数天内又宣布全球召回540万辆，并在美国暂停生产、销售8款车型。但是在这连续几天里，尽管发生了如此多的召回，丰田汽车并没有发表任何的公开声明，仅仅在报纸上刊登了公开的召回消息。这种状况一直持续到了1月29日美国国会宣布对丰田汽车的召回展开调查。在当天，丰田章男在瑞士达沃斯论坛上被日本媒体拦截后，才发表了几句听上去有些“轻描淡写”的致歉声明。正是这关键的8天，使丰田汽车被动地落入了美国国会的主导当中。

5. 建设性

建设性是指危机事件的发生使组织潜在的问题得以充分暴露，通过对危机事件的妥善处理，既可以挽回影响，也有可能建立信誉，塑造形象，使原本不佳的公共关系状态获得转机。只有认识危机的建设性，才会采取主动姿态，沉着冷静而满怀信心地面对危机，从中寻找和抓住任何可能的机会。只有勇于面对危机者，才有可能认识到公共关系危机在破坏公共关系良好状态的同时，也为组织建立富有竞争力的声誉，树立组织的形象和为组织的重大问题创造了机会。将群情激愤的危机成功地化解的经典案例是强生公司对泰诺事件的处理。强生公司将药品全部收回，并重新设计了包装，并在 3 个月内将市场占有率恢复到危机前的 95%，公司的声誉比以前更为提高。

10.2 危机公共关系的处理

10.2.1 危机公共关系的处理原则

危机事件一旦发生，不采取措施或者采取不正确的措施都会把企业拖入无法挽救的境地。而有效的危机处理，不但可以尽量减少损失和影响，甚至可能让企业在处理过程中受益，可以重新建立企业的信誉。以下是危机处理的几个原则。

1. 及时性原则

及时是处理危机的第一原则，企业对危机的反应必须快捷。危机一旦发生，各种信息将迅速传播在资讯传播如此发达的今天，拖延时间会让公众对企业失去信任，这时如不及时控制，可能失去对全局的控制。因此，企业应该在最短时间里做出反应，与媒体和公众进行沟通，通过新闻媒介表明态度，尽快地把正确可靠的信息告知公众，消除受害者、消费者、社会公众消除对企业品牌的不信任，避免反面宣传不断传播所带来的不良影响。

例如，2008 年 9 月 23 日，一则短消息开始在人们手中疯传，称“国家质检总局又抽查酒类产品，在贵州茅台、山东张裕、中粮长城和青岛啤酒中发现了致癌物质亚硝酸钠”，随后多家网站登载了这一消息。消息蔓延后，传言中涉及的企业纷纷在第一时间进行紧急辟谣，召开新闻发布会，表示“产品含有亚硝酸钠”纯属无稽之谈。随着几大酒企澄清传言，23 日集体暴跌的酒类股在 25 日小幅震荡中逐渐企稳。

2. 承担责任原则

发生事故后，公众和社会遭受损失，必然会产生强烈的不满情绪。有些企业在发生危机，受到媒体批评和公众指责时会觉得非常委屈。尤其是事件初发阶段，原因尚未查明，社会舆论往往一边倒。这个时候企业应该勇于承担责任，无论谁是谁非，都不要企图推卸责任。如果的确是组织的责任，就应该勇敢地为这个错误道歉，并承担起应负的责任；如果是受害者的过失，也不要首先追究其责任，而应及时向受害者、消费者表示歉意，以表达企业的诚意，争取公众的谅解，从而赢得舆论的广泛理解和同情，同时这也避免了在真相查明之前事态的进一步恶化。必须知道，公开道歉不一定是坏事，反而会获得媒体和公众的谅解和欣赏；即使责任不在自己，也可以向公众展示良好的企业形象。

例如，前面的强生公司泰诺药片中毒事件。强生公司在调查结果尚未出来的情况下，仍然坚持按照公司最高危机方案原则，即“在遇到危机时，公司应首先考虑公众和消费者利益”，耗资一亿多美元在最短时间内向各大药店收回了所有的 3 100 万瓶这种药，并花费 50 万美元向有关的医生、医院和经销商发出警报。最终得到的事件原因是有人故意投毒。强生公司虽然损失巨大，但是它勇于承担责任的做法成功地向公众传达了企业的社会责任感，受到了消费者的欢迎和认可。

而双汇的道歉则极不真诚，早在双汇发展“瘦肉精”事件发生之初，针对公司的致歉声明，《投资者报》在社论中就强调：双汇的道歉极不真诚，其将问题定性于“对消费者的困扰”，却闭口不谈对百姓身体造成的“伤害”。双汇这种缺乏诚信、推卸责任的态度极大地降低了它的信誉度。专业商业数据公司——苏赛特的商业调查数据显示，全国有 52.3%的消费者表示不再购买双汇产品，其中，华北地区消费者反应最强烈，达 64.7%。表示会继续购买双汇产品的消费者仅占 15.3%。而搜狐财经的网友调查则显示有 88.99%的网友表示不会再购买双汇的产品，不敢信任双汇。

危机一旦出现，企业就应该以诚恳、诚实的态度面向公众，不回避问题和错误，而不是通过作秀式的公关表演欺骗公众。只有真诚道歉、及时弥补、积极查处、主动改进，才有及时挽回形象，重新找回公众的信任。

3. *真诚沟通原则*

企业处于危机漩涡中时，一举一动都受到公众和媒介的关注。越是隐瞒真相越会引起更大的怀疑。面对危机，应尽快向公众说明情况，并致以歉意，从而体现企业勇于承担责任、对消费者负责的企业文化，赢得消费者的同情和理解；同时，要对公众抱着诚心诚意的态度，要以消费者的利益为重，不回避问题和错误，及时向公众说明事件的进展情况，敢于纠正，就可能取得公众的谅解，从而促使他们也采取合作的态度。

2008 年 3 月 31 日，东航云南分公司 18 架航班“集体返航”，千余名旅客滞留机场，官方表示是由于天气原因所致。4 月 2 日，有消息称，返航是由于飞行员停工造成，但东航仍坚持称返航是天气原因所致。4 月 7 日，东航承认返航事件存在人为因素，称已对涉嫌当事人实施停飞和调查处理。4 月 16 日，民航局就东航返航事件做出处罚决定，停止东航云南地区部分航线、航班的经营权。这是一个典型的失败的危机公共关系案例。危机公共关系的原则之一就是讲真话，与公众真诚沟通，而东航一开始就将返航原因归咎于天气原因；又传出返航班机上 QAR(quick access recorder，快速存取记录器)数据一起离奇丢失的消息，而且最终并没有管理层对此事负责。此事造成同年 4 月份的客座率与 3 月份以及前一年同期相比，均下降了 10 个百分点，甚至有旅客在网上表示“联名抵制东航”。

20 世纪 70 年代日本本田公司发生过一次严重危机——“缺陷车事件”。当时本田刚进入小轿车市场，在几家实力雄厚的大企业的夹缝中生存。然而，其刚打开销路的 N360 型小轿车出现严重质量问题，造成上百起人身伤亡事故。受害者及家属组成联盟，以示抗议，本田公司一下子声名狼藉，企业生存岌岌可危。可贵的是，本田公司并未在舆论的重压下乱了阵脚，而是立即决定，以“诚”的态度承认失误。本田公司马上举行记者招待会，通过新闻媒介向社会认错，总经理道歉之后引咎辞职。同时宣布收回所有 N360 型轿车，并向顾客赔偿全部损失。他们还重金聘请消费者担任本田的质量监督员，经常请记者到企业参观访问，接受舆论监督。本田公司的诚心打动了挑剔的日本人，在公众心中树立起了“信得过”的形象。

4. *人道主义原则*

现代市场竞争中，企业的利益越来越与公众利益联系在一起，危机处理中应首先考虑公众利益，而且危机在不少情况下会带来生命财产的损失，舆论界对造成危及人的生命安全的事故或事件尤其重视，甚至加以渲染。因此，在危机发生后，组织不能推卸责任，先要挽救生命财产、治病救人，发扬人道主义精神，为受害者表达关怀或同情心，用诚恳的态度去赢得公众。无谓的辩解只可能导致公众产生不信任感。

1997 年 6 月，内江市有一个出生仅 3 个月的婴儿因中毒身亡，死前该婴儿曾食用过 4 个厂家生产的婴儿食品，其中就有杭州未来食品公司生产的未来牌营养米粉。婴儿的父母怀疑与这些食品有关，投诉至内江市卫生防疫站。在 4 个涉嫌生产厂家中，未来食品公司是最早赶到出事地点的。当时，婴儿中毒身亡的消息早已在内江市民中传开，厂家的一言一行已成为市民关注的焦点。在产品质量检测结果还没有出来之前，未来食品公司已向死者的家属表示慰问，又送上 6 000 元的慰问金，表明如果公司的产品真有质量问题，公司决不推卸责任，同时感谢死者家属对本公司产品的支持。未来食品公司的言行不仅感动了孩子的父母、亲友，也在内江的市民中广为传颂。通过这次事件，杭州未来食品有限公司的知名度、美誉度以前所未有的程度在当地大幅提高。

5. 未雨绸缪原则

任何企业在发展过程中都不可能一帆风顺，各种风险与突出事件会随时袭来。每一种危机不论形式，都对企业构成威胁。任何危机事件的发生总有一个渐进的形成过程，只要增强预测和防范，做好思想准备，便有可能发现潜在因素，将危机消除在萌芽状态。在危机事件发生之前，对可能出现的潜在危机进行预测和防范，估计将遇到的问题以及事件发生后发展的程度和方向，从而制定多种可供选择的应变措施，是一切危机管理和危机公共关系的基本原则。

许多著名的跨国公司现在都很注重危机管理。他们通过调查分析，预测将要遇到的问题和危机发生的基本进展情况，从而制定多种可代选择的应变方案。同时还通过加强培训，树立员工的危机意识。例如，在壳牌英国公司总部，有一个遇到重大危机才启用的办公楼。壳牌中国公司每年都要对员工、合资方的管理层进行危机公共关系培训，参加人数占全部员工的 10%以上。还有很多公司则设有专门的危机公共关系顾问，负责危机的预测和危机发生后的公共关系策划工作。

6. 一致性原则

危机发生后，组织在面对危机所做的任何反应，必须保证前后所提供的信息一致。如果组织发布的信息前后矛盾，媒体就会对组织发布的信息产生疑虑，甚至不信任。最好的办法是指定一个发言人，让企业只有一种声音对外，这样可以避免因多种声音对外而说法不一。对于第一线的工作人员要进行一些专业训练、一定的授权，让他们知道应该怎么做，以最快的速度解决危机中的问题。

双汇的危机发生后，实际上多人有意无意间接受了媒体的采访，既造成了非必需信息传递，甚至信息矛盾，如副总经理杜俊甫第一次接受采访时显然还没准备好，完全否认事实，称“双汇集团对瘦肉精一直有严格的管理和检测规定”。同样光明“回奶”事件曝光后，这个公司的信息发布也是很不一致，而且危机处理的前后信息发布很矛盾，使得大家不知道其什么时候说得是真的，什么是假的，对其的信任度也飞速下降。

7. 善始善终原则

危机局势得到基本控制并不意味着危机已经过去，企业还需要针对危机留下的负面影响做出一系列的补救工作。危机过去之后，留下的是利益的减少，设施的损坏，损害赔偿的支付，人才的耗损、企业声誉和良好形象的恶化等损失。一个危机事件结束后，企业又进入新的危机预防的阶段，要把已经发生过的危机事件中所暴露出的不足和处理危机过程中成功的经验加以总结，评估工作，教育员工，加强危机管理意识，提高企业防危、抗危能力。另外，企业在处理危机时特别要注意牵涉到政府关系、民族情绪等敏感问题的因素。2001 年 2 月 15 日，三菱公司宣布收回全球 150 万辆有潜在问题的汽车，但中国境内 7.2 万辆帕杰罗越野车却不在此列。三菱公司缺乏诚意的解决方式及其对中国消费者的歧视性态度，受到舆论的强烈声讨，并引发了中国公众一系列“抵制日货”的浪潮。

总之，危机发生前，及早发现引发危机的线索和原因，预防它的发生；危机爆发后，应该做到迅速反应、主动承担责任、多方斡旋、人性处理、坦诚友善。正确的方案和有效的执行可以实现“大事化小、小事化了”，将困难消解于无形，将损失降低到最小。

10.2.2 危机公共关系的处理策略

1. 临危不乱，迅速控制事态

许多企业在毫无准备的情况在发生危机，因手足无措而导致事件的失控，甚至从此走向衰落。三株公司的案例就是个典型。突发事件的出现，要求决策者立刻做出正确反应并及时控制局势，否则会扩大突发危机的范围，甚至可能失去对全局的控制。因此，突发事件发生后，能否首先控制事态，使其不扩大、不升级、不蔓延，是处理突发事件的关键和首战。

当危机出现的时候千万不要惊慌，因为慌乱会导致企业无法看清危机的实质，无法进行有效地处理措施。面对突如其来的危机，应做到临危不乱，尽快成立危机应对小组，尽快分析危机发生的原因，抓住危机实质，在第一时间迅速做出判断，适时地采取果断、正确的处理措施，及时与消费者进行良好沟通，同时邀请报道此事件的媒体全程跟踪采访。无论面对的是何种类型、何种性质的危机，企业都要主动承担责任，积极进行处理。即使责任不在企业，都要留有余地；要体现企业的大度，积极主动地维护消费者利益，保持良好的公众态度，消除事件造成的直接危害，创造良好的氛围。

例如，“汪氏蜂蜜果冻霉菌超标”事件。2006 年 3 月 12 日，国家质监总局公布了一批果冻产品的抽检结果，“汪氏”蜂蜜果冻被认定为不合格品之一，多家主流报纸和网站转载这一信息。3 月 13 日，公司起动应急措施，成立危机处理小组。3 月 13 日下午通知所有经销商停止销售蜂蜜果冻，并向消费者表示道歉，同时委托江西省质监局对汪氏蜂蜜果冻进行质量检测。3 月 14 日，汪氏蜜蜂果冻销售负责人通过南昌媒体发表声明：此次受检的不合格产品批次为 2005 年 7 月 25 日生产，公司决定召回市场上所有当批次的产品，并对持有此产品的消费者承诺可到当地经销点退换。3 月 15 日，汪氏蜂蜜果冻发表致歉声明。3 月 30 日，江南都市报刊登“汪氏蜂蜜果冻复检合格”为标题的新闻。在这个案例中，这家公司正是由于临危不乱，勇敢地面对错误，坦诚公布事情的真相，采取积极的措施加以补救，从而消除了公众的质疑，控制了事态的继续发展。

2. 建立预警检测机制

企业的危机好比“飞来之祸”，随时随地都可能暗藏着。但危机的出现绝对不是偶然的，在爆发前都或多或少、或迟或早出现过预警信号，只是并不是所有预警信号都能被发现并得到足够的重视。一些企业是等到危机无法收拾的时候才出面调停，但往往大势已去，难以扭转乾坤。及时准确地捕捉到这些预警信息，识别出潜在危机，并及早采取修正措施将潜在危机化解于萌芽状态，力争使其不演变成危机，是企业危机管理的一个关键环节，也是成本最低的危机管理方式。例如，预先确定企业的哪些成员是危机处理小组成员；面对不同的危机，一旦发生应该遵循什么样的流程，谁做发言人、持什么样的态度、和哪些媒体联系、和社会公众保持什么样的联系等。有很多媒体在报道企业危机事件的时候，都提到了很多企业“找不到人”、“电话不接”等情况，这就是典型的没有预警的表现。

无论是处理“苏丹红”事件，还是应对“非典”和“禽流感”，肯德基都处理得迅速有序，这归因于肯德基内部有一套比较成熟而完善的危机处理预案。每当发生危机时，一个由各相关部门组成的危机小组就会马上组成，共同应对“艰难”时期。在“禽流感”刚刚开始爆发的时候，这个公司针对各种可能性已经做好了准备，准备承担可能发生的大规模“禽流感”爆发引发的消极影响，包括拍一部教育消费者的广告，以及安排一旦供应来源被封锁，随时可替换的供应来源。

建立完善的公共关系预警系统，在面对危机的时候就能够泰然处之。这个预警系统还包括外部检测，如聘请外部专家作为企业顾问参与企业经营管理，并从外部客观的对企业进行有效监测，从而将危机苗头消灭在萌芽状态，也是一种投入少、收益大的管理方法。

3. 权威证实

在危机发生后，企业要邀请公正、权威机构(如消协、技监、媒介等)来帮助解决危机，以便确保社会公众对组织的信任，时刻准备应付意外情况。不少危机事件的平息在很大程度上是成功运用权威公断的结果。例如，墨西哥湾原油泄露后，BP 立即启动泄漏应急处置预案，并开始扮演主角，调集大量资源防止油污扩散。4 月 29 日，美国海岸警备队说 BP“是一个负责任的油污泄漏者”。这句话对 BP 公司重新树立公司形象来说是一个很好的支持。再如，在前述“酒类产品抽查出现致癌物质”的谣言蔓延后，贵州茅台立刻与国家质量监督检验检疫总局、贵州省质量监督检验检疫局及相关行业协会等有关机构所进行沟通，结论是公司产品完全不存在个别媒体报道的上述情况。相关专家也纷纷从专业角度阐述了酒类没有添加亚硝酸钠的必要。

而在 2005 年“禽流感”事件中，面对“禽流感”的阴影，对于主餐食谱完全是鸡肉食物的肯德基来说，也曾借用这种权威的力量来论证肯德基食物的安全。首先，向中国的公众介绍肯德基所有鸡肉原料都来自中国本土供应商，他们都拥有国内领先的生产设备和管理机制，都执行 HACCP(hazard analysis critical control point，危害分析和关键环节控制点)国际质量和安全体系，其产品全都符合中华人民共和国鲜冻禽产品国家标准。其次，供应商的每一批供货都要求出具由当地动物检疫部门签发的《出县境动物产品检疫合格证明》和《动物及动物产品运载工具消毒证明》，并证明所有的供货“来自非疫区，无禽流感”。再者，引述世界卫生组织和有关权威机构证明，食用烹制过的鸡肉是绝对安全的。在如此说明之下，食客又开始食用肯德基的鸡肉食品。

应用案例 10-1

王老吉夏枯草事件

2009 年 4 月，一个消费者在自己的博客中称自己的胃溃疡是由于饮用王老吉所致。5 月 11 日，国家疾控中心营养与食品安全所常务副所长给红罐王老吉定了性：王老吉凉茶中部分成分和原料确实不包括在卫生部公布的、允许食用的中药材名单之列。王老吉卷入“添加门”危机风波骤然掀起。5 月 12 日，广东食品协会就紧急召开记者招待会，称王老吉凉茶中含有夏枯草配方是合法的，不存在添加物违规问题。5 月 14 日，卫生部也发布声明确认王老吉凉茶在 2005 年已备案，并认可夏枯草的安全性。王老吉就此渡过危机。

反观双汇的表现，出事后请面对社会对双汇肉制品是否可能都含有“瘦肉精”的质疑，来自漯河市食品药品监督管理局的一份报告称“目前没有发现问题”。政府机构是危机时最解决问题的第三方，但面对这样的危机，加上双汇和当地政府机构之间的利益重合，却是弄巧成拙。

(资料来源：林景新. 2009 年十大企业危机管理案例盘点[N].河北经济日报，2010-01-05.)

4. 公益法

在解决问题的同时，以公益活动也可以转变公众对企业的看法，或是转移公众的注意力。汶川地震当天，万科集团宣布捐款人民币 200 万元。与万科集团 2007 年净利润超过 48 亿元相比，200 万善款尚不足其净利润的 0.4‰，引发了公共信任危机。5 月 15 日，王石在博客中予以回应：“200 万是个适当的数额。企业的捐赠活动应该可持续，而不应成为负担，普通员工的捐款以 10 元为限。”其意就是不要慈善成为负担。此回应立刻遭到网民批评与指责。从 15 日到 20 日，万科集团股价大跌 12%。5 月 20 日，万科宣布以 1 亿元资金参与灾后重建。5 月 21 日，万科集团发出“补捐”公告，称将参与四川地震灾区的临时安置、灾后恢复与重建工作，该工作为纯公益性质，净支出额度为人民币 1 亿元。

5. 现身说法

现身说法可以消除消费者对产品的误解，重塑消费者信心方面的信心和举措。在 1996 年比利时发生可口可乐中毒事件时，为澄清事实，可口可乐公司的第一个也是最直接的举措是总裁当场喝了一瓶可口可乐。再如，在疯牛病疯狂蔓延前夕，当时的英国卫生部长还带领全家人出现在电视台，由卫生部长本人亲自喂他的孩子吃用牛肉做成的三明治，以表明英国的牛肉是安全的。而双汇的区域经理也是在重庆的卖场里现场大吃火腿肠也是这种做法。

6. 民族大旗法

2000 年美国微软公司起诉北京亚都科技集团侵犯计算机软件著作权并要求赔偿。此前刚刚发生以美国为首的北约轰炸中国驻南大使馆事件，全国掀起强烈的民族爱国情绪和反美抗议示威活动。于是亚都树起民族大旗，在公众中宣传微软的用意绝对不是简单的一个亚都，亚都既不是第一家，也不是最后一家。之前已有华为、北大方正向微软支付近千万元人民币的赔款、及微软起诉北京海四达科技开发公司和民安投资咨询公司胜诉、获巨额赔偿金事件。状告亚都只是微软上门收账行动的另一步棋，亚都让此事公开披露，更多地是为了昭示天下。并希望更多的企业能从中得到启示，也希望我国软件行业在残酷的市场竞争中丰满羽翼，开发出适合中国自己的软件产品。此举将微软放在扼杀中国的软件产业的位置，随后在传播媒介中形成反对微软的一致声音，微软由主动变为被动、从有理变为无理了。

10.2.3 常见危机事件处理要点

1. 积极与新闻媒体合作

一旦发生危机事件，组织就会成为新闻界及其他媒介关注的焦点，组织与媒介打交道的方式就成了影响组织与公众关系的关键因素。新闻媒介搜集并传播的有关信息往往要受自己的主观影响，而这样的信息如果传达给公众，将深远地影响着消费者的心理和购买行为。因此，在处理危机事件的过程中，组织必须处理好与新闻公众的关系，组织应积极主动与媒体合作，采取公开、坦诚的态度是处理媒体关系的关键，也唯有这样，才能取得新闻界的信任和支持，更何况组织与公众的沟通也只有借助媒体的支持才有可能进行。

1) 与新闻媒介保持密切联系

为了迅速解决危机，组织公共关系人员一方面要迅速解答记者提问，告诉已证实的事实真相，保证新闻的及时性，给公众留下本组织开诚布公、愿意合作的良好印象；另一方面，要与新闻界保持密切联系，及时了解社会公众对此事件的各种反应某些权威人士的观点等，以便及时有效地防止各种错误消息传播和谣言流传。

2) 尽可能为媒体提供方便

要尽可能为媒体提供方便的条件，相互体谅，避免双方的矛盾或误解。组织如果反应不当，很少提供或者不能提供可靠的消息，那么记者就会求助于其他消息来源，而这些消息来源很可能是不准确的或者不可靠的，这些消息将可能导致公众对组织产生坏的印象。因此，组织应为记者提供方便，尽可能为记者的采访扫除障碍。

3) 与记者保持友好合作

如对有些问题确不能完全答复的也应争取给予满意的信息而不能断然拒绝，对一些确不能回答或无法回答的问题，则应请媒体谅解。对新闻报道中与事实不符的也应及时指出并要求更正，可以邀请公正权威机构来帮助组织，对一些造谣中伤行为，应以严正的态度要求肇事人撤回并表示歉意。此外，在危机采访的接待中，对一切记者要一视同仁，不要亲疏有别。只有有理有节的处理，才能得到媒体的尊敬，避免不必要的矛盾和误解。

2. 成立危机管理机构，确定新闻发言人

目前，越来越多的大企业都设有危机管理机构，制定或审核危机处理方案及其方针和工作程序，尽快遏制危机的扩散。这个机构可以是一群人，也可以是以一个人为中心的几个人。这一机构应根据具体实际情况而设立，可以是临时性的，也可以是长期性的。在危机发生后，它的作用在于将危机真相告诉消费者，同时这一机构可以调用企业资源并尽快开展行动。如果没有预备的危机管理机构，那么应迅速组成处理危机的应急机构。危机管理机构应以组织决策层为中心，吸收部分公共关系专家、技术专家和新闻宣传专业人士组成。一般应包括调查组、联络组、处理组、报道组等，各小组各有其明确的职责。调查组要立即开赴出事地点进行调查，并尽快做出初步报告；联络小组马上要投入接待等方面的联络工作；处理组即刻投入抢救、现场保护、善后处理工作；报道组要马上承担起组织对外传播的工作。此外，还可以根据危机内容和可能的发展趋势，确定是否聘请外部专家介入对危机的处理，有些危机只有靠专业的、经验丰富的公共关系专家，才能帮助组织控制灾难。

另外，还必须确立合适的对外发言人，统一对外宣传口径，代表组织向内外公众介绍危机事件真相和组织正在做出的努力，让公众尽快了解事实，杜绝谣传，理智地对事件做出分析判断，然后再采取合适的行动。如果对外口径不一致，前后矛盾或不同的人有不同的想法和提法，很容易使处理工作陷入混乱，不利于问题的解决。对外发言人一般由处理危机事件的高层领导人担任，其职责是接待记者并回答记者问，召开记者招待会，向传播媒介报告有关处理问题的各种措施及进展情况，对那些歪曲性报道予以纠正。

3. 把握信息发布的主动权

在传播沟通中，要掌握对外报道的主动权，要以自己的组织成为权威的信息源，就有必要举行新闻发布会，使组织把握主动权并直接控制有关事件的信息。因为新闻发布会为组织提供了一个对所发生的事件进行评述的机会。会上要详细地、准确地解释发生了什么事故，情形如何，自己已做了哪些工作，得到了哪些组织的配合等；还要对发生的危机表示遗憾，对有关人士表示关心，切忌推卸责任。

通常，事故发生的最初几个小时或最初几天，由于组织掌握的确切信息太少，是危机最难处理的时候。此时，应尽可能用组织的背景材料及其设施情况来填补新闻消息的空白，以显示组织愿意与外界进行合作和沟通。这样可以使组织迅速、有效地成为权威的危机信息源，掌握传播的主动权。同时，要联络一些特殊人士，如政府部门权威人士、行业专家、专业机构、消费者协会等，寻求其理解与支持。由于这类特殊人士的特殊的权威地位，组织如能与其保持良好的沟通与了解，他们就会采取理解、支持的立场，至少不会以反对者身份指责组织。而且这类公众很可能会在危机中成为第二信息来源，其发出的信息对组织与公众的影响力是不容忽视的，对于减少谣传、寻求传媒与公众的理解尤有好处。

例如，墨西哥湾漏油事件中的 BP 买下谷歌、雅虎等搜索引擎中有关漏油词条的搜索结果，且把搜索结果与 BP 官网链接，使正面信息和报道全面展现在公众面前，最大范围内的降低网络不良信息对企业造成的负面影响。

4. 高度重视、慎重处理

现在，消费者对企业社会责任的期望值越来越高，这意味着企业一旦遇到问题，就有可能发生危机。危机爆发之后，并不会自行消失，相反，它会恶化扩展开来，并且迅速蔓延，引起其他危机。因此，企业经营者必须对危机管理予以高度的重视，当危机事件发生之后，要迅速掌握各方各面的信息，根据这些信息的搜集和分析，迅速拟出处理危机事件的公共关系计划，采取紧急行动，遏止住危机的扩散，控制危机损失，尽力做到危机损失最小化。这个工作需刻不容缓地去做。前面所述的可口可乐公司在发现中毒事件之后，就赶紧通知停止销售一切可口可乐的产品，以防止中毒事件继续发生，为下一步危机调查和解决打下了基础。

在处理客户投诉时，企业应平等地对待客户，及时与顾客进行沟通。否则，轻者将影响企业在顾客中的形象，导致经营业绩的下降，重者有可能会导致企业的衰落、停产、倒闭。有很多案例说明了因一些小事引发，企业又没有给予足够的关注，最后导致企业经营深受影响甚至倒闭的事件，如巨人、三株、爱多等。

在东芝笔记本事件中可以看到，在网上对东芝“赔美国人美金，给中国人补丁”进行披露后，在相当长的时间内东芝没有采取措施，反应淡漠，没有主动与消费者进行沟通，导致事件进一步严重。待东芝公司在一周后想起该说发表言论时，已经错过了危机公共关系处理中最重要的时机。从这个事件中我们看到，一旦危机事件发生后，组织应有的态度是正视危机并认真对待。如果置之不理，企图任其自生自灭，必然会触犯公众，引起众怒。因此，危机事件发生之后，首选应在思想上予以高度重视。在危机处理中，就算自己有道理，至少也应该向消费者进行解释说明，以求达成谅解，缓和对立情绪，不使消费者产生被歧视的感觉。

5. 危机后组织形象的重新建树

危机对于任何企业都是一场严峻的考验，但同时也是一个机会。就公共关系而言，危机是一次让组织决策者理解公共关系，重视公共关系的机会；就组织而言，危机则是一次让组织形象提升一个层次的机会，这也就是危机管理的目的所在。有时，危机对一个素质良好的组织是一个借机塑造组织形象的机会，但是对大多数经历危机的企业来说，不管是否有能力解决危机，其企业形象都不同程度地受到了损害，不利影响会在今后企业的生产经营活动中日益体现出来。

首先针对危机处理难免留下的后遗症，对危机相关伤亡或遭受损害人员进行安抚，避免危机处理的负面效应，采取措施重建或确保民众对政府的信任与支持，摆脱危机阴影，使民众安心。其次，要总结危机处理经验教训、危机管理机制成熟与否、危机预防得当与否，将其中的经验教训纳入危机管理的范畴，以此完善危机管理机制，避免下一个危机的发生。

在恢复时期，必须树立强烈的重建良好公共关系形象的意识，公共关系人员应该在如何重建企业形象上多下工夫。一旦组织发生了危机，就会失去公众的信任。同时组织也会失去了长期以来经过艰辛努力所建立的良好公关环境和产品市场份额，导致组织美誉度及经济效益下降。因此，如何挽狂澜于既倒并重塑形象是组织面临的主要问题。只有当企业的形象重新得到建立，组织才能谈得上进入了良好的公共关系状态。

对企业内部，要诚实和坦率地安排各种交流活动，保证内部信息畅通无阻，增强企业管理的透明度和员工对组织的信任感；动员企业全体员工参与决策，做出组织在新的环境中的发展计划；进一步完善组织管理的各项制度和措施，规范组织行为。

对企业外部，要与媒体保持联络，充分运用媒体进行连续性正面报道，将企业在危机后所采取的新措施和新进展告诉给公众，使公众能真正了解组织及其行为，并能逐步对组织重新产生信任感；可以不断与媒介进行沟通的方式进行形象的重建，增加组织在承担社会责任、重视社会利益方面的活动与投入，与广大公众全面沟通；可以通过倡议发起某种社会公德大讨论、积极支持社区建设、热心社会公益事业、关心社会热点问题等各种形式，通过积极参与社会活动向公众展示组织回报社会、服务公众的良好形象。同时，争取拿出一些过硬的服务项目和产品在社会上公开亮相，从本质上改变公众对组织的不良印象。如前面分析过的美国墨西哥湾原油泄漏事件中的BP为了挽回声誉和形象，买下了谷歌、雅虎等搜索引擎中有关漏油词条的搜索结果，以方便人们了解公司处理墨西哥湾漏油付出的努力。

10.2.4 危机公共关系的评价

危机公共关系的评价是危机管理的最后一个重要环节，它对制定新一轮的危机预防措施有着重要的参考价值。在社会组织平息危机之后，并不意味着危机管理工作的终结，还需要评价事件发生期间公共关系处理的方式、方法的合理性以及方法的有效性。在此基础上，进一步消除社会影响，重塑组织形象，为今后的工作积累经验，以使组织真正走上正常发展之路。它包括以下几个方面。

1. 危机公共关系评价的原则

公共关系人员运用公共关系手段处理公共关系危机所表现出来的态度，特别是处理问题时的措施，都具有实际的意义和为今后工作提供借鉴的研究价值。因此，进行危机公关评价要本着客观和讲求实效的两项基本原则来进行。

1) 客观性原则

组织在危机公共关系的处理过程中，采取了什么样的措施，进行了什么样的分析，做出了什么样的决策，调查到什么样的第一手材料，都要客观地、实事求是地对之加以分析和总结，从中找到切实可行的处理问题的规律。

2) 讲求实效原则

处理危机公共关系的成功与失败，要以以下标准来评价危机管理的实际效果：在危机处理过程中，公众受到的不良影响是不是降到最低；给社会造成的损害是不是最少；组织是不是以最小的代价保住了组织在经济方面最大的利益；是否以最大的努力挽回组织在公众中的形象，以最大可能恢复了组织的美誉度和公众对其的信任。

2. 危机公共关系评价的内容

对这一次危机公共关系管理工作进行全面的评价，包括对预警系统的组织和工作程序、危机应变计划、危机决策和处理等各方面的评价；要详尽地列出在事件处理工作中存在的各种问题，提高处理突发问题的能力。同时，企业也要推广突发事件处理过程中的经验，企业经验的推广能增强员工的信心和自豪感，同时也有利于增强企业的竞争力。因此，企业应善于从危机中发现企业的优点和长处并加以推广和利用。

3. 危机公共关系评价的意义

当一次对企业发展有重大影响的事件过去之后，要进行事后的评价。事后评价对应对下一次的重大突发事件有着很强的借鉴意义。对危机公共关系进行评价既是组织本身的需要，也是社会和公众的需要。首先对于社会组织而言，危机事件的发生往往给组织造成伤害和损失，小到利润下降、经济效益受损，大到使组织遭受灭顶之灾。因此，研究危机出现的原因和规律，特别是处理危机的方法、步骤和措施，对组织防止或解决危机是很有意义的。其次，每一次危机事件都会在社会和公众心目中留下深刻的印象。把对危机公共关系工作的分析、评价和总结借助于媒体传达给公众，能让公众更透彻地了解本组织，重新塑造组织的新形象，帮助组织重新建立起自己的知名度和信誉度。

本章小结

各种各样的组织总会遇到各种各样的危机。危机是任何社会组织都不能回避、必须面对的，但危机有时也是一种契机，关键在于如何处理。防范危机的发生以及事先周密的危机预警系统，对潜在的危机做出分析和预测是危机管理的重点。如果危机发生，应迅速成立危机管理小组，委任合适的新闻发言人，及时发出正确信息，并与媒体保持紧密的联络；妥善处理好危机中的伤亡事件，最大限度地减少危机事件带来的损失，并在危机消除后，总结事件处理过程中的经验教训，以利于企业的长足发展。

习　题

一、复习题

1. 填空题

(1) 危机有两种含义：一是________，二是________。

(2) 危机的特点有________、________、________、________、________。

(3) 每一次危机既包含了导致失败的根源，又蕴藏着成功的种子。善于发现、精心培育，进而收获潜在的成功机会，让危机转化为商机，这句话反应了危机的________特征。

(4) 三鹿奶粉被误报后，三鹿公司立刻请卫生部、国家工商总局、国家质检总局等六部委联合下达文件，就事件给予澄清和说明。这是采取了危机处理的________策略。

2. 选择题

(1) 危机对于社会组织而言(　　)。

A. 是可以避免的　　B. 大部分组织是可以避免的

C. 大部分组织是不可避免的　　D. 是不可避免的

(2) 使组织面临公共关系危机的情况主要有(　　)。

A. 组织自身行为不当　　B. 突发事件

C. 失实报道　　D. 与公众发生冲突

(3) 如果组织发生了重大的公共关系危机，公共关系人员面对记者的采访应该(　　)。

A. 找借口推脱组织的责任　　B. 避而不见记者

C. 实事求是地说清事实真相　　D. 寻求新的发展途径

(4) 由于企业内部的犯罪活动及其他违背公众利益的社会越轨行为，从而危及企业生存和发展，这属于(　　)。

A. 恶性事故　　B. 经营危机　　C. 管理危机　　D. 形象危机

3. 简答题

(1) 什么是危机管理？应该如何处理危机？

(2) 危机形成的原因主要有哪些？

(3) 危机公共关系的原则是什么？

(4) 从中国政府面对“抢盐风波”开展的危机公共关系中可以得到哪些启示？

4. 实际操作训练

(1) 假设你在一个知名的大酒厂工作。最近有媒体报道称在你厂的酒中发现了死苍蝇，导致了工厂销量下降。后来经过调查，发现有苍蝇的酒是假酒。如果你是这个厂的公关主管，请问你会怎么处理这件事情？

(2) 2007 年 11 月 10 日，重庆家乐福超市沙坪坝店 10 周年，在店庆促销活动中引发踩踏惨剧，造成 3 人死亡，31 人受伤。事故原因是家乐福超市推出一款菜籽油特价促销，原价每桶 51.4 元的 5 升装菜籽油只卖 39.9 元，上午 8:40 超市开门营业时，大量市民涌进抢油，因群众滑倒而引发踩踏安全事故。请用公共关系知识来分析如何预防此类事故的发生。

二、案例应用分析

J轮胎事件

J轮胎是由H国在中国投资兴建的大型专业轮胎生产企业，其在世界轮胎生产企业中排名第十位，目前也是中国最大的轮胎制造企业之一。J配套厂商涉及北京现代、上海通用、一汽大众、东风标致、长城、奇瑞等车企。

2007年开始，不少J轮胎的车主反映，他们买来的新车预装J轮胎，只跑了数千公里便出现“鼓包”、“裂纹”等现象。2009年5月5日，国家质量监督检验检疫总局(以下简称国家质检总局)的通报称，J轮胎存在较为严重的鼓包和侧面裂纹问题。J当时对媒体表示，轮胎“鼓包”问题并不代表轮胎本身存在质量问题，轮胎气压的不稳定、路况复杂、驾驶者的不良驾驶习惯等都可以导致“鼓包”现象。他们会一直跟踪此事，维护消费者权益，一旦收到投诉会立即采取相关措施。在某汽车专业网站，500多宗关于轮胎的投诉中J轮胎就占了七成多，用户反映J轮胎在行驶几百、几千公里或购车不到一年就出现“开裂”、“鼓包”，甚至“爆胎”。不少车主通过各种渠道呼吁J轮胎对其缺陷产品进行召回，然而，对于车主投诉诉求，J轮胎方面大多以车主使用不当为由拒绝赔偿。

2011年3月15日央视3·15晚会中，央视曝光了J轮胎天津工厂的原料掺假，以返炼胶代替原片胶，严重影响轮胎的质量，给采用其品牌轮胎的汽车带来了安全隐患。

3月16日中午，J轮胎发布声明驳斥央视报道中简单通过央视视频中添加不同胶料的数量来判定J轮胎违规操作，这是不准确的。表示其用于轮胎生产的“返炼胶”并非次品，不存在质量问题。

3月18日工信部办公厅发布消息称，将“积极配合有关监管部门进一步查处，在行业内举一反三，引以为戒”。另据一位使用J轮胎的合资车企有关人士向媒体透露，国家质检总局已吊销J轮胎的3C认证标准，J轮胎如果再生产轮胎，要重新通过申请认证。

随着社会舆论的持续关注和工信部的介入调查，3月21日晚，J轮胎(中国)董事长李某某在央视面对全国观众鞠躬道歉，承认被报道的工段存在违规生产的事实，开除相关管理负责人员职务。并宣布将“在最短时间内确定J轮胎(天津)有限公司没有按照公司内部标准生产的产品范围后申请召回”。但对于召回具体时间、具体步骤并没有提及。

4月1日，J宣布，从4月15日起，召回2008—2011年生产的相关批次问题轮胎，涉及数量共计302 673条。然而，这份召回公告却再次招致了业界和媒体人士的强烈质疑。J轮胎的召回需要消费者提前预约，而且要根据指定日期到指定店面更换，而且公休日还休息，有媒体称其为赤裸裸的大爷式召回。除此之外，J轮胎召回的数量也引起了媒体的质疑，3年生产的2 000万条左右的轮胎里，召回的轮胎只占总量的1.5%。

危机一旦发生，企业应秉着勇于承担责任的态度，尽快与媒体和公众进行沟通，说明事实真相，消除公众的疑虑与不安，这才是应对危机事件的正确态度。而在这起事件中，J公司既没有勇于承担责任，对危机事件又反应迟钝，应对不及时，声明、道歉、召回都处理得漏洞百出，事件处理得毫无章法，都对其形象造成了极为不利的影响。

(资料来源：梁静晶．锦湖称央视判定“欠准确”部分车企忙撇清关系[N]．新京报，2011-03-17；
贾晶晶．锦湖品牌命悬一线召回轮胎或只是冰山一角[N]．中国企业报，2011-04-19．)

问题：

1. 公共关系人员在处理危机事件时应注意哪些事项？
2. 请对该企业的危机公共关系工作进行评论。
3. 请对该企业提出危机公共关系建议。

知识链接

雀巢碘超标事件

2005 年 5 月 25 日，浙江省工商局公布了近期该省市场儿童食品质量抽检报告，其中黑龙江双城雀巢有限公司生产的“雀巢”牌金牌成长 3＋奶粉赫然被列入碘超标食品目录。

26 日，雀巢中国公司迅速反应，向媒体发布声明称雀巢碘检测结果符合《国际幼儿奶粉食品标准》，并称碘超标是由于牛奶原料天然含有的碘含量存在波动而引起的，并且该成分的含量甚微，雀巢金牌成长 3＋奶粉是安全的。

27 日，雀巢称中国营养学会公布的《中国居民膳食营养素参考摄入量》，儿童碘摄入量的安全上限为每日 800 微克。因此，上述检测中所提及的碘含量不会带来任何安全和健康问题。但是业内有关专家指出，中国营养学会公布的《中国居民膳食营养素参考摄入量》只是公布了儿童碘每日摄入量的安全上限，这个衡量标准与雀巢奶产品本身应遵守的国家标准，没有直接联系。

继全国各大超市将“雀巢”金牌成长 3＋奶粉全面撤柜后，部分超市开始无条件退货，但雀巢中国公司表示对“问题奶粉”目前尚不实行召回。

城门失火，殃及池鱼。金牌成长 3＋奶粉出事，连带雀巢几乎所有产品都受影响。28 日，搜狐、新浪等网站在所做的调查中，八成网民称暂不买或今后再也不用“雀巢”。

28 日，雀巢(中国)有限公司才正式对外公布，出现碘超标质量问题的奶粉批次为 2004.09.21。雀巢公司虽然声称清楚生产数量及销往哪些市场，但拒绝向公众透露具体信息。

29 日，中央电视台经济半小时播出《雀巢早知奶粉有问题》。

30 日，越来越多知情的消费者到超市要求退货，然而大部分消费者的退货要求却遭到了拒绝。雀巢方面依然没有就问题奶粉事件给出关于召回或者退货的进一步答复，导致大部分消费者退货无门。

6 月 1 日，雀巢营养谷物早餐部门联合“心系好儿童组委会”，启动了“儿童营养配餐知识”教育第二阶段活动，向家庭进行均衡营养教育和强调钙质在儿童生长发育中的重要性。但雀巢方面否认了这次形象公关与碘危机有关联，称是早先约定行事。

6 月 5 日，雀巢中国有限公司大中华区总裁就雀巢金牌成长 3＋奶粉碘超标一事向消费者道歉。雀巢中国有限公司大中华区总裁穆立称，“首先就这次碘含量不幸偏离国家标准一事我们向广大消费者道歉。尽管我们一贯承诺全面遵守国家标准，但还是发生了这次偏离。”

虽然雀巢公司多方游说有关管理部门，6 月 8 日，中国国家标准化管理委员会对“婴儿配方乳粉中碘含量”问题公开表态：“碘不符合标准要求的婴儿配方奶粉应禁止生产和销售。”

6 月 15 日，雀巢宣布：上海市场上的雀巢成长 3＋奶粉已全部收回。

案例点评

(1) 违背承担责任原则。雀巢公司坚持安全说，缺乏诚信，价值观缺失。一会儿说符合国际标准，一会儿说符合《中国居民膳食营养素参考摄入量》中碘摄入量的上限，推三阻四，没有丝毫诚信可言，没有表现出任何为消费者负责的价值观。当全国各商店超市均已撤货时，雀巢公司还在表示不回收，只是对消费者“带来的不必要的麻烦”表示道歉。

(2) 违背真诚沟通。面对危机，企业只有开诚布公地说明事情的原委，诚恳地接受批评才能淡化矛盾、转化危机。推诿和含糊其辞不但无助于危机的解决，还留给新闻媒体和消费者不坦诚的感觉，增加处理危机的难度。

而雀巢公司的公共关系人员面对媒体态度傲慢冷漠，称“如果有进一步的消息我会再告诉你们”，“采

访到此结束”，对公众及媒体的质疑不予理睬。他们一方面不愿意承认自己产品不合格，狡辩产品符合国际奶粉标准；另一方面不但不向消费者道歉，还一再强调自己的产品是安全的。从起初置之不理、拒不交代货物流向，到承诺只换不退，再到同意退货，然后是道歉声明，所有这些几乎都是在中国工商行政执法部门、广大媒体、消费者的要求和监督，以及律师举证认为存在欺诈的情况下，才一步步得以实现的。

(3) 违背及时原则。当危机来临时，企业应该马上予以重视，在第一时间内做出反应，迅速了解情况，迅速找出事实真相，迅速召开新闻发布会或对外发表声明，迅速做出判断，迅速控制事态的发展，从而最大可能地降低危机对企业所造成的伤害。

雀巢奶粉碘超标在没有被媒体曝光前，相关政府部门已经提前 10 天告知了企业，并让其给予答复，但企业没有给予理会。就在事件被媒体曝光后，企业还是不愿意承认自己的产品不合格，表示产品符合国际奶粉标准，搬出国际标准来搪塞公众。在一错再错的情况下，雀巢公司终于失去了解决危机的最佳时机。

(4) 违背人道主义原则。作为婴幼儿食品，事关国家的未来，质量出了问题，这一新闻受到国内媒体的高度重视。雀巢公司没有站在受害者的立场上用富含同情心的措施感动受害者、消费者，而是一些无谓的辩解，这只可能导致公众对之彻底丧失信任。

早在 20 世纪 70 年代曾在世界范围内有长达 10 年的以“维护母乳喂养”为主题的抵制雀巢运动；2003 年一家环保组织就指责雀巢公司的转基因食品，并有中国消费者为此状告雀巢公司。应该说，作为像雀巢这样著名的公司，有前面多次的教训总结，应该有一套比较系统而完善的危机预警和避免机制，而且以公共关系总监为主导的所有员工都应该具有危机意识和娴熟的应对技巧才对，而我们看到的则是，这家企业根本不具备危机管理的基本意识，是一个危机管理的失败者。

光明“回奶”事件

2005 年 6 月 5 日，河南电视台经济生活频道曝出黑幕：郑州光明山盟乳业将过期牛奶回炉再包装后重新进入市场销售。记者按照最低标准估算，仅郑州光明山盟乳业一年就销售 200 万袋回收奶。

6 月 6 日，全国媒体迅速转载该节目所报道内容，各门户网站均在首页显眼位置“以光明牛奶，你还敢喝吗”之类的专题进行跟踪和讨论。光明乳业亦迅速反应，立即派高管到郑州进行自查，同时向消费者发布《诚告消费者书》，称“从来没有做过将变质牛奶返厂加工再销售”的行为，请广大消费者放心。”

6 月 8 日，光明乳业董事长王佳芬接受《每日经济新闻》采访时称“这个事情不存在，光明不可能做这个事情。”

6 月 10 日，《都市快报》报道称杭州出现光明“早产奶”。

6 月 13 日，《中国经营报》报道称上海市出现光明“早产奶”。

6 月 20 日，郑州市食品药品安全委员会日前对光明山盟乳业有限公司有关“光明牛奶利用过期奶再生产”事件发布了书面调查报告。报告称，尚未发现光明山盟回收变质牛奶再利用生产，而存在库存产品在保质期内经检验合格再利用生产。同日，光明发布正式澄清公告承认，“郑州光明山盟乳业有限公司存在用库存产品在保质期内经检验合格再利用生产”。

对此，记者与光明新闻发言人龚妍奇联系时，对方先是不接听电话，随后关机。

6 月 21 日，郑州光明山盟乳业有限公司总经理董波及一位副总均被免职。原因是郑州“回炉奶”风波“对光明的品牌和销量都造成了‘影响’”。

6 月 24 日，光明乳业在其网站上挂出《光明乳业诚致广大消费者》书，首次就郑州事件向消费者表示道歉。

受到光明牛奶“回奶事件”和“早产奶事件”的影响，从 6 月 9 日开始，光明乳业股票证券市场连续遭到市场的抛售。4 个交易日里，光明乳业的股价下跌了 0.42 元，跌幅高达 8.6%，缩水超过 1 亿元人民币。

案例点评

(1) 违背未雨绸缪原则。雀巢公司在 5 月出了问题，中国整个乳制品行业都应该加强防范措施，决不允许企业本身出现任何问题。然而，作为雀巢公司的竞争对手，光明乳业公司对雀巢公司的危机没有给予足够的重视和警醒，也没有及时导入危机的预警和避免机制，而是急着抢占雀巢的市场份额，使雀巢的故事在光明身上再度上演。

(2) 违背承担责任原则。《诚告消费者书》称不可能存在有“回锅奶”一事，并称《诚告消费者书》已经代表了光明乳业公司在对这一事件进行自查后的最终态度。董事长王佳芬更是言称那是“不可能存在的事”。此种表态是莽撞的，也是不负责任的。先表态称无论如何，出于对消费者的负责，先停止销售河南光明的产品，并进行回收，这才是正确的态度。

(3) 违背真诚沟通原则。诚实不欺骗，不要隐瞒事实或误导大众。因为不诚实会破坏组织和利害关系人的关系，也会损坏组织的信誉。在面对危机时，组织可以有限度地透露信息，让公众知道他们应该知道的，但无论透露多少，透露的信息必须是真相，不然会失去媒体和公众的信任，引起猜测和反感。

而光明乳业公司在媒体爆出回锅奶事件后，董事长在接受采访时，断然否定了光明乳业郑州分公司加工生产过期奶，而后来发展的事实证明此公司的确有此事。而后光明乳业公司表示杭州生产运营没问题，杭州又出现“早产奶”事件；接着又表示上海大本营肯定没问题，中国经营报又曝出“早产奶”事件；一次又一次的不诚信让公众失去了对光明品牌的认同。光明乳业公司极力否认事实，试图愚弄媒体和公众，最终被愚弄的是自己。等到一切真相都大白的时候，光明牛奶的相关人士却毫无踪影。这只会让消费者更加相信光明乳业公司有问题、光明乳业公司没有解决问题的诚意。

危机管理是一门艺术性和策略性非常强的科学，是基于坦诚、沟通基础上极为讲求策略的科学。从雀巢奶粉风波到光明牛奶事件，这两个企业都缺乏坦诚和沟通的诚意，事情发生以后，在媒体的追踪下，其发言人仓促应对，或者极力辩解，或者矢口否认，或者面对质疑答非所问，甚至试图逃避采访等都是具体的体现。另外，新闻发言人的选择上也存在失误。新闻发言人应该由公共关系部经理或者有一定演说能力和应变能力的相关高管担任，一般不主张代表最高层的首席执行官或者董事长直接兼任，以便给组织留有回旋和调整观点的余地。而光明“回奶”被电视台曝光后，上海光明乳业公司董事长王佳芬代表上海光明乳业公司直接回答记者的问题，她的回答中存在着诸多被事实证明是矛盾的地方。随着事态的发展，浙江和上海光明“早产奶”被揭露和查处，光明乳业公司断然拒绝与外界进行任何形势的沟通，在信息控制上完全处于被动，促成了光明乳业公司危机的进一步扩散。

当企业危机爆发以后，公司的立场应该明确、直接。在危机中，公司不能在公众面前闪烁其词，同时还要保持一定的灵活性来应付事态的发展。如果组织确实有错，就要勇于承认错误，然后迅速将注意力转移到接下来要开展的工作上，不要没完没了地强调和重复做错了的事情。这一点，雀巢公司和光明乳业公司是个完全的失败，从最初的矢口否认到后面的道歉，都让两个公司的形象遭受打击。组织在应对危机时所进行的危机沟通，每一步都需要缜密的规划。

(资料来源：http://news.cnfol.com/051209/101,1599,1584710,02.shtml.)

第3篇　实务礼仪

第11章　公共关系礼仪

教学目标

通过本章学习，理解公共关系礼仪的含义、作用，了解公共关系礼仪的基本特征和原则，熟悉公共关系社交礼仪的基本要求和特点，掌握公共关系礼仪的基本操作要领。

教学要求

知识要点	能力要求	相关知识
公共关系礼仪的含义、作用	(1) 理解公共关系礼仪的含义 (2) 认识公共关系礼仪的作用 (3) 熟悉公共关系礼仪的特征和原则	(1) 继承性 (2) 实用性 (3) 灵活性 (4) 民族性 (5) 发展性 (6) 影响公众 (7) 信用 (8) 自律
公共关系社交礼仪	(1) 知道公共关系社交礼仪的特征 (2) 了解公共关系社交礼仪的种类 (3) 掌握公共关系社交礼仪的操作要领	(1) 社交礼貌用语 (2) 日常行为礼仪 (3) 拜访礼仪 (4) 交谈礼仪 (5) 餐饮礼仪 (6) 仪容礼仪 (7) 服饰礼仪
公共关系社交礼仪的训练	(1) 了解公共关系社交礼仪的顺序 (2) 把握公共关系社交礼仪的度 (3) 完成公共关系社交礼仪的自我训练	(1) 规范礼貌用语训练 (2) 规范体态语训练
公共关系社交礼仪的应用	(1) 运用公共关系礼仪进行对内、对外的沟通与协调 (2)体现自身修养水平和业务素质	(1) 公共关系礼仪 (2) 公共关系社交礼仪与公共关系关系人员的素质 (3) 形象的关系

基本概念

礼仪　公共关系礼仪

导入案例

Kiss bye

一位华裔外商数年前在某城市投资了一个百万美元的项目，由于经营得当，又得到了各方的支持，几年下来，生意越做越好，投资的回报率相当高。高兴之余，这位外商决定宴请一批新、老客户，合作的伙伴以及代理商等，以表示谢意。地点就设在市内最豪华的一家五星级酒店的顶楼旋转餐厅，这是一个以高水准的服务而著称的餐厅。果然，客人们都受到了热情而周到的接待，酒菜又很丰富，宾主都十分欢愉。

席间，这位外商乘兴多喝了几杯，有了些许的醉意。到了10:00左右，宴会接近尾声，有些客人开始退席，这位外商也站起身，打算离去。一位女服务员将他送到餐厅门口，有礼貌地道别："多谢您的光临，先生。请慢走。"

谁知道，这位外商下楼后没多久，又返回了餐厅。女服务员以为他忘记了什么东西，问他："先生，您有什么事呢？有什么我可以帮助的地方？"

"喔，没什么，"外商回答："只是，刚才我忘记吻你一下了。"

虽然大家都明白他是喝多了，还是有很多人哄笑起来。外商站在那里不动，一副不吻不罢休的样子。其他的服务员都望着这位女服务员，不知她如何应付这个场面。

只见她平静地走到外商面前，落落大方地伸出一只手，外商拿起她的手，吻了一下，然后满意地下楼去了。这一次他没有折回来。

众人都用佩服的眼光看着她，一个十分难堪的局面，被这位女服务员处理得自然、得体，不留遗憾。

该案例中的女服务员在面临这一意外事件时的灵活应对，避免了尴尬局面，又使客人十分满意。由此给我们的启发是，公共关系人员可能会遇到各种各样的客人，他们有着不同的文化和制度背景、不同的价值观念和不同的性格特征，公共关系人员怎样才能做到应对自如、八面玲珑呢？本章将针对此问将公共关系礼仪节节展开。

(资料来源：憨氏. 时尚商务礼仪[M]. 内蒙古：内蒙古文化出版社，2005.)

思考题

上述案例给你的感受是什么？

11.1　公共关系礼仪概述

公共关系礼仪是将礼仪的具体要求在公共关系的管理中进行了运用，这种运用既表现为对公共关系从业人员的礼仪规范的要求，公共关系人员个人形象的塑造，同时也表现为在公共关系活动时所要遵循的一系列基本工作程序，更是传统礼仪在当代公共关系活动中的发展。

11.1.1　礼仪与公共关系礼仪

礼仪是一个复合词，由"礼"和"仪"两部分组成。礼是表示敬意的通称；为表示敬意而隆重举行的仪式叫作礼仪。换句话说，礼仪是指一个国家、一个民族、一个部门、一个行业、一个团体、一个家庭乃至一个人，在其内部和在其与外界进行各种交往活动时，必须遵循的道德行为规范和准则。礼仪的本质就是通过一些规范化的行为以表示人际间的相互敬重、友善和体谅。

礼仪是指人们在社会交往活动中形成的行为规范与准则，它是社会道德、习俗、宗教等方面人们行为的规范，是文明道德修养程度如何的一种外在表现形式。礼仪不是随便制定的，是在人际交往中，以一定的约定俗成的程序、方式表现的律己、敬人的过程，涉及穿着、交往、沟通、情商等内容，是各个国家、各民族在不同时期常有不同的礼仪规范，它源于待定的民族、国家长期形成的伦理道德观念和社会生活习俗，它是一种约定的行为规范。从个人修养的角度来看，礼仪是一个人内在修养和素质的外在表现；从交际的角度来看，礼仪是人们交际中的一种方法和艺术；从传播的角度来看，礼仪是人际交往中进行相互沟通的技巧。

一般说来，礼仪作为一种约束和规范主要表现在以下 4 个方面。

(1) 礼貌：表示一种规范，是人们言语动作谦虚恭敬的表现，如做家长的经常教育子女要有礼貌。

(2) 礼节：人们表示尊敬、问候、祝愿等惯用的形式，是一种分寸的要求。它强调的是人们交往时必须掌握好一种度，过和不及都会达不到效果。

(3) 仪式：人们按照礼貌和礼节做事情的程序。这种程序是让事情的解决找到了共同的规则，并使大家有所适应，如开幕典礼、签字仪式、剪彩仪式等。

(4) 仪表：裸露在外能被人看到的外表。如容貌、服饰、姿态、举止等。

礼仪侧重于个人形象的塑造，而公共关系礼仪则是着力打造组织形象。由此，可以认为公共关系礼仪就是公共关系人员在开展公共关系活动中所必须遵循的礼仪程式或规范。礼仪与公共关系的结合体现了一种内在追求与外在形式的一致性，也是公共关系管理的礼仪要求。

11.1.2 公共关系礼仪的作用

由于现代社会的日益开放和世界文化的多元化，由于全球化时代的到来，世界各国人们的交往日益频繁与快捷，必须要求人们在交往中要知礼、懂礼、用礼，人们对公共关系礼仪的需求日益迫切。目前，无论是政府机关、学校、企业、公司，还是事业单位、商场、服务行业都在强化公共关系礼仪的学习以期提高广大公务员、师生、员工、服务人员等的公共关系礼仪修养与水平。公共关系礼仪在塑造组织良好形象、维护组织内部团结、拓展组织对外友好往来、提高组织员工的文明水准、广泛传递组织信息等方面发挥了积极而有效的作用，这也正是各类组织为何青睐公共关系礼仪的原因之所在。

1. 塑造组织良好形象

社会组织的形象问题是影响组织生存与发展的关键问题，决不可掉以轻心。企业、组织拥有良好的形象就等于拥有了一笔无形资产。良好的形象能赢得顾客的信赖，能获得社会的赞誉，能提升组织的社会地位，能提高竞争力，能美化市场、美化社会环境。

国内外一些名牌企业、享有盛誉的一些大公司、集团都具有良好的组织形象。如，日本的松下、东芝、本田、丰田等，产品创立了让消费者信赖的牌子，公司则树立了“卓越”

的美誉。此外，日本名牌企业对公共关系礼仪的注重也是举世闻名的。以松下为例，公司对员工仪表仪态、言谈举止、行为规范、礼貌礼节要求非常严格，公司在各种活动中举行的仪式、仪典也格外隆重、严谨。美国的麦当劳，在世界各国各大城市的分店都有统一要求：质量不变、服务一流、清洁卫生、环境舒适，员工统一着装，热情有礼貌使顾客在优雅的音乐声中进餐有一份好心情。中国海尔集团对员工的礼仪要求严格、全面、具体。对为顾客上门服务的员工在礼貌、礼节方面的要求更是细致入微。每一位海尔人都能以规范的公共关系礼仪行为修养和规范的举止来维护海尔的企业形象，并赢得了用户的一致好评。

2. 维护组织内部团结

公共关系礼仪能使人气质变温和，能教人敬重别人，能化干戈为玉帛，能变对立为合作。组织的凝聚力、内部的团结，一刻也离不开公共关系礼仪。如果组织成员不讲公共关系礼仪，都是自以为是、自高自大、目中无人、语言粗俗、举止鲁莽、气急败坏、态度恶劣，再加上不修边幅、衣着不整、蓬头垢面，试想，这样的组织成员能精诚合作、团结一致吗？这样的组织会有凝聚力吗？只有注重公共关系礼仪的组织才能维护组织内部的团结，增强组织的凝聚力。

组织举行的仪式对维护组织的内部团结也会产生意想不到的效果。例如，我国首都北京天安门广场，每天清晨由国旗队举行庄严的升旗仪式，不仅吸引成千上万的人前来观看，而且在庄严神圣的气氛中，使中国人感到无比骄傲和自豪。企业举行开张、开业的庆祝仪式，挂牌、揭幕仪式，表彰、颁奖礼仪等，都能起到激励企业员工的士气，激发和调动员工对企业组织的归宿感、认同感、从而强化员工的主人翁意识，增强责任心。

3. 拓展组织对外友好往来

公共关系的宗旨是“内求团结，外谋发展”。公共关系礼仪既可以促进组织内部团结，又可以拓展对外的友好往来，使组织广结良缘。

公共关系礼仪强调待人文明礼貌，尊重友善，同时注重以良好的仪容、仪表、仪态出现在社交场所。良好的形象与修养必然会得到公众的赞美，这有利于增强人际间的吸引和友好往来，有利于结识新朋友，扩大社交圈。

公共关系礼仪是教人们怎样做一个受欢迎的、有吸引力的人。组织成员如果人人都注重公共关系礼仪，组织对外的友好交往必然得以拓展。

4. 提高组织员工的文明水准

礼仪是人类文明的标志，公共关系礼仪是组织与公众文明交往活动的规范。强调组织员工注重学习公共关系礼仪，不断向员工灌输公共关系礼仪知识，无形中就提高了组织员工的文明水准。

一个组织的员工衣着整洁大方，态度热情温和，举止言谈彬彬有礼，待人接物礼貌耐心，举行仪式认真规范，试想有谁会认为这样的组织文明水准不高呢？市场呼唤这样的组织，社会需要这种具有较高文明水准的组织。公共关系礼仪为人们架起了一座高文明水准的桥梁和阶梯，只要坚持遵循和执行公共关系礼仪的行为准则，各类组织就能达到一个更高的境界。

5. 广泛传递组织信息

公共关系强调双向沟通，公共关系界的权威人物卡特利普和森特提出“双向对称”的原则，即组织应把信息准确无误地传递给公众，与此同时，也要把公众的信息及时反馈给组织。传递组织信息是公关的重要职能之一。

由于人们处在知识经济时代，信息的“爆炸”已导致信息数量巨大，呈现出信息泛滥、充斥整个社会的局面，“信息”作为稀缺资源的地位已被“注意力”所取代。

组织传递信息怎样吸引公众的注意力呢？这就要突破传统的传播定势。突破仅仅依赖广播、电视、广告、网络、报纸、杂志等媒体传播的模式，以更新颖、更独特的方式吸引公众的眼球。公共关系礼仪恰恰能发挥它的优势，以新颖的方式传递组织信息并能吸引公众的注意力。如海尔集团，通过上门服务的员工变现出来的规范礼仪行为，向公众传递了“海尔真诚为顾客服务的信息”。

综合上述，公共关系礼仪的作用显而易见。因此，社会上的各类组织都十分重视公共关系礼仪，对员工加强公共关系礼仪培训的组织也与日俱增，这将有利于全社会文明水准的提高。

11.1.3 公共关系礼仪的基本特征

1. 实用性

实用性特征是指公共关系是一门操作性很强的学科，注重的是一种实际应用。实用性体现在公共关系人员自身的操作和其表现的价值。任何组织，任何时候都会碰到公共关系礼仪的问题，都会用到公共关系礼仪知识。

应用案例 11-1

少了一颗扣子

一个年轻职员被派去接待一个法国投资考察团，这个年轻人外语流利、衣着得体，可是，外商还是没有将他所在的城市选为投资场所，因为他们发现这个年轻人的西装袖子上，缺少一粒扣子，因而判定他的介绍一定不严谨周密，可信度不高。

(资料来源：熊卫平. 现代公关礼仪[M]. 北京：高等教育出版社，2004.)

在现实公共关系礼仪活动中，类似的例子随处可见。只有认真学好公共关系礼仪知识，才不至于临场出错，给工作和事业带来负面影响。

2. 共通性

公共关系礼仪是礼仪在公共关系活动中的应用，具有较严格的规范和要求，是各类组织和人们在公共关系活动中必须共同遵循的。公共关系礼仪具有共通性，尤其是在国际交往中。据最新的《世界知识年鉴》介绍，目前全球约有 232 个国家和地区，其中联合国会员国共有 192 个。另据不完全统计，世界大约有 2 000 多个民族。试想，这么多的国家、这么多的民族，如果没有大家都能接受和认同的相通的公共关系礼仪，国际间的交流、往来、沟通将无法开展。

公共关系礼仪中有许多规范是世界共同的、相通的。例如，迎接国家领导人来访、铺红地毯、检阅仪仗队、奏两国国歌、献花、领导人讲话、群众夹道欢迎等，庆典仪式、签字仪式、会见、会谈、礼宾次序等，国际性的大型活动开幕仪式、程序等，谈判、宴请女士优先规则等，大体上都是世界通用的。而且随着社会的发展，社会文明水准的普遍提高，世界日益全球化、国际化、一体化，公共关系礼仪的共通性会更加突出和明显。

3. 灵活性

灵活性的特征显示了公共关系礼仪在运用中的一种应变性。公众是多变的，公共关系过程是持续的。因人而异、因地而异、因时而异而需要灵活把握。

例如，男士和女士同时进电梯，一般男士让女士先进去，自己再进去。但如果是带队的工作人员带领，那么工作人员不论是男女都要先进电梯，按住电钮，等大家都进来了再关好电梯门。到了预订楼层，工作人员又按住按钮，等大家走出电梯后，自己才最后走出电梯。

又如，乘坐小车，如有专职司机，一般最尊贵的客人应坐在副驾驶座的后面(也有的认为应坐在司机的后面，这就说明了具有灵活性)。但如果是主人、领导、或董事长的夫人也一同迎接客人，则夫人应坐在副驾驶座上，客人坐在后排座位上。如果客人自己提出坐在前面，也要灵活安排，而不是死板教条。

4. 民族性

世界文化的多元化使礼仪和公共关系具有民族性特征。各国、各地区、各民族的礼俗呈现出千姿百态的个性化特征。在公共关系人员了解到公共关系礼仪具有共通性的同时，也要认识到公共关系礼仪的民族性。由于不同国家、不同民族长期积淀的文化差异，导致接待礼仪、见面礼仪、交谈礼仪、馈赠礼仪、风俗礼仪等也存在很大差异。例如，国际交往中的见面礼节就体现了民族性特征，除了较普遍的握手礼外，还有拥抱礼、亲吻礼、吻手礼、鞠躬礼、跪拜礼、合十礼、拱手礼等。

公共关系礼仪文化犹如多姿多彩的世界，缤纷灿烂。俗话说：“十里不同风，百里不同俗。” 公共关系人员必须依据民族性特征，尊重和了解各国、各民族不同的礼俗，尽力做到“入境问俗，入乡随俗”，以便能与他们融洽和谐地交往。

5. 发展性

发展性特征是一种需要特别关注的特征。礼仪自产生以后从未停止过发展和变化，每一种礼仪都会经历产生、形成、改革、修正、发展的过程。公共关系礼仪也同样随着社会而发展，随着时代的变化而变化。公共关系礼仪随着全社会文明程度的提升，不断与时俱进，不断完善，不断丰富，不断健全，不断发展。例如，我国从封建社会的“三从四德”到现在的“男女平等”、“尊重妇女”、“女士优先”等，都体现了礼仪与时俱进的发展性。

从一个组织的生存意义来看，公共关系追求的是长远的利益和持久的形象。因此，公共关系礼仪总是要与时代合拍，与社会发展相协调。没有亘古不变的准则和永恒的模式。公共关系礼仪只有不断发展，才能永葆其旺盛的生命力，才能发挥教育、指导人们规范言行举止的作用。

11.1.4 公共关系礼仪的原则

1. 自律原则

这是一种对别人宽容的心理意志力的表现，要求约束自己的言行举止，这本身就是礼仪的基本境界。因为忍耐就是一种优雅。在社会交往中，要经常学会自我反省、自我控制、自我约束；讲究求同存异，不强求一律、求全责备、斤斤计较；当他人与自己的观点、行为相左时，多体谅、多理解、多换位思考、多设身处地为人着想。

2. 影响公众原则

公共关系礼仪的目标性很明确，即对目标公众开展公共关系的活动并在与公众的交往中体现出公共关系人员的个人形象。因此，公共关系礼仪的任何作用都会直接影响到与公共关系主体密切相关的一定的公众，如在新闻发布会上如果能主动地直接称呼记者的姓名往往会带来另一种效果，这是礼仪的一种具体运用，体现了对公众的重视。在与公众的交往中有一些基本要素往往会诱发公众的防卫心理，因为一旦有人向你表露一些观点时，表露的深浅程度是与对你的评价和判断有关的。由于这是一种自己内在的表现，因此，来自于对方的任何不恰当的态度及评论都会引起他的防卫心理，使他终止表露，沟通也会就此停止。因此，对别人的了解是沟通与交流的前提。

3. 信用原则

言必行，行必果。信用原则就是在交往中开诚布公、言行一致、言而有信，不矫揉造作、阿谀奉承、虚情假意。在无法帮助别人做到一些事情时，学会说“不”也是一种信用。

4. 实践原则

公共关系的准则更多的不是理念性的或思辨性的，它是实践性的，它可以充分地体现在公共关系的日常行为和活动中，同时也会为公共关系工作的顺利开展带来明显的效益。实践的原则也要求在学习公共关系礼仪时必须学会一定的操作与运用，如各种公共关系文书的撰写，各种专项活动的设置与安排中的礼仪设计，以及个人形象的设计等。

5. 适度原则

礼仪并非越多越好，所谓“礼多人不怪”的观点是不对的。俄罗斯著名作家契诃夫(chekhov)在其短篇小说《小公务员之死》中，为人们讲述了这样一个令人啼笑皆非的故事。小公务员切尔维亚科夫在看戏时，不小心打了一个喷嚏，他觉得这个喷嚏给坐在自己前面的一位将军带来了不快，于是开始道歉。他在戏剧的演出过程中道了歉，在幕间休息时再次道歉，事后又专程赶到将军的办公室请求将军宽恕。可是，切尔维亚科夫仍然感到自己还是没能以适当的方式向将军致以歉意，还没有得到将军的真正宽恕，又多次前往将军的办公室道歉。终于，这位将军被切尔维亚科夫无休止的道歉惹得勃然大怒，他把这个小公务员从办公室里轰了出去。切尔维亚科夫吓得惶惶不可终日，回到家中，郁郁寡欢。不久，这个可怜的小公务员便在愧疚和抱憾中死去。在实际工作中，一定要注意适度原则，视情况而定，适可而止，否则会给人反感甚至厌恶。

11.2 公共关系社交礼仪

应用案例 11-2

被宠坏的太太

在西方社会里，“女士优先”是男士恪守的社交原则，在一些不起眼的小事上谦让和照顾女士，被认为是男子汉气质与绅士风度的表现。因此，在不少西方国家都有一条不成文的规矩，即女士搭乘公共汽车的时候，同车的男士应主动让座。这种情况下，女士无需退让，只要一声“谢谢”，便可以安然入座。一天，正是上班时的交通高峰时间，一两搭载了不少乘客电车缓缓的停靠在站台上。一位太太登上了电车，在车厢里走了几步，便犹豫地站住了，因为乘客挺多，已经没有空座位了。一位先生见状，便客气地站起来对她说：“请坐这儿吧。”这位太太走上前，看也没看他一眼，便一声不吭地坐下了。这让那位先生颇感诧异，周围的乘客也都对她这种不礼貌的行为感到不满。

这位先生站在他的身边，想了一下，俯下身问她：“太太，您刚才说什么来着？我没听清楚。”那位太太抬头看看他，奇怪地说：“我什么也没有说呀。”

“喔，对不起，太太，”那位先生淡淡地说：“我还以为您在说‘谢谢’呢。”

上述案例启迪公共关系人员在日常交往活动中所应具有的相互表示尊重、敬意、亲善和友好的行为规范与惯用形式。但是，作为公共关系人员施礼与别人而别人并未回礼，抱有的心态便是认为他忘记了，对别人的宽容启示正是公共关系礼仪的一种表现。

在现代公共关系活动中把握社交礼仪的基本特点和要求，对于处理好各种公共关系具有重大意义。

(资料来源：憨氏．时尚商务礼仪[M]．内蒙古：内蒙古文化出版社，2005．)

11.2.1 社交礼貌用语

(1) 与人相见说“您好”。
(2) 问人姓氏说“贵姓”。
(3) 问人住址说“府上”。
(4) 自己住家说“寒舍”。
(5) 求人办事说“拜托”。
(6) 请人协助说“劳驾”。
(7) 请人解答说“请教”。
(8) 麻烦别人说“打扰”。
(9) 接受好意说“领情”。
(10) 求人指点说“赐教”。
(11) 得人帮助说“谢谢”。
(12) 祝人健康说“保重”。
(13) 向人祝贺说“恭喜”。
(14) 老人年龄说“高寿”。
(15) 身体不适说“欠安”。
(16) 看望别人说“拜访”。
(17) 请人接受说“笑纳”。
(18) 希望照顾说“关照”。
(19) 赞人见解说“高见”。
(20) 请人赴约说“赏光”。
(21) 请人谅解说“包涵”。
(22) 无法满足说“抱歉”。
(23) 等候别人说“恭候”。
(24) 初次见面说“久仰”。

(25) 许久不见，要说“久违”。
(26) 陪伴朋友说“奉陪”。
(27) 中途先走，要说“失陪”。
(28) 迎接朋友说“欢迎”。
(29) 请人别送，要说“留步”。
(30) 送别朋友说“再会”。

日常社交过程中，下述礼貌用语要广泛运用。

(1) 问候语：“早上好”、“下午好”、“晚上好”、“您好”、“很高兴认识您”等。
(2) 欢迎语：“欢迎光临”“请多指教”、“请多关照”等。
(3) 感谢语：“谢谢”、“让您费心了”、“ 给您添麻烦了”等。
(4) 致歉语：“对不起”、“请原谅”、“很抱歉”、“请稍等”等。
(5) 谅解语：“别客气”、“不用谢”、“没关系”、“请不要放在心上”等。
(6) 祝福语：“祝您一路顺风”、“身体健康”、“生活愉快”、“万事大吉”等。
(7) 告别语：“再见、欢迎下次光临”、“欢迎再来”等。

11.2.2 见面礼仪

1. 称呼礼仪

称呼是指人们在日常交往应酬中所采用的彼此之间的称谓语，也是当面招呼对方，以表明彼此关系的名称。它是人际交往语言中的先行官。在社会交往中，如何称呼对方，这直接关系到双方之间的亲疏、了解程度、对对方的尊重程度及个人修养等。一个得体的称呼会令彼此感觉良好，为以后的交往打下良好的基础，否则会令对方心里不悦，影响到彼此的关系。在社交、工作场合中常用的称呼总的要求是要庄重、正式、规范。

1) 职务称呼

职务称呼一般在较为正式的官方活动、政府活动、公司活动、学术性活动中使用。以示身份有别，敬意有加，而且要就高不就低，如王总经理、张主任、刘校长等。

2) 职称称呼

对于有专业技术职称的人，尤其是有高级、中级职称者，可以在工作中直接以其职称相称，如龙主编、常律师、叶工程师等。

3) 学衔称呼

在工作中以学衔作为称呼，可以增加被称者的权威性，同时有助于增强现场的学术氛围，如刘博士；也可以在学衔前加上姓名，如张明博士。一般对学士、硕士不称呼其学衔。

4) 职业称呼

在工作中，可以直接以职业作为称呼，如老师、教练、会计、医生等。在一般情况下，此类称呼前，均可加上姓氏或者姓名，如刘老师、于教练、王会计等。

5) 泛尊称

泛尊称就是对社会各界人士在一般较为广泛的社交中都可以使用的，如小姐、女士、夫人、太太。未婚者称小姐，已婚者或不明其婚否称女士。男的叫先生，不分男女叫同志。

2. 介绍礼仪

介绍礼仪是礼仪中的基本、也是很重要的内容，介绍是人与人之间相互认识交往的第一座桥梁。从礼仪的角度来讲，介绍可以分为自我介绍和为他人做介绍两类。

1) 自我介绍

自我介绍的时间应该限制在一分钟或者半分钟左右。介绍的标准化顺序就是地位低的人先做介绍。主人应该首先向客人做介绍；长辈和晚辈在一块儿，晚辈先做介绍；男士和女士在一块儿，男士先做介绍。一般情况下，自我介绍可以分为5种模式。

(1) 应酬式。应酬式的自我介绍适用于某些公共场合和一般性的社交场合，它的对象主要是进行一般接触的交往对象。它的内容就一项，就是你的姓名。如“您好，我是李方。”

(2) 公务式。公务式的自我介绍内容包括本人姓名、供职的单位及其部门、担负的职务或从事的具体工作等3项。这是人们在日常交往和工作中遇到最多的介绍的内容，就是在工作之中在正式场合做的介绍。一般而论，公务式自我介绍需要包括以下4个基本要素：单位、部门、职务、姓名，如“您好，我叫张正，是景天电脑公司的销售经理。”

(3) 交流式。交流式的自我介绍，主要适用于社交活动，它是一种刻意寻求与交往对象进一步交流与沟通，希望对方认识自己、了解自己、与自己建立联系的自我介绍。交流式自我介绍的内容大体应当包括介绍者的姓名、工作、籍贯、学历、兴趣以及与交往对象的某些熟人的关系，如“您好，我叫张正，是景天电脑公司的销售经理，是李方的老乡，都是武汉人。”

(4) 礼仪式。礼仪式的自我介绍，适用于讲座、报告、演出、庆典、仪式等一些正规而隆重的场合。它是一种意在表示对交往对象友好、敬意的自我介绍。礼仪式的自我介绍的内容也包含姓名、单位、职务等项，但是还应多加入一些适宜的谦辞、敬语，以示自己礼待交往对象，如“各位来宾，大家好！我叫张正，我是景天电脑公司的销售经理。我代表本公司热烈欢迎大驾光临我们的展览会，希望大家……”

(5) 问答式。问答式的自我介绍一般适用于应试、应聘和公务交往。问答式的自我介绍的内容，讲究问什么答什么，有问必答，如“先生您好，请问您怎么称呼？(请问您贵姓？)”、“您好，我叫张正。”

2) 为他人做介绍

为他人做介绍，通常是介绍不相识的人相互认识，或者把一个人引荐给其他人，当介绍人时要注意以下礼仪。

(1) 掌握介绍顺序。介绍他人的一般规则是尊者居后。就是把双方之中地位较低的一方首先介绍给地位较高的一方，“尊者有优先知情权”。具体来说：先将男士介绍给女士；先将晚辈介绍给长辈；先将职位低者介绍给职位高者；先将未婚者介绍给已婚者；先将客人介绍给主人；先将家人介绍给同事、朋友。

(2) 在介绍过程中，先称呼女士、年长者、主人、已婚者、职位高者。例如，先把职位低者介绍给职位高者时，可以这样说：“王总，这是张秘书。”然后介绍说：“张秘书，这位是王总经理。”当被介绍人是同性别、年龄相仿或一时难以辨别其身份、地位时，可以先把与自己关系较为熟悉的一方介绍给自己较为生疏的一方。经介绍人介绍后，初识的双方就易自然的交往了，但是一旦发现对方并无继续交往的兴致，有礼貌走开即可，不应显出委屈的样子。

(3) 偶然相遇的介绍，不一定要向对方介绍自己的同伴，除非认为有这个必要，希望他们交往。如果两个相识的女子相遇，有一个男子与其中一位女子相伴，他应知趣地退到一旁，至多点一下头表示礼貌。

总之，随着现代交往范围的不断扩大，尤其是公共关系人员，关于介绍的礼仪知识是必须掌握的，不然很容易闹出笑话。另外，在别人为你引见某人，并把他介绍给你之后，你作为被介绍人也应该有非常得体的举止：主动、及时地站在对方的面前，目视对方，待介绍人介绍完毕之后，应与对方握一下手，起码也要点头示意，同时说一些诸如“你好”、“认识你很高兴”、“幸会”、“请多关照”之类的话，也可视情况递上自己的名片。

11.2.3 日常行为礼仪

1. 握手礼仪

握手是人们日常交往中最常见的一种见面致意礼节，表示欢迎、致意、问候、寒暄、辞别、祝贺、感谢、慰问等多种含义。

1) 握手的方法

一般是双方站立，相距一步，各伸出右手，掌心向左，拇指张开，四指并拢，上身略向前倾，眼睛注视对方，面带微笑，手掌与地面垂直，手臂自然弯曲，上下轻摇。握手时，应让对方感到你的诚恳与真挚，不要斜视别处或东张西望，更不可与某人握手的同时，与另一人交谈。握手的方式千差万别，不同的方式体现不同的意蕴。通过握手，可以了解对方的性格、情感状况、待人接物的态度等。

常见的握手方式有以下几种。

(1) 控制式，即握手者掌心向下，以求居高临下。

(2) 乞讨式，即握手者掌心向上，以示谦卑与恭敬。

(3) 手套式，即握手者双手握住对方的手，以求更加尊重、亲切、感激和有求于人。

(4) 死鱼式，即握手者轻漫无力，毫无生机。

(5) 蛮横式，即握手者出手力猛，显得鲁莽。

(6) 抓指尖式，即握手者出手仅轻点对方指尖，显得清高冷淡。

2) 握手礼仪规范

(1) 从握手时间上来看，初次见面者握手时，用时一般不超过20秒，老友间最长也不过30秒左右。握手一般不宜轻轻一碰就放下，也不可久握不放。

(2) 从仪态上来说，男性握手时应脱去手套；握手毕，不可当面擦手；握手不可跨着门坎或隔着门坎，不可东张西望，不可手指捏捏点点，不可出示不干净或湿的手，不可左手去握。

(3) 在力度上，既不能有气无力，也不能握得太紧。太轻，会被别人认为你傲慢冷漠或缺乏诚意；太紧，会被感到热情过火，粗鲁轻佻。

(4) 在次序上，一般遵循先同性后异性、先长辈后晚辈、先已婚者后未婚者、先主人后客人、先贵宾后一般宾客、先职位高者后职位低者的原则。握手时，要体现对女士、长辈、主人、上级的尊重。与女性握手要晚出手(即等女性先伸手)、手轻时短；与长辈、上级或贵宾握手时，也要晚出手(即等对方先伸手)、快步趋前、酌情问候，不可久握不放。

2. 名片礼仪

名片是经过设计能表示自己身份、便于交往和开展工作的卡片。一般用白色纸张印刷，也有用彩色纸张印刷。名片上一般印有姓名、职称、职务、工作单位、联络电话等，还有的名片上印有业务范围、社会兼职等内容。在业务往来和社交场合中，人们已经越来越离不开名片了。为了让名片发挥更大作用，人们总结了一些在社交场合递送和接受名片的基本礼仪。

(1) 递送名片时机要恰当。一般在双方交谈得较融洽，有表示建立联系之意时或双方告辞时，顺手取出名片递给对方，以示有意结识对方并保持联络。

(2) 递送时，双目正视对方，不可目光游离不定或漫不经心，要使名片正面朝向对方，用双手或右手递送给对方，并说相应的寒暄语，如“请多关照”、“请笑纳”等。

(3) 接受时，要目视对方，用双手或右手接过，态度恭敬，并点头致意。接过后，要认真阅看一下以示敬重和有兴趣，可以说些表示客气的话“深感荣幸”等。看过后，郑重放人口袋或名片夹或其他适当地方，切不可一眼不看地随手置于边，或随意扔于桌上或其他地方，也不可随意在手中玩弄。

3. 交谈礼仪

与人交谈时，应时刻记住倾听是谈话的重要技巧。交谈的目的是交流，一定要让对方讲话，而且要让对方明白自己的兴趣所在。因此，听人说话是一件非常重要的事情，聆听本身就是对对方谈话的一种褒奖方式。如果能够耐心专注的倾听对方的谈话，就等于以自己的体语告诉对方：“你的谈话值得我如此专著的倾听。”这样就可以无形地提高对方的自尊心和自信心。谈话人会对你产生亲切感，从而拉近心理距离。耐心的倾听是一个人基本礼仪修养和对性格的铸造。

(1) 专心倾听。当别人与你交谈时，应目视对方，与说话人交流目光，以示专心，还要静听。聆听者可以通过赞许性的动作语言如眼神、点头或手势、适当的发出“哦”、“嗯”等，表示自己在专心地倾听，从而鼓励对方说下去。一个出色的聆听者具有强大的魅力，它能使谈话者感到自己的重要性，引起对方继续讲话的兴趣。

(2) 适当的情绪投入。听者应轻松自如，神情专注，应随着说话人情绪的变化而伴之喜怒哀乐的表情，即聆听者宜在对方谈话时注意自己的反馈。否则对方激昂愤慨，你却毫无反应，他就没有情绪说下去了。

(3) 适当地提问或插问。通过一些简短的提问或插问，暗示对方确实对他的话感兴趣，或启发对方，引出你感兴趣的话题。

(4) 学会边听边想。听比说快，听者在听话过程中总有时间空着等待。在这些时间空隙里，应该回味讲话人的观点、定义、论据等，把讲话人的观点和自己的观点做比较，预想好自己将要阐述的观点的理由，设想可能有的介于自己和说话人之间的第三种观点等。

(5) 在聆听时，身体也要像耳朵一样注意听。注视着讲话者，不要斜着身子。回答时要热心并克制，如果不同意，要克制自己的愤怒和反对意见，以更礼貌的方式表达否定意见。

4. 电话礼仪

电话是沟通信息、建立友谊的桥梁，接打电话实际上是在为社会组织和通话者树立一种电话形象。电话形象即人们在整个通话过程中的语言、声调、内容、表情、时间感等的集合，它能够真实地反映出个人的素质、接人待物的态度，以及通话者所在单位的整体水平。

1) 打电话前的4项准备

左手听筒右手笔；挺直脊背说话；通话重点一一列出；拨电话前先“清场”。

2) 打电话的礼仪

(1) 时间选择。包括选择打电话的时间和电话交谈所持续的时间。不同的通话时间将会收到不同的交谈效果。最佳的打电话时间是根据对方行业性质、作息时间、个人生活习惯等确定的，不能以自己的时间安排或需要来确定。时间紧张会使通话效果受影响。除了紧急要事之外，一般不在早上7:00以前或中午午休时或晚上10:30以后打电话。打国际长途电话还要注意各国和地区的时差，如急需在清晨、深夜、用餐等可能影响对方休息或用餐时打电话，应当先致歉意。通话的持续时间应遵循“长话短说”的原则，要合理控制通话时间，一般每次通话的时间最好限定在3分钟内。

(2) 礼貌通话。电话接通后，首先应面带笑容地说一声：“您好!”然后主动告知对方自己的单位和姓名及自己要找的人的姓名，如说：“我是××单位的×××，请×××先生(或小姐)接电话，谢谢。”即使接电话者正是你要找的人或是你熟悉的声音，仍要主动告之对方自己的姓名。需要对方帮你找人听电话时，应手持电话筒静候，不能在电话里哼歌，也不能放下电话筒干别的事。如果对方说你要找的人不在，切不可毫无回音地就将电话挂断，而应说：“谢谢，打扰了!”或说：“谢谢，我过一会儿再打来”等。

注意通话时的表情及声音。虽然电话交谈对方看不到你，但可以通过声音感觉出你的神态和表情。优雅的声音出自笑脸，你微笑着打电话，能让对方听到你友好、坦诚的声音。打电话时，音量要适中，表达清晰，重要的话可重复一遍。

通话时嘴里不能吃东西或吸烟，不能与旁人说话。如果遇上急事，需要与身边的人做简短交流，则应向对方道歉后手捂话筒。

(3) 挂断电话。一般由打电话者使用简洁的结束语或告别语，如说，“好，就这样吧，再见”提醒对方将要挂断电话。听到对方放下话筒后才挂断电话，是对对方的尊重。挂断电话时应轻轻放下话筒，不能鲁莽地“啪”一下挂断。

3) 接电话礼仪

(1) 铃响两次即接电话。一般待听到完整的两次铃响后，拿起话筒，显得既稳重而又不清高。铃响四五次才慢腾腾地接电话，显得不礼貌。若响了4次以上，接电话后应说：“您好，对不起，让您久等了”以示歉意。

(2) 礼貌通话。拿起话筒，应先说一声：“您好!”然后报出自己单位的名称或自己的姓名。碰到对方挂错电话时，应体谅地说“没关系”或“不要紧”。如果不是找你，而是请某某听电话，且对方没主动报姓名，不要先去问对方是谁，以免给人造成误会，应礼貌地请对方“稍候”。喊人接电话时应手掩话筒或把话筒轻轻放下，不能大喊：“×××，你的电话”，而应走到听电话人身边通知。如果听电话的人不在，可对对方说：“对不起，×××不在，需要我转告吗？”切忌冷冰冰地说一声：“他不在。”

(3) 仔细倾听，做好记录。电话机旁应放笔或电话记录本，养成记录必要电话内容的习惯，仔细倾听对方电话内容，对重要事情应认真记录。记录完毕后，可重复一遍，核对准确。

适时反馈，结束通话。听电话时，应尽量避免打断对方的讲话，但要给予对方积极反馈，不时以“嗯”、“好”、“对”等作答，让对方感到你在认真听。电话交谈结束时，应谦恭地问一下对方：“请问，您还有什么事吗?”这既是必要的客套，也是提醒对方是否讲完了所要讲的所有内容，是一种很有人情味的表现。

11.2.4 餐饮礼仪

应用案例 11-3

餐巾揩拭刀叉

在某次盛大的宴会上，一位使节按照在国内进餐习惯，用餐巾去揩拭刀叉，殊不知这种做法是极不礼貌的，仿佛是责备刀叉不干净。主人一见，立即命令侍者将全体客人的餐具一律重新换过，使那位外国使节窘迫难堪。

洗手用的水端起来喝了

李鸿章出使德国时出的洋相。李鸿章应俾斯麦之邀前往赴宴，由于不懂西餐礼仪，他把一碗吃水果后洗手用的水端起来喝了。当时俾斯麦为不使李鸿章丢丑，他也将洗手水一饮而尽，见此情形，其他文武百官只得忍笑奉陪。

这是两个比较极端的例子，但也说明餐饮行为一动一静总关礼。

自古以来，无论庆功贺会还是会朋交友，设宴款待都是最常用的好方法，美食开杯，往往会达到人意想不到的效果。现在，商业邀宴成为非常有潜力的商业工具，许多人相信餐桌是绝佳的会谈地点，愉悦放松的用餐状态非常有利于进一步达成共识。但是，如果不懂得礼仪，其危害性也是巨大的。不但令人耻笑，而且会使公司形象大打折扣。

（资料来源：http://www.diyi fanwen.com/fanwen/yinshiliyi/1242615435643601.htm. ）

1. 中餐礼仪

1) 桌次座次

主桌有两种，一种是长方形横摆桌，主客面向众席而坐；一种是大圆桌，圆桌中央设花坛或围桌，主客围桌而坐。主桌的座位应摆放席卡签名。

一般来说，台下最前列的一两桌是为贵宾和第一主人准备的，赴宴者如果不是主宾，最好不要贸然入座。

中式宴会多使用圆桌，如果是多桌中餐，则每桌都有一位主人或招待人负责照应，其两侧的座位是留给本桌上宾的。除非受到邀请，赴宴者也不宜去坐。

如果桌数较多时，则将排列序号放在餐桌上。隆重的中餐还为每位客人准备一份菜单。

在国际交往场合和商务交际场合，中餐习惯于按职务和身份高低排列席位；如果夫人或女士出席，通常将女士排在一起，即主宾坐在男主人右上方，其夫人坐在女主人右上方，如图 11.1 所示。

如遇主宾身份高于主人时，为表示对主宾的尊重，可以请主宾坐在主人的位子上，而主人侧坐在主宾的位子上，第二主人坐在主宾的左侧或按常规排列。

主宾偕夫人，而主人的夫人因故不能出席时，可请与主人有联系且身份相当的女士作第二主人；若无适当的女士出席，可把主宾夫妇安排在主人的左右两侧。

2) 中餐的餐具及使用礼仪

中餐的餐具主要有杯、盘、碗、碟、筷、匙等。在正式的宴会上，水杯放在菜盘左上方，酒杯放在右上方。筷子与汤匙可放在专用座子上或放在纸套内。公用的筷子和汤匙最好放在专用的座子上。要备好牙签和烟灰缸。

中餐有别于西餐的餐具主要是筷子。在中国几千年的饮食文化中，用筷子形成了基本的规矩和礼仪。例如，忌敲筷子，在等待就餐时，不能坐在桌边一手拿一根筷子随意敲打或用筷子敲打碗盏或茶杯；忌掷筷，在进餐前发放筷子时，要把筷子一双双理顺，然后轻轻地放在每个餐位前，相距较远时，可请人递交过去，不能随手掷在桌子上，更不能掷在桌下；忌叉筷。

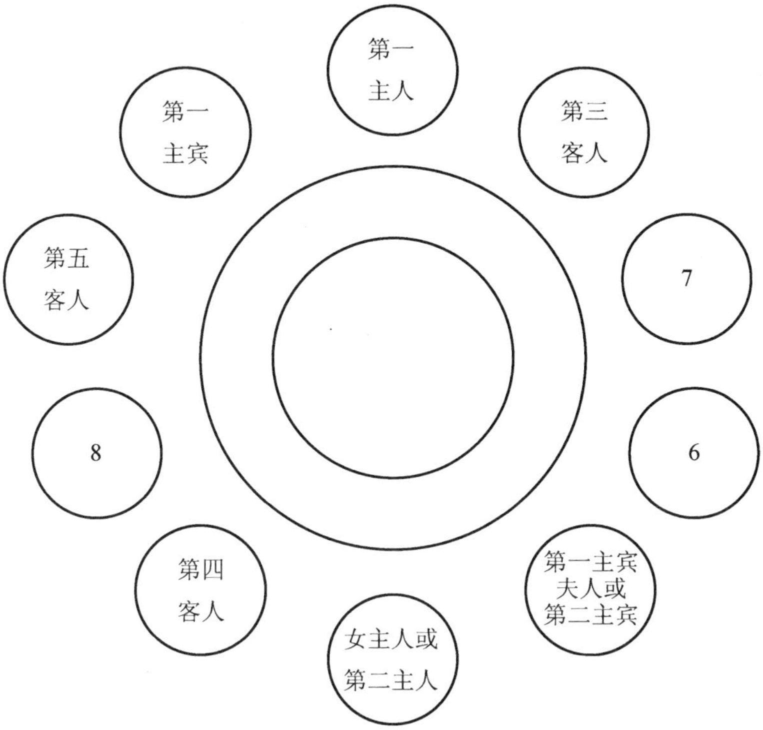

图 11.1　座次安排

2. 西餐礼仪

西方就餐的礼仪以自然、实际为主，不讲客套、谦让，但用餐中的规矩却很多。西餐的位置排列与中餐有相当大的区别，中餐多使用圆桌，而西餐一般都使用长桌。如果男女二人同去餐厅，男士应请女士坐在自己的右边，还要注意不可让她坐在人来人往的过道边。若只有一个靠墙的位置，应请女士就座，男士坐在她的对面。如果是两对夫妻就餐，夫人们应坐在靠墙的位置上，先生则坐在各自夫人的对面。

如果两位男士陪同一位女士进餐，女士应坐在两位男士中间。如果两位同性进餐，那么靠墙的位置应让给其中的年长者。西餐还有个规矩，即每个人入座或离座，均应从座椅的左侧进出。举行正式宴会时，坐席排列按国际惯例：桌次的高低依距离主桌位置的远近而右高左低，桌次多时应摆上桌次牌。同一桌上席位的高低也是依距离主人座位的远近而定。西方习俗是男女交叉安排，即使是夫妻也是如此。

西餐的坐席排列，同一桌上席位高低以距离主人座位的远近而定，右高左低，男女交叉安排，如图 11.2 和图 11.3 所示。

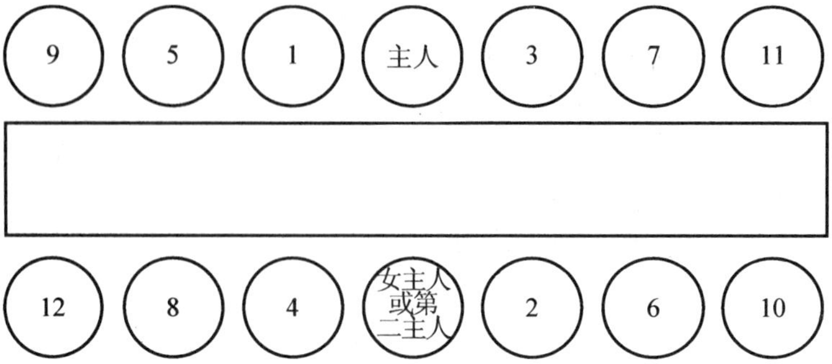

图 11.2　西餐的坐席排列(一)

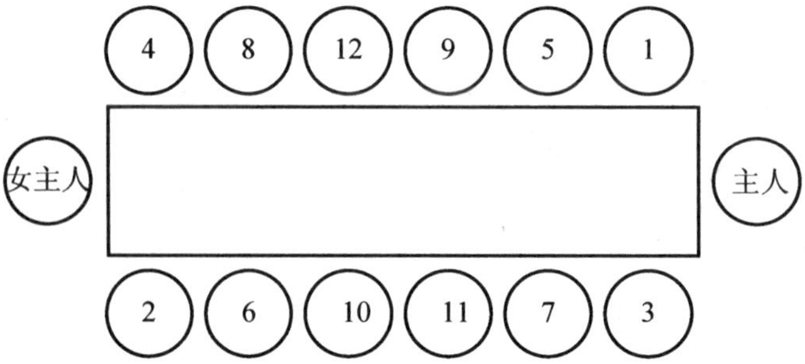

图 11.3　西餐的坐席排列(二)

非官方接待时，以女主人的席位为准。主宾坐在女主人右首；主宾夫人坐在男主人右首。举行两桌以上的西式宴会，各桌均应有第一主人，其位置应与主桌主人的位置相同，其宾客也依主桌的座位排列方法就坐。

11.2.5　舞会礼仪

舞会是一种很不错的社交场合，它能促进人们之间的交往和增进友谊。表面看来舞会的气氛固然轻松随便，但种种礼仪却不可忽视。无论是参加家庭舞会还是到夜总会跳舞，除了化妆打扮上要特别适合舞会的气氛外，最重要的是应该保持自己的兴致，使周围的人也跟着快乐起来。要参加舞会时，下列各点可供参考。

(1) 确切地了解舞会的性质，然后再决定该穿的衣服与做适当的修饰，过与不及都要避免。不可浓妆艳抹地参加舞会，也不要穿牛仔裤挤在人群里。参加任何性质的舞会时，在服装和首饰上都不能过分张扬，以免让人觉得俗气。

(2) 跳舞时不要晃动肩膀，以表示自己所正在说及的事物的重要性；否则会让人觉得轻佻、不庄重。对不熟的舞步，不要贸然地去跳，除非邀舞的人不在乎你踩他的脚，或你自己不怕出洋相。跳舞时，对方询问你的姓名时可以告诉他，如果不想让他知道，只告知姓氏便可。他询问你的地址时，如果不想让他知道，可以说："××知道我住在什么地方"，这不是拒绝得很巧妙吗？作为男士，也应知难而退了。

(3) 注意坐姿。舞会中的灯光通常比较暗，而且朦胧，男孩只能看见你的形态，所以要随时注意保持优美的仪态。

(4) 舞会正在进行中，不可因音乐、气氛的感染而表现得太过放肆，尤其是在跳舞时，不要闭上眼睛。不要与同性共舞，以免发生误会。除非你们已是一对被公认的情侣，不然不要在跳舞时把面颊靠在他肩上。请小心，不要把口红沾染在男伴的衣襟上或领带上。

(5) 交际舞的特点是男女共舞，邀请舞伴通常是男士的任务。男士邀请舞伴时，应姿态端庄、彬彬有礼地走到女士面前，微笑点头，同时伸出右手，掌心向上，手指向舞池并说：“我可以请你跳舞吗？”如果被邀女士的丈夫或父母在场，要先向他们致意问候，得到同意时方可邀请女士跳舞。舞曲结束后，要把女士送到座位旁或送回其家人身边并致谢。

(6) 如果想提早离开会场，仅悄悄地向主人招呼一声即可，千万不可在大众面前，言明要早走之意，以免破坏其他人的玩兴，而使主人难以控制场中的气氛。

11.2.6 服饰礼仪

服饰是指人的衣着及其所用饰品的统称，是人形体的外延，有遮体御寒、美化人体的作用。公共关系人员在社交场合中的衣着服饰，反映其精神面貌、文化涵养和审美情趣，在一定程度上影响其公共关系活动目标的实现。日本著名的推销大王齐腾竹之助在他的自传体著作《高明的推销术》中说：“服装虽不能造出完人，但是，初次见面给人印象的30%产生于服装。”

1. 服饰穿戴的基本原则与要求

1) 体现自身个性特点

作为个体的每个人，其自身的生理(体型、年龄、肤色等)及性格、性别等特征各不相同，服饰的选择也应有所区别。选择服饰要注意扬长避短，扬美避丑，要体现出自己的个性特征。例如，从性别而言，男士要表现阳刚与潇洒，女性要展示柔美与娴雅。从体型肤色来说，身材娇小，宜于造型简洁、色彩明快、小花型图案服饰，“V”型夹克衫较适于双肩过窄的男性，“H”型套裙适于腰粗腹大的女性。肤色偏黄或黑者，要避免穿着与肤色相近或较深暗色彩的服装(如黄、深灰、蓝紫色等)。

2) 遵循 TOP 原则

服饰选择与穿戴要考虑时间、目的和地点 3 方面的综合因素。

(1) 时间(time)。着装时要考虑的时间因素包括 3 个方面。一是根据一天中早上、日间或晚上等时间的变化选择着装，如早晨户外运动时，着运动装或休闲装；白天上班时，着工作装、职业装；晚上参加社交活动时，着正式的礼服。二是指根据四季的更替，考虑服饰的厚薄、色彩、式样，如冬装、春秋装、夏装。三是指着装要顺应时代潮流的发展，不可过于猎奇，也不要过分落伍。

(2) 目的(object)。选择服装要考虑具体交往、交际对象的需要。例如，公关小姐穿着牛仔服去赴商务宴会、参加吊唁活动着装鲜亮就不合要求；上班时间最好穿着打扮职业化些；参加婚礼或宴会、舞会时则应精心打扮，展示出自己的潇洒气质和迷人风采。一般地说，正式场合应西装革履，但有时简朴的装扮反而会带来更佳的效果，如政党领导人参加选民活动时，身着便装会显得更亲切友好，更容易赢得选民的信任和好感。

(3) 地点(place)。指所处地点、场所、位置和环境等不同，选择着装也有所不同，主要有上班、社交及休闲等 3 种情形。一般地讲，休闲时的打扮比较随意，以舒适为基准；上班时着装应当整洁、大方、高雅，无需引人注目，过分暴露；社交场所则衣着可适当新潮、个性化一些，但也不可流于轻佻、浪荡。

2. 着装礼仪

1) 男士着装礼仪

(1) 色彩。要体现庄重、俊逸，色度上不求华丽、鲜艳，色彩变化上不宜过多，一般不超过 3 种颜色为好，以免显得轻浮。

(2) 帽子与手套。戴帽子与手套一般在室外，但与人握手时应脱去手套以示礼貌，向人致意应取下帽子以显尊重，室内社交场合不要戴帽子和手套。

(3) 鞋袜。在正式场合中，以穿黑色或深棕色皮鞋为宜，娱乐场所可穿白色或浅色皮鞋。穿袜子，袜长要高及小腿中上部，颜色以单一色调为好，而着礼服时的袜色要与西裤色相近，白色袜忌穿于正式场合。

(4) 衣裤。一般场合可以穿着便装，即各式外衣、牛仔裤等日常服装；而正式场合则应着礼服或西装，如典礼、仪式、会见等。在男式服装中，比较普通或典型的服装就是西装。西装穿着看似简单，其实也要遵从一定的规范，而避免“八忌”：一忌西裤过短或过长(裤脚盖住皮鞋为基准)，二忌衬衫不扎于裤内，三忌不扣衬衫扣子，四忌西服袖子长于衬衫袖子，五忌衣裤袋内鼓鼓囊囊，六忌领带太短(一般以领带盖住皮带扣为宜)，七忌西服配便鞋(休闲鞋、球鞋、旅游鞋、凉鞋等)，八忌衣裤皱皱巴巴、污渍斑斑。

2) 女士着装礼仪

(1) 帽子与手套。只要是正式场合(无室内外之分)，女士均可戴帽，但帽檐不能过宽；与人握手时可不必脱去手套。

(2) 鞋袜。社交场合，穿鞋要注意鞋子与衣裙色彩和款式的协调，但不可穿凉鞋、拖鞋等，如布鞋配套裙不恰当。穿袜着裙装时，应配长统或连裤丝袜，袜口不得短于裙摆边；颜色以肉色或黑色为主，袜子大小松紧要合适；不能穿挑丝、有洞或缝补过的袜子，也不要当众整理自己的袜子。

(3) 衣裙。正式场合(如会议、庆典等)应着典雅大方的套装(以上衣、下裙为宜)，以民族性或古典性服装为宜。一般的基本要求：避免过“露”，商务活动中过于性感的装扮，如袒胸露背、露脐与露肩等，都是不太适合的；避免过“透”，透明外衣需配内衬；避免过“短”，裙边要稍长、摆边至少长及膝盖。

11.2.7 仪容礼仪

仪容就是人的外貌，即容貌。它是一种无声的语言，在人际交往的最初阶段，它是影响第一印象的最主要因素，直接影响人际交往的效果。因此，在公共关系实际工作中，要求公共关系人员在社交场合讲求仪容，力求做到仪容得体、举止大方。

但是，公共关系中讲的仪容与日常生活中人们谈论的美丽、漂亮等并不是一回事。美丽、漂亮是人的先天条件，而仪容则是先天条件加上后天努力共同作用的结果。人的先天条件是血缘遗传所致，有的人天生丽质，有的人相貌平平，具有不可选择性；而人的后天努力则具有一定可塑性。俗话说，“三分长相，七分打扮”，精心的设计、修饰可以让“丑小鸭变成白天鹅”，可以让人变得风度潇洒、气质高雅；不修边幅、衣衫不整的人面容再好，在社交场合也会让人难以忍受。在公共关系实践中，这些修饰、打扮的方法是可以学会的。经过学习，了解一些修饰仪容的基本技巧并熟练运用，每个人都可以变得更美丽、更潇洒。

一般来说，仪容包括面部、头发和肢体等部分。下面就简单地介绍一些人们在公共关系社交场合应注意的基本问题。

1. 面部

面部是人体最为动人之处，是人的真正“门面”。面部是人暴露在外时间最长的部位之一，岁月的沧桑会在脸上毫不留情地留下印记。因此，面部的修饰是仪容修饰的最重要的环节之一。美化面部的基本要求是端庄、自然、清洁和适当修饰。

1) 男士要求

注意每天修面剃须，切忌胡子拉碴地参加各种社交活动。即使蓄须，也需考虑工作允许，并注重常修剪，讲整洁。男士除非登台的演艺活动，一般不宜化妆，否则有失庄重。

2) 女士要求

注意恰当地化妆与修饰，但不可过于标新立异、离奇出众。女子化妆与修饰应注意以下几点。

(1) 化妆的浓淡选择。一般情况下，总体宜以淡雅、自然为主，白天(自然光下)略施粉黛即可，不宜厚粉艳妆；晚间社交活动，则多为浓妆。但在公共场所，不能当众化妆或补妆，如确有必要，可在避人的卧室或洗手间操作。

(2) 眉眼修饰。修饰描画时，注意眼影的浓淡、涂抹范围应与时间、场合、服饰等相适应。眉部修饰要避免出现残眉、断眉、竖眉、八字眉等形状。有的人喜欢纹眉、纹眼睫，求一劳永逸，但作为公共关系人员则不宜选择此法。眼部还要注意清理，避免眼角出现分泌物(即眼屎)。

(3) 口腔。讲究卫生，勤刷牙，防止口臭，注意禁食气味较刺鼻的食物，如葱、蒜、韭菜、腐乳等；唇部避免开裂爆皮和嘴角异物，口红或唇膏的涂抹宜以淡雅为主，不宜出现大红大紫之状。

2. 头发

在社交场合，头发的基本要求是发式整洁、发型大方。

1) 发式

整洁的发式可给人以神清气爽的印象。为保持头发整洁，要勤洗头，至少每周 3 次，最好每天一次，并及时梳理。整饰发式通常每半月一次，以保持适当的发长。另外，要注意不要当众梳理头发，也不可乱扔断发与头屑等物，也不可以手代梳。

2) 发型

发型的选择应考虑工作场所、时间、年龄及个性、体貌特征等因素，基本要求是长短适当、风格庄重。对男士而言，要求是前发不覆额，侧发不掩耳，后发不触领，不可长发披肩或梳起发辫，也不可剃光头；对女士而言，一般以简约、明快为宜，脸长者不宜头发过短，脸短者则不宜头发过长；个高者可留长发，并可梳理蓬松，个矮者宜剪短发，不可梳理成大发式；肤黑或黄者不宜留披肩发。另外，染发不应改变自然本色，也不可过于前卫时髦。

3. 肢体

人的四肢既是劳动的工具，也是在社交场合展示自我风采和魅力的载体。任何优美的体态语言离不开四肢的和谐运用。因此，在公共关系礼仪中也非常重视对四肢的合理运用。这就要求人们合理地修饰自己的手臂和腿脚，以保持一个良好的整体形象。

1) 手臂的保养和妆饰

(1) 保洁保养。要勤于洗手，确保无泥垢、无污痕，保持清洁，特别场合要按规定带好手套；要注意保养，避免出现粗糙、破裂、红肿、生疮及伤病创面等。

(2) 妆饰。不留长指甲，甲长一般不过指尖；不涂艳妆，除为养护指甲而抹涂无色指甲油外，不可涂抹彩色指甲油或在指甲上绘画造型；手臂上也不可刺字、刻画。因温度或某种交际场所而身着短袖或无袖服装时，最好剃去腋毛；若手臂汗毛过于浓密，也应设法去除。

2) 腿脚的清洁和美化

(1) 清洁。勤于洗脚，特别是赤脚穿鞋时要保持趾甲、趾缝以及脚跟等处清洁。要勤换袜子，最好每天换洗一双，不要穿着那些不易透气、易生异味的袜子。要勤于换鞋，并注意鞋面、鞋跟、鞋底等处的清洁。

(2) 美化。注意腿毛，少数女性腿毛十分浓密，又需穿裙子，则最好设法去除，或选择色深不透明的袜子。勤剪趾甲，并注意剪除趾甲周围可能出现的死皮，使之洁白无瑕。忌化彩妆，除可涂抹养护趾甲的无色油外，不可涂彩造型。

11.2.8 仪态

仪态指人的不同姿态。人的姿态能透露和传递出各种各样的信息。从人的姿态可以看出他的心态、修养、素质、文明水准等，所以不可轻视。在公共关系交往中，应特别注意以良好的姿态出现在公众的面前。“站有站相，坐有坐相”，是对一个人行为举止最基本的要求。

1. 站姿

1) 规范的站姿

(1) 头正。头要端正，两眼平视前方，嘴微闭，直颈，下颌微向后收；表情自然，稍带微笑。

(2) 肩平。两肩平正，微微放松，稍向后下沉。

(3) 臂垂。两肩平整，两臂自然下垂，手指自然弯曲，中指对准裤缝。

(4) 躯挺。胸部挺起、腹部往里收，腰部正直，臀部向内向上收紧。

(5) 腿并。两腿立直，两腿要直，贴紧，膝盖放松，大腿稍收紧上提；身体重心在脚掌前部，身体重心应尽量提高。女子站立时，脚应成“V”型，脚跟靠拢，膝和脚后跟应靠紧，两脚尖夹角45°～60°。

2) 几种常见的站姿

(1) 肃立站姿。两脚并拢，两膝绷直并严，挺胸抬头，收腹立腰，双臂自然下垂，下颌微收，双目平视。

(2) 体前交叉式。男士：左脚向左横迈一小步，两脚展开，两脚尖与脚跟的距离相等，两脚之间距离小于肩宽为宜，双手在腹前交叉，右手大拇指与四指分开搭在左手腕部，身体重心放在两脚上，腰背挺直，注意不要挺腹或后仰。

女士：站成右丁字步，即两脚尖稍稍展开，右脚在前，将右脚跟靠于左脚内侧前端，腿绷直并严，腰背立直，两手在腹前交叉，右手握左手的手指部分，使左手四指不外露，左右手大拇指内收在手心处。

(3) 体后交叉式。(背手)要领：两脚跟并拢两脚尖展开60°左右，腿绷直，腰背直立，两手在身后交叉，右手搭左手腕部，两手心向上收。

(4) 体后单背式。(背垂手)要领：站成左丁字步，即左脚跟靠于右脚内侧中间位置，使两脚尖展开成 90°，身体重心放在两脚上，左手后背半握拳，右手自然下垂。

另外，也可站成右丁字步，即右脚跟靠于左脚内侧中间位置，使两脚尖展开 90°，右手后背半握拳，左手自然下垂。

(5) 体前单屈臂式。要领：右脚内侧贴于左脚跟处(呈丁字步)，两脚尖展开 90°，左手臂自然下垂，右臂肘关节屈，右前臂抬至中腹部，右手心向里，手指自然弯曲。

另外，也可以左脚内侧贴于右脚跟处(呈丁字步)，两脚尖展开 90°，右手臂自然下垂，左臂肘关节屈，左前臂抬至中腹部，左手心向里，手指自然弯曲，重心放在两脚上。

2. 走姿

1) 规范的走姿

(1) 头正。双目平视，收颔，表情自然平和。

(2) 肩平。要双肩平稳，两臂摆动。摆动时，手腕要进行配合，掌心向内，两手自然弯曲，摆动中离开双腿不超过一拳的距离。躯挺。上身挺直，收腹立腰，重心稍前倾。精神饱满，面带微笑。

(3) 步位直。在行走时，双脚行走的轨迹，应当呈现为一条直线(两脚跟走在一条直线上，两脚尖略开，脚尖偏离中心线 10°)。

(4) 步幅适当。行走中两脚落地的距离大约为一个脚长，即前脚的脚跟距后脚的脚尖相距一个脚的长度为宜。

(5) 步速平稳。行进的速度应当保持均匀、平稳，匀速前进，不要忽快忽慢。行走速度，一般男士每分钟 108～110 步，女士每分钟 118～120 步。

(6) 走路用腰力，要有韵律感。如果走路时腰部松懈，就会有吃重的感觉，不美观；如果拖着脚走路，更显得没有朝气，十分难看。

2) 禁忌的走姿

(1) 方向不定。在行走时，方向不明确，忽左忽右。

(2) 瞻前顾后。行走时，左顾右盼，反复回过头注视身后及身体乱晃不止(给人轻浮，缺少教养之感)。

(3) 速度多变。行走时，忽快忽慢，或突然快步奔跑，或突然止步不前。

(4) 声响过大。在行走时，用力过猛，脚步声太响，会影响别人。

(5) 八字步态。在行走时，两脚脚尖向内侧伸是内八字，或两脚脚尖向外侧伸是外八字，步态都不雅。

多人一起行走时，不要排成横队，不要勾肩搭背。遇急事可加快步伐，但不可慌张奔跑。

3. 坐姿

1) 入座的姿势

(1) 注意顺序。当与他人一起入座时，要讲究先后顺序，礼让尊长，不能抢先就座。

(2) 讲究方位。正式场合通常应从左侧一方走向自己的座位，从左侧一方离开自己的座位。

(3) 落座无声。入座时，应不慌不忙，悄无声息；调整坐姿，也不宜出声。这样能体现出你的修养。

(4) 入座得法。就座时，应转身背对座位，如距座位较远，可以右脚后移半步，待腿部接触座位边缘后，再轻轻坐下。女士入座时尤要娴雅、文静、柔美，若穿裙子则应将裙子后片向前拢一下，以显得端庄娴雅。

有的场合座位已事先排好，并放上名卡，可按排定次序就座；有的场合不排座次，应注意选择适合自己身份、地位的座位，不要随便占尊者长者的位子；有的活动场合有坐有站，要注意给老年人和妇女让座。

2) 坐定的姿势

(1) 根据座位的高低，调整坐姿的具体形式。在较为正式的场合，或有位尊者在座时，通常坐下之后不应坐满座位，大体占据 2/3 的位置即可，不要只坐一个边或深陷椅中。

(2) 挺直上身，头部端正，目视前方，或面对交谈对象。两手自然的放在双膝上或椅子扶手上，正坐时，双手应掌心向下，叠放在大腿上，也可以一左一右，扶住座位两侧的扶手。侧坐之时，双手叠放或相握，放在身体侧向的那条大腿上。在一般情况下，不要靠座位的背部。只有无人在场，个人休息时，才可以这样做。

3) 几种常用坐姿

(1) 坐姿基本方式(正襟危坐式)。适合于最正规的场合，如谈判、会谈、签字仪式等。上身与大腿、大腿与小腿，均为直角，膝盖和脚跟并拢。具体来讲，男士就座后双腿可张开一些，但不应宽过肩。女士就座后，特别是身着短裙时，必须并拢大腿。双手轻放于膝盖上，嘴微闭，面带微笑，两眼凝视说话对象。

(2) 两腿交叠的坐姿(两腿叠放式)。它适用于女士在正规或非正规场合采用，尤其适合穿短裙子的女士采用(或处于身份地位高时场合)。造型极为优雅，有一种大方高贵之感。要求：将双腿完全一上一下交叠，交叠后的两腿之间没有任何缝隙，犹如一条直线。两脚可自然斜放或直放(可依椅子的高度决定)。斜放后的腿部与地面呈 45° 夹角，叠放在上的脚尖垂向地面。

(3) 双脚斜放式(双腿斜放式)。坐在较低的椅子上时，双脚垂直放置的话，膝盖可能会高过腰，较不雅观，这个时候最好将两脚斜放，这也是坐在沙发上的基本型。特别适用于穿裙子的女性在较低处就座使用。要求：双膝先并拢，然后双脚向左或向右斜放，力求使斜放后的腿部与地面呈 45° 角。

(4) 双脚交叉式(脚踝交叉的坐姿)。它适用于各种场合，男女皆可选用。要求：双膝并拢，然后双脚在踝部交叉，交叉后的双脚可以内收，也可以斜放，但不宜向前方远远直伸出去。在公车上或自己的办公桌前都可以采取这种坐姿，感觉比较自然，但随时都要注意膝盖不可分开。

(5) 前伸后曲式。女性适用的一种优美的坐姿。要求：大腿并紧之后，向前伸出一条腿，并将另一条腿屈后，两脚脚掌着地，双脚前后要保持在同一条直线上。适用于非正式场合。

(6) 脚踝盘住收起的坐姿。椅子较低时，除了可斜坐之外，还可以将脚踝盘着，往椅子下靠。但像沙发这种下面没有空间的椅子，就不可采取这种姿势，若是柜台或酒吧内的高脚椅子，就可以采取这种坐姿。

4. 蹲姿

1) 规范蹲姿

蹲姿的基本要领：站在所取物品的旁边，蹲下屈膝去拿，而不要低头，也不要弓背，要慢慢地把腰部低下；两腿合力支撑身体，掌握好身体的重心，臀部向下。下蹲时应自然、得体、大方、不遮遮掩掩。

2) 两种优美蹲姿

(1) 交叉 式蹲姿。下蹲时，右脚在前，左脚在后，右小腿垂直于地面，全脚着地。左腿在后与右腿交叉重叠，左膝由后面伸向右侧，左脚跟提起，左前脚掌着地。两腿前后紧靠，合力支撑身体。臀部向下，上身稍前倾。

(2) 高低式蹲姿。下蹲时，左脚在前，右脚稍后，不重叠，两腿紧靠向下蹲。左脚全脚掌着地，小腿垂直于地面，右脚跟提起，右前脚掌着地。右膝低于左膝，两膝内侧紧靠。臀部向下，基本上以右腿支撑身体。身体形成两个重心：一是腰部，二是右大腿。手放膝盖上方、手指与膝并齐。

本章小结

学习礼仪、应用公共关系礼仪是现代社会每一个公共关系人员的需要。

本章阐述了公共关系礼仪的含义、作用、基本特征和遵循的原则。重点阐述了公共关系活动中日常见面、日常行为、餐饮、舞会、服饰、仪容、仪态等社交礼仪的基本特基本特点和要求及应注意的问题。对于公共关系人员处理好各种公共关系，提高工作效率，加强相互间的交往与合作，增进彼此间的感情与友谊，都有重要作用。

习　　题

一、复习题

1. 填空题

(1) 礼仪是由________、________、________、________4 项基本要素所构成的。

(2) 依据礼仪适用对象、适用范围的不同，礼仪大致可被分为________、________、________、________、________等几大分支。

(3) 公共关系礼仪一般表现为________、________、________、________及________等特征。

(4) 商务公共关系的作用有________、________、________、________。

2. 不定项选择题

(1) 下列 4 项对礼仪的叙述正确的是(　　)。

A. 礼仪是礼和仪的综合，礼是表示敬意的通称，为表示敬意而隆重举行的仪式，叫作礼仪

B. 礼仪的本质就是通过一些规范化的行为以表示人际间的相互敬重、友善和体谅

C. 从个人修养的角度来看，礼仪是一个人内在修养和素质的外在表现

D．从传播的角度来看，礼仪是人们交际中的一种艺术，是一种交际的方法

(2) 礼仪的主体，指的是礼仪活动的(　　)。

A．操作者　　B．实施者

C．操作者和实施者　　D．指向者和承受者

(3) 礼仪依据其适用对象、适用范围的不同，大致上有五大主要分支，其中被称国家公务员礼仪的是(　　)。

A．政务礼仪　　B．商务礼仪　　C．社交礼仪　　D．涉外礼仪

(4) 心理学家杰克仁·布吉通过对群体行为的研究，揭示出会引起他人防卫的 6 种常见行为，下列的 4 种行为不属于其中的是(　　)。

A．积极评价　　B．意图控制　　C．过度自尊　　D．自以为是

3．简答题

(1) 公共关系礼仪的作用是什么？

(2) 公共关系礼仪的基本原则有哪些？

(3) 打电话时应注意那些事项？

(4) 服饰穿戴的基本要求是什么？

4．实际操作训练

(1) 设定礼仪场景，老师示范，学生上台当堂训练。

(2) 将学生分组，以组为单位把礼仪知识穿插排练成舞台表演剧上台演出。

二、案例应用分析

谁对谁错

在某一超市一天来了一位女士，她在挑选好了商品后走到一个收银台要求刷卡，收银员客气地给她解释，这个收银台是收现金的不刷卡，这位女士觉得这家购物市场的这种收银台设置很不合理因而感到不满。当这位女士开始满怨时，收银员也感到了委屈，因为并不是她的过错。当收银员也表现得不耐烦时，这位女士更加生气，于是从最初的埋怨转为指责，最后双方开始有了争吵。在争吵时这位女士打了收银员一个巴掌，经理及时赶到，将双方劝开，转而要求所有上班的员工在下班前回答一个问题，问题很简单，即今天的事情谁对谁错。最后超市员工的意见分为 3 种：第一种认为顾客永远是对的，不过不能因为顾客是上帝，员工在工作岗位上的人身安全都没有保证；第二种认为问题很复杂，回去考虑后在回答，在很多时候逃避就是对问题的解决方法；第三种认为错在收银员，因为她没有把事态平息在自己被打巴掌以前。

这是一个生活中经常会遇到的问题，一种职业赋予人们的到底是一种什么样的责任。很明显这是两位很有自我意识的人，尽管发生问题时他们的身份是不一样的，这位收银员处在解决问题的主动地位，而这位顾客正在接受着一种服务，作为处在主动地位的收银员应该具备的是一种职业给予的自我控制与约束，以及对顾客的主动积极的服务态度，但是，这种角色的到位在这位收银员的身上并不够，因为这种职业的角色关键不仅仅是一种情绪上的问题，同时也带来了对职业能力的要求。

(资料来源：熊卫平．现代公关礼仪[M]．北京：高等教育出版社，2004．)

问题：

(1) 案例中女收银员的行为对事公共关系活动有哪些启发？

(2) 案例中女收银员的行为是情绪控制问题，还是职业能力问题？

(3) 用服务礼仪规范应当怎样处理案例中的问题？

知识链接

子贡与养马人

有一次，孔子带着弟子周游列国，去宣传自己的政治主张。路上，由于人困马乏，他们就在一棵树下休息。由于他们的一匹马没有拴好，吃了一大片麦苗，麦田的主人就把马扣下了。孔子他们要动身时才发现，只好派人去要，可农民不答应，去的人只好空手而归。这时，养马人主动要去讨，孔子的学生子贡却露出了不屑的表情。孔子见了，便对子贡说："子贡，还是你去要吧，注意多给人家说好话。凭着你的口才，应该要回这匹马的。"子贡很得意地去了，可是过了一会儿，子贡也是空手而回。原来他向农民说了一大堆的好话，但是"子乎者也"一大套，农民根本就不理解他在说什么。于是孔子就对养马人说："那就只好请你去了。"养马人到了农民面前诚恳地说："老兄，请你息怒，把马还给我们吧。你想，你不是在东海边上种地，我也不是在西海边上走了，我们既然已经碰到了一起，就说明我们有缘分。既然我们有缘分，我的马怎能不侵害你的庄稼呢？"

听了养马人的话，农民笑了，十分痛快地把马还给了他。看到养马人牵着马回来，孔子感叹地说："子贡，看到了吗？用别人不能理解的话去说服别人，就好比用更高的牺牲——太宰去供奉野兽，用最美妙的音乐——《九韶》去取悦飞鸟，即使诚心诚意，可又有什么用呢？"

(资料来源：张迺英. 公共关系学[M]. 上海：同济大学出版社，1999.)

第12章 公共关系日常实务礼仪

教学目标

通过本章学习，知道公共关系日常公务礼仪的类型，掌握各种公务礼仪的特点，了解社交类公共关系文书礼仪的种类并掌握各种文书礼仪的格式，了解公共关系专业文书礼仪的特点。

教学要求

知识要点	能力要求	相关知识
公共关系日常公务礼仪	(1) 了解公务礼仪的基本规范 (2) 学会在公务场合用礼仪与人交往 (3) 掌握待人处事的技巧	(1) 接待礼仪 (2) 会议礼仪 (3) 洽谈礼仪 (4) 馈赠礼仪
社交类公共关系文书礼仪	(1) 了解社交类文书礼仪的特点 (2) 熟悉一般日常公共关系写作 (3) 具备较强的书面语言表述的水准	(1) 文件 (2) 报告 (3) 函件 (4) 展览 (5) 演说 (6) 报道 (7) 开幕词 (8) 欢迎词 (9) 欢送词 (10) 祝贺词 (11) 讣告
公共关系专业文书礼仪	(1) 了解公共关系专业文书的书写特点 (2) 掌握公共关系专业文书的书写格式 (3) 学会用专业文书处理有关事务	(1) 新闻稿 (2) 公共关系简报 (3) 公共关系广告文案
公共关系礼仪的应用	(1) 运用公关文本对内外进行沟通与协调 (2) 自我训练，顺应公关实践操作的需要	(1) 公共关系实务礼仪与自我训练 (2) 公共关系实务礼仪与工作实践

基本概念

实务礼仪　　公务礼仪　　文书礼仪

导入案例

修改了 6 次的回执

有位大学生从外国语学院毕业后分配到某国使馆当翻译，上班第一天，大使就给她来了个“下马威”。

她刚在办公桌前坐下，就接到另一国举办国庆招待会的请柬，让某国大使出席。大使让她回话：同意出席。她按请柬回执上的电话号码，打电话告诉了对方。过了一会儿，大使不放心，把她叫了过去，询问刚才的事是怎么处理的？她老实回答说已给对方打过电话了。大使不高兴，认为这样不够礼貌，因为她现在处理的每一件公务都关系到他所在国家的声誉，要求她必须小心谨慎，严守规矩。于是她郑重其事地写了一份回执，送给大使过目。大使仍不满意，仅说明出席还不行，还要回一句表示祝贺的话。她又做了第三次修改，挖空心思地写出了一句热烈的祝词，满怀信心地又一次呈现给大使。没想到大使又一次挑出了毛病：你没有说清楚什么时候去。她马上又加上了一句“按原订时间到会”的字句。大使一看连声说：不行。因为在外交文件上不能用“原订时间”的说法，必须复述对方规定的时间、地点，以示正规和对该事务的重视。当她做了第五次修改后，她长长地出了一口气。心想，这回可真是天衣无缝，尽善尽美。谁知过了 10 分钟，大使又一次传她：鉴于前任大使与另一个大使私交甚好，我准备提前 5 分钟到达，请按照这个意思再发一张回执。她心里暗暗叫苦。一张回执，她整整折腾了 6 次。

案例中尽管是一份小小的回执，但所传达的却是一种综合的信息。大使的每一项要求都是合理的、科学的和规范的，是符合了礼仪的原则和要求的。这位大学生从中学到了很多知识与处理问题的方法。

由此可见，公共关系实务礼仪的学习和实际工作中的运用是多么的重要。

公共关系实务是指公共关系的行为或活动，因其是一种专业的、规范的活动方式，必然涉及活动的程序，以及为实现活动效果而提出的特殊要求，这些概括为公共关系实务礼仪。

公共关系实务礼仪作为一种职业活动，有自己的专门业务领域和工作范围，既包括公共关系公务礼仪、社交礼仪，也包括各种常用公共关系文书、公共关系社交类文书礼仪，以及公共关系专业文书礼仪。

(资料来源：熊卫平．现代公关礼仪[M]．北京：高等教育出版社，2004．)

思考题

从上述案例中得到了什么启示？

12.1　公共关系公务礼仪

现代社会需要一支高素质的公务人员队伍，为此，各级公务人员应知礼、懂礼并行礼。公务礼仪包括内容比较多，前面在第 11 章已经学习了公共关系礼仪的基本知识，本节重点介绍公务人员在日常工作中的接待礼仪、会议礼仪、洽谈礼仪、馈赠礼仪等。通过学习，了解公务礼仪基本规范，学会在公务场合用正确的方法与人交往，掌握待人处事的技巧；改善自身的职业形象，提高职业能力，同时完善组织形象，提高办事效率。

12.1.1 接待礼仪

接待是公共关系活动中的一项重要的日常性工作。由于各种原因，一个组织要面对很多的来访者，如记者、协作单位、股东、上级主管部门、投诉的顾客、社区团体、索取赞助者、参观团体、参会人员、远道而来的外宾等。对于来访接待，公共关系人员绝不能掉以轻心，而应充分认识到该项工作的重要性。

首先，它是公众了解组织的第一步，也是组织给公众的第一印象，它直接关系到组织的社会声誉和形象；

其次，接待工作是公众与组织直接而具体的接触活动，它不仅涉及公众的利益，同样也涉及公众的尊严、情感等问题；

再次，见微知著，平凡而日常性的接待工作，也能反映出一个组织的风格和作风。

最后，接待工作既是公众了解组织的窗口，也是组织了解公众的窗口。因此，公共关系人员应认真做好来访接待工作。

要做好来访接待工作，应把握好以下几方面的技巧。

首先，要做好接待的准备工作。接待的准备工作从两方面进行：其一，公共关系人员自身的准备工作；其二，接待环境的准备工作。

其次，对所有来访者都应以礼相待，切忌“以貌取人”或“以事取人”。在做外宾的接待工作中，应特别注意有礼有节、不卑不亢。

再次，对所有来访者都应热情周到，处处替客人着想。

最后，对所有来访者都应真诚相待。

12.1.2 会议礼仪

会议礼仪是召开会议前、会议中、会议后及参会人应注意的事项。懂得会议礼仪对会议精神的执行有较大的促进作用。

1. 会议座次排定

大型会议应考虑主席台、主持人和发言人的位次。主席台的位次排列要遵循 3 点要求：①前排高于后排；②中央高于两侧；③右侧高于左侧(政务会议则为左侧高于右侧)。主持人之位，可在前排正中，也可居于前排最右侧。发言席一般可设于主席台正前方，或者其右方。主席台必须排座次、放座次牌，以便领导同志对号入座，避免上台之后互相谦让。

2. 会议发言人的礼仪

会议发言有正式发言和自由发言两种，前者一般是领导报告，后者一般是讨论发言。正式发言者，应衣冠整齐，走上主席台应步态自然，刚劲有力，体现一种成竹在胸、自信自强的风度与气质。发言时应口齿清晰，讲究逻辑，简明扼要。如果是书面发言，要时常抬头扫视一下会场，不能低头读稿，旁若无人。发言完毕，应对听众的倾听表示谢意。

自由发言则较随意，但应要注意，发言应讲究顺序和秩序，不能争抢发言；发言应简短，观点应明确；与他人有分歧时，应以理服人，态度平和，听从主持人的指挥，不能只顾自己。

如果有会议参加者对发言人提问，应礼貌作答，对不能回答的问题，应机智而礼貌地说明理由，对提问人的批评和意见应认真听取，即使提问者的批评是错误的，也不应失态。

3. 会议参加者礼仪

会议参加者应衣着整洁，仪表大方，准时入场，进出有序，依会议安排落座。开会时应认真听讲，不要私下小声说话或交头接耳，发言人发言结束时，应鼓掌致意，中途退场应轻手轻脚，不影响他人。

4. 主持人的礼仪

各种会议的主持人一般由具有一定职位的人来担任，其礼仪表现对会议能否圆满成功有着重要的影响。

主持人应衣着整洁，大方庄重，精神饱满，切忌不修边幅。

走上主席台应步履稳健有力，行走的速度因会议的性质而定，对快、热烈的会议步频应较慢。

入席后，如果是站立主持，应双腿并拢，腰背挺直。持稿时，应右手持稿的底中部，左手五指并拢自然下垂。双手持稿时，应与胸齐高。坐姿主持时，应身体挺直，双臂前伸，两手轻按于桌沿。主持过程中，切忌出现搔头、揉眼、拦腿等不雅动作。

主持人言谈应口齿清楚，思维敏捷，简明扼要。

主持人应根据会议性质调节会议气氛，或庄重，或幽默，或沉稳，或活泼。

主持人对会场上的熟人不能打招呼，更不能寒暄闲谈。会议开始前，可点头、微笑致意。

12.1.3 洽谈礼仪

洽谈是在社会交往中，存在某种关系的有关各方，为了保持接触、建立联系、进行合作、达成交易、拟定协议、签署合同、要求索赔，或是为了处理争端、消除分歧，而坐在一起进行面对面的讨论与协商，以求达成某种程度上的妥协。

洽谈的礼仪性准备是要求洽谈者在安排或准备洽谈会时，应当注重自己的仪表，预备好洽谈的场所、布置好洽谈的座次，并且以此来显示我方对于洽谈的郑重其事以及对于洽谈对象的尊重。

举行双边洽谈时，应使用长桌或椭圆形桌子，宾主应分坐于桌子两侧。若桌子横放，则面对正门的一方为上，应属于客方；背对正门的一方为下，应属于主方。若桌子竖放，则应以进门的方向为准，右侧为上，属于客方；左侧为下，属于主方。

在进行洽谈时，各方的主谈人员应在自己一方居中而坐。其余人员则应遵循右高左低的原则，依照职位的高低自近而远地分别在主谈人员的两侧就坐。举行多边洽谈时，为了避免失礼，按照国际惯例，一般均以圆桌为洽谈桌来举行“圆桌会议”。具体洽谈时应坚持以下原则。

1. 要礼敬对手

礼敬对手即所谓“你敬我一尺，我敬你一丈”，保持绅士风度或淑女风范。

2. 要依法办事

提倡法律至尊，假若要在洽谈中搞“人情公关”，即对对方吹吹打打，与对方称兄道弟，向对方施之以小恩小惠，则是非常错误的。任何有经验的谈判人士，都是不会在洽谈会上让情感战胜理智的。

3. 要平等协商

有关各方在合理、合法的情况下，可以进行讨价还价。

4. 要求同存异

在任何一次正常的洽谈中，都没有绝对的胜利者和绝对的失败者。在洽谈会上，妥协是通过有关各方的相互让步来实现的。

5. 要互利互惠

任何成员方在享受其他成员方的优惠待遇时，必须给其他成员方以对等的优惠待遇。只有遵循互惠互利才能在成员间达成协议，维护成员方之间的利益平衡。

6. 要人事分开

商界人士在洽谈会上，应当理解洽谈对手的处境，不要对对方提出不切实际的要求，或是一厢情愿地渴望对方向自己施舍或回报感情。

12.1.4 馈赠礼仪

社会交往中礼尚往来是人之常情。在纪念之日、喜庆之时、探视病人、亲友远行、酬谢他人、拜访做客的时候送上一份恰当的礼物，不仅可以表达自己的心意，而且也有助于加深双方的感情。

1. 赠礼的原则

1) 因人而异

置办礼物前，要搞清受礼对象是单位还是个人。如果是赠送单位，就应考虑单位的性质、经营项目、设施状况、经营规模等情况；如果是赠送个人，则应了解对方的性格特点、爱好禁忌、身份地位、身体状况等内容。一般来说，出于受礼者意料而又是其向往已久的赠礼是最成功的。

2) 因事而异

赠礼者应对送礼物的性质有清醒的认识。如果送给单位，应先弄清对方是开业典礼还是周年志庆，是庆功颁奖还是产品转向。如果送给个人，应搞清对方是生日庆典还是结婚仪式，是高就荣升还是乔迁新居。这对赠礼目的的达成至关重要。

3) 时间恰当

赠礼贵在及时、准确。对生日、婚嫁、周年庆贺等较大的喜庆活动，等到参加完仪式、宴会之后再补送礼物是失礼的。当然，毫无理由地过早赠送也并不合适。

4) 注意场合

从地点上讲，赠礼要考虑场合。一般来说，在大庭广众之下，宜送高雅、大方、体面的礼物，如书籍、鲜花等；而与衣食住行有关的生活用品则适宜在私下场合赠送。

5) 适当包装

对礼品进行包装，不仅可使一件外表朴素的礼品显得美观，使之避免给人俗气的感觉，更具有艺术性，而且更能表达赠礼者的精心与诚意。包装前，应取下礼品上的价格标签，选择受礼者喜欢的材料和颜色进行包装。包装完毕后，再贴上写有自己祝词和签名的缎带或彩色卡片，使对方清楚是谁赠送的礼品。

2. 礼品的选择

1) 结婚礼物

结婚礼物以美观、实用、具有纪念意义最为适当。赠送前最好能与其他准备送礼的人商量一下，配合选送，以免重复。如果与收礼者是很熟的朋友，也可先征求他的意见。字画、餐具和其他家庭生活用品是人们普遍乐于接受的礼物。如果用金钱替代礼物，可在封套上写明“贺仪”等字样；如果是一般的礼品，则用一张红纸，写明收礼人及送礼人的姓名。

2) 贺岁礼物

为亲朋好友的生日选送礼品，既能使对方欢愉又可作纪念品最为适合。对年老的长者，可送寿联、寿桃、寿糕或营养品；对小孩可送衣服、鞋帽或玩具。一般性的生日礼物，可送生日蛋糕、烟酒、衣物、鲜花、书籍、影集、工艺品等。

3) 探视病人的礼物

探望生病的亲友，礼物以鲜花和食物为主。食物的选择应根据病人的情况，以能帮助病人战胜疾病、适宜食用为基本原则。

4) 远行礼物

亲友远行，一般以赠送适宜于旅途的食品、水果以及轻松的书刊杂志比较合适，也可以直接送钱。

12.2 公共关系文书礼仪

对外联系、对外交往、保障组织机构与社会各类公众之间的沟通，是公共关系人员的日常重要活动和工作。这就要求公共关系人员不但要有较好的口头表达能力，而且要熟悉一般日常公共关系写作，具备较强的书面语言表述的水准。公共关系部门在对外联络工作中，大部分是通过文件、报告、函件、展览、演说、报道、总结等形式进行的。这些都存在一个文字媒体的问题。书面语言能力的好坏，常常直接影响到组织机构政策、方针的贯彻和组织形象，更反映着该组织机构管理者的文化素质。因此，作为公共关系人员在公共关系写作上必须下一番气力。

12.2.1 公共关系文书的内容与特点

作为一名公共关系人员，应该具备多方面的基本技能，如组织领导能力、社会交际能力以及各方面的专业技能，其中包括表达能力(文字表达能力和口头表达能力)。公共关系人员特别要谙熟各类公共关系文书写作。

1. 公共关系文书的内容

公共关系活动的各个环节都要使用公共关系文书。一般来说，公共关系文书是指与公共关系活动有联系的文书。从公共关系学和文书学的概念来说，公共关系文书就是组织为了树立良好形象，在采取一定的策略和手段进行管理活动过程中，记录信息、表达意图、互相联络的文字材料。

公共关系文书一般可以分以下几类。

(1) 公文类：命令、决定、通告、公告、通知、简报、报告、请示、批复、意见、议案、会议纪要、函、条例、规章等。

(2) 礼仪类：请柬、祝词、欢迎词、欢送词、题词、邀请书、讣告、悼词、唁电、贺信、贺联、慰问电等。

(3) 交际类：名片、介绍信、便函、证明信等。

(4) 契据类：契约、合同、协议书、条据、招标书、投标书等。

(5) 书表类：申请书、保证书、决心书、挑战书、应战书、倡议书、建议书、聘书等。

(6) 策划类：公共关系策划书、市场调查报告、市场调查问卷设计。

(7) 广告类：书刊广告文稿、电视广告文稿、广播广告文稿等。

2. 公共关系文书的特点

1) 实用性

公共关系文书是在进行公共关系活动过程中编写的文字材料，具有很强的实用性，是在传递信息、交流信息、反馈信息过程中，具体处理公共关系活动时所必须用文字来表达的办事工具。

2) 广泛性

有人说公共关系文书是“无所不在的交通工具”，这是有道理的。正因为公共关系文书是个“跨国公司”，所以使用十分广泛。就范围看，有上行文、平行文、下行文；就时间看，每个组织几乎天天都要使用。

3) 规范性

在所有公共关系涉及的文书中，除广告写作、公共关系策划书、市场调查报告等少数文本外，公共关系文书的写作具有典型的规范性。这种规范性不仅表现在对公共关系文书所用纸张的质地和尺寸有统一的要求，对于书写形式也有统一的要求。

4) 艺术性

公共关系工作本身是一门富于艺术性的工作。这里讲的艺术性并非花言巧语、哗众取宠、矫揉造作、华而不实，而是指文章的结构、语言、表达方式等要给人以美感，达到内容和形式上的完美结合，如书函、广告、请柬等常用的公共关系文书，都应讲究内容美、语言美、形式美、庄重而不严肃，亲切而不妩媚。

12.2.2 公文

1. 公文的概念和特点

1) 公文的概念

公文，是行政机关在行政管理过程中形成的具有法定效力和规范体式的文书，是依法行政和进行公务活动的重要工具。

2) 公文的特点

(1) 公文的制发者须是法定作者。公文的作者是法定的，是能以自己的名义行使职权和承担义务的机关、团体、企事业单位。公文起草者只是组织的代笔人。公文读者具有特定性。有的公文的读者是特指的受文机关，有的公文的读者是社会的全体成员。

(2) 公文的制发具有严格的程序性。公文从准备撰写到制作成文，都有严格的程序。

公文的体式必须符合《国家行政机关公文处理办法》规定的体式，即规范体式。公文在撰写和制发过程中要受公文处理程序的严格制约。公文的草拟、审核、签发、复核、缮印、用印、登记、分发等环节之间的先后次序是固定的，不能随意颠倒或错乱。

(3) 公文具有法定的权威性和约束力。公文具有代行法定职权的功能，对受文机关在法定的时间和空间范围内，具有强制性。但应注意，公文的权威性和约束力受着一定的时空限制，其法定效力也是现实效用，任何公文都不是永远有效的。

2. 公文的类型

1) 按照公文的功能来划分

2001年实行的《国家行政机关公文处理办法》规定，我国行政机关现行的公文有13种：命令(令)、决定、公告、通告、通知、通报、议案、报告、请示、批复、意见、函和会议纪要。

2) 按照行文方向来划分

按照行文方向来划分，可分为下行文(如命令、通知、批复等)、上行文(如报告、请示等)和平行文(如函)。下行文指具有隶属关系的上级发给下级机关的公文；上行文指具有隶属关系的下级机关呈报给上级机关的公文；平行文指不相隶属机关之间来往的公文。所谓隶属关系是指上下级机关具有直接管理和被管理的关系。

3) 按照缓急程度来划分

按照缓急程度来划分，可分为特急、急件、一般文件3类。对特急文件要求在接件后一天内办理完毕，急件应在接件后3天内办理完毕。有的紧急公文不仅标明紧急程度，还可在标题的文种前加以限定，如《辉煌前程总公司关于加强安全检查工作的紧急通知》。

4) 按照保密级别来划分

按照保密级别来划分，可分为绝密、机密和秘密3个等级。绝密文件是指涉及党和国家核心机密的文书；机密文件是指涉及党和国家重要机密的文书；秘密文件是指涉及党和国家一般秘密的文书。具有密级的文件一旦泄漏，会使党和国家的安全和利益遭受不同程度的损害。

12.2.3 通知

1. 通知的概念和种类

1) 通知的概念

通知是“适用于批转下级机关的公文，转发上级机关和不相隶属机关的公文，传达要求下级机关办理和需要有关单位周知或者执行的事项，任免人员”的公文。通知是使用相当广泛的公文文体，一般是下行文或平行文。

2) 通知的种类

通知根据其适用范围，可分指示性通知、任免人员的通知、转发性通知、会议通知等。

(1) 指示性通知。用于布置下级机关工作事项、指示方法、步骤，如《国务院办公厅关于禁止发放使用各种代币购物券的通知》。

(2) 任免人员的通知。用于任免和聘用干部，如《国务院办公厅关于调整国务院三峡工程移民试点工作领导小组组成人员的通知》。

(3) 转发性通知。即颁布(颁发)与转发公文时使用的通知。

(4) 会议通知。这是组织会议的单位制发的公文，如《宁波市外贸局关于召开外贸会议的通知》。

2. 通知的文体结构和内容结构

1) 文件结构

不同类型的通知其基本格式是一致的，一般包括标题、主送机关、正文、发文机关、签署、附件等部分。这里着重介绍正文部分的写作。

2) 内容结构

(1) 标题一般应写明发文机关、事由和文种，如《国务院关于进一步加快旅游业发展的通知》。情况特殊的通知，如“紧急通知”、“补充通知”等都应在标题中写明，如国家经贸委《关于立即停止一次性发泡塑料餐具的紧急通知》。

(2) 主送机关即被通知的单位或个人，在正文前顶格书写，后跟冒号，以示引领下文。无固定通知对象者或知照范围广泛的通知则可不写。

(3) 正文一般由 3 部分组成。

① 事由。这是通知的开头，应写明制发通知的缘由、目的、依据或情况。内容单纯的通知，可省去发文缘由，直接写目的。

② 事项。写出通知的内容，即要求受文机关承办、执行和应予以知晓的事项。这些内容如较复杂，可分条列项写出。

③ 结尾。这部分常用“特此通知”、“专此通知”之类的习惯用语作结。

(4) 签署。它是在正文右下方写明发文机关的名称和日期，若发文机关在标题中已出现，签署则可省略。

(5) 附件。它是告知性通知及批示性通知常带有附件。

通知的例文如下。

【例文 12-1】

国务院关于发布《国家行政机关公文处理办法》的通知

×字〔2000〕62 号

各省、自治区、直辖市人民政府，国务院各部委、各直属机构:

现发布《国家行政机关公文处理办法》，自 2001 年 1 月 1 日起施行。1993 年 11 月 21 日国务院办公厅发布，1994 年 1 月 1 日起施行的《国家行政机关公文处理办法》同时废止。

中华人民共和国国务院办公厅

2000 年 8 月 24 日

12.2.4 信函

信函作为公共关系文书中的一种文本，是党政机关、社会团体、企事业单位之间公务活动中处理大小公务的专用信件的总称。它的适用范围最为广泛，既可以用于上下级之间，也可用于平行的不相隶属的部门单位之间。

信函一般有告知函、商洽函、问复函和请准(审批)函 4 种。

(1) 告知函的功能是主动将有关信息(如问题、意见、情况)告知对方。

(2) 商洽函是不相隶属机关之间商洽工作的函，如洽谈人员培训、人事调转、产权交易、商品买卖等均可使用商洽函。

(3) 问复函是向有关机关询问、答复有关问题情况的函。有隶属关系的上下级之间，上级可用函询问，但下级不能用函答复，而应以报告的形式予以答复。

(4) 请准函是请求批准函和审批函的合称，是向不相隶属的主管机关请求批准或用来答复审批事项的函。

信函的例文如下。

【例文 12-2】

××集团公司关于商洽委托代培涉外秘书人员的函

×字〔2008〕30 号

××大学文学院:

本集团公司新近上岗的秘书人员缺乏专门的涉外秘书知识，业务素质亟待提高。据报载，贵院将于今年 9 月开办涉外秘书培训班，系统讲授涉外秘书业务、公共关系礼仪、实用文书写作等课程。这个培训项目为我集团公司新上岗的涉外秘书人员提供了一个难得的在职进修机会。

为能尽快提高本集团公司涉外秘书人员的从业素质，我们拟选派 8 名在岗秘书人员随该班进修学习，委托贵院代培。有关代培费用及其他相关经费，将按时如数拨付。

如蒙概允，恳请函复为盼。

××集团公司(印章)
2008 年 7 月 12 日

12.2.5 书信

书信是人们在不能、不便或不需要见面的情况下，为了交流信息、沟通感情、联系事务而采用的一种文书形式，也是公共关系活动的重要媒介。

书信可以分为一般书信、专用书信等。对于各种书信文体及其礼仪要求，公共关系人员都应有所掌握，以便在自己书写、代表组织书写、帮助他人书写时正确使用。一封合礼的书信，就是一次成功的公共关系活动。信写得不好、没有礼貌、不得体，就会给收信人一个不良的印象，甚至成为笑柄。

1. 一般书信

一般书信是指父母之女之间、兄弟姐妹之间、亲朋好友之间为了表达互相鼓励、祝贺、问候、寒暄、关照等思想或情感而写得书信。旧时这类书信的礼仪要求很高、很复杂，新式书信已简略很多，但也还是要注意基本的格式。

在通常情况下，称呼应写在信笺的第一行顶格处，如“经理”、“董事长”、“小李”、“刘芳”等，称呼之后加冒号。

问候语一般写在正文的开始和结尾之前，写在开始的问候语可以用“您好”、“你好”等；写在正文结尾的问候语是指让收信人转告他人的问候语，如“请代问你父母好”，“请代问李经理及全体同仁好”等。在写信人与收信人关系很密切或经常通信的情况下，问候语也可以不写。

正文写完之后，提行顶格或空两格写一些表示祝福的、敬意的、鼓励的话，如“敬祝健康长寿”、“恭祝康乐永驻”、“此致敬礼”、“祝圣诞快乐”等。具体说什么，应根据与对方的关系、对方的职业、写信的季节和时日等考虑。

祝词之后应署名。署名应写在信的正文的右下方。必要时前面可以写上与对方的关系用语，后面写上必要的谦词，如“部下刘华”、“外孙李再东拜上”。署名之后在名字下方写日期。可以写上年、月、日，也可以写月、日，或只写日，有的还在日期之后写上一天中写信的具体时辰。也有的在日期之后再写写信的地点，这在写于旅途中的信上比较常见，如“6 月 6 日于广州白云宾馆”等。

2. 专用书信

专用书信是个人与社会组织之间，社会组织彼此间为了某项具体的需要而使用的书信。

1) 介绍信

介绍信是社会组织为了介绍到有关单位了解情况、联系工作、参观访问的人的身份的一种专用书信。内容包括被介绍人的姓名、身份，随访的人数、活动的目的、对受访单位的请求等。介绍信的例文如下。

【例文 12-3】

介绍信

迅达电脑公司：

兹介绍我公司刘平、章安两位同志前往贵公司学习商务软件制作技术，请予以接洽为盼。

此致

敬礼

腾飞实业股份有限公司(盖章)

××年×月×日

2) 证明信

证明信是社会组织为证明个人的身份、履历、学历及其他事项的真实情况而使用的专用书信。书写证明信时要慎重，除了对所证明的事实一定要准确无误外，还应注意用语明确、肯定，不得涂改，为便于查考，证明信应留底稿并进行登记。证明信的例文如下。

专用书信的礼仪主要不是表现在它们的格式、用语上，而是表现在所写的情况的真实、准确、实事求是上。所介绍、证明、反映的情况越真实，就越是一种礼仪风范的表现。相反，如果所提供的情况是虚假的，或含糊不清，就是对对方的失利和无礼。

【例文 12-4】

<table><tr><td>
证明
××县物资局:
你局×××同志，原属我局职工，已于××年×月评为助理经济师，情况属实，特此证明。
××市机电公司(公章)
××年×月×日
</td></tr></table>

12.2.6 商业书信(英文)的格式

商业书信一般可分为 6 个部分：开端、信内地址、称呼、正文、结语、署名。有时信内还附有“再启”，相当于中文书信中的“又及”。

1. 开端

在信纸的右上角，详尽地写下发信人的企业(商号)名称、地址、日期和电话号码。如果是印有公司名称和地址的专用信笺则不必再写，但日期一定要写上。

2. 信内地址

写在信里面的地址除了信纸右上角的发信人地址外还在信纸左上角(位置略低于发信人地址)写明受信人的人名，企业名称和详细地址，应与信封上写的一样，不可随意改动。

3. 称呼

无论是写给个人的或企业的信件，在开始时必须有称呼。对外称呼一般为先生、女士、小姐等。如受信人的身份特殊，在社会上有很高的地位，如教授、博士等，应照用其头衔，如写信给政府部门的领导可称阁下。

4. 正文

写作要求与中文略同，但不可信纸两面都写，如需要再接第二页，可用一张空白信纸，不必再写开端。只是要注明页数。如左上角写上受信人名字，在右上角可写上发信日期即可。

5. 结语

英文书信的结语相当于中文书信结尾的“此致敬礼”，一般是“致以最崇高的敬意”、“致以最美好的祝愿”等语。结语的第一个字母要大写。

6. 署名

无论打字或手写都应用笔签署，应该在笔签名的下面，再用打字机打出正确的名字或用正楷将全名写下。

除此之外，一般英文商业书信与中文公函一样，为了方便收发和存档备用，可在称呼之下正中位置列上事由提纲，相当于中文公函中的标题。

12.3 社交类公共关系文书

社交类公共关系文书是一个组织为了协调与公众之间的关系，出于礼貌、礼节的需要对公众表示感谢、庆贺、慰问、邀约等思想感情或意愿而使用的实用文书。

12.3.1 社交类公共关系文书的内容与特点

1. 社交类公共关系文书的内容

社交类公共关系文书包括的内容比较多，一般可以划分为以下几类。

(1) 迎来送往类。即组织之间的欢迎、欢送、答谢仪式上所适用的表示礼节的致词，是使用频率很高的礼仪文书之一。常用的有欢迎词、欢送词、告别词、祝酒词和答谢词等。写作格式大体相同。

(2) 喜庆祝贺类。它是在重大节日、纪念日或开业、工程落成、重要会议召开、重要人物寿诞、取得重大成就之际，向对方表示庆贺、祝贺之意而使用的礼节性文书。常用的有祝词、贺词、贺信、贺电、贺卡和贺联等。

(3) 聘请邀请类。它是聘请或邀请有关人物担任某项工作或参加某项活动的短信，是用于人际联系和礼仪应酬的实用文书。一般有特定的样式，装帧讲究、书写美观。常用的有请柬、邀请函和聘书等。

(4) 哀悼吊唁类。它是对死者表示哀悼和怀念，以及对死者亲属表示慰问所使用的文书，常用的有讣告、悼词、唁电、祭文、挽联等。

2. 社交类公共关系文书的特点

1) 礼节性

礼节性是它最本质的也是第一个特点。礼节性可以表现出两层含义：一是以礼相待，充分地表达了对对方的尊重和礼貌之意；二是选择适当的时机，如喜庆节日、重大活动或婚丧寿诞之时，要适逢其时，否则时过境迁便失去了意义。

2) 规范性

社交文书都有固定的体式，如请柬、聘书，不但在内容上称谓、正文敬语等惯用写法与格式，就连纸张质量、大小尺寸、装帧都有一定的要求和样式。这些体式是在长期的礼仪活动中约定俗成的，带有一定的规范性。不合体式的礼仪文书将被视为轻率的、不礼貌的行为，会影响公共关系效果。

3) 情感性

社交是一种情感交流活动，联络感情、增进友谊是它的内容和目的。作为情感交流的工具，社交文书应该充满感情，或热烈、或惜别、或感谢、或哀悼、或祝贺，都应该是情真意切，溢于言表，当然也要把握好一定的度，以免过分地矫情。

4) 简明性

社交文书不是为了阐明实质性的问题，而是出于礼仪上的需要，只要能表达某种情感即可，无需长篇大论。因此，社交文书内容上大多简短精炼，有的甚至只有一两句话。

在公共关系活动中，对不同的公共关系工作、不同的公共关系场合，不同的公共关系对象，要选用适宜的公共关系文书，否则就可能会影响公共关系活动的顺利进行。因此，公共关系文书必须符合礼节性和规范性的要求。

12.3.2 请柬

请柬通常也称请帖、简帖，是为邀请客人参加各种纪念活动、婚宴、晚会、诞辰和重要会议等而发出的一种书面形式的通知。在决定一些比较重大的事项或庄重的场合，如规格较高的会议、宴请、展览等，需要宾客参加时通常都发出请柬，一般用套红制成帖子形式，所以又称柬帖。

请柬的特点一是要注重礼貌，措辞典雅。发出请柬既出于礼貌所需，也能对客人起到提醒备忘作用。它是一种庄重与谦虚、严肃与简便相结合的礼仪文书，用语要简短、热情、文雅。二是要对象明确、制作精美。请柬所邀请的内容、时间、地点、被邀请者的姓名、头衔具体明确，装帧美观、大方，以示对被邀请者的尊重。

请柬的例文如下。

【例文 12-5】

请柬

尊敬的李元先生：

敝公司定于 2008 年 6 月 30 日～7 月 5 日 8:00～17:00 在宁波国际会展中心 3 号楼展览大厅，举办现代家具贸易洽谈会。恭候光临。

久耐家具公司

2008 年 5 月 25 日

12.3.3 贺年卡

贺年卡的来历是有渊源的。早年，我国官场中人或社会仕绅，在新年伊始，职位或辈分低的，会向年长或位高的登门拜年。如果主人不在，或家有贵宾不便会客，拜年的人，便留下红色名片(或印红字者)，上有“登府拜年恭贺新禧”的字样，以表亲自上门拜年之意。

贺年卡目前已成为公共关系活动中简便表达祝贺情感的一种方式，在印有贺词的贺年卡上最好写上亲笔签字。贺年卡的例文如下。

【例文 12-6】

××公司新年贺卡

感谢你过去一年中对我公司的关心和支持，并祝你在新的一年中事业发达，再展宏图。

Many thanks for the concerns and favors you showed to ×× Company in the last year, and best wishes for your greater success in the coming new year.

公共关系部经理：(亲笔签名)

Manager of Public Relation:

12.3.4 聘书

聘书是某单位延请专业人才担任，某项职务或承担某项工作所用的一种专用文书。

聘书的结构有标题、称谓、正文、结尾署名和日期组成。

(1) 标题。首页或内页正中写“聘书”或“聘请书”字样。

(2) 称谓。写被聘者的姓名，格式与一般书信相同。

(3) 聘书的正文。首先交代聘请的原因和请去所干的工作，或所要去担任的职务；其次写明聘任期限，如“聘期两年”、“聘期自2000年2月20日至2005年2月20日”；再次聘任待遇。聘任待遇可直接写在聘书之上，也可另附详尽的聘约或公函写明具体的待遇，这要视情况而定。另外，正文还要写上对被聘者的希望。这一点一般可以写在聘书上，但也可以不写，而通过其他途径使受聘人切实明白自己的职责。

(4) 结尾。表示敬意或祝颂。

(5) 署名和日期。单位署名一般要加盖公章。

聘书的例文如下。

【例文12-7】

聘书

赵爽同志:

兹聘请你为永乐家电集团维修部总工程师、主任，聘期自2011年4月5日～2012年4月 5日，聘任期间享受集团高级工程师全额工资待遇。

永乐家电集团(章)

2010年4月2日

12.3.5 欢迎词、欢送词、答谢词

1. 欢迎词

1) 欢迎词的概念

欢迎词是行政机关、企事业单位、社会团体或个人在举行隆重庆典、大型集会、欢迎仪式或洗尘宴会上，主人对友好团体或个人的来访表示欢迎的讲话稿。简言之，即企事业单位对来宾表示欢迎的讲话稿。

2) 欢迎词的特点

一般的欢迎词都是一种礼节性的外交或公关辞令，遣词造句十分讲究礼貌，称呼使用尊称，表达表达致辞者的热情、友好的情感，感情真挚。

欢迎词是社交礼仪演讲词的一种，语言生动简洁，具有较强的口语性。欢迎词又是对来宾表示欢迎和尊重，表达友好交往的讲话稿，具有欢愉性的特点，语言多亲切、赞美之辞。

欢迎词一般都比较简短，言简意赅，短小精悍，旨在进一步增强双方的交流与合作，营造和强化友好和谐的社交气氛。

欢迎词的落款可以省略，也可以写在标题下面，最后也可写上致辞人的身份、姓名和时间。

欢迎词的例文如下。

【例文 12-8】

欢迎词

尊敬的佐滕先生、女士们、先生们:

今晚我们有机会与中国人民的老朋友佐滕先生欢聚在一起，感到非常荣幸。首先，让我代表出席今天晚会的各界人士，并以我个人名义，向远道而来的贵宾表示热烈的欢迎并致以良好的祝愿和问候。

中日两国人民有着悠久的经济、文化交流历史，这次佐滕先生一行来访，就是这种传统友谊的继续和发展。我们殷切地期望，通过这次访问，能进一步增进我们之间业已存在的友谊，进一步扩大我们之间的业务往来，使两国人民共同受益。

现在，我再一次表示热烈欢迎佐滕先生一行，并祝愿你们的访问成功，生活愉快!

2. 欢送词

1) 欢送词的概念

欢送词是行政机关、企事业单位、社会团体或个人国家机关或单位，在公共场合欢送友好团体或亲友出行时致辞的讲话稿。从表达方式上可分为现场讲演欢送词和报刊发表欢送词两种。

2) 欢送词的特点

欢送词的特点与欢迎词的特点基本相同，口语性也是欢送词的一个显著特点之一。因此，遣词造句也应注意使用生活化的语言，使送别既富有情趣又自然得体。

欢送词还具有惜别性，表达出亲朋好友远行时的感受，表达出真切的送别之情与祝愿，格调不必过于低沉、悲伤，应把握好分别时所用言辞的分寸。

欢送词的例文如下。

【例文 12-9】

欢送词

尊敬的约翰布朗先生:

再过半小时，您就要起程回国了。我代表宇辉集团公司，并受王副部长之托，向您及您率领的代表团全体成员表示最热烈的欢送!

我十分高兴地看到近一个星期以来，我们双方本着互惠互让的原则，经过多次会谈，达成了 4 个实质性协议，取得了令人满意的成果。在此，我们对您在洽谈中表现出的诚意和合作态度，深表感谢!我衷心地希望您和您的同事们今后一如既往，为进一步发展我们双方的经济贸易往来而不懈努力!

我们期待着您和您的同事们明年再来这里访问。

谨致最良好的祝愿!

宇辉集团公司总经理　程维

2009 年 2 月 9 日

3. 答谢词

1) 答谢词的概念

与欢迎词或欢送词相对应，答谢词是在专门仪式、宴会、招待会上，由宾客出面发表的对主人的热情接待表示感谢的讲话稿。答谢词也指客人在举行必要的答谢活动中所发表的感谢主人的盛情款待的讲话。

2) 答谢词的特点

(1) 讲究客套、充满真情。在特定的礼仪场合，答谢词十分讲究必要的客套话的使用，对主人的热情款待和众多关照表示答礼、谢意和感激之情的语言热情洋溢、充满真情。

(2) 注重照应、尊重习惯。答谢词是主人致欢迎、欢送词之后，其内容注重与欢迎词内容的照应。即使预先准备了答谢词，也要根据现场的特定环境做修改补充，因情因境临场应变发挥。在异地做客，要了解当地的民情、风俗、尊重对方习惯。这体现了对主人的尊重。

(3) 篇幅简短，气氛热烈。答谢词主要诚挚地表达对主人的谢意，营造和谐友好的现场气氛，篇幅短小精悍。

答谢词的例文如下。

【例文 12-10】

致学生

亲爱的姑娘们:

你们的纪念使我深受感动，这还是有史以来第一次有人对我这么好，因为你们完全可以相信你们给这个孤苦伶仃的人心上留下的印象，要比哲学 2A 这门课程的全部教学内容在你们头脑里留下的印象深刻的多。现在我认识到，我的《心理学》这本书中遗漏了一项重要内容——人性最深刻的原则是得到赏识，而我在书中却把这一点完全漏掉了，原因是我的我的这种欲望直到如今才得到满足。我恐怕这辈子是你们把我身上的魔鬼放出来了，从今以后，我的一切行动恐怕都是为了博得这种奖赏了。然而，我还是忠于这棵独特而美丽的杜鹃树，那是我一生的骄傲和生活的乐趣。我将不分春夏秋冬地照料它，为它浇水哪怕使用我的眼泪呢。我决詹姆斯太太走近它一步，哪怕是碰它一下。如果树死了。我也会死，我死了，它将栽在我的墓上。

别以为这些话都是戏谑之言，请相信你们给我带来了莫大的欢乐以及我对你们的深切感谢。我希望将来永远是你们真诚的朋友。

威廉·詹姆斯

1986 年 4 月 6 日于剑桥大学

12.3.6 祝贺词

祝贺词也称祝贺辞，是表示祝贺、祝愿的言辞和文章，是人们在交际活动中使用频率较高的一种日常文书。

现在，祝贺词常常用于社会组织或者个人对取得巨大成绩、做出卓越贡献的集体或者个人表示赞扬、祝贺，或者对国际、国内发生的重大喜事表示慰问和赞扬，对一些重要会议、节日、庆典、开业、晋升、婚礼、寿辰等表示庆贺、祝愿的场合。它是个人与个人、个人与团体、团体与团体、国家与国家之间，在相互理解与支持的基础上，表达良好祝愿、加深相互情谊的一种重要的交际方式。重要的祝贺信往往对广大群众有很大的激励和教育作用。

祝贺词一定要及时，注意篇幅的简短，文字的明快，做到及时快速。

祝贺词无论是用于祝愿还是祝贺，都有明确的祝贺对象，称呼礼貌具体，态度诚恳地表达自己的良好祝愿。

祝贺词是在喜庆的场合对祝贺对象表达一种真诚的赞颂、祝福和良好心愿。因此，喜庆性是贺词的基本特点。祝贺词的语言热情洋溢，充满喜庆。

祝贺词的例文如下。

【例文 12-11】

胡锦涛致本报创刊50周年的贺信

中国青年报社全体同志：

值此中国青年报创刊50周年之际，谨向你们表示热烈的祝贺和亲切的问候！

50年来，中国青年报始终遵循党的新闻工作方针，根据不同历史时期党的中心任务和青年进步的需要，积极宣传科学理论，广泛传播先进文化，大力倡导时代精神，热情讴歌青年英模，激励一代又一代青年投身社会主义革命、建设和改革的伟大实践，为促进青年的健康成长、推动青年事业的蓬勃发展做出了重要贡献。

从新世纪开始，我国进入了全面建设小康社会，加快推进社会主义现代化的新的发展阶段。实现“十五”计划和现代化建设第三步战略目标，需要包括广大青年在内的全国亿万人民的不懈奋斗。中国青年报作为在青年中具有广泛影响的报纸，肩负着启迪青年、引导青年、鼓舞青年的重要职责。希望你们坚持以马列主义、毛泽东思想和邓小平理论为指导，按照江泽民同志提出的“三个代表”的要求，牢牢把握正确的政治方向和舆论导向，紧跟时代步伐，贴近青年实际，勇于开拓创新，准确、鲜明、生动地宣传党的路线方针政策，及时、真实、充分地反映青年的创业实践和精神风貌，进一步办出自己的特色和风格，使中国青年报更好地成为青年获取有益知识和信息的重要渠道，成为党团结、教育和引导青年的坚强阵地。

祝中国青年报越办越好！

胡锦涛

2001年4月

12.3.7 邀请信

邀请信是邀请亲朋好友或知名人士、专家等参加某项重要活动时所常用的请约性书信。在国际交往以及日常的各种社交活动中，这类书信使用广泛。邀请信与请柬有相似之处，它实际上就是一种比较复杂的请柬，但它使用范围比请柬更广泛，信息容量更大，除了起请柬的作用外，还有向被邀请者交代有关需要做的事情的作用。而请柬比邀请信庄重、典雅，表达的礼仪、情感色彩更浓一些。

邀请信在实际应用中要体现对被邀请者的礼貌，表达尊重之意，以达到传递信息、沟通感情的效果，具有较强的礼仪性。

一般邀请信的发送对象是针对特定的单位或个人，具有确指性的特点。

邀请信按用途分类，有会议类邀请信，专为庆祝会、纪念会、座谈会等发出；活动类邀请信，专为仪式、宴请、执行等发出；工作类邀请信，专为成果的评审、鉴定、决策的论证而发出。

邀请信的例文如下。

【例文 12-12】

关于邀请出席专业建设指导委员会
财务会计专业岗位能力与课程体系改革研讨会的函

尊敬的××公司财务总监张××女士:

经我系推荐，学院批准，拟聘请您担任经济管理系专业建设指导委员会专家委员，并请您拨冗出席“财务会计”专业岗位能力与课程体系改革研讨会。

一、会议目的

“以就业为导向，培养社会急需的应用型人才”，是高职高专院校的主要任务。为使我系的专业定位更加准确，课程设置、教学计划更加符合职业岗位的要求，突出高职特色，提高教学质量，特举办本次研讨会。现随函附上我系“财务会计”专业的教学设计文件，烦请您对我系“财务会计”专业的培养目标、专业定位、岗位能力的分解及课程设置提前准备好指导意见。

二、会议主要内容

(一) 成立财务会计专业建设指导委员会，并由学院领导为专家委员颁发聘书。

(二) 专业岗位能力与课程体系改革研讨。研讨的主要内容如下。

1. 依据社会需要，高职“财务会计”专业的培养目标、专业定位，岗位能力和课程建构应作哪些调整?

2. 请专家对“财务会计”专业的教学计划提出指导意见。

3. 请专家对“财务会计”专业实习基地建设及学生实习指导等问题提出指导意见。

三、会议时间、地点

时间：2008 年 6 月 30 日(周四)上午 8:30～11:30。

地点：××××××职业技术学院经管系 206 会议室。

四、联系人：×××，电话：123456789

敬请莅临!

××职业技术学院 经济管理系

2008 年 6 月 26 日

12.3.8 贺电

贺电是表示祝贺、致敬、赞颂的电报。一般是以上级机关、有影响的领导人或代表人物的名义，向有关单位或个人发电。贺电可以直接发给对方，有的也可以通过新闻媒介公开宣传。

写作贺电电文时，首先要写清楚祝贺对象的名称或姓名，个人的姓名后还应加上职务或相应的称呼以示尊重。正文用字要精练，做到短小、准确、有情。内容包括祝贺何事或何人，赞扬所取得的成就、贡献或良好品德。其次表示祝贺或致敬，提出希望或祝愿。末尾写明发贺电的单位名称或个人姓名、发贺电的日期。

贺电的例文如下。

【例文 12-13】

贺电

中国体育代表团:

我国体育健儿在举世瞩目的第28届奥运会上不畏强手，奋力拼搏，取得了前所未有的优异成绩,实现了我国竞技体育在奥运会上新的历史性突破,为祖国和人民赢得了荣誉。党中央、国务院向你们表示热烈的祝贺和亲切的慰问!

我国体育健儿在本届奥运会上表现出的精湛运动技术和良好体育道德，进一步弘扬了奥林匹克精神，极大地增强了我国成功举办2008年奥运会的信心。我国体育健儿的出色表现，再一次向全世界展示了中华民族自强不息、奋发有为的精神风貌，展示了新世纪中华儿女积极进取、蓬勃向上的朝气和活力，给正在为全面建设小康社会团结奋斗的全国各族人民带来巨大的鼓舞。祖国为你们骄傲，人民为你们自豪!

希望你们继续发扬胜不骄、败不馁的精神，增强斗志，再接再厉，不断提高自身素质和竞技水平,为促进奥林匹克事业的发展,为实现中华民族的伟大复兴做出新的更大贡献!

祖国和人民感谢你们，期待着你们胜利归来!

中共中央国务院

2004年8月29日

12.3.9 开幕词

开幕词是党政机关、社会团体、企事业单位的领导人，在会议开幕时所做的讲话，旨在阐明会议的指导思想、宗旨、重要意义，向与会者提出开好会议的中心任务和要求。

开幕词的写作要求一是要简洁明了、短小精悍，最忌长篇累牍，言不及义，多使用祈使句，表示祝贺和希望；二是语言应该通俗、明快、上口。

开幕词有侧重性开幕词和一般性开幕词两种。侧重性开幕词往往对会议召开的历史背景、重大意义或会议的中心议题等做重点阐述，其他问题一带而过。一般性开幕词则只对会议的目的、议程、基本精神、来宾等做简要概述。

开幕词的例文如下。

【例文 12-14】

在“中国国际××展览会”开幕式上的讲话

女士们、先生们:

早上好!由新加坡××有限公司主办。中国××协会与我分会所属的上海市国际贸易信息和展览公司承办的“中国国际××展览会”今天在这里开幕了。我谨代表中国国际贸易促进委员会上海市分会、中国国际商会上海分会表示热烈祝贺!向前来上海参展西班牙、比利时、中国台湾省、香港地区以及我国各省的中外厂商表示热烈的欢迎!

本届展览会将集中展示具有国际水准的各类××产品及生产设备,为来自全国各的科技人员提供一次不出国的技术考察机会;同时,也为海内外同行共同切磋技艺创造了条件。

朋友们、同志们,上海是中国最重要的工业基地之一,也是经济、金融、贸易、科技和信息中心。上海作为长江流域乃至全国对外开放的重要窗口,将实行全方位的开放。我国政府已将浦东的开发开放列为中国今后10年发展的重点,上海南浦大桥的正式通车将标志着浦东新区的开发已经进入实质性的启动阶段。上海将进一步改善投资环境,扩大与各国各地区的合作领域。我真诚地欢迎各位展商到上海的开发区和浦东新区参观,寻求贸易和投资机会,寻找合作伙伴。作为上海市的对外商会——中国国际贸易促进会上海市分会将为各位朋友提供卓有成效的服务。

最后,预祝“中国国际××展览会”圆满成功!感谢大家!

12.3.10 慰问信

慰问信是以组织或个人名义向在某方面做出特殊贡献或遇到意外损失,遇到巨大灾难的集体或个人关切致意,表示问候同情的一种书信。

慰问信可以直接寄给本人,但大多是以张贴、登报,在电台、电视上播放的形式出现的。公开性是慰问信的一个特点。

无论是对有突出贡献者的慰问还是对遭遇困难者的慰问,情感的沟通是支撑慰问信的一个深层基础。慰问正是通过这种或赞扬表达崇敬之情,或同情表达关切之意的方式来达成双方的情感交流和相互理解的。节日的慰问,尤其是为某一群体而设的节日的慰问,更是起着相互沟通情感的作用,如“三八”妇女节、教师节等的节日慰问。

慰问信的例文如下。

【例文 12-15】

慰问信

战斗在抗洪抢险第一线的部队指战员、武警官兵、民兵预备役人员、公安干警、广大干部群众:

连日来,西、北江上游强降暴雨,西、北江干流流量猛增,水位骤涨,形成了“05·6·24”特大洪水。洪水来势猛、涨势急、流量大,西江出现超100年一遇洪峰流量,北江出现超50年一遇流量,下游各水文站基本超100年一遇水位,容奇水文站超历史最高水位。汛情就是战斗令。在市委、市政府的统一指挥下,全市党政军民7万多人奔赴抗洪抢险第一线。在抗洪抢险战斗中,各级党委、政府坚强领导,高度负责,科学指挥,保障有力;各区、各堤段的防汛责任人和技术责任人,履行职责,靠前指挥,哪里有险情就出现在哪里,发挥了中流砥柱的作用;驻佛山部队、武警官兵、民兵预备役部队、公安干警发挥了主力军和突击队的作用;全市人民群众关注汛情,全力支持和参与抗洪抢险。在全市军、警、民团结一致、顽强拼搏下,我市取得了抗击“05·6·24”特大洪水的初步胜利,实现了市委、市政府提出“全市动员、严防死守、科学组织、确保两江大堤安全”的目标。在此，中共佛山市委、佛山市人民政府、佛山市防汛防旱防风指挥部向你们表示衷心的感谢，并致以崇高的敬意和最亲切的慰问！

你们在抗洪抢险中始终承担着最艰巨的任务，战斗在最艰险的地方，出现在最危急的关头，充分展示出人民利益重于一切的高度政治觉悟，指挥果断、反应迅速、战无不胜的过硬素质，英勇顽强、连续作战、不怕牺牲的优良作风。在惊涛骇浪面前，你们经受住了严峻考验，谱写了一曲可歌可泣的英雄诗篇，党和人民感谢你们！

眼下，洪水水位已降至警戒水位以下，但主汛期仍未结束，对汛情千万不可低估。希望你们再接再厉，保持高度警惕，继续发扬艰苦奋斗、无私奉献的精神，夺取抗洪抢险全面胜利。

市委、市政府号召全市人民向你们学习，继续发扬伟大的抗洪精神，万众一心，全力以赴做好各项防灾减灾工作，维护社会稳定，共同建设和谐佛山。

中共佛山市委
佛山市人民政府
佛山市防汛防旱防风指挥部
2005年6月27日

12.3.11 唁电与报丧讣告

1. 唁电

唁电是哀悼死者、慰问死者家属的工具。在获得亲朋好友的死讯后，人们马上做的第一件事情是发封唁电(报)，即便是可以通电话，也还是以唁电这种方式表达哀思。主要内容是表达一种悲痛的情感，劝慰死者亲友节哀顺变，保重身体之类的话。常用词句范例如下：

惊闻×××噩耗，不胜伤悼，望节哀释念。

尊翁仙逝，悼英名，谨此遥叩灵峙，以寄哀思。

良友英年早逝，不胜骇悼，死者已矣。望节哀顺变，多多珍重。

忽闻大讣，甚出意外，深致哀悼，尚翼达观，自珍为祷。

2. 报丧讣告

讣告又称讣文、讣闻，是告丧的意思，通常是治丧委员会或死者亲属为了将死讯告知死者亲友和社会各界而制发。讣告有一般式和公告式两种。

最常见的讣告是一般式讣告，写作时要注意以下几点。

一是在开头一行的中央写“讣告”或死者姓名加“讣告”二字。

二是正文应首先写明死者的姓名、身份，逝世的日期、地点、原因、终年岁数等。

三是可简要介绍死者生前重大的、具有代表性的、影响深远的业绩。

四是要写明追悼会的时间、地点及乘车安排等。

五是正文右下方署上制发讣告的单位或个人名称、制发时间。

讣告的例文如下。

【例文 12-16】

讣告 ××省数学学会常务理事、××市数学学会理事长、原××大学×××教授，因病医治无效，于×月×日×时×分在××医院去世，享年×岁。现定于本月×日上午×时，在××殡仪馆举行遗体告别仪式和追悼会。敬请×××先生的生前好友、学生届时莅临，学校于×日上午×时在学校门口有专车接送。 ×××先生治丧委员会 ××年×月×日

公告式讣告是地位较高、社会影响较大的人物逝世后，由党和国家或较高级别的机关、团体发布的。在结构上，通常由机关团体的报丧公告、治丧委员会公告、治丧委员会名单3部分组成。此种讣告不常用于一般公共关系人员的工作，故略去详细叙述。

12.4 公共关系专业文书礼仪

12.4.1 新闻稿

在公共关系工作中，新闻稿的撰写是一项经常性的、大量的基本工作。新闻稿在公共关系实务中的作用是，借助新闻媒体可以扩大宣传范围，提高公共主体的知名度，加速组织与公众主体之间的信息沟通，争取公众的理解、信任和支持，在公众心目中树立起良好的形象。

一般意义上所说的新闻即新闻报道，也就是写作学中说的“消息”。陆定一同志曾经下过一个定义，新闻“就是新近发生事实的报道”。这个定义说明：新闻是新近的，而不是过时的；新闻是真实的，而不是虚构的，浮夸的。事实是第一性的，报道是第二性的。广义的新闻包括消息、通信、特写、调查报告、评论等多种报刊载体。狭义的新闻就是指消息。

1. 消息的概念

消息是对新近发生的具有社会意义的事实简短报道。它广泛地运用于报刊、广播和电视。在科学技术发达、信息交流繁多的现代社会里，写作消息，通过报刊、广播、电视等现代视听媒体迅速传递消息，已成为报道各种消息，促进商品经济发展和科技交流的必备的、重要的手段。

2. 消息的分类

消息有不同的分类。根据消息的内容所涉及的范围，可分为工业消息、农业消息、国内消息、国际消息等。根据报道的意图与写作形式，通常把消息分成4类。

(1) 动态消息。它是迅速而简要地报道新近发生的重大事件或工作中的新成就、新问题的一种消息。其特点是文字简要、表达直接、反映迅捷，在各类新闻中，其数量最大，是消息的重点。其中有一种篇幅极短的又叫简讯或简明新闻。

(2) 经验消息。它是对一具体部门、单位的典型经验和成功作法进行的集中报道。它从具体事实中总结出经验，需要交代情况，介绍做法。反映发展变化。这类消息重在突出新闻事实的典型意义，故又有人称作典型报送。这种消息的宣传目的极为明显。

(3) 综合消息。它是把发生在不同地点、不同单位、各具特色、性质相同的事实综合在一起，并体现一个主题的报道。在综合、概括事实的基础上，进行分析，提出见解，揭示规律。

(4) 述评消息。用以分析说明报道事实的本质和意义。在写法上常常采取边述边评，述评消息具有很强的引导作用，所以写作时应注意用词。

3. 消息的构成

消息的写作在西方被视为热门学问。在我国，由于信息越来越被人们所重视，因此，作为传播信息的消息在写作内容和技巧上也有很大的发展。一般消息通常包括导语、主体、结尾3个部分。它的内容一般要具有5个要素，即时间(when)、地点(where)、什么人(who)、什么事(what)、为什么(why)，有时还加上如何进行(how)、西方新闻学简称5个要素“5个W”或“5个W”加“H”。

(1) 导语是消息的开头，它起两个作用：一是用简洁的语言把新鲜的、最重要的事实放在前面，说明主题，给人以概括的印象；二是引起读者极大兴趣，非看下去不可。

(2) 主体是消息的主要内容部分。它用充实、典型的具体材料印证导语中的揭示，回答导语中的问题。主体部分动用的材料必须是经过选择的、有说服力的，但又必须是客观的、实事求是的。

(3) 结尾是消息的结束语。它的作用是阐明新闻事实的意义，指出事件发展趋向，加深听众和读者的理解和印象。好的结尾可以起到画龙点睛的作用。

12.4.2 公共关系简报

1. 公共关系简报的概念、特点和种类

1) 概念

公共关系简报是党政机关、人民团体、企事业单位编发的一种单页或多页的内部文件，是一种以反映情况、交流经验、传递信息为主要内容的简要报道。各单位内部编发的“××简报”、“××动态”、“内部参考”、“情况交流”、“信息通报”等，基本上都属于简报范畴。

2) 特点

公共关系简报的特点可以用4个字概括：快、新、实、简。

(1) 快指反应迅速及时。公共关系简报具有新闻性，追求时效性，要求发现、汇集情况快，撰写成文快，编印制发快。

(2) 新指内容新鲜，有新意。公共关系简报要提出新情况、新问题和新经验。善于捕捉工作、社会生活中的“新”，使公共关系简报具有更强的指导性和交流性。

(3) 实反映情况要客观。即公共关系简报所反映的情况和问题要真实、准确，不能随意夸大或缩小。

(4) 简指简短。文字少，内容精，开门见山，直接叙事，一语中的，尽可能为一事一议，少做综合报道。字数一般为几百字，至多不过千字。

3) 种类

公共关系简报按其性质可分为工作简报、动态简报和会议简报3种。

(1) 工作简报。也称情况简报，即反映本部门、本系统各方面工作情况的简报。

(2) 动态简报。反映各部门、各领域的新情况、新动态的简报，如《市场动态》、《学术动态》、《文化信息》等。

(3) 会议简报。即举行会议期间编发的简报，是报道会议进程和讨论内容的简报。主要用于一些大、中型会议，利于组织和引导会议。

2. 公共关系简报的格式

公共关系简报有自己比较固定的、独特的外在撰写形式，分为报头、报体、报尾 3 部分。

(1) 报头。约占首页的 1/3，下面常用一条横线与行文部分隔开，它包括简报名称、简报期号、编发单位、印发日期、保密要求、编号。

(2) 报体。有标题、正文和署名 3 个部分。标题位置在报头横线之下居中排列。正文是简报的主要内容。有些简报在正文之前还要加上按语，即简报编者的说明或评价。署名位置在正文右下侧，若作者是单位则不必署名。

(3) 报尾。即发送范围和印制份数。给上级机关的称“报”，给下级机关的称“发”，给不相隶属的机关称“送”。

12.4.3 公共关系广告文案

1. 公共关系广告的概念和特点

所谓公共关系广告，就是设法增进公众对组织的整体了解，提高组织的知名度和美誉度，从而使组织活动得到公众的理解、信任、支持和合作的一种广告。公共关系广告除具有一般商品广告有偿性、自主性、真实性和艺术性特征外，还具有区别于一般商品广告的特点 “商品广告是要人们买我，公共关系广告是要人们爱我”、“一般广告是推销商品，公共关系广告是推销形象”。

公共关系广告的内容十分广泛，各种组织都可以运用公共关系广告做宣传，以引起社会公众对组织的注意，激发起社会公众的兴趣，达到“推销”组织机构的形象、显示出企业自身的能力和实力、扩大组织知名度和美誉度的目的。

一个组织，无论生产何种产品或提供何种服务，其自身都需要长期稳定地发展下去，这就决定了公共关系广告的目标要着重于长期的、长远的利益。

公共关系广告并非直接劝告人们去购买商品或享受服务，而是通过间接的手段让公众了解组织并产生好感。

2. 公共关系广告的要求

公共关系广告宣传要遵循政策性原则要求，表现在两方面：一是广告承办单位要遵循国家颁布的广告法规来组织广告业务活动，抵制和拒绝刊登违法广告；二是组织或企业做广告宣传时，必须严格遵守国家法令要求，不能搞违法经营和违法宣传。

公共关系广告的真实性要求是其生命所在，必须以事实为依据。要展现企业的真实面貌，不能浮夸，更不能假造。

即明确向谁做广告。在某种意义上讲，公共关系广告的针对性要求比商品广告的要求更为迫切。

社会上任何一类组织的生存和发展都是团结协作作用的体现、整体努力的结果。在公共关系广告中，对组织所获得的成功要作为整个社会、内外公众，特别是广大员工齐心协力、共同奋斗的结果来加以体现。

一个企业在制作公共关系广告时，应明确其信念、行动宗旨、经营方式、服务措施及企业标志等，并运用文字推敲、象征比喻、情感调动等表现方式来达到形成组织独特风格的目的，以引起社会公众对企业的注意，加深公众对企业的印象。

3. 公共关系广告的制作技巧

广告的艺术创作技巧在广告活动中占有重要位置。公共关系广告和商业广告一样，都需要极高的创作技巧。在这一方面，美国奥美广告公司的创办人大卫·奥格威(David Ogilvy)有独到的见解。他认为，广告的内容比表现内容的方法更重要；若是你的广告的基础不是上乘的创意，它必遭失败；讲事实，消费者不是低能儿，他们需要你给他们提供全部信息；使你的广告宣传具有现代意识；若是你运气好，创作了一则很好的广告，就不妨重复地使用它直到它的号召力减退；千万不要写那种连你也不想让你的家人看的广告；形象和品牌，每一则广告都应被看成对品牌形象这种复杂现象在做贡献；不要当文抄公，模仿可能是“最真诚不过的抄袭方式”，但它也是一个品德低劣的人的标志。关于广告的标题，他认为，标题是大多数平面广告最重要的部分，它是决定读者是不是准备继续读正文的关键所在；读标题的人平均为读正文的人的 5 倍。换句话说，标题代表着一则广告所花费用的 80%。写标题应遵循一定的原则：标题好比商品价码标签，用它来向你的潜在买主打招呼；每个标题都应带出产品给潜在买主自身利益的承诺；始终注意在标题中加入新的信息，因为消费者总是在寻找新产品或者老产品的新用法，或者老产品的新改进；标题里加进一些充满感情的字就可以起到加强的作用；标题应引起读者的好奇心，调查表明，在标题中写否定词是很危险的。关于广告正文，他认为，不要旁敲侧击、要直截了当；不要用最高级形容词，也不要用一般化字眼和陈词滥调；多用用户的经验来表达内容；多向读者提供有用的咨询或服务；避免唱高调；使用顾客在日常生活交谈中用的通俗语言写文案。

本章小结

本章在前面阐述了公共关系实务礼仪中的公务礼仪的基本知识，重点阐述了接待礼仪、会议礼仪、洽谈礼仪、馈赠礼仪的行为规范，要求学生学会在公务场合用正确的方法与人交往，掌握待人处事的技巧，改善自身的职业形象，提高职业能力。本章在后面分 3 节内容重点阐述了公共关系各类文书礼仪基本知识，包括公共关系文书中的公文、通知、信函、书信等的礼仪知识；社交类公共关系文书中的请柬、贺年卡、聘书、欢迎词、欢送词、答谢词、祝贺词、邀请信、贺电、开幕词、慰问信、唁电与报丧讣告等有关知识。最后介绍了公共关系专业文书中的新闻稿、公共关系简报、公共关系广告文案的有关知识。要求学生通过例文和文体知识的学习，了解常见各类公共关系文书的特点，掌握公共关系文书的文体结构和写作规范及应注意的事项，对于公共关系过程中相互间的交往与合作，维护自身形象，增进彼此间的感情与友谊，都有重要作用。

习　题

一、复习题

1. 填空题

(1) 接待工作中要对所有来访者都应以礼相待，切忌____________或____________。在做外宾的接待工作中，应特别注意____________、____________。

(2) 大型会议应考虑主席台的位次。主席台的位次排列要遵循 3 点要求：________；________；________。

(3) 举行双边洽谈时，应使用长桌或椭圆形桌子，宾主应分坐于桌子两侧。若桌子横放，则________为上，应属于客方；________为下，应属于主方。若桌子竖放，则应以进门的方向为准，　　　为上，属于客方；________为下，属于主方。

(4) 社交类公共关系文书的特点________、________、________、________。

(5) 信函作为公共关系文书中的一种文本，是________、________、________之间公务活动中处理大小公务的专用信件的总称。它的适用范围最为广泛，既可以用于________间，也可用于________部门单位之间。

(6) 公共关系广告的要求是______、_______、_______、_______、______。

2. 选择题

(1) 书写不能用(　　)。

A．铅笔　　B．蓝墨水　　C．红墨水　　D．墨汁

(2) 店铺开张用的剪贴属于(　　)。

A．喜庆帖　　B．祝帖　　C．谢帖　　D．应酬谏贴

(3) 赠送礼品时要注意(　　)所表达的情意。

A．送礼者　　B．礼品　　C．受礼者　　D．时机

(4) 写邀请信要特别注意(　　)。

A．礼仪性　　B．确指性　　C．公开性　　D．口语化

(5) 公共关系简报的特点主要有(　　)。

A．反应迅速及时　　B．内容新鲜，有新意

C．反映情况和问题真实、准确　　D．内容精简

3. 简答题

(1) 简述接待客人礼仪的具体内容。

(2) 洽谈时应坚持的方针有哪些？

(3) 简述公文的特点和类型。

4. 实际操作训练

(1) 书信有哪些组成部分？写一篇曾给过你帮助的组织或个人的感谢信。

(2) 为一个产品拟写一句话的广告(注意简洁、新颖、生动)

(3) 请为外出实习学生开一封介绍信。

二、案例应用分析

数百万元办公用具的生意也告吹了

某公司新建的办公大楼需要添置一系列的办公家具，价值数百万元。公司的总经理已做了决定，向A公司购买这批办公用具。这天，A公司的销售部负责人打电话来，要上门拜访这位总经理。总经理打算等对方来了，就在订单上盖章，定下这笔生意。不料对方比预定的时间提前了2个小时，原来对方听说这家公司的员工宿舍也要在近期内落成，希望员工宿舍需要的家具也能向A公司购买。为了谈这件事，销售负责人还带来了一大堆的资料，摆满了台面。总经理没料到对方会提前到访，刚好手边又有事，便请秘书让对方等一会。这位销售员等了不到半小时，就开始不耐烦了，一边收拾起资料一边说：“我还是改天再来拜访吧”。

这时，总经理发现对方在收拾资料准备离开时，将自己刚才递上的名片不小心掉在了地上，对方却并没发觉，走时还无意从名片上踩了过去。但这个不小心的失误，却令总经理改变了初衷，A公司不仅没有机会与对方商谈员工宿舍的设备购买，连几乎到手的数百万元办公用具的生意也告吹了。

此案例说明学习公共关系礼仪知识的重要性。公共关系礼仪体现细节，细节体现素质；细节决定成败。社会发展到今天，作为公共关系的从业人员，由于经常要对内、对外的沟通与协调，礼仪也就成了公共关系人员在进行公共关系具体活动及与公众交往时必须遵守的最基本的规范和准则之一。也就是说，礼仪是公共关系人员必须掌握和娴熟运用的社交、商务技能。

(资料来源：http://zhidao.baidu.com/question/131066434.html.)

问题：

(1) 请用所学知识分析，为何丢掉了到手的生意？

(2) A公司销售负责人违反了什么礼仪规范？

知识链接

国内外送花礼节

1. 国外送花礼节

(1) 白色的花一般代表礼花，无论婚，丧均可增送，但遇喜事要用红绸带，丧事要用白绸带。

(2) 花的枝数、朵数不易用13。日本人不用9枝，也不能送日本人16瓣菊花。因为这些都是皇家的礼仪，普通日本人无权使用。

(3) 结婚。选送各种颜色均可，最好为百年华，或者选有玉爪龙、常春藤组成。花篮、花束均可。

(4) 生日。各色均可，最好为万寿花、玫瑰、花篮、花束均可。

(5) 探望病人。用红粟、野百合组成花束，表示“放心吧，你会很快恢复健康。”

(6) 迎宾献花。这是一种示敬礼节，必须用鲜花，尤其花束要保持整洁鲜艳，忌用菊花、杜鹃花、石榴花黄色花朵。

2. 国内送花礼节

(1) 按季节的不同送花。

(2) 中国十大名花为梅花、牡丹、菊花、兰花、月季、杜鹃、山茶花、荷花、桂花、水仙。

(3) 成束的送花枝数颇为讲究，11枝的寓意是“一心一意”，12枝的寓意为1年12个月无时不在祝福。

(4) 花语。红玫瑰象征爱情、热情、优美，是情人节的宠物；康乃馨象征祝福，视为母亲花，用与母亲节，教师节及传统节日的花卉；剑兰视为迎宾花，用于庆典；菊花白色、紫色常用于葬礼；亲友结婚可送玫瑰花、马蹄莲、苍兰等组成的花束相赠；生日可送康乃馨、玫瑰花组成的花束；清明扫墓，为寄托思念可送上一枝白色或红色的康乃馨；看望长辈，送长春花，表示健康长寿；送水仙花，表示吉祥如意，送兰花，表示正气长存；送桃花，表示长寿幸福。

3. 摆花

贵宾光临，客厅要插花盆花盆景来点缀美化。一年四季，各有所异。

(资料来源：李莉. 实用礼仪教程[M]. 北京：中国人民大学出版社，2004.)

参 考 文 献

[1] [美]卡特利普，森特．有效的公共关系[M]．汤宾泽．北京：中国财经出版社，1998.

[2] 熊源伟．公共关系学[M]．合肥：安徽人民出版社，1997.

[3] 杨魁．现代公共关系学[M]．北京：中国工人出版社，1998.

[4] [英]哈里森．公共关系学概论[M]．杨民生，译．北京：经济科学出版社，2004.

[5] 何修猛．现代广告学[M]．上海：复旦大学出版社，2002.

[6] 宋宁．新闻传播学[M]．北京：新华出版社，2001.

[7] 黎松峭．中外成功广告900例[M]．广西：广西民族出版社，1994.

[8] 王长征．消费者行为学[M]．武汉：武汉大学出版社，2003.

[9] 陈向阳．第七届最佳高公共关系案例[M]．北京：清华大学出版社，2007.

[10] 龚荒．公共关系原理、实务、案例[M]．北京：清华大学出版社，2009.

[11] 王珑．公共关系理论与实务[M]．2版．重庆：重庆大学出版社，2006.

[12] 周华．公共关系学实用教程[M]．北京：北京大学出版社，2009.

[13] 张践．公共关系学[M]．北京：中央广播电视大学出版社，2004.

[14] 杨魁．现代公共关系学[M]．北京：中国工人出版社，1998.

[15] 张玲莉．公共关系原理与实务[M]．北京：高等教育出版社，2006.

[16] 李兴国．公共关系实用教程[M]．北京：高等教育出版社，2000.

[17] 姚凤云．公共关系学[M]．哈尔滨：黑龙江人民出版社，1995.

[18] 齐冰．公共关系通论[M]．北京：中国林业出版社，1995.

[19] 王培才．公共关系[M]．北京：中国科学技术出版社，2003.

[20] 陈耀春．中国政府公共关系[M]．北京：中国经济出版社，1999.

[21] [英]乔恩·怀特．当代国际公共关系[M]．郭震民译．上海：复旦大学出版社，1995.

[22] [英]萨姆·布莱克．当代国际公共关系[M]．郭震民译．上海：复旦大学出版社，1992.

[23] [美]斯各特·卡特里普，艾伦·森特，格伦·布鲁姆．公共关系教程[M]．明安香，译．北京：华夏出版社，2001.

[24] 张百章，何伟祥．公共关系原理与实务[M]．大连：东北财经大学出版社，2002.

[25] 陈福明．公共关系原理与实务[M]．北京：科学出版社，2007.

[26] 何春晖．中外公关案例宝典[M]．杭州：浙江大学出版社，2004.

[27] 李兴国．公共关系实用教程[M]．北京：高等教育出版社，2004.

[28] 王银平，王爱君．现代公共关系[M]．北京：高等教育出版社，2008.

[29] 赵驹，王小玲．公关策划[M]．北京：北京大学出版社，2006.

[30] 袁晓勐．现代公关文案写作[M]．重庆：西南师范大学出版社，1999.

[31] 赵敏．公共关系学[M]．北京：航空工业出版社，2005.

[32] 廖启军．公共关系实务[M]．上海：立信会计出版社，2008.

[33] 张迺英．公共关系学[M]．上海：同济大学出版社，2001.

[34] 黎群．企业文化建设[M]．北京：经济科学出版社，2006.

[35] 李品媛．现代商务谈判[M]．大连：东北财经大学出版社，2003.

[36] [美] Cellich C，Jain S C．*Global Business Negotiations：a Practical Guide*[M]．Ohio：South-Western

Press，2004.
[37] 李家龙．人际沟通与谈判[M]．上海：立信会计出版社，2005.
[38] 邵守义．演讲基础知识系列讲座[M]．中国基础教育网，2000.
[39] 傅琼，等．实用公关与礼仪[M]．北京：中国人民大学出版社，2004.
[40] 潘肖珏．商务谈判与沟通技巧．上海：复旦大学出版社，2004.
[41] [美]费雪·尤瑞．哈佛谈判技巧[M]．黄宏义译．兰州：甘肃人民出版社，1987.
[42] 吕维霞．案说公共关系[M]．北京：对外经济贸易大学出版社，2002.
[43] 张美清．现代公共关系原理与实务[M]．北京：北京大学出版社，2007.
[44] 姚伟，孔玉芝．现代礼仪[M]．北京：北京航空航天大学出版社，2008.
[45] 杜明汉，营销礼仪[M]．北京：电子工业出版社，2007.
[46] 冯兰，李荣建．现代公关礼仪．武汉：武汉大学出版社，2007.
[47] 金正昆．商务礼仪[M]．北京：北京大学出版社，2006.
[48] 熊卫平．现代公关礼仪[M]．北京：高等教育出版社，2008.
[49] 方尤瑜，任曼．现代秘书交际礼仪[M]．广州：暨南大学出版社，2007.
[50] 曾琳智．新编公关案例教程[M]．上海：复旦大学出版社，2006.
[51] 张百章，何伟祥．公共关系原理与实务[M]．大连：东北财经大学出版社，2002.
[52] 周欣．公共关系理论与实务[M]．许斌译．北京：科学出版社，2008.
[53] [美]德鲁克．管理的前沿[M]．闾佳，译．北京：企业出版社，1998.
[54] 何跃青．小问题大管理[M]．北京：地震出版社，2005.
[55] 国英．现代礼仪[M]．北京：机械工业出版社，2004.
[56] 奎军．公关经典100[M]．广州：广州出版社，1998.
[57] 胡秀花．公共关系理论与实务[M]．成都：西南财经大学出版社.
[58] 居延安．公共关系学[M]．4版．上海：复旦大学出版社，2008.
[59] 万国邦，李荣新．公共关系教程[M]．北京：机械工业出版社，2009.
[60] [美] 迈克尔·茨威尔．创造基于能力的企业文化[M]．王申英，等译．北京：华夏出版社，2002.
[61] 刘强，彭洪峰．公关经理MBA强化教程[M]．北京：中国经济出版社，2002.
[62] 宋常桐．公共关系与现代礼仪[M]．北京：清华大学出版社，2007.
[63] 张乃英．公共关系学[M]．上海：同济大学出版社，1999.
[64] 憨氏．时尚商务礼仪[M]．内蒙古：内蒙古文化出版社，2005.
[65] http://www.zhuoda.org/why/40946.html.

北京大学出版社本科财经管理类实用规划教材（已出版）

财务会计类

序号	书　名	标准书号	主　编	定价	序号	书　名	标准书号	主　编	定价
1	基础会计（第2版）	7-301-17478-4	李秀莲	38.00	17	企业财务会计模拟实习教程	7-5655-0404-4	董晓平	25.00
2	基础会计学	7-301-19403-4	窦亚芹	33.00	18	税法与税务会计	7-81117-497-7	吕孝侠	45.00
3	会计学	7-81117-533-2	马丽莹	44.00	19	税法与税务会计实用教程	7-81117-598-1	张巧良	38.00
4	会计学原理（第2版）	7-301-18515-5	刘爱香	30.00	20	初级财务管理	7-301-20019-3	胡淑姣	42.00
5	会计学原理习题与实验（第2版）	7-301-19449-2	王保忠	30.00	21	财务管理学	7-5038-4897-1	盛均全	34.00
6	会计学原理与实务（第2版）	7-301-18653-4	周慧滨	33.00	22	财务管理学实用教程（第2版）	7-301-21060-4	骆永菊	42.00
7	会计学原理与实务模拟实验教程	7-5038-5013-4	周慧滨	20.00	23	基础会计学学习指导与习题集	7-301-16309-2	裴 玉	28.00
8	会计实务	7-81117-677-3	王远利	40.00	24	财务管理理论与实务	7-301-20042-1	成 兵	40.00
9	高级财务会计	7-81117-545-5	程明娥	46.00	25	财务管理学原理与实务	7-81117-544-8	严复海	40.00
10	高级财务会计	7-5655-0061-9	王奇杰	44.00	26	财务管理理论与实务（第2版）	7-301-20407-8	张思强	42.00
11	成本会计学	7-301-19400-3	杨尚军	38.00	27	公司理财原理与实务	7-81117-800-5	廖东声	36.00
12	成本会计学	7-5655-0482-2	张红漫	30.00	28	审计学	7-81117-828-9	王翠琳	46.00
13	成本会计学	7-301-20473-3	刘建中	38.00	29	审计理论与实务	7-81117-955-2	宋传联	36.00
14	管理会计	7-81117-943-9	齐殿伟	27.00	30	会计综合实训模拟教程	7-301-20730-7	章洁倩	33.00
15	管理会计	7-301-21057-4	彤芳珍	36.00	31	财务分析学	7-301-20275-3	张献英	30.00
16	会计规范专题	7-81117-887-6	谢万健	35.00	32	银行会计	7-301-21155-7	宗国恩	40.00

工商管理、市场营销、人力资源管理、服务营销类

序号	书　名	标准书号	主　编	定价	序号	书　名	标准书号	主　编	定价
1	管理学基础	7-5038-4872-8	于干千	35.00	19	市场营销学	7-81117-676-6	戴秀英	32.00
2	管理学基础学习指南与习题集	7-5038-4891-9	王 珍	26.00	20	市场营销学（第2版）	7-301-19855-1	陈 阳	45.00
3	管理学	7-81117-494-6	曾 旗	44.00	21	市场营销学新论	7-5038-4879-7	郑玉香	40.00
4	管理学原理	7-5655-0078-7	尹少华	42.00	22	国际市场营销学	7-5038-5021-9	范应仁	38.00
5	管理学原理与实务（第2版）	7-301-18536-0	陈嘉莉	42.00	23	市场营销理论与实务（第2版）	7-301-20628-7	那 薇	40.00
6	管理学实用教程	7-5655-0063-3	邵喜武	37.00	24	现代市场营销学	7-81117-599-8	邓德胜	40.00
7	管理学实用教程	7-301-21059-8	高爱霞	42.00	25	消费者行为学	7-81117-824-1	甘瑁琴	35.00
8	通用管理知识概论	7-5038-4997-8	王丽平	36.00	26	商务谈判（第2版）	7-301-20048-3	郭秀君	49.00
9	现代企业管理理论与应用	7-5038-5024-0	邸彦彪	40.00	27	商务谈判实用教程	7-81117-597-4	陈建明	24.00
10	管理运筹学（第2版）	7-301-19351-8	关文忠	39.00	28	消费者行为学	7-5655-0057-2	肖 立	37.00
11	统计学原理	7-301-21061-1	韩 宇	38.00	29	客户关系管理实务	7-301-09956-8	周贺来	44.00
12	统计学原理	7-5038-4888-9	刘晓利	28.00	30	公共关系学	7-5038-5022-6	于朝晖	40.00
13	统计学	7-5038-4898-8	曲 岩	42.00	31	公共关系理论与实务	7-5038-4889-6	王 玫	32.00
14	应用统计学（第2版）	7-301-19295-5	王淑芬	48.00	32	公共关系学实用教程	7-81117-660-5	周 华	35.00
15	管理定量分析方法	7-301-13552-5	赵光华	28.00	33	公共关系理论与实务	7-5655-0155-5	李泓欣	45.00
16	新编市场营销学	7-81117-972-9	刘丽霞	30.00	34	跨国公司管理	7-5038-4999-2	冯雷鸣	28.00
17	市场营销学	7-5655-0064-0	王槐林	33.00	35	质量管理	7-5655-0069-5	陈国华	36.00
18	市场营销学实用教程	7-5655-0081-7	李晨耘	40.00	36	跨文化管理	7-301-20027-8	晏 雄	35.00

序号	书　名	标 准 书 号	主　编	定价	序号	书　名	标 准 书 号	主　编	定价
37	企业战略管理	7-5655-0370-2	代海涛	36.00	52	人力资源管理实用教程（第2版）	7-301-20281-4	吴宝华	45.00
38	企业文化理论与实务	7-81117-663-6	王水嫩	30.00	53	人力资源管理：理论、实务与艺术	7-5655-0193-7	李长江	48.00
39	企业战略管理	7-81117-801-2	陈英梅	34.00	54	员工招聘	7-301-20089-6	王　挺	30.00
40	企业战略管理实用教程	7-81117-853-1	刘松先	35.00	55	服务营销理论与实务	7-81117-826-5	杨丽华	39.00
41	产品与品牌管理	7-81117-492-2	胡　梅	35.00	56	服务企业经营管理学	7-5038-4890-2	于干千	36.00
42	东方哲学与企业文化	7-5655-0433-4	刘峰涛	34.00	57	服务营销	7-301-15834-0	周　明	40.00
43	运营管理	7-5038-4878-0	冯根尧	35.00	58	会展服务管理	7-301-16661-1	许传宏	36.00
44	生产运作管理（第2版）	7-301-18934-4	李全喜	48.00	59	现代服务业管理原理、方法与案例	7-301-17817-1	马　勇	49.00
45	运作管理	7-5655-0472-3	周建亨	25.00	60	服务性企业战略管理	7-301-20043-8	黄其新	28.00
46	组织行为学	7-5038-5014-1	安世民	33.00	61	服务型政府管理概论	7-301-20099-5	于干千	32.00
47	组织行为学行为教程	7-301-20466-5	冀　鸿	32.00	62	新编现代企业管理	7-301-21121-2	姚丽娜	48.00
48	流程型组织的构建研究	7-81117-519-6	岳　澎	35.00	63	创业学	7-301-15915-6	刘沁玲	38.00
49	人力资源管理（第2版）	7-301-19098-2	颜爱民	60.00	64	管理学	7-301-17452-4	王慧娟	42.00
50	人力资源管理经济分析	7-301-16084-8	颜爱民	38.00	65	公共关系学实用教程	7-301-17472-2	任焕琴	42.00
51	人力资源管理原理与实务	7-81117-496-0	邹　华	32.00					

经济、国贸、金融类

序号	书　名	标 准 书 号	主　编	定价	序号	书　名	标 准 书 号	主　编	定价
1	政治经济学原理与实务	7-81117-498-4	沈爱华	28.00	19	国际金融	7-5038-4893-3	韩博印	30.00
2	宏观经济学原理与实务（第2版）	7-301-18787-6	崔东红	57.00	20	国际金融实用教程	7-81117-593-6	周　影	32.00
3	宏观经济学	7-5038-4882-7	蹇令香	32.00	21	国际商务	7-5655-0093-0	安占然	30.00
4	微观经济学原理与实务	7-81117-818-0	崔东红	48.00	22	金融市场学	7-81117-595-0	黄解宇	24.00
5	微观经济学	7-81117-568-4	梁瑞华	35.00	23	金融工程学理论与实务	7-81117-546-2	谭春枝	35.00
6	西方经济学实用教程	7-5038-4886-5	陈孝胜	40.00	24	财政学	7-5038-4965-7	盖　锐	34.00
7	西方经济学实用教程	7-5655-0302-3	杨仁发	49.00	25	保险学原理与实务	7-5038-4871-1	曹时军	37.00
8	西方经济学	7-81117-851-7	于丽敏	40.00	26	东南亚南亚商务环境概论	7-81117-956-9	韩　越	38.00
9	现代经济学基础	7-81117-549-3	张士军	25.00	27	证券投资学	7-301-19967-1	陈汉平	45.00
10	国际经济学	7-81117-594-3	吴红梅	39.00	28	金融学理论与实务	7-5655-0405-1	战玉峰	42.00
11	发展经济学	7-81117-674-2	赵邦宏	48.00	29	货币银行学	7-301-15062-7	杜小伟	38.00
12	管理经济学	7-81117-536-3	姜保雨	34.00	30	国际结算（第2版）	7-301-17420-3	张晓芬	35.00
13	计量经济学	7-5038-3915-3	刘艳春	28.00	31	国际贸易规则与进出口业务操作实务（第2版）	7-301-19384-6	李　平	54.00
14	外贸函电	7-5038-4884-1	王　妍	20.00	32	金融风险管理	7-301-20090-2	朱淑珍	38.00
15	国际贸易理论与实务（第2版）	7-301-18798-2	缪东玲	54.00	33	国际贸易实务	7-301-20919-6	张　肃	28.00
16	国际贸易（第2版）	7-301-19404-1	朱廷珺	45.00	34	国际贸易理论、政策与案例分析	7-301-20978-3	冯　跃	42.00
17	国际贸易实务（第2版）	7-301-20486-3	夏合群	45.00	35	国际结算	7-301-21092-5	张　慧	42.00
18	国际贸易结算及其单证实务	7-5655-0268-2	卓乃坚	35.00	36	金融工程学	7-301-18273-4	李淑锦	30.00

法律类

序号	书　名	标 准 书 号	主　编	定价	序号	书　名	标 准 书 号	主　编	定价
1	经济法原理与实务	7-5038-4876-6	杨士富	32.00	5	劳动法学	7-81117-495-3	李　瑞	32.00
2	经济法实用教程	7-81117-547-9	陈亚平	44.00	6	金融法学理论与实务	7-81117-958-3	战玉锋	34.00
3	国际商法理论与实务	7-81117-852-4	杨士富	38.00	7	国际商法	7-301-20071-1	丁孟春	37.00
4	商法总论	7-5038-4887-2	任先行	40.00					

电子商务与信息管理类

序号	书　名	标 准 书 号	主　编	定价	序号	书　名	标 准 书 号	主　编	定价
1	网络营销	7-301-12349-2	谷宝华	30.00	4	网络营销	7-301-16556-0	王宏伟	26.00
2	数据库技术及应用教程（SQL Server 版）	7-301-12351-5	郭建校	34.00	5	网络信息采集与编辑	7-301-16557-7	范生万	24.00

3	电子商务概论	7-301-12343-0	庞大连	35.00	6	电子商务案例分析	7-301-16596-6	曹彩杰	28.00
序号	书　名	标准书号	主　编	定价	序号	书　名	标准书号	主　编	定价
7	管理信息系统	7-301-12348-5	张彩虹	36.00	21	电子商务英语	7-301-05364-5	覃　正	30.00
8	电子商务概论	7-301-13633-1	李洪心	30.00	22	网络支付与结算	7-301-16911-7	徐　勇	34.00
9	管理信息系统实用教程	7-301-12323-2	李　松	35.00	23	网上支付与安全	7-301-17044-1	帅青红	32.00
10	电子商务法	7-301-14306-3	李　瑞	26.00	24	企业信息化实务	7-301-16621-5	张志荣	42.00
11	数据仓库与数据挖掘	7-301-14313-1	廖开际	28.00	25	电子化国际贸易	7-301-17246-9	李辉作	28.00
12	电子商务模拟与实验	7-301-12350-8	喻光继	22.00	26	商务智能与数据挖掘	7-301-17671-9	张公让	38.00
13	ERP 原理与应用教程	7-301-14455-8	温雅丽	34.00	27	管理信息系统教程	7-301-19472-0	赵天唯	42.00
14	电子商务原理及应用	7-301-14080-2	孙　睿	36.00	28	电子政务	7-301-15163-1	原忠虎	38.00
15	管理信息系统理论与应用	7-301-15212-6	吴　忠	30.00	29	商务智能	7-301-19899-5	汪　楠	40.00
16	网络营销实务	7-301-15284-3	李蔚田	42.00	30	电子商务与现代企业管理	7-301-19978-7	吴菊华	40.00
17	电子商务实务	7-301-15474-8	仲　岩	28.00	31	电子商务物流管理	7-301-20098-8	王小宁	42.00
18	电子商务网站建设	7-301-15480-9	臧良运	32.00	32	管理信息系统实用教程	7-301-20485-6	周贺来	42.00
19	网络金融与电子支付	7-301-15694-0	李蔚田	30.00	33	电子商务概论	7-301-21044-4	苗　森	28.00
20	电子商务概论	7-301-16717-5	杨雪雁	32.00					

物流管理与工程类

序号	书　名	标准书号	主　编	定价	序号	书　名	标准书号	主　编	定价
1	物流工程	7-301-15045-0	林丽华	30.00	25	营销物流管理	7-301-18658-9	李学工	45.00
2	现代物流决策技术	7-301-15868-5	王道平	30.00	26	物流信息技术概论	7-301-18670-1	张　磊	28.00
3	物流管理信息系统	7-301-16564-5	杜彦华	33.00	27	物流配送中心运作管理	7-301-18671-8	陈　虎	40.00
4	物流信息管理	7-301-16699-4	王汉新	38.00	28	物流项目管理	7-301-18801-9	周晓晔	35.00
5	现代物流学	7-301-16662-8	吴　健	42.00	29	物流工程与管理	7-301-18960-3	高举红	39.00
6	物流英语	7-301-16807-3	阚功俭	28.00	30	交通运输工程学	7-301-19405-8	于　英	43.00
7	第三方物流	7-301-16663-5	张旭辉	35.00	31	国际物流管理	7-301-19431-7	柴庆春	40.00
8	物流运作管理	7-301-16913-1	董千里	28.00	32	商品检验与质量认证	7-301-10563-4	陈红丽	32.00
9	采购管理与库存控制	7-301-16921-6	张　浩	30.00	33	供应链管理	7-301-19734-9	刘永胜	49.00
10	物流管理基础	7-301-16906-3	李蔚田	36.00	34	现代企业物流管理实用教程	7-301-17612-2	乔志强	40.00
11	供应链管理	7-301-16714-4	曹翠珍	40.00	35	供应链设计理论与方法	7-301-20018-6	王道平	32.00
12	物流技术装备	7-301-16808-0	于　英	38.00	36	物流管理概论	7-301-20095-7	李传荣	44.00
13	现代物流信息技术	7-301-16049-7	王道平	30.00	37	供应链管理	7-301-20094-0	高举红	38.00
14	现代物流仿真技术	7-301-17571-2	王道平	34.00	38	企业物流管理	7-301-20818-2	孔继利	45.00
15	物流信息系统应用实例教程	7-301-17581-1	徐　琪	32.00	39	物流项目管理	7-301-20851-9	王道平	30.00
16	物流项目招投标管理	7-301-17615-3	孟祥茹	30.00	40	供应链管理	7-301-20901-1	王道平	35.00
17	物流运筹学实用教程	7-301-17610-8	赵丽君	33.00	41	现代仓储管理与实务	7-301-21043-7	周兴建	45.00
18	现代物流基础	7-301-17611-5	王　侃	37.00	42	物流系统仿真案例	7-301-21072-7	赵　宁	25.00
19	逆向物流	7-301-19809-4	甘卫华	33.00	43	物流管理实验教程	7-301-21094-9	李晓龙	25.00
20	现代物流管理学	7-301-17672-6	丁小龙	42.00	44	物流学概论	7-301-21098-7	李　创	44.00
21	物流运筹学	7-301-17674-0	郝　海	36.00	45	物流信息系统	7-301-20989-9	王道平	28.00
22	供应链库存管理与控制	7-301-17929-1	王道平	28.00	46	物流与供应链金融	7-301-21135-9	李向文	30.00
23	物流信息系统	7-301-18500-1	修桂华	32.00	47	物流信息系统	7-301-20989-9	王道平	28.00
24	城市物流	7-301-18523-0	张　潜	24.00	48	物料学	7-301-17476-0	肖生苓	44.00

请登录 www.pup6.cn 免费下载本系列教材的电子书（PDF 版）、电子课件和相关教学资源。
欢迎免费索取样书，并欢迎到北京大学出版社来出版您的大作，可在 www.pup6.cn 在线申请样书和进行选题登记，也可下载相关表格填写后发到我们的邮箱，我们将及时与您取得联系并做好全方位的服务。
联系方式：010-62750667，wangxc02@163.com，dreamliu3742@163.com，lihu80@163.com，欢迎来电来信。